THE POETRY IN THE RED BOOK OF HERGEST REPRODUCED & EDITED

THE POETRY
IN THE
RED BOOK OF HERGEST
REPRODUCED & EDITED

BY

J. Gwenogvryn Evans

KALPAZ

ISBN: 978-93-5128-643-1(HB)

First Published in 1911
Indian Reprint in 2017

Published by

Kalpaz Publications
C-30, Satyawati Nagar,
Delhi – 110052
E-mail: kalpaz@hotmail.com
Website: kalpazpublications.com
Ph.: +91-9212142040

Cataloging in Publication Data—DK
Courtesy: D.K. Agencies (P) Ltd. <docinfo@dkagencies.com>

Red Book of Hergest.
The poetry in the Red Book of Hergest / reproduced & edited by J. Gwenogvryn Evans.
pages cm
"First published in 1911"—Title page verso.
ISBN 9789351286431 (HB)

1. Welsh poetry—To 1100. 2. Wales—Poetry. I. Evans, J. Gwenogvryn (John Gwenogvryn), 1852-1930, editor. II. Title.

PB2273.R4 2017 DDC 891.6611 23

THE RED BOOK OF HERGEST

The method of Reproduction explained.

THE POETRY, contained at present in the RED BOOK OF HERGEST, follows here in the exact order in which it occurs in that manuscript, as the folios were arranged by their last binder. It is in many hands, which will be classified and illustrated in the Introduction. Here it is only intended to explain that the method adopted in this work aims simply at the exact reproduction of the original, column for column, line for line, character for character, and space for space. Every letter which the editor failed to read easily and without scrutiny is treated as faint, and is underdotted: similarly all letters which have been retraced have a wavy line under them, while a straight underline marks such as are no longer legible, or have been torn away. This system has the merit of not mixing different founts, as well as of allowing the state of any letter to be indicated, even when it is but partially faint, retraced, or illegible. Everything printed in **Black letter**, and all the larger plain Initials are written in red in the original. Capitals with tendrils are in various shades of green. All letters **Patched with red are in this type.** Heavy underdots cancel what is over them. Blanks in the middle of words and lines represent holes or defects in the vellum. Scribal errors have not been corrected. Alterations, erasures, doubtful readings, and all peculiarities are explained in the *Paleographical Notes*. J.G.E.

Kyuoeſſi myrdin agƿendyd ychƿaer.

DEuthum i attat yatraỽd ygnadaeth 8
y gogled ygennyf . ſyỽ pob tut traeth-
ỽyt· ỽꝛthyf. Yꝛ gỽeith arderyd ac erydon
gwendyd ar meint dybyd arnaf eneichiat 11
kyued kwd af . Kyuarchaf ymỻaỻogan
vyꝛdin gỽꝛ doeth darogenyd.kan hepcoꝛyd
ohonaf . pari anbiniganthaỽ . Yngerd 14
gadauel aui koel . kymry yỽ bi . kyuarch
auel rỽyd yỽ arỽyd ryderch hael. Kanys
ryderch bieu ffaỽ . achymry oỻ y danaỽ-
neu gỽedy ynteu kỽdaỽ . Ryderch hael 18
gymynat gelyn gỽan teỽ y wan
acỽy. dyd gỽynwyd yn ryt tawy-
Ryderch hael dan yſpeit gc lyn -
dinas beird bꝛo glyt kỽd . aa ef ot a 22
yꝛ ryt . Mi aedyweit y wendyd .·kan
amkyueirch yngeluyd . na byd ryderch
hael dꝛennyd . Kyuarchaf ym clotleỽ
ỻaỻaỽc . annynnaỽc ynỻuyd. neu wedy 26
ryderch pỽy vyd . O leas gỽendoleu y
gỽaetfreu arderyd handỽyf oeithur. moꝛ-
gant uaỽꝛ uab ſadyꝛuin . Kyuarchaf
ym clotleỽ ỻaỻaỽc kerglyt . kyt ỻiant. 30
pỽy wledych wedy moꝛgant. O leas
gỽendoleu y gỽaetfreu arderyd a ſynnyy-
paham ym keugỽaladyꝛ . gỽaet gỽlat 33
yuryen . Kyfliỽ dy benn ac aryen gacaf -
gỽares duỽ dy anghen . pỽy wledych wedy
uryen . Digones douyd digued arnaf
claf ỽyf oꝛdiwed . maelgỽn hir ar dir 37
gỽyned . Oys gar ymbꝛaỽt . yt vych vyg
kalon . dꝛỽc vy hoen am ryd dꝛych neu we-
dy maelgỽn pỽy wledych. Run y enỽ 40
rugyl y foffaỽt - ygkynnoꝛ bydin bꝛỽydꝛa-
ỽt . gỽae bꝛydein oꝛ diwarnaỽt . Cann
ỽyt kedymdeit achanon kunỻeith.athal 43

wa62 a bo2th6n. kwda g6yned g6edy run ⁓
Run yen6 ryuel ovzi. aoganaf ydyderbi.
g6endyn g6lat yn anghat veli. Kyfuar-
chaf ym clotle6 llalla6c. an vynna6c yg-
kyni. p6ywledych wedy beli. Cannethy6
uymp6yll gan wyllyon mynyd. amy 6
hun ynagro. wedy beli y uab ef iago.
Cann ethy6 dy b6yll gan wyllyon my-
nyd athyhun ynagro. p6y wledych wedy
iago. amg6zth gyuarch ymb2ytuan. 10
ygyuedeu neut eban g6edy iago yuab
ef katuan. Y kerdeu ry draethaffamo
dyuot clot bodzydan. p6y wledych wedy
katuan. G6lat kadwalla6n 6zyt ma62⁓
pedzyuael byt. ryglywawr dyg6ydit 15
penn eigyl y la62. a hyt byt y hetmyc-
ca62. O welet dy rud mo2 greula6n y
da6 ymb2yt neut annoga6n. p6y wle-
dych wedy kadwalla6n. G62 19
hir yn kad6 kynnadyl. aphzy-
dein yn vn paladyz. gozeu mab
kymro katwala6dy2.
am g62thgyuarch yn
glaçar ygynnedueu neut abar. p6y
wledych wedy katwala6dy2. Jdwal. 25
Athgyfuarchaf ynglaear. clotleu go-
zeu dyn dayar. p6y wledych wedy Jdw-
al. G6ledycha6t wedy idwal ynll62 6
dyuynuyn diarchar yfg6ydwyn ho6el
uabkadwal. Kyfuarchaf ymclotleu 30
llella6c anuynna6c yn ryuel. p6y wledy3
wedy howel. Mi aedywedaf y glot ovzi.
g6endyd kynn efgar athi. g6edy ho6el
rodzi. Kynan ymon aui nyt achatuo
y deithi. achyngalwer mab rodzi. 35
mab kåledigan vi. Kyfuarchaf oech-
lyffur byt. am dyweit ych waryan.
p6y wledych wedy kynan. O leas 38
gwendoleu yggwaetfreu arderyd. di-
goni ovza6. meruin vzych odir mana6⁓
Kyfuarchaf ymclot ovzi. vza6t kerd 41
oleu ozeudyn. p6y wledych wedy mer-
uin. Dywed6yf nyt odzyca62. ozmes

b2ydein p2ydera62. wedy meruyn rodzi
ma62. Kyuarchaf ymclotleu llalla6c an-
nynna6c yndyd ga62. p6y wledych wedy
mab rodzi ma62. arlann kon6y kym6y 4
du6 merchy2 etmycka62 ydaua6t. arben-
nic aryenanara6t. Kyfuarchaf ym clot-
leu llalla6c. annvynna6c yndyd ga6t. p6y
wledych wedy anara6t. ⁓⁓⁓ 8
NEffaf y6 nes yamfer kennadeu an
fel. y bennaeth ynlla6 howel. ys bar-
godyein ny biff6ys. ny byd nes y barad6ys⁓
nyt g6aeth urd odynn noc urd oegl6ys.
Kyfuarchaf ymychyein vza6t aweleis 13
ygclot gein. p6y wledych wedy bargotyein⁓
Bl6ydyn ahanner yueruer vzehyzyeit⁓
euhoes adiuyzrer. diuenwir pob dib2yder.
Cann 6yt kedymdeith achanon kunlleith⁓
trugared du6 ytheneit. p6y wledych we-
dy b2ehyzyẜit. Dyzchaua6t unic ogud. 19
nyt achatuo ydeurud. kynan yk6n kym-
ry bieiuyd. Kyuarchaf ẙechlyffur byt⁓
ym dywet ynchweryan. p6y wledych
wedy kynan. G62 pellennic o dzamyz. 23
tozrant gaereu bierthyz. dywedynt vzen-
hin o vzehyz. Kyuarchaf oechlyffur byt⁓
kan g6doft yyftyz. p6y wledych wedy bze-
hy2. Difgoganaf feruen wynn. ken- 27
nat g6aftat yfg6ydwyn. gle6 gadarn gar-
char gylchwyn. treigla6t b2o b2ada6c
unbyn. ef grynna6t h6nt racda6 hyt
ymp2ydein. Kyfuarchaf ymb2a6t y 31
g6ynn. kanys mi aehamouyn. p6y wle-
dych wedy feruen wynn. Deu yfg6yd
wyn veli. adyvi yuaeth awnant dyuyfgi.
nac eurin hed6ch vi. Kyuarchaf ym 35
clot leu llalla6c annwynna6c yngkymry.
p6y wledych wedy deu. Yfg6ydwynn ueli⁓
Vnic ar6yna6l. ar wyneb keda6l kyngho2-
a6t kat diffet. awledych kynno2 gozunnet.
Kyuarchaf ymclotleu llalla6c annwyna- 40
6c ynlluyd. p6y y2 unic arwynna6l a daro-
geny di yuaeth. p6y yen6 padu pan vyd⁓
G2uffud yen6 geida6l mirein g6nawt ef 43

gan argan kyngrein . awledych ar 1
dir pꝛydein . Kyuarchaf ymclotleu lla-
llaỽc . anwynnawc ygkadeu . neu gỽedy
gruffud pieu . Dywedwyf nyt odꝛyc- 4
ker oꝛmes pꝛydein pꝛyderer. gwedy gru-
ffud gỽyn gwarther . Kyuarchaf ym
clotleu llallaỽc annỽynnaỽc yn ryuel.
pỽy wledych wedy gỽynn gỽarther . 8
Wi awendyd wenn maỽꝛ adꝛafdil gogan.
chwipleian chwedleu . atkas gwehelieith
auyd deu idas . am dir etmykaỽꝛ oegỽir
hir alanas . Kyuarchaf ymclotleu llall- 12
aỽc annwynnaỽc ygkadeu . pwy wledych
wedy ỽynteu. Dilgoganaf nat gỽas beid.
bꝛenhin llew llaỽdiwreid . gyluin geuel ga-
uel bleid . Kyuarchaf ymehalaeth uraỽt
aweleis yn veduaeth . odyna pỽy auyd 17
pennaeth . Kyniuerỽch arif yser . kynhe-
bycker yniuer . ef yỽ ymackỽy deuhanner.
Kyuarchaf ymdiuuner uraỽt . allwed 20
bydin bud ner . pỽy wledych wedy deu han-
ner . Kymysc gỽydelieith yn aer achymro.
achymrud daer . ef yỽ arglỽyd ỽyth pꝛif
gaer . Kyuarchaf ym diagro uraỽt a 24
darllewys llyuyꝛ cado . pỽy wledych wedy
euo . Mi aedyweit oꝛeget . kan am kyueirch
ynogonet . keneu henri ryuyget . byth
ynyoes nyt oes waret . Kyuarchaf yclot
ovꝛi vꝛaỽt annwynnaỽc ygkymry . 29
pỽywledych wedy mabhenri . Pan uo
pont ardaf ac arall ardywi y daỽ ar
loegyꝛ dyuysgi . ami disgogaf wedy 32
mab hennri . bꝛenhin na vꝛenhin bꝛith-
uyt aui . Kyuarchaf ymbꝛaỽt y gỽyn.
kanys mi aehamouyn . pỽy wledych
wedy bꝛenhin na vꝛenhin . Llet ynuyt 36
urenhin adaỽ agỽyꝛ lloegyꝛ ynydỽyllaỽ.
nybyd gỽlatlỽyd y danaỽ . Myꝛdin dec
daỽnglot gywyt . lidyaỽc ymyt . beth
auyd ynoes ynvyt . Panuo lloegyꝛ yn 40
griduan achymry yn dycanyan ybyd
ylluyd bỽhỽman . Myꝛdin dec daỽn leue-
ryd . nadywet ỽꝛthyf gelwyd . beth auyd

wedy lluyd . Ef agyfyt un oꝛchwech. 1
ary uu ynhir ynllech . ar loegyꝛ auyd goꝛ-
trech. Myꝛdin dec daỽnglot wely . troyt y
gỽynt ovyỽn ty . pỽy wledych wedy hynny.
Deuot yỽ dyuot owein . a goꝛesgyn hyt 5
lundein . arodi ygymry goeluein .
Myꝛdin dec daỽnglot bennaf . kanys yth
eir y credaf . owein pahyt ypara.
Gỽendyd gwarandaỽ letkynt . troyt y 9
gỽynt yꝛdyffrynt . pump mlyned adỽy
ualkynt . Kyuarchaf ym ehalaeth uraỽt
aweleis yn ueduaeth . odyna pỽy auyd
pennaeth . Pan uo owein ym manaỽ a 13
chat ympꝛydyn geirllaỽ . biaỽt gỽꝛ ef
agỽyꝛ idaỽ . Kyuarchaf ymehalaeth vꝛaỽt
aweleis yn ueduaeth . odyna pỽy auyd 16
pennaeth . Pennaeth y uaeth aoꝛesgyn
eluyd . gỽlat wynuyt dꝛỽy lewenyd . Kyuar-
chaf ym ehalaeth uraỽt aweleis yn uedua-
eth odyna pỽyauyd pennaeth . Elit 20
lleuein yndyffrynt . beli hir aewyꝛ goꝛw-
ynt . gỽynn eubyt gymry agỽae gynt .
Kyuarchaf ymclotleu llallaỽc annwyn-
naỽc yghadeu . neu wedy beli pieu . Elit 24
lleuein yn aber beli hir aewyꝛ llaỽer . gỽyn
eubyt gymry gỽae wydyl . Kyuarchaf ym
clotleu llallaỽc annwynnaỽc yn ryuel . pa
ywae ywydyl . Disgoganaf un dyffyawc.
gỽyned gwedy aỽch trallaỽt . goꝛuot yỽch
arbop kiwdaỽt . Canon moꝛurynn moꝛ-
unet . oedyn myꝛdin urych vꝛeisc liwet. 31
padaỽ yny deu ouunet . Pandisgynno ka-
dwaladyꝛ allu llydan gantaỽ kymwed . duỽ
merchyꝛ yamỽyn gỽyꝛ gỽyned . asdeubyd
gỽyꝛ kaer gamwed . Nac ysgar yn an- 35
trwyadal ami oangwarthyꝛ gynnadyl .
padu ydisgyn kadwaladyꝛ . Pandisgyn-
no kadwaladyꝛ yndyffryn tywi. biaỽt 38
trathꝛum ebyꝛ . gỽasgỽaraỽt bꝛythot bꝛith-
wyꝛ . Kyuarchaf ym ehalaeth uraỽt
aweleis yn ueduaeth . pỽy wledych odyna
eth . Panuo teir ieithyaỽc taeaỽc ym 42
mon . aeuab yngunnachaỽc . ry glywaỽꝛ

gỽyned goludaỽc . Pỽy gỽaſcar ỻoegyꝛ 1
yar diwed moꝛ . pỽy ygỽyn ardeued .
neugymry pỽy vyd eugỽared . Taryf 3
rywyꝛ athỽꝛyf ryderch . abydinoed kadw-
aladyꝛ . y ar dardennin auon . toꝛrynt aỻ-
wed gỽyꝛ . Nac yſgar yn anrẏwyadyl
ami oangỽarthyꝛ gynnadyl. paleas 7
adỽc kadwaladyꝛ . as gỽan gỽaeỽ oergr-
ywyd ỻog . a ỻaỽ kynndiwedyd . dybyd
gymry gỽarth oꝛ dyd . Nac yſcar yn 10
antrwyadyl ami . oangwarth yꝛgynnad-
yl. pahyt y gỽledych kadwaladyꝛ . 12
Tꝛi mis teir blyned teithyon . a thꝛychāt
mlyned kyflaỽn . kadeu gỽeitheu gwledy-
chant . Nac yſcar yn antrỽyadyl a mi
o angwarth yꝛ gynnadyl . pỽy wledych 16
wedy kadwaladyꝛ. Ywendyd ydywedaf
oes tragoes diſgoganaf . wed kadwa-
ladyꝛ kynda. ỻaỽ argled araỻ argroes 19
gogelet baỽp y einyoes . gan gyndaf kẏ-
mot nytoes . Neut agannaỽt uudyſſy-
aỽc gỽyned gỽedyaỽch traỻaỽt . goꝛ- 22
uot yỽch ar bob kiwtaỽt . achiwtaỽt
plant adaf a henynt oe gỽaỽt . adioes
gỽaret hyt uraỽt. Oꝛ pan el kymry 25
hebganhoꝛthỽy . kat heb gadwat eu deu
rud oỻ mal ygaỻoꝛna pỽy auyd penna-
eth . Gỽendyd meuenedus virein . kyn-
taf katraf ym pꝛydein . ar ylỽch gymry 29
dꝛuein . Pandyuo dy lat dylyet uchaf .
ouoꝛhyt weryt dylat diwed riein oꝛffen
byt. Euwedy dylat dylyet uchaf . pỽy 32
uyd adꝛefnaỽꝛ a vi ỻann ae rann perigl-
aỽꝛ . Narann periglawr nacherdaỽꝛ 34
ny byd nac adꝛeidyaỽ yꝛ aỻaỽꝛ . yny dy-
gỽydho nef ar laỽꝛ . ỻaỻaỽc kan amha-
tebyd . myꝛdin uab moꝛuyn geluyd . tru-
an achwedyladywedyd . as dywedaf y 38
wendyd . kanys dỽys ymkyuechyd . dy
lat diwed riein vyd . a rydywedeis i hyt
hynn y wendyd waeſſaf unbyn . diderbyd
kymeint timmyn . ỻaỻaỽc kan amdid- 42
erbyd . neu yꝛ eneit dyurodyꝛ . pabenna-
eth

582

y uaeth auyd . Gỽendyd wenn benn 1
mynogi . afdywedaf yndifri . nabyd
pennaeth byth wed[l]. Och annỽyloꝛ oer
eſgar . gỽedy dyuot yn drydar . gan un-
ben deỽꝛ diarchar . dy ylodi y dan dayar .
Gỽaſgaraỽt awel awyꝛ pỽyỻ dꝛut 6
adỽyỻ ot gerdir . gỽennffaỽt hyt vꝛaỽt
yſdir. Och leas di veduaeth . neut ym
dianmaeth . hoet da adoet pan dygir 9
clot vꝛno. pỽy dꝛaetho gỽir . Olochw-
yt kyuot athauot ỻẏfreu awen heb
arfỽyt achwdyl bun a hun bꝛeudwyt .
Marỽ moꝛgeneu marỽ kyfrennin 13
moꝛyal . marỽ moꝛyen mur trin . try-
maf hoet am dy(ad)oet ti vyꝛdin . Digo-
nes douyd digued arnaf marỽ moꝛge- 16
neu . marỽ moꝛdaf . marỽ moꝛyen . ma-
rỽ agaraf . Uy un bꝛaỽt nacheryd ar-
naf yꝛgỽeith arderyd ỽyf claf kyuar-
ỽydyt ageiſſyaf . y duỽ ythoꝛchymyn- 20
naf . a thoꝛchymynnaf ditheu y benn
y creaduryeu . gỽendyd wenn atlam ker-
deu . Ykerdeu rydꝛigyaſſant . o dyuot clot
bodꝛydant och duỽ ỽynt aduant . 24
Gỽendyd na vyd anhylar . neur roet
y ỻỽyth yꝛ dayar . diofryt obaỽp a gar .
Ymbyỽ nyth diofredaf . ahyt vꝛaỽt yth
goffaaf . dyffoſſaỽt traỻaỽt trymaf . 28
Eſcut goꝛwyd rỽyd gỽynt amchyniyn-
af . vy eirioes vꝛaỽt yren ryỽ goꝛeu .
kymer gymun kynn agheu . Ny chym-
meraf gymun gan yſgymun uyneich 32
ac eu tỽygeu ar eu clun . am kymuno
duỽ ehun . Goꝛchymynnaf inneu vy eiry-
oes vꝛaỽt yny gaer wertheuin . gogelet 35
duỽ o vyꝛdin . Goꝛchymynnaf inheu vy
eiryoes chwaer . yny gaer wertheuin .
gogelet duỽ o wendyd . Amen . 38

583

Gỽaſgardgerd vyrdin yny bed .. 1
Gwr aleueir yny bed . a dyſgỽyt kyñ
seith mlyned ꝛ march marỽ eur-
dein gogled . Eryueis i owin owydyꝛ 4
gỽynn . gan rieu ryuel degynn . myꝛdin
yỽ vy enỽ uab moꝛuryn . Eryueis i owin
ogaỽc gan rieu ryuel eglỽc . myꝛdin yỽ
vy enỽ amheidỽc . Pan del gỽꝛ gỽꝛthꝛyn 8
yar olwyn du . y lad lloegyꝛ llỽybyꝛ wehyn .
chwerỽ wenỽyn yn amwyn . gỽynvꝛynn
wynnvꝛynn eiſiwyn erhy . hir neuet
giwet gymry . Ny byd diogellaỽꝛ yg- 12
kellaỽꝛ ardudỽy arardalỽy kymry rac
arderchaỽc tỽꝛch toꝛyf hy . Panduyo
coch noꝛdmandi y holi lloegyꝛwys treul
diffỽys . treth ambop darogan . caſtell yn
aber hodni . Pan dyuo y bꝛych cadarn 17
hyt yn ryt bengarn . lliwaỽt gỽyꝛ treu-
liaỽt karn . penndeuic pꝛydein yno peñ
barn . Pandyuo henri y holi mur kaſ-
tell y deruyn eryri . galwaỽt goꝛmes 21
dꝛagweilgi . pandyuo y gỽynn gỽann
y holi llundein . yar veirch nyt kein . ry
geilỽ ef deyꝛnas kaergein . Teneu ymes
teỽ y hyt . pandyuo yndeiſſyuyt . bꝛenhin
gỽas gỽae ac cryt . Mab auyd maỽꝛ y 26
urdas . aoꝛeſgyn mil dinas . hoedel egin
bꝛenhin o was . Kadarn ỽꝛth wann ad-
uot . gỽann ỽꝛth gadarn goꝛdirot . 29
pennaeth handes gỽaeth oedyuot . Byt
auyd bꝛyt ỽꝛth uaỽꝛdes . yd bydant gỽꝛa-
gedeint llaes vuches . bydant llu meiby-
onein eu kyffes . Byt auyd bꝛyt ỽꝛth yd-
es . yt wnaho taeaỽc yles . diſgiwen bun
gỽꝛth bỽyth gỽas . Byt auyd agoꝛffenn 35
oet pallant ieueinc rac adwyt . mei ma-
rỽ cogeu rac annỽyt . Byt auyd bꝛyt
ỽꝛth erchỽys . yd adeilaỽꝛ yndyꝛys . heb 38
werth maỽꝛ ny chaffaỽꝛ crys . Byt avyd
bꝛyt ỽꝛthlyeu . byỽ mall agỽall arlannev .
toꝛredaỽd geir achꝛeireu eudiuanwaỽt
gỽir lletaỽt geu . gỽan ffyd bob eildyd 42
dadleu . Byt auyd bꝛyt ỽꝛth dillat . kyg-
haỽs arglỽyd maer chwiuiat . gwacllaỽ 1
bard hard effeiryat . diuannwaỽꝛ gwyꝛ
lletaỽꝛ gỽat . Byt auyd heb wynt heb laỽ .
heb oꝛmod eredic heb dꝛathꝛeulyaỽ . tir
digaỽn uyd un erỽ y naỽ . Pan dyuo yꝛ 5
gỽyꝛ heb wryt . ac yn lle y coet kael yꝛ yt .
ympob hed gỽled agyuyt . panuo kyuelin
gymyꝛed gỽyd gỽannỽyn aui . gỽedy
pennaeth gỽenỽyn . bydaỽt gỽaeth budelỽ 9
no chꝛowyn . duỽ merchyꝛ dyd kyghoꝛfen .
y treulyaỽꝛ llafnaỽꝛ arbenn . cudyant deu
ygkreu kyghenn . Ynaber ſoꝛ yt uyd kyg-
hoꝛ ar wyꝛ gỽedy trin treulitoꝛ ꝛ glyỽ gỽyn
llyỽ yn yſcoꝛ . Ynaber auon y byd llu mon
eingyl gỽedy hinwedon . hir weryt arwyt
uoꝛyon . Ynaber dỽfyꝛ nwy deil duc yt 16
vi agnaho gỽidic . agỽedy cat kyuarlluc .
Cat avi arhyꝛri auon . abꝛython dywoꝛ-
pi . gnaỽt gỽyꝛ gỽhyꝛ gỽꝛhydꝛi . Yn aber
ydon peruoꝛ cat aphelydyꝛ anghyuyon . 20
agỽaet rud ar rud ſaeſſon waſſaỽc dy
waed dywendyd amdywaỽt wylyon .
mynyd yn aber karaf ... 23

llewelyn agwznezth aoedynt deuseint
benydyawl yny trallwng ym powys. A
dyuot yyyt awneynt y teir awz diw- 3
ethaf oz nos. ar teir awz kyntaf oz dyd
ydywedut eu pylgeint acozyeu y dyd yam hyn-
ny. Ac ysef y gwelei lywelyn kudugyl gwzn-
nerth yn gaeat. Achany wydyat paham oed 7
hynny. Sef awnaeth ynteu kanu ēglyn. ·:·
Eiry mynyd gwynt am berth. kanys
creaδdyz nef am nerth. ae kyfgu
awna gδznerth . 11
Eiry mynyd duδ ynbennaf. kanys attaδ
gwediaf : nac ef kyfgu nyallaf .
Eiry mynyd gδynt am ty. kanys llefery
uelly : beth δznerth awna hynny. 15
Eiry Mynyd gδynt deheu. kanys traethaf
pzif eiryeu : tebyckaf yδ mae angheu.
Eiry Mynyd gozwyn bzo. detwyd paδb δzth
ae llocho : creaδdyz nef athdiangho .
Eiry mynyd gozwynn pzenn. kanys 20
llafaraf amgen : nyt oes naδd rac tynghet-
Eiry mynyd pob deuaδt. rac goz- [uen
meil goual dyd bzaδt. agaffaf i gymun yng-
Eiry Mynyd gwynt am ty. ka- [hardaδt
nys lleuery uelly : och vymraδt aereit hyñy.
Awendzut mi ath garaf. hyt ar duδ y gδ-
ediaf : llywelyn rywyz y kaffaf . 27
Eiry Mynyd gδynt am vzynn. kanys
creaδdyz nef am mynn : ae kyfgu y mae
llywelyn. Eiry Mynyd gwynt de. 30
kanys traethaf pzif eiryeu. nac ef kanu
vy ozyeu. Eiry mynyd godyfgeit. pan
dzoho gδynt yngkylch pleit. awdoftdi pδy
adyweit. Eiry Mynyd llafar hy. ka- 34
nys kyzbδylly velly : na δnn onys dywedy.
Eiry mynyd pob canherth. ageiff y voli
yn pzytuerth : mae yma dy vzaδt gwrnerth.
Blaengerd gymhelri. ac ynni pob dzut. ac
awen ym peri : beth wrnerth ozeu ytti. 39
Baencat pob deuaδt. a llafurnaδt dzut.
am vuched hyt dyd bzaδt : gozeu ykeueis
gardaδt. .
Awendzut tec dy gampeu. ymae z ganon yth
eneu : dywet py gardaδt ozeu . 2
Blaengar awen gδynt δzth lynn. pan ym-
ladho tonn am vzynn. gozeu yδ bδyt rac
newyn. Onyt bwyt nyf kyzhaedaf. ac
amdwylaδ nafkaffaf : dywet beth awnaf 6
yna. Blaengerd gymhelri. Ac ynni
pob dzut. Ac awen ym peri : dyzo dillat rac
noethi. Vyn dillat mi ae radaf y duδ y
gozchymynnaf : py dal yna agaffaf . 10
Arodych oda ympob attrec dzut ymbzeint
kadδ dy wyneb : fef ykey ynnef ary ganuet.
Kyfliδ dyd kanyth garaf. ardelδ kerd kanyf
keiffyaf : ganduδ py vn peth gaffaf . 14
Bud ac awen achyffret. pan retto dδfyz ar
anwaeret : gδaethaf tδyll trδy ymdiret.
Tδyll trδy ymdiret os gδnaf. ac y duδ naf
kyffeffaf : padial avyd arnaf . 18
Oz gδney dδyll ymdiret. heb ffyd heb gre-
fyd heb gret : key benyt ar dy feithuet.
Kyfliδ dyd mi ath gredaf. ac yzduδ y govyn-
naf : nef py wed yd henillaf . 22
Nyt kyffelyb da adzδc. pan ymladho gδ-
ynt amδc : gδna da yzduδ fef ydiδc.
Blaengar awen pob achles. retuaδz go- 25
zwydaδz ar tes : diwed pob peth yδ kyffes .
Awnelych obob dirdza o dδyll athzeis a
thzaha : yzduδ kyffeffa ynda. 28
Tyssilyaw uab brochuael ysgithzawc a
gafas yz englynyon hynn y gan br-
nerth yndyuot y gywiraw yzet bzth lyw-
elyn sant y gythenytawc. Ac aelwir ym- 32
attrec llywelyn agwznerth.

Eiry mynyd gỽynn pob tu : kynneuin 1
bran achanu : nydaỽ da o dꝛachyſcu.
Eiry mynyd gỽynn keunant : rac ruthur
gỽynt gỽyd gỽyꝛyant : llawer deu aymgarãt :
aphyth ny chyfuaruydant . 5
Eiry mynyd gỽynt ae taỽl : llydan lloergan
glas tauaỽl : odit dyn dirieit dihaỽl .
Eiry mynyd hyd eſcut : gnaỽt ympꝛydein
gynrein dꝛut : reit oed deall yalltut . 9
Eiry mynyd hyd ardes : hỽyeit ynllynn gỽynn
aches : hỽyꝛ hen haỽd yoꝛdiwes ~
Eiry mynyd hyd ardꝛo chwerdyt bꝛyt ỽꝛth
agaro : kyt dywetter ỽꝛthyſ chwedyl . mi a
atwen veuyl lle y bo . 14
Eiry myny[d] graennwyn gro : pyſc yn ryt clyt
yogo : kas vyd aoꝛeilytto .
Eiry mynyd hyd ardar[a]yſ : gnaỽt gan gyn-
ran ciryan araſ : ac yſgynnu o du coꝛoſ : a
diſgynnu bar ar araſ . 19
Eiry mynyd hyd kyngrỽn : llawer adywede-
is os gỽnn : an hebic y hafdyd hỽnn .
Eiry mynyd [hyd] hellaỽt : gochwiban gỽynt y-
ỽch bargaỽt : tỽꝛ trỽm aỽꝛ yỽ pechaỽt . 23
Eiry mynyd hyd arneit gochwiban gỽynt
yỽch gỽenbleit : uchel gnaỽt taỽel yndeleit.
Eiry mynyd hyd ymbꝛo : gochwiban gỽynt
yỽch blaen to . nyt ymgel dꝛỽc ynlle y bo .
Eiry mynyd hyd ar dꝛaeth : collyt hen y uab-
olaeth : dꝛycdꝛem awna dyn yngaeth . 29
Eiry mynyd hyd ynllỽyn : purdu bꝛan buan
jyꝛchwyn : iach ryd ryuedot pagỽyn .
Eiry mynyd hyd myỽn bꝛỽyn oer micned 32
med ygherwyn : gnaỽt gan bob anauus gỽyn .
Eiry mynyd bꝛith bꝛonn tỽꝛ : kyꝛchyt anifeil
glydỽꝛ : gỽae wreic agaffo dꝛyc wr . 35
Eiry mynyd bꝛith bꝛonn kꝛeic : krin kalaſ
alaſ dichleic : gỽae ỽꝛ agaffo dꝛycwreic .
Eiry mynyd hyd yn ffos : kytuyt lleidyꝛ ahir
nos : kyſgyt gỽenyn yndidos 39
Eiry mynyd kynglhennyd auon : hỽyrweda-
ỽc yngkynnyd : ny moch dieil meuyl meryd .
Eiry mynyd pyſc ynllynn : balch hebaỽc bacỽy-
aỽc unbynn : nyt ef ageiff ageiff paỽb auynn . 43
Eiry mynynyd coch blaen pyꝛ : llidiaỽc lluoſſaỽc
ongyꝛ och rac hiraeth vymrodyꝛ ~ 1
Eiry mynyd buan bleid : yſtlys diffeithỽch adꝛeid :
gnaỽt pob anaſ ardieid . 3
Eiry mynyd hyd nyt hỽyꝛ : dygỽydyt glaỽ o awyꝛ .
megyt triſtit lleturyt llwyꝛ .
Eiry mynyd eilion ffraeth : gowlychyt tonneu
glañtraeth : keluyd kelet yaruaeth . 7
Eyꝛy mynyd hyd myỽnglynn : gỽaſtat uyd haf
araf llynn : baryflỽyt reỽ gleỽ yerchwynn .
Eiry mynyd bꝛith bꝛonn gỽyd : kadarn vymre-
ic[a]am yſgỽyd : eidunaſ na bỽyſ gann mlỽyd . 11
Eiry mynyd llỽmm blaenn caỽn : crỽm blaen
gỽꝛyſc pyſc yn eigyaỽn . lle ny bo dyſc ny byd daỽn .
Eiry mynyd pyſc ynryt : kyꝛcl[yt]carỽ culgrỽm
cwm clyt : hiraeth am uarỽ ny weryt .
Eiry mynyd hyd ygkoet : ny cherda detwyd ar-
troet . meckyt llỽuyꝛ llawer adoet . 17
Eiry mynyd hyd ymbꝛonn : gochwiban gỽynt
yỽch blaen onn : trydyd troet y hen y ffonn .
Eiry mynyd hyd arnaỽ : hwyeit ynllynn gỽyñ
alaỽ . diryeit ny mynn gỽarandaỽ .
Eiry mynyd coch traet ieir bas dỽfyꝛ mynyt 22
leueir : chwenneckyt meuyl maỽꝛeir .
Eiry mynyd hyd eſgut : odit amdidaỽꝛ oꝛbyt .
rybud y dꝛỽch nyweryt .
Eiry mynyd gỽynn y gnu : yſodidaỽc wynebku .
o gar gyt amynych athꝛeidu . 27
Eyry myd gỽynn to tei : beitraethei dauaỽt
awypei geudaỽt : ny bydei gymydaỽc neb rei .
Eiry mynyd dyd ac̣dooeth : bit glaf pob trỽm llỽm
lletnoeth : gnaỽt pob anaſ ar anoeth . 31

BJt goch crib keilya6c . bit annyana6l y lef
owely buduga6l ; llewenyd dyn du6 ae ma6l.
Bit la6en meichyeit 6ꝛth ucheneit g6ynt . bit ta6el
yndeleit ; bit gna6t afl6yd ar diryeit -
Bit guhudyat keiſſyat . bit gnifiat g6yd . a bit gyn-
nwys dillat ; agaro bard bit hard rodyat -
Bit avwy unbenn abit le6 . abit vleid arad6y. ny
cheid6 ywyneb ar ny rodwy -
Bit vuan redeint yn ardal mynyd . bit yngheuda-
6t oual ; bit anniweir annwadal -
Bit aml6c marcha6c . bit ogela6c lleidyꝛ . t6yllyt
g6ꝛeic goluda6c ; kyueillt bleid bugeil dia6c -
Bit aml6c marcha6c . bit redega6c goꝛ6yd . bit uab
llen ynch6anna6c ; bit anniweir deueirya6c -
Bit gr6m bi6 . a bit l6yt bleid . eſgut goꝛ6yd yar
heid : g6eſgyt g6a6n gra6n yny wreid.
Bit gr6m bydar . bit tr6m keu ; eſgut goꝛwyd yg-
kadeu ; g6eſgyt g6a6n gra6n yny adneu.
Bit haha bydar . bit annwadal ehut . bit ynuyt
ymladgar ; detwyd oꝛ aeg6yl aekar .
Bit dyf6n llynn bit lynn g6aewa6ꝛ . bit granclef
gle6 6ꝛth a6ꝛ ; bit doeth detwyd du6 ae ma6ꝛ .
Bit euein alltut . bit diſgythꝛin dꝛut . bit chwanna-
6c ynvyt ychwerthin ; bit wlyb rych. bit uynych mach
bit g6yn claf. bit la6en iach - bit ch6yꝛnyat col6-
yn : bit wenwyn gwrach -
Bit diaſpat aeleu . bit aebydin . bit beſgittoꝛ dyꝛe.
bit dꝛut gle6 : a bit re6bꝛe ~
Bit wenn g6ylyan - bit vann tonn - bit hyuagyl
g6yar aronn ; bit l6yt re6 . bit le6 callonn -
Bit las lluarth . bit diwarth eirchyat . bit reinyat
yghyuarth : bit wreic dꝛ6c ae mynych warth.
Bit grauanga6c iar . bit trydar ganle6. bit yn-
vyt ymladgar ; bit tonn callon ganalar -
Bit wynn t6ꝛ . bit oꝛ6n feirch . bit hoffder lla6er
aeheirch : bit l6th chwanna6c . bit rynga6c cleirch

Gna6t g6ynt oꝛdeheu . gna6t atneu yn llann -
gna6t g6ꝛ g6ann godeneu ; gna6t y dyn
ofyn chwedleu . gna6t yvab ar uaeth uoetheu.
Gna6t g6ynt oꝛd6yꝛein . gna6t dyn bꝛonrein
balch ; gna6t m6yalch ymplith dꝛein ; gna6t rac
trahatra lleuein . gna6t yggwic kael kic ourein .
Gna6t g6ynt oꝛgocled . gna6t rianed chwec.
gna6t g6ꝛ tec ygg6yned ; gna6t y deyꝛn arl6y
g6led . gna6t g6edy llynn lleturyded -
Gna6t g6ynt oꝛ moꝛ . gna6t dygyuoꝛ llan6 ;
gna6t yuan6 uagu hoꝛ ; gna6t yuoch turya6 kyloꝛ.
Gna6t g6ynt oꝛ mynyd . gna6t meryd ymro .
gna6t kael to ygg weunyd : gna6t arlaeth maeth
dyn creuyd . gna6t deil ag6yeil ag6yd -
Gna6t obaſtardaeth grynn6ꝛyaeth arwyꝛ ; a-
g6ꝛaged dꝛ6c meduaeth . a chyni arwyꝛ a goꝛ6yꝛ
waeth waeth -
Gna6t nyth eryꝛ ymblaendar . ac ygkyfyꝛdy
g6yꝛ llauar ; gol6c vynut aragar -
Gna6t dyd acanll6yth ygkynnlleith gayaf - kyn-
reinyon kynr6ytyeith : gna6t aelwyt diffyd yndiffeith
Crin calaf allif yn nant . kyfnewit feis ac ary-
ant . digu eneit mam geublant -
Y deilen a dꝛeuyt g6ynt . g6ae hi oe thynghet ;
hen hi. eleni y ganet -
Kyt boet bychan yſkeluyd . y dadeil adar yggoꝛ6-
yd coet ; kyuoet vyd da a detwyd -
Oerwlyb mynyd oerlas ia - ymdiryet y du6 nyth
d6ylla ; nyt edeu hirbwyll hirbla -
Kalangaeaf kalet gra6n. deil ar gych6yn
llynnwynn lla6n ; y boꝛe gynn noe vynet
gwae a ymdiret y eſtra6n ~
Kalangayaf kein gyfrin ; kyfret awel a
dꝛyckin ; g6eith keluyd y6 kelu rin -
Kalangayaf cul hydot . melyn blaen bedu g6ed6
hauot ; g6ae ahaed meuyl yꝛ bychot .
Kalangayaf cr6m blaen g6ꝛyſc . gna6t o benn
dirieit teruyſc ; lle ny bo da6n ny byd dyſc .
Kalangaeaf gar6 hin . anhebic ygynteuin ;
namwyn du6 nyt oes dewin -
Kalangaeaf kein gyfreu adar ; byꝛr dyd ban
cogeu ; trugar daffar du6 goꝛeu. ~
Kalangayaf kalet cras purdu bꝛan buan o
vꝛas ; am g6ymp hen chwerdit g6en g6as --

Kalangaeaf cul kerwyt gwae wann panſyꝛr-
byꝛr vyd byt · gỽir gỽell hegarỽch nophꝛyt.
Kalangayaf llỽm godeith . aradyꝛ yn rych 3
ych yggweith . oꝛ kant odit kedymdeith -

Baglaỽc bydin bagỽy onn hwyeit yn
llynn graenwynn tonn · trech no 14
chant kyſſul callon .
Hir nos goꝛdyar moꝛua . gnaỽt teruyſc yg-
kymanua : nychyt uyd diryeit ada - 17
Hir nos goꝛdyar mynyd - gochwiban gỽynt
yỽch blaen gỽyd · ny thỽyll dꝛyc anyan detwyd.
Marchwyeil bedỽ bꝛiclas . adynn uyntroet
o wanas · nac adef dy rin y was - 21
Marchwyeil derỽ myỽn llỽyn . a dynn vynn
troet o gadwyn · nac adef rin y uoꝛwyn -
Marchwyeil derỽ deilyar . adynn vyn troet o
garchar · nac adef rin y lauar ~ 25
Marchwyeil dꝛyſſi amỽyar erni . a mỽyalch
ar y nyth · achelwydaỽc nytheu vyth -
Glaỽ allann gỽlychyt redyn gỽynn gro 28
moꝛ goꝛoꝛ ewynn · tec agannỽyll pỽyll y dyn -
Glaỽ allan y gan glydỽꝛ melyn eithin crin cuỽꝛ -
duỽ reen py bereiſt lyvỽꝛ - 31
Glaỽ allan gỽlychyt vyggỽallt . cỽynuanus
gwan diffỽys allt · gỽelỽgan gỽeilgi heli hallt -
Glaỽ allan gỽlychyt eigyaỽn . gochwiban 34
gỽynt yỽch blaen caỽn : gỽedỽ pob camp heb y
daỽn.

Goꝛwyn blaen onn . hirwynnyon vydant . 1
pandyuant ymblaen neint · bꝛongỽala hiraeth
Goꝛwyn blaen neint deweint hir kei- [y heint -
mygir pob kywreint · dyly bun pỽyth hun y heint -
Goꝛwyn blaen helic eilic pyſc ynllynn gochwi-
ban gỽynt yỽch blaen gỽꝛyſc man · trech anyan noc
Goꝛwyn blaen eithin achyſrin adoeth ac [adyſc
anoeth diſgethꝛin · namynduỽ nyt oes dewin - 8
Goꝛỽyn blaen meillyon digallon llyſỽꝛ lludedic
edigyon : gnaỽt ar eidil oualon ~
Goꝛwyn blaen kaỽn gỽythlaỽn eidic yſodit ac
digaỽn · gỽeithꝛet call yỽ caru yn iaỽn - 12
Goꝛwyn blaen mynyded rac anhuned gayaf
crin caỽn trỽm crin kaỽn trỽm · rac neỽyn nytoes [wyled]
Goꝛwyn blaen mynyded hydyꝛ oeruel gayaf crin
kaỽn crỽybyꝛ arued · whefris gỽall yn alltuded -
Goꝛwyn blaen derỽ chwerỽ bꝛic onn . rac hwyeit
gỽeſgereit tonn · pybyꝛ pỽyll pell oual ymkallon.
Goꝛwyn blaen derỽ chwerỽ bꝛic onn chec euỽꝛ
chỽerthinat toñ · nychel grud kyſtud kallon - 20
Goꝛwyn blaen egroes . nyt moes caledi : katwet
baỽp y eiryoes · gỽaethaf anaf yỽ anuoes -
Goꝛwyn blaen banadyl . kynnadyl y ferchaỽc . goꝛ-
uelyn kangeu bacỽyaỽc : baſryt gnaỽt hyfryt ynhunaỽc
Goꝛỽyn blaē auall amgall pob dedwyd . wheueryd
yarall : agỽedy karu gadu gỽall - 26
Goꝛwyn blaen auall amgall pob dedwyd. hir
dyd meryd mall · crỽybyꝛ arwaỽꝛ carcharaỽꝛ dall -
Goꝛỽyn blaen coll . geir digoll bꝛe . diacle uyd
pob ffoll · gỽeithꝛet cadarn cadỽ aruoll - 30
Goꝛỽyn blaen coꝛſyd . gnaỽt meryd yndꝛỽm .
a ieuanc dyſgedyd · ny thyꝛr namỽyn ffol yffyd -
Goꝛwyn blaen eleſtyꝛ . bit veneſtyꝛ pob dꝛut ge-
ir teulu ynyſgỽn gnaỽt gan aghyỽir eir tỽnn - 34
Goꝛwyn blaen gruc . gnaỽt feithuc arlỽſyꝛ hy-
dyꝛ vyd dỽſyꝛ ardal glan · gnaỽt gan gywir eir kyvan
Goꝛỽyn blaen bꝛỽyn kymỽyn biỽ . redegaỽc vyn
deigyꝛ hejdiỽ · amgeled amgeled ādyn nyt ydiỽ -
Goꝛỽyn blaen redyn melyn kadaỽarth · moꝛ vyd
diwath deillon : redegaỽc manaỽc meibon - 40
Goꝛỽyn blaē kyꝛaỽal gnaỽt goual arhen - agỽ-
enyn yn ynyal · namynduỽ nyt oes dial - 42
Goꝛwyn blaendar -didar dꝛychin · gỽenyn yn
uchel geu vel crin · gnaỽt gan rewyd rychỽerthin.

Goꝛ6yn blaen kelli gogyhyt yg6yd a deil deri
dyg6ydyt ꝛ awyl agar g6ynn yuyt ⌄ 2
Goꝛwyn blaen der6 ꝛ oeruer6 d6fyꝛ . kyꝛchit
bi6 blaen betuer6 ꝛ g6nelit aeth ſaeth y ſyber6 ~
Goꝛwyn blaen kelyn kalet ac ereill eur agoꝛet ꝛ
pan gyſco pa6b ar gylchet ꝛ ny ch6ſc du6 pan
Goꝛwyn blaen helic hydyꝛ elwic ∗ ryd g6aret ~
goꝛwyd . hirdyd deilyedic ꝛ agaro ygilyd nyſdir‸mic ⌄
Goꝛwyn blaen bꝛ6yn bꝛiga6c vyd pan danner
dan obennyd ꝛ med6l ſercha6c ſyber6 vyd ⌄
Gorwyn blaen yſpydat . hydyꝛhwylyat goꝛwyd ⌄
gna6t ſercha6c erlynnyat : g6nelit da diwyt gēnat ⌄
Goꝛ6yn blaen ber6ꝛ bydina6ꝛ gorwyd kein
gyfreu koet yla6ꝛ cl6erdyt bꝛyt 6ꝛth agara6ꝛ ⌄
Gorwyn blaen perth hywerth goꝛwyd ysda 15
p6yll gyt a nerth ꝛ g6nelyt agheluydyt an nerth ⌄
Goꝛwyn blaen perthi . keingyfreu adar . hir
dyd da6n goleu ꝛ trugar daffar du6 goꝛeu ⌄
Goꝛwyn blaen erwein . ac elein ynll6yn . g6ych-
yꝛ g6ynt g6yd migyein : eirya6l ny gara6l 20
Goꝛwyn blaen yſga6 . hydyꝛ ∗ ny gyghein ⌄
ana6 unic . gna6t y dꝛeiſſic dꝛeiſſya6 g6ae
ad6c daffar o la6 ~~~ 23

Goꝛeiſte ar vrynn aeruyn uymbꝛyt ꝛ a
heuyt nym kych6yn : byꝛr vynteith dif-
feith vyntydyn. Llem awel ll6m benedyꝛ by6 ꝛ
pan oꝛwiſc coet teglyb haf ꝛ teryd glaf 6yf
hedi6 ⌄ Nyt 6yf anhyet ꝛ milet ny chatwaf ny-
allaf darymret : tra vo da gan goc canet ~ 30
Coc lauar a gan gan dyd ꝛ kyfreu eichya6c
yndolyd : cua6c g6ell coꝛra6c no chebyd ⌄
Ynaber cua6c yt ganant gogeu . argangheu
blodeua6c ꝛ coc lauar canet yꝛa6c ⌄ 34
Ynaber cua6c yt ganant gogeu . argangheu
blodeua6c ꝛ g6ae glaf ae cly6 yn voda6c ~
Ynaber cua6c cogeu aganant ꝛ yſatuant gan
vymbꝛyt ꝛ ae kigleu naſcly6 heuyt ~ 38
Neus edeweis i goc ar eidoꝛ6c bꝛenn ꝛ neur laeſ-
ſ6ys vygkylch6y . etlit agereis agereis neut m6y ⌄
Yny vann ody6ch llonn dar . ydedeweis i leis
adar ꝛ coc uann cof gan ba6p agar ⌄ 42
Kethlyd kathyl uoda6c hiraetha6c yllef teith
odef . tuth heba6c ꝛ coc vꝛeuer ynaber cua6c ⌄

Goꝛdyar adar g6lyl neint ꝛ llewychyt lloer oer
deweint : crei vymbꝛyt rac gofit heint ⌄ 2
G6ynn g6arthaf neint deweint ꝛ hir keinmygir
pob kywreint . dyly6n p6yth hun y heneint ⌄ 4
Goꝛdyar adar g6lyb gro . deil c6ydit di vꝛyt di vꝛo ⌄
ny wadaf 6yf claf heno ⌄
Goꝛdyar adar g6lyb traeth . eglur n6yvꝛe e-
halaeth tonn ꝛ g6i6 callon rac hiraeth ⌄ 8
Goꝛdyar adar g6lyb traeth eglur tonn tuth
ehalaeth ꝛ agret ymabolaeth car6n bei kaff6n etwa eth ⌄
Goꝛdyar adar ar edꝛy6y ard . bann llef c6n
yndiffeith . Goꝛdyar adar eilweith ⌄ 12
Kynnteuin kein pob amat pan vꝛyſſyant
ketwyꝛ y gat ꝛ mi nyaf anaf nymgat ~
Kynteuin kein ar yſtre ꝛ pan vꝛys ketwyꝛ y
gatle ꝛ mi nyt af anaf amde ⌄ 16
Llwyt g6arthaf mynyd bꝛeu blaen onn ꝛ oebyr
dy hepkyꝛ tonn ꝛ peuyꝛ pell ch6erthin om kallon ⌄
Aſſymy hedi6 penn y mis . yny weſtua yd ede6-
is ꝛ crei vymbꝛyt cryt am dewis ⌄ 20
Aml6c gol6c g6ylyadur ꝛ g6nelit ſyber6yt
ſegur ꝛ crei vymbꝛyt . cleuyt am cur ⌄
Alaf yneil meil am ved . nyt eidun detwyd dy-
hed ꝛ amaer6y atnabot amyned ⌄ 24
Alaf yneilmeil am lat : llithꝛeda6ꝛ llyꝛyllonn
ca6at : a d6fyn ryt ber6yt bꝛyt bꝛat ⌄
Ber6it bꝛat anuat ober . bydant dolur pan
burer ꝛ g6erthu bychot yꝛ llawer ⌄ 28
Pꝛe atoꝛ pꝛeennwir pan uarno douyd dyd hir ꝛ
tywyll vyd geu ꝛ goleu g6ir ⌄
Rerygyl yn dirchiuat kyꝛchyuyat kewic ꝛ llaw-
en g6yꝛ ody6ch llat ꝛ crin calaf alaf yndeilyat ⌄
Kigleu don dꝛom y tholo ꝛ vann yr6ng gran
agro ꝛ krei vymbꝛyt rac lletvꝛyt heno ⌄ 34
Oſgla6c blaen der6 . ch6er6 chweith onn ꝛ ch6ec
evwr chwerthinat tonn ꝛ nychel grud kyſtud callon ⌄
Ym6ng ucheneit ꝛ adyuet arnaf ynol vyggoꝛdyf-
neit ꝛ ny at du6 da ydiryeit . ~ 38
Day dirieit ny atter ꝛ namyn triſtit aphꝛyder ꝛ
nyt atwna du6 ar awnel . 42
Oed mack6y mabklaf : oed goein gyuran yn
llys vꝛenhin ꝛ poet g6yl du6 6ꝛth y dewin ⌄
Oꝛ awneler ynderwd yſtiryeit yꝛ ae derlly ꝛ cas
dyn yman y6 cas du6 vꝛy ~ 44

Kynnbum kein vaglaỽc bum. kyffes eiryaỽc
keinmygyꝛ ny eres : gỽyꝛ argoet eiryoet am
poꝛthes. Kynn bum kein uaglaỽc bum hy : am
kynnỽyffit ygkyuyꝛdy : powys paradwys gymry.
Kynn bum kein vaglaỽc bum eiryan : oed 6
kymwaeỽ vym par : oed kynnỽyf keuyngr-
ỽm. ỽyf trỽm ỽyf truan ~
Baglan bꝛenn neut kynhayaf : rud redyn
melyn kalaf : neurdigereis agaraf . 10
Baglan bꝛenn neut gayaf hynn : ytuyd
llauar gỽyꝛ ar lynn : neut diannerch vyerchỽÿ.
Baglan bꝛen̄ neut gỽannỽyn. rud cogeu 13
goleu ewyn : wyf di garyat gan uoꝛỽyn ~
Baglan bꝛen̄ neut kynteuin. neut rud rych
neut crych egin : etryt ym edꝛych yth yluin.
Baglan bꝛen̄ ganghen uodaỽc. kynhellych 17
hen hiraethaỽc : llywarch lleueryd uodaỽc ~
Baglan bꝛen̄ ganghen galet. am kynnỽyffy
duỽ diffret : elwir pꝛenn kywir kynniret.
Baglan bꝛenn byd yftywell : am kynhelych
a uo gỽell : neut wyf lywarch lawer pell. 22
Ymae heneint ynkymwed ami om gỽallt
ymdeint : arcloyn agerynt yꝛ ieueinc.
Y mae heneint ynkymwed ami .omgỽallt
ymdanned : ar cloyn agerynt y gỽꝛaged. 26
Dyꝛ gỽenn gỽynt gỽynn gne. godꝛe gỽyd deỽꝛ
hyd diwlyd bꝛe : eidyl hen hỽyꝛ y dyꝛe. ~ ~
Ydeilen honn neus kenniret gỽynt : gỽae hi
oe thynghet : hi hen eleni y ganet . 30
a gereis.i. yꝛ yn was yffy gas gennyf : merch
eftraỽn amarch glas : neut nat mi eukyuadas.
Ympedwar pꝛifgas eirmoet : yngyueruydynt
yn vnoet : pas aheneint heint ahoet . 34
Wyf hen ỽyf unic ỽyf annelwic oer gwedy
gỽely keinmic : ỽyf truan ỽyf tri dyblic ~
Wyf tridyblic hen wyf annỽadal dꝛut : ỽyf ehut
ỽyf annwar : yfaỽl am karaỽd myn kar . 38
Nymkar rianed nymkenniret neb : ny allaf
darymret : wi a agheu namdygret .
Nymdygret nahun nahoen gỽedy lleas llaỽꝛ a-
gwen : wyf annwar abar ỽyf hen . 42
Tꝛuan adynghet adynghỽyt ylwyarch. yꝛ y nos
y ganet . hir gnif heb efcoꝛ lludet .

Nawifc wedy kỽyn : na vit vꝛỽyn dy vꝛyt. llem aw-
el achwerỽ gỽenỽyn : amgyhud vymam mab yt ỽyf.
Neut atwen ar vy awen yn hanuot : cun achen :
tri gỽyd oꝛic elwic awen . 4
Llym vympar llachar ygryt armaaf ywylyaỽ :
ryt kynnyt anghyf duỽ gennyt .
Odiegyd athwelwyf : oth ryledir ath gỽynnỽyf :
na choll wyneb gỽyꝛ argnif . 8
Ny chollaf dy wyneb trin wofep ỽꝛ panwifc gleỽ
yꝛ yftre : poꝛthaf gnif kynn mudif lle.
Redegaỽc tonn arhyt traeth. echadaf toꝛrit
aruaeth : kat ac ado gnaỽt ffo arffraeth.
Yffit ym alauarỽyf. bꝛiaỽ pelydyꝛ parth y 13
bỽyf : ny lauaraf naffowyf..
Medal migned kalet riỽ . rac carn canntal glan̄
avriỽ : edewit nywnelher nydiỽ .
Gỽafgaraỽt neint am glaỽd caer. a minneu
armaaf yfgỽyt bꝛyt bꝛiỽ kynn techaf. 18
Ycoꝛn athrodes di vꝛyen : ae arwell eur amy
en : chỽyth yndaỽ oth daỽ aghen .
Yꝛergryt aghen rac aghywyꝛ lloegyꝛ nylygraf
vym maỽꝛed : ny duhunaf rianed . 22
Tꝛavum.i. ynoet y gỽas dꝛaỽ. a wifc oeur y
ottew : bydei re y ruthꝛỽn y waeỽ ~
Diheu diweir dywaes. ti yn vyỽ ath dyft ry las .
ny bu eidyl henynwas ~ 26
Gỽen ỽꝛth lawen ydwelas neithwyꝛ athuc ny
techas : oer adraỽd arglaỽd goꝛlas .
Gỽen ỽꝛth laỽen ydwylwys neithỽyꝛ. aryfgỽyt
ar y yfgỽyd : achan bu mab ymi bu hywyd ~
Gỽen ỽꝛth laỽen ydwyliis neithwyꝛ ar yfgỽyt 31
ar yguis : kan bu mab ymi nydiegis .
Gỽen gỽgyd gochaỽd vy mryt. dyleas yf maỽꝛ
cafnar : nyt car ath ladaỽꝛ.
Gỽen voꝛdwyt tyll uras. awylyas neithwyꝛ . 35
ygoꝛoꝛ ryt uoꝛlas : a chan bu mab ymi ny thechas.
Gỽen gỽydỽn dy eiffillut. ruth eryꝛ ynebyꝛ oedut :
betỽn dedwyd dianghut ~
Tonn tyꝛuit toit eruit. pan aut kyvꝛein ygovit.
gỽen gỽae ryhen oth etlit ~ 40
Tonn tyꝛuit toit aches. pan aut kyfvrin ygnes
gỽen gỽae : ryhen ryth golles ~
Oed gỽꝛ vy mab oedifgỽen haỽl. acoed nei y vꝛyen .
ar ryt voꝛlas y llas gỽen ~ 44

Pzennyal dywal gal ysg6n : gozuc arloegyz llu 1
kyndz6yn : bed g6en uab llywarch heny6 h6nn.
Pedwarmeib arhugeint ambu eurdozcha6c tyw-
yssa6c llu : oed g6en gozeu onadu. 4
Pedwarmeib arhugeint ambwyat. eurdozcha6c
tywyssa6c cat : oed g6en gozeu mab oedat.
Pedwarmeib arhugeint amb6yn. eurdozcha6c 7
tywyssa6c vnbynn : y6zth wen g6eissyonein oedyn.
Pedwarmeib arhugeint ygkenuein lywarch. owyz
gle6 gal6ytheint : t6ll eudyuot clot trameint.
Pedwarmeib arhugeint aneithyeint vygkna6t 11
lledesseint da dyuot vygcot coll edeint.
Pan las pyll oed teuyll bzi6. ag6aet arwallt hyll :
ac amd6ylann ffra6 ffrowyll. 14
Dichonat ystauell oesgyll ysg6yda6z travydat yn
feuyll : a vziwat ar aghat byll.
Dyn dewis ar vy meibon. pan gyzchei ba6p yalon.
pyll wynn p6yll tan tr6y lunon. 18
Mat dodes y uozdwyt dzos obell yozwyd o wug ac-
obell : pyll p6yll tan tr6y fawel ~
Oed llary lla6 aergre oed aela6 eiluyd oed dinas
ar ystre : pyll vyn doet perchyll eude. 22
Pansauei yndz6s pebyll yar ozwyd erewyll. ar
delwei o wr wreic pyll.
Bziwyt rac pyll penngloc ffer. ys odit llywyz yt-
lecher : ynda6 eidil heb dim digoner. 26
Pyll wynn pell cunic yglot. hand6yf n6yf yzot
othdyuot : yn vab athara6 atnabot.
Gozeu tridyn y dan nef : awerchetwis y hadef.
pyll a selyf a sandef. 30
Ysg6yt arodeis y byll. kynnoe gyscu neu bu doll :
dimia6 y hada6 arwall ~
Kyt delei gymry ac elyflu o loeger. a llawer o
bell tu : dangossei byll b6yll udu. 34
Naphwyll na mada6c ny bydynt hirhoedla6c
ozdewa6t agetwynt : rodyn narodyn kygreir vyt
Llyma yma bed diuei tringar : yveird ·nyferchynt.
ys ei yglot : lle nyt elei byll pei pellach parei.
Maen amada6c amedel dewrwyz di yssic vzoder :
selyf heilin lla6z lliwer. 40
Oed g6ell yny ri6 velen. bed sawyl yn llan gollen
g6ercheid6 llamyz b6ch llozyen ~
Bed rud neufcud tywarch nyseiryd g6eryt am
march : bed llygedwy uab llywarch ~ 44

Pell odyman aber lly6 : pellach and6y gyfedli6 :
talan teleisty deigyz hedi6 ~
Eryueis i win oga6c. ef aracwan rac reinya6c :
esgyll g6a6z oed waewa6z d6c. ~ 4
Ediuar gennyf pan ymercheis. nat gantu y
diewis : kynnydyuei hael hoedel mis.
Atwen leueryd kyni. pandisgynnei ygkyfyzdy :
penn g6z pan g6in adyly. 8

Dymkywarwydyat unhwchdywal baranygkyo-
l6ch : g6ell yd lad nogyt ydol6ch.
Dymkyuarwydyat vn h6ch dywal : dywedit
yndz6s llech. duna6t uabpabo ny tech. 13
Dymkyfuarwydyat vnh6ch dywal chwer6 bl6ng
chwerthin moz ryuel dozvlodyat. vzyen reget
greidya6l gauel eryz gal vnh6ch glew hael :
ryuel godic budic uael. vzyen greidya6l. gauael
eryz gal vnh6ch : berchen ena6z : kell llyz kein
ebyz g6yz gla6z ~ 19
Penn abozthaf auntu : bu kyzch ynat r6ng
deulu : mab kynuarch balch bieiuu.
Penn abozthaf arvyntu : penn uryen llary llyw-
ei llu. ac ar y vzonn wennvzan du. 23
Penn abozthaf my6n vygcrys : penn vryen
llary llywyei llys. ac ar y vzonn wenvzein aehys.
Penn abozthaf ymvedeir. yz yzechwyd oed uu-
geil : teyznvzon treulyat gennweir. 27
Penn abozthaf tu mozdwyt. oed ysg6yt ar y
wlat : oed olwyn ygkat : oed cledyf cat kywlat r6yt.
Penn abozthaf ar vygkled. g6ell y vy6 nogyt
yued. oed dinas y henwred. 31
Penn abozthaf ogodir. pena6c pellynnya6c y-
luyd : vzyen geirya6c glotryd.
Penn abozthaf ar vy ysg6yd. nymaruollei war-
atwyd : g6ae vylla6 llad vy argl6yd. 35
Penn abozthaf ar vymbzeich. neus gozuc o
dir bzyneich : g6edy g6a6z geloza6z veirch.
Penn abozthaf ynaghat vy lla6. llaryud llyw-
yei wlat : penn post pzydein ryallat. 39
Penn a bozthaf am pozthes : neut atwen nat
yz vy lles : g6ae vylla6 llym digones.
Penn abozthaf odu ri6. ac yeneu ewynri6 g6aet
g6ae reget o hedi. Ny thyz vis vymbzeich 43
rygardwys vyeis. vygcallon neurdozres penn

abo2thaf ampo2thes ⌄
Ygelein veinwen aoloir hedi6 : adan b2id a mein ⌄
g6ae vy Ila6 Ilad tat owein ⌄
Ygelein ueinwen aoloir hedi6 . ymplith p2id ader6 ⌄
g6ae vy Ila6 Ilad vygkeuynder6 ⌄
Ygelein ueinwenn aoloir heno . adan vein aede6-
it : g6ae vy Ila6 Ilam rym tynghit ⌄
Y gelein veinwen aoloir heno ymplith p2id a
thyweirch : g6ae vy Ila6 Ilad mab kynuarch ⌄
Y gelein ueinwenn aoloir hedi6 . dan weryt ac
arwyd : g6ae vyIlaw Ilad vy argl6yd ⌄
Ygelein ueinwen aoloir hedi6 adan b2id athywa6t
gwae vy Ila6 Ilam rym daera6t ⌄
Ygelein veinwenn aoloir hedi6 . adan b2id a dy-
nat : g6ae vy Ila6 Ilam rym gallat ⌄
Ygelein veinwen aoloir hedi6 adan b2id a
mein glas : g6ae vyIla6 Ilamrym gallas ⌄
Anoeth byd b2a6t b6yn kynnuII amgy2n bue-
lyn : am d2uII rebyd uilet reget duII :
anoeth byd b2a6t b6yn kynnwys amgy2n bue-
lyn amwys : rebyd uilet regethwis ⌄
Handit euy2dyl aflawen henoeth . alluoffyd
amgen : yn aber Ileu Ilad uryen ⌄
Yftrift eurdyl o2 d2aIIot heno . ac o2 Ilam am
daera6t : yn aber Ileu Ilad eub2a6t ⌄
Du6 g6ener g6eleis y diuyd ma62 . aruydina62
bedit : heit heb uod2ydaf hubyd. ⌄
Neum rodes i run ryuedlia62 cant heit achant
yfg6yda62 : ac vn heit oed weII peII ma62 ⌄
Neum rodes i run r6yf yolyd cantref : achant
eidyonyd : ac vn oed weII nogyd ⌄
Ymmy6 run rea6dy2 dyhed . dy2ein enwir eu
byded : hey2n ar veirch enwired ⌄
Mo2 vi gog6n vy anaf . argly6 pob un ymhop
haf : ny wy2 neb neba6t arnaf ⌄
P6yIIei duna6t marcha6c g6ein . erechwyd
g6neuthur kelein : yn erbyn cryffed owein ⌄
P6yIIei duna6t vd p2effen . erechwyd g6neuthu2
catwen : ynerbyn kyfryffed pafgen ⌄
P6yIIei waIIa6c marcha6c trin . erechwyd g6-
neuthur dynin : ynerbyn kyfryffed elphin ⌄
PwyIIei v2an uab ymeIIy2n : vyndihol . i . Ilofgi
vy ffy2n : bleid a uugei 62th eby2n ⌄
P6yIIei uo2gant ef aewy2 . vyndihol Ilofgi vyn
tymy2 : Ilyc agrauei 62th glegy2 ⌄
P6yIIeis i panlas elgno : ffrowyIIei lauyn
areidyo : pyII aphebyII oe v2o ⌄
Eilweith g6eleif g6edy g6eithyeu a62 yfg6-
yt aryfg6yd : v2yen bueil yno elgno hen ⌄
Ar erechwyd ethy6 g6aIIt ov2a6 marcha6c
yfg6eiII : auyd uyth uryen araII ⌄
Ys moel vy argl6yd ys euras g62th . nyf car
ketwy2 y gas : Ilia6s g6ledic ryd2eulyas ⌄
Angerd uryen ys agro gennyf . ky2chynat
ympob b2o : ynwifc louan la6 difro ⌄
Ta6el awel tu hirgly6 . odit auo moledi6 .
mam vryen ken ny di6 ⌄
ILawer ki geilic ahеba6c wy2ennic alithiwyt
ary Ila62 : kynn bu erIIeon Ilawed2a62 ⌄
Y2aelwyt honn aegoglyt ga62 . m6y go2dyf-
naffei aryIla62 . med ameduon eiria6l ⌄
Y2aelwyt honn neus kud dynat . tra vu
vyw y g6ercheitwat ⌄
Y2aelwyt honn neufcud gleffin : ym my6
owein acelphin : berwaffei y pheir b2eiddin ⌄
Y2aelwyt honn neufcud kaIIa6dy2 II6yt .
m6y go2dyfnaffei am yb6yt : cledyfual dyual di-
Y2aelwyt honn neufcud kein vieri co [arfwyt⌄
et : kynneua6c oed idi : go2dyfnaffei reget rodi
Y2aelwyt honn neuscud d2ein : mwy go2dyf-
naffei ychyngrein : kym6ynas kyweithas owein.
Y2aelwyt hon̄ neufcud my2 : m6y go2dyfnaf-
fei babir : gloew achyuedeu kywir ⌄
Y2aelwyt honn neus cud taua6l . m6y y
go2dyfnaffei aryIla62 : med amed6on eirya6l ⌄
Y2aelwyt honn neus cladh6ch . m6y go2dyfnaf-
fei elwch : g6y2 ac amgy2n kyued6ch ⌄
Y2aelwyt honn neufclad kywen . nys eidiga-
uei anghen : ym my6 owein ac v2yen ⌄
Y2yft6ff6l h6nn arh6nn d2a6 : m6y go2dyf-
naffei amdana6 : el6ch IIu aII6yby2 arna6 ⌄

Maenwynn tra vum yth oet : ny fethzit vy
Ilenn . i . athzaet : nyt erdit vyntir . i . hebwaet ⌄
Maenwynn tra vum ytherbyn : am ieuenctit
ymdilyn . ny tho2rei geffeil vynteruyn ⌄
Maenwyn tra vum ytherlit . yndilyn vy
ieuenctit : nycharei geffeil vygg6ythlit ⌄

Maenwynn tra uum.i . eſras . oedƀli dywal ga-
lanas ⁊ gƀnaƀn weithꝛet gƀꝛ kyt bydƀngƀas.
Maenwynn medyꝛ di yngall ⁊anghen kyſſueil
ar wall ⁊ keiſſyet uaelgƀn uaer arall. ~ 4
Vyndewis y gyfran aegaen arnaƀ ⁊ ym llym
megys dꝛaen ⁊ nyt ouer gniſ ẏmhogi maen.
Anrec rym gallat odyſryn :mewyꝛnyaƀn yg
ygkud yghelƀꝛn⁊haearn ⁊llym llas o dƀꝛn. 8
Boet bendigeit yꝛaghyſbell wrach . adywaƀt
odꝛƀs ychell ⁊ maenwynn nac adaƀ dygyllell... 11

Panet anet gereint oed agoꝛet pyꝛth nef ⁊
rodei griſt aarchet ⁊ pꝛyt mirein ṗdein ogo-net.
Molet paƀb y rud ereint . arglƀyd molaſ inneu
ereint. Rac gereint glyn̄n dihat . gƀeleis y 15
veirch kymrud ogat ⁊ agƀedy gaƀꝛ garƀ bƀyllat.
Rac gereint gelein gelyn kythꝛud . gƀeleis
y veirch dan gymryd agƀedy gaƀꝛ garƀ ach-
lud. Yn llongboꝛth gƀeleis drydar. ac eloꝛaƀꝛ yg-
gƀyar. agƀyꝛ rud rac ruthur eſgar. 20
Yn llongboꝛth gƀeleis i wytheint. ac eloꝛaƀꝛ
mƀy no meint ⁊ agƀyꝛ rud rac ruthur gereint.
Yn llongboꝛth gweleis .i. waetſreu . ac eloꝛaƀꝛ
rac arueu ⁊ agƀyꝛ rud rac ruthur agheu 24
Yn llongboꝛth gƀeleis .i. ottew . gƀyꝛ ny gyllynt
rac oſyn gƀaeƀ ⁊ acyuet gƀin owydyꝛ gloew.
Yn llongboꝛth gƀeleis i vygedoꝛth . agƀyꝛ yn
gode amhoꝛth ⁊ agoꝛuot gƀedy goꝛboꝛth. 28
Yn llongboꝛth gƀeleis gymynat ⁊ pd̊thit g
gniſ bob kyniuiat.
Yn llongboꝛth gƀeleis dꝛablud . eruein bꝛein
argolud ⁊ ac argrann kynran manꝛud. 32
Yn llongboꝛth gƀeleis i vꝛithꝛet . gƀyꝛ yggryt
agƀaet amdꝛaet . avo gƀyꝛ yereint bꝛyſſyet.
Yn llongboꝛth gƀeleis vrƀydꝛin . gƀyꝛ yggryt
agƀaet hyt deulin : rac ruthur maƀꝛ mab erbin.
Yn llongboꝛth yllas gereint . gƀꝛ deƀꝛ o godir
dyſneint ⁊ wyntwy yn llad gyt aſledeint. 38
Yn llongboꝛth llas yarthur . gƀyꝛ deƀꝛ kÿmy-
nynt odur ⁊ amheraƀdyꝛ llywyaƀdyꝛ llauur.
Oed re redeint dan uoꝛdƀyt gerereint . gar hir-
yon graƀn hyd ⁊ ruthur godeith ardiffeith vynyd.
Oed re redeint dan uoꝛdwyt gerdeint . garhiryon
graƀn odeƀ ⁊ rudyon ruthur eryꝛon gleƀ. 44

Oed re redeint dan uoꝛdwyt gereint . garhiryon
graƀn wehin ⁊ rudyon ruthur eryꝛon gƀynn. 2
Oed reredeint dan uoꝛdwyt gereint . garhiryon
graƀn wenith ⁊ rudyon ruthur eryꝛon bꝛith.
Oed re redeint dan uoꝛdwyt gereint . garhiry-
on graƀn adaſ:rudyon ruthur eryron glas. 6
Oed re redeint dan uoꝛdwyt gereint . garhiry-
on graƀn uoloch ⁊ rudyon ruthur eryꝛon coch.
Oed re redeint dan uoꝛdwyt gereint . garhir-
yon graƀn eubƀyt ⁊ rudyon ruthur eryꝛon llƀyt.
Oed re redeint dan uoꝛdwyt gereint . garhiry-
on graƀn uagu ⁊ rudyon ruthur eryꝛon du. 12
Oed re redeint dan uoꝛdwyt gereint . garhir-
yon graƀn anchwant ⁊ blaƀꝛ blaen eu raƀn yn
aryant ~ ~

Katwallaƀn kynnoedyuot . aegoꝛuc andigo-
not. pedeir pꝛifgat ar dec ambꝛifdec bꝛydein.
a thꝛugein kyuaruot. 18
Llueſt catwallaƀn ar geint . lloegyꝛ ardꝛes ar-
mes etneint ⁊ llaƀ dillƀng ellƀng oed vꝛeint.
Llueſt gatwallaƀn arydon . auar anwar yƀ
alon : lleƀ lluydaƀc ar ſaeſſon. 22
Llueſt gatwallaƀn glotryd . yggƀarthaf digoll
uynyd ⁊ ſeithmis aſeithgat beunyd.
Llueſt gatwallaƀn arhafren . acoꝛ tu dꝛaƀ ydygen.
abreieit yn lloſgi meigen. 26
Llueſt gatwallaƀn arwy . maranned wedy moꝛ-
dƀy ⁊ adiliuat kat kylchƀy.
Llueſt gatwallaƀn ar ffynnaƀn uetwyꝛ . rac 29
milwyꝛ magei daƀn ⁊ dangoſſei gynon yno haeru daƀn.
Llueſt gatwallaƀn ardaſ ys lluoſſaƀc y gƀelaf.
kywrennin veiſc naſ.
Llueſt gatwallaƀn ardawy . lleidyat adaſ yn
adƀy . clotryd keiſſydyd keſtƀy. 34
Llueſt gatwallaƀn tra chaer . kaeu bydin a
channwr taer ⁊ kan kat a thoꝛri can kaer.
Llueſt gatwallaƀn ar gowyn . llaƀ lludedic
arawyn ⁊ gƀyꝛ lloegyꝛ lluoſſaƀc eukƀyn. 39
Llueſt gatwallaƀn heno ⁊ trathir yn tymyꝛ
penn vꝛo . ani naƀd uaƀꝛ anhaƀd yffo.
Llueſt gatwallaƀn ardeiui . kymyſgei waet
aheli ⁊ angerd gƀyned gƀy ny gei. 42
Llueſt gatwallaƀn ardufyꝛd auon ⁊ gƀnaeth
eryron yn llaƀn ⁊ gƀedy trin dyuineu daƀn.

Lueſt gatwallaỽn vymbꝛaỽt . yggỽertheuin 1
bꝛo dunaỽt : y uar annwar yn ffoſſaỽt .
Lueſt gatwallaỽn arueirin . lleỽ lluoſſaỽc y
werin : tỽꝛỽf maỽꝛ trachas yoꝛdin. 4
O gyſſul eſtraỽn ac anghyfyaỽn ueneich di-
llyd dỽfyꝛ o ffynnaỽn : tru trỽmdyd am gatỽall-
Gỽiſgỽys coet keindudet haf . dy bꝛyſ -aỽn .
ſit gỽyth ỽꝛth dyghet . kyueruydom ny am eluet .
SEfỽch allann voꝛynnyon aſyllỽch werydꝛe
gyndylan : llys benn gỽern neut tande :
gỽae ieueinc a eidun bꝛotre ~ 11
vn pꝛenn agouit arnaỽ odieinc ys odit :
ac a uynno duỽ derffit .
Kynndylan callon iaen gaeaf : awant 14
tỽꝛch trỽy y benn : cu arodeiſt yꝛ cỽꝛỽf trenn.
Kynndylan callon godeith wannwyn . o gyflỽ-
yn amgyuyeith . yn amỽyn tren tref diffeith .
Kyndylan befyꝛboſt kywlat . kadỽynaỽc kil-
dynnyaỽc cat . amucfei tren tref y dat . 19
Kyndylan beuyꝛbỽyll oꝛi . kadỽynaỽc kynn-
dynnyaỽc llu : a mucfei tren hyt travu.
Kyndylan callon milgi pan diſgynnei ygkym-
elri cat : calaned aladei . 23
Kynndylan callon hebaỽc . buteir ennwir
gynndeiryaỽc . keneu kyndꝛỽyn kyndỹnyaỽc.
Kyndylan callon gỽythhwch . pan diſgynnei
ympꝛiffỽch cat . kalaned yn deudꝛỽch . 27
Kyndylan gulhỽch gynnifiat lleỽ . blei dilin
diſgynnyat : nyt atuer tỽꝛch tref y dat .
Kyndylan hyt tra attat y dadei . y gallon moꝛ
wylat : gantaỽ mal y gỽꝛỽf y gat ~ 31
Kyndylan powys boꝛffoꝛ wych yt : kell eſbyt
bywyt ioꝛ : keneu kyndꝛỽyn kỽynitoꝛ . ~
Kyndylan wynn uab kyndꝛỽyn : ny mat wiſc
baraf am y dꝛỽyn : gỽꝛ ny bo gỽell no moꝛwyn.
Kyndylan kymỽyat ỽyt : ar meith yd nabydy
lỽyt : am dꝛebỽll tỽll dy yſgỽyt . ~ 37
Kynndylan kaedi yriỽ . yny daỽ lloegyꝛwys
hediw : amgeled am vn nydiỽ . ~
Kyndylan kae di y nenn . yny daỽ lloegyꝛwys
dꝛỽy dꝛen : ny elwir coet o vn pꝛenn ~ 41
Gan vygcallon .i. moꝛ dꝛu . kyſſylltu yſtyllot
du : gỽynngnaỽt kyndylan kyngran canllu .
Stauell gyndylan yſtywyll heno heb dan heb

wely : wylaf wers . tawaf wedy . 1
Stauell gyndylan yſtywyll heno . heb dan heb
gannwyll : namyn duỽ pỽy amdyꝛy pỽyll .
Stauell gyndylan yſtywyll heno . heb dan heb
oleuat : elit amdaỽ amdanat . 5
Stauell gyndylan yſtywyll y nenn . gỽedy gỽen
gyweithyd : gỽae ny wna da a edyuyd .
Stauell gyndylan neut athwyt hebwed . mae
ymbed dyyſcỽyt : hyt trauu nybu doll glỽyt .
Stauell gyndylan ys digaryat heno . gỽedyyꝛ
neb pieuat : owi a angheu byꝛr ymgat . 11
Stauell gyndylan nyt eſmỽyth heno . ar ben̄
carrec hytwyth : heb ner . heb niuer . heb amỽyth.
Stauell gyndylan yſtywyll heno . heb dan heb
gerdeu : dygyſtud deurud dagreu ~ 15
Stauell gyndylan yſtywyll heno . heb deulu :
hidyl men yt gynnu .
Stauell gyndylan amgỽan y gỽelet . heb doet
heb dan : marỽ vyglyỽ . buỽ mu hunan .
Stauell gyndylan yſpeithwac heno . gỽedy 20
ketwyꝛ uodaỽc : eluan kyndylan kaeaỽc .
Stauell gyndylan yſoergrei heno . gỽedy y parch
ambuei : heb wyꝛ heb wraged a e katwei .
Stauell gyndylan ys araf heno . gỽedy colli y
hynaf : y maỽꝛ dꝛugaỽc duỽ pawnaf . 25
Stauell gyndylan yſtywyll y nenn . gỽedy dyua
o loegyꝛwys : kyndylan ac eluan powys ~
Stauell gyndylan yſtywyll heno . o blant kyn-
dꝛỽyn : kynon a gỽiaỽn a gỽyn : 29
Stauell gyndylan am erwan . pob awr gỽedy
maỽꝛ ymgynyꝛdan : a weleis ar dyben̄tan .
Eryꝛ eli ban ylef llewſſei gỽyꝛ llynn : creu
callon kyndylan wynn .
Eryꝛ eli goꝛelwi heno y gỽaet gỽyꝛ gỽynn novi :
ef y goet trỽm hoet y mi ~ 35
Eryꝛ eli a glywaf heno . creulyt yỽ nys beidyaf .
ef y goet tỽꝛỽm hoet arnaf .
Eryr eli goꝛthꝛymet heno . diffrynt meiſſir
mygedaỽc : dir bꝛochuael hir rygodet . 39
Eryꝛ eli echeidỽ myꝛ . ny thꝛeid pyſcaỽt yn ebyꝛ .
gelỽit gỽelit o waet gwyꝛ .
Eryꝛ eli goꝛymda coet . kyuoꝛe kinyaỽa : a e
llaỽch llỽydit ydꝛaha . Eryꝛ penngỽern penn
garn llỽyt . aruchel y atles . eidic amgic . 44

Eryꝛ penng6ern penngarn ll6yt- aruchel yeuan -
eidic amgic kynndylan -
Eryꝛ penng6ern pengarn ll6yt . aruchel y adaf
eidic amgic agaraf -
Eryꝛ penn g6ern pell galwa6t heno . arwaet g6-
yꝛ g6ylat ; ry gelwir trenn tref difa6t -
Eryꝛ penng6ern pell gelwit heno . arwaet g6yꝛ
g6elit ; rygelwir trenn tref lethꝛit -
Egl6yſſeu baſſa yoꝛffowys heno . ydiwed ymgynn6-
ys . cledyꝛ kat callon argoetwis -
Egl6yſſeu baſſa ynt ffaeth heno . vyntaua6t ac
g6naeth ; rud ynt 6y rwy vy hiraeth -
Egl6yſſeu baſſa ynt yng heno - yetiued kyndꝛ6yn ;
tir mab lan kyndylan wynn -
Egl6yſſeu baſſa ynt tirion heno . yg6naeth eu
meillyon ; rud ynt 6y . r6y vyng callon. -
Egl6yſſeu baſſa collaſſant eubꝛeint . g6edy y diua
oloegyꝛwys ; kyndylan ac eluan powys -
Egl6yſſeu baſſa ynt diua heno . ychetwyꝛ ny pha-
ra ; g6yꝛ a wyꝛ ami yma -
Egl6yſſeu baſſa ynt baruar heno . aminneu 6yf
dyar ; rud ynt 6y r6y vyggalar -
Y dꝛefwenn ymbꝛonn y coet . yſefy6 yhefras ciryo-
et ; ar wyneb y g6ellt y g6aet - -
Y dꝛefweñ ynyt hymyꝛ y hefras yglas vyuyꝛ ; y
gwaet adan dꝛaet y g6yꝛ -
Y dꝛefweñ yny dyffrynt llawen ybydeir 6ꝛth gy-
nanrud kat : yg6erin neurderynt -
Y dꝛef wenn r6ng trenn athꝛodwyd . oed gnodach
yſg6yt tonn ; yndyuot o gat no gyt ych yechwyd -
Y dꝛef wenn r6ng trenn athꝛaual . oed gnodach y
gauet ; ar wyneb g6ellt noc eredic bꝛynar -
G6ynn ybyt freuer moꝛ y6 diheint . heno g6edy
colli kenueint ; oanffa6t vyntaua6t yt leſſeint -
G6ynn ybyt freuer moꝛ y6 g6ann heno . g6e-
dy agheu eluan ; ac eryꝛ kyndꝛ6yn kyndylan -
Nyt angheu ffreuer . am de heno amdamoꝛth
bꝛodyꝛde ; duhunaf wylaf uoꝛe -
Nyt angheu ffreuer am g6na heint odechꝛeu
nos hyt deweint ; duhunaf wylaf bylgeint -
Nyt ãgheuffreuer amtremyn heno . am g6na
grudyeu melyn ; achocheu dagreu dꝛos erch6yn -
Nyt angheu ffreuer aerniwaf heno . namyn
myhun ; ny wanglaf vymbꝛodyꝛ amtymyꝛ ag6y-
[naf-

llFreuer wenn bꝛodyꝛ athuaeth . nyhannoedynt
oꝛdiffaeth . wyꝛ ny uegynt vygylyaeth -
llFreuer wenn bꝛodyꝛ athuu . pannglywynt gy6-
ꝛenin llu ; ny echyuydei ffyd ganthu- ~
Mi affreuer amedlan . kyt yt uo cat ymbop
mann . nyn ta6ꝛ ny lada6ꝛ an rann -
Y mynyd kyt at uo vch . nyt eidigafaf yd6yn
vymbuch ; ys yſga6n gan rei vy ruch-
am haual arauacr6y . yd a atren ynytrydon6y ;
ac yd a at6ꝛch ym marchn6y ~
Am ha6l ar cluyden ydaa trydon6y yn tren ;
ac ydaa geir6 yn alwen - -
Kynn bu vygkylchet croen gauyꝛ galet ; ch6-
anna6c y gelein rym goꝛuc ynuedw ued bꝛyum-
Kynnbu vygkylchet croenneu gauyꝛ galet . ke-
lyngar y llillen ; rym goꝛuc y ued6 ued trenn -
G6edy vymbꝛodyꝛ o dymyꝛ hafren . yamd6ylan
d6yry6 ; g6ae vidu6 vy mot yn vy6 -
G6edy meirch hywed achocwed dillat . a phl6-
a6ꝛ melyn ; mein uygcoes nymoesdudedyn -
G6arthec edeirnya6n nybuant gerdennin -
acherd neb nyt aethant ymbu6 ; goꝛwynny-
onn g6yꝛ a uchuant . -
G6arthec edeirnya6n ny buant gerdnnin . a-
chant neb nycherdynt ; ymby6 goꝛ6ynnyon
g6ꝛ eduyn warth g6arthegyd g6erth g6yla ne-
gyd : ar adyuo dꝛag6arth aedeubyd . mi awyd6n
aoed da . g6aet am y gilyd gwrda -
Bei g6ꝛeic gyꝛthm6l . bydei g6an hedi6 ; bydei
bann ydiſgyꝛ hi gyua diua y g6yꝛ -
Tywarchen ercal ar erdywal wyꝛ . oetined moꝛ-
yal ; ag6edy rys macryſmal -
Heled h6yedic ymgelwir . o du6 pa di6 yth rodir ;
meirch vymbꝛo ac eutir -
Heled h6yedic amkyueirch . odu6 padi6 ythrodir
gurumſeirch . kyndylan aebedwar degmeirch -
Neurſylleis olygon ardirion dir . ooꝛſed oꝛwyn-
nyon ; hir h6yl heul h6y vyghouyon -
Neurllyſſeis odinlle ureconn ffreuer werydꝛe .
hiraeth amdamoꝛth vꝛodyꝛde . -
Marcha6c ogaer adana6 . nyt oed h6yꝛ ag6yn-
nyon ; g6ꝛ o fanneir -
llas vymbꝛ͛dyꝛ ar vnweith . kynan kynndylan
kynnwreith ; yn am6yn tren tref diffeith -

Ny ſanghei wehelyth arnyth kyndylan. ny the-
chei dꝛoetued vyth ny uagas y uam uab llyth.
Bꝛodyꝛ ambỽyat ny vall. adyuynt ualgỽyal
coll ovn yun edynt oll. ~
Bꝛodyꝛ ambỽyat aduc duỽ ragof. vy anffaỽt
ae goꝛuc : ny obꝛynynt ffaỽ yꝛ ffuc ~
Teneu awel tew lletkynt pereid y rycheu. ny-
phara aegoꝛeu : ar auu nat ydynt ~
As clywo aduỽ adyn. aſclywo y ieuenc ahyn :
meuyl barueu madeu hedyn ~
Ymbyỽ ehedyn ehedyei. dillat yn aros gỽaed-
vei : ar glas vereu naf ynyſei.
Ryuedaf dincleir nadiỽ yn ol kilyd keluyd clyỽ :
yggỽall tyꝛch toꝛri cneu knyỽ ~
Nyỽy ae nyỽl ac mỽc ae ketwyꝛ ynkyuamỽc :
ygỽeirglaỽd aer yſfyd dꝛỽc ~
Edeweis y weirglaỽd aer yſgỽyt. digyuyng
dinas y gedyꝛn : goꝛeu gỽꝛ garanmael.
Karanmael kymỽy arnat atwen dy yſtle o-
gat : gnaỽt man ar gran kyniuiat ~
Kymỽed ognaỽ llaỽ hael : mab kynndylan
clot auael : dywedỽꝛ kynndꝛỽynin caranmael.
Oed diheid acoed. oed diholedic. tref tat a geiſſy-
wys. caranmael yn ynat. ~
Karanmael kymwed o gnaỽ. mab kyndylan
clot arllaỽ : nyt ynat kyt mynat o honaỽ.
Pan wiſgei garanmal. gatpeis kynndylan.
aphyꝛydyaỽ y onnen : ny chaffei ffranc tranc
Amſer y bum vꝛas vỽyt. nydyꝛchafỽn oebenn.
vy moꝛdỽyt : yꝛ gỽꝛ agỽynei claf goꝛnỽyt.
Bꝛodyꝛ ambỽyat inneu : nyſcỽynei gleuyt coꝛn-
nỽydeu : vn eluan kyndylan deu.
Nymat wiſc bꝛiger. nywdirper oỽꝛ yndiruaỽꝛ
gywryffed : nyt oed leuaỽꝛ vym bꝛoder.
Onyt rac agheu ac aeleu maỽꝛ. agloes glas
uereu : ny bydaf leuaỽꝛ inneu.
Maes maodyn neus cud reỽ. odiua da y odeỽ :
ar ued eirinued eiry tew ~
Tom elwithan neuſgỽlych glaỽ. maes mao-
dyn ydanaỽ : dylyei gynon ygỽynaỽ ~
Pedwarpỽnn bꝛoder ambu. ac y bob un penn
teulu : nywyꝛ tren perchen ydu.
Pedwarpỽnn bꝛoder ambuant. ac y bopun goꝛỽ-
yf nỽyvant : nywyꝛ tren perchen kugant ~
Pedwarpỽn terwyn oadwyn. vꝛodyꝛ ambuant
ogyndꝛỽyn : nyt oes ydꝛenn berchen mỽyn. ~
Goſgo yghot adot arnat. nyt ỽyt bylgeint
gyuot : neum gỽant yſgỽꝛ o gỽꝛr dy got. ~
Goſgo di yghot athech. nyt ỽyt ymadꝛaỽd
dibech : nyt gỽiỽ clein yth grein y grech.

Talieſſin anrec vryen

Gogy gogyfercheis. gogyfarchaf gogyfuer-
chyd : vryen reget dywallouyet yleỽenyd.
Eur ac aryant moꝛ eudiuant eudihenyd.
Kynnoc ydaỽ rỽng ydỽylaỽ y gỽeſgeryd.
Ieuaf awnaeth coll acalaeth am veirch peunyd.
Keneu y vꝛaỽt : kymundaeraỽt. nybugeluyd.
vꝛyen awnaeth. dialynaeth. y gewilyd.
Kynin vynnu. kyuarchwelu. eudihenyd.
Deutu aeruen. diffỽys dilen. dydaỽ luyd.
Seleu delyit. enynnyeſſit. oꝛ a dybyd ~
Dybi y uaeth. aryd achaeth. oc eu herwyd.
Cochliỽ laſneu trỽyualch eiryeu. amffrỽyth eugỽyd.
Wy kynnhalyant. llepedwarcant. y pedwargỽyꝛ.
Dỽfyꝛ diynuas. bendigỽyf claf clas. oc euherwyd.
Yꝛ ae kaffo kymunaỽl vo. yn dꝛagywyd.
Dydaỽ collet. oꝛ ymdiryet. yꝛardelyd.
Allaỽ heb uaỽt. allauyn argnaỽt. athlaỽt luyd.
Oes ucibionein. nyt ym gyghein ymmerweryd.
Nyt ymganret. nyt ymdiret neb oegilyd.
Dꝛeic owyned. diffwys dired. dirion dꝛeuyd ~
lloegyꝛwys yd aa. llettaỽt yna. yhatchetlyd.
Toꝛrit meinweith. yn anoleith oꝛgyfuergyꝛ.
Mỽy agollir noc ageffir. owyndodyd.
O gyt gyghoꝛ. kyfrỽng eſcoꝛ. moꝛ a mynyd.
Kyuyt ogud. gỽꝛ auyd bud. ywyndodyd ~
Goꝛffit vꝛythyon yn atpoꝛyon. arantyꝛron gyỽethyd.
Ef adaỽ byt. nybyd kerdglyt. nybyd keluyd.
Alaf gar maer. archaỽc uyd chwaer. ỽꝛth y gilyd ~
llad abodi. o eleri. hyt chỽiluynyd ~
vn goꝛuudiaỽc. an trugaraỽc. ef aoꝛuyd.
Bychan ylu. yn ymchwelu. oꝛ mercherdyd.
Arth oꝛ deheu. kyuyt ynteu. dychyue ruyd.
lloegyꝛwys lledi. af riuedi. o bowyſſyd.
Gỽeith coꝛs uochno. odiangho. bydaỽt detwyd.
Deudeng wraged. ac nyt ryued. am vn gỽ ꝛ vyd.
Oes ieuengtit aghyfyꝛdelit. yuaeth dybyd.
Berỽ ymdiſant. barnaỽc oꝛcant. nys rywlyd.

vꝛyen oreget. hael ef yſſyd acauyd. ac a vu yꝛadaf.
lletaf ygled. balch ygkynted oꝛ tri theyꝛn ar-
dec oꝛ gogled. a ỽnn eu henỽ. aneirin gỽaỽt-
ryd aỽenyd. Minneu dalyeſſin. o iaỽn llyn
geiriõnyd. Ny dalywyf yn hen. ymdygyn 5
aghen. o nymolỽyf i vryen Amen ~

Mal rot yntroi tramhỽeilyeu trallaỽt
meth trachymell tretheu: traỽs arovyn
dꝛeic mynnỽyn mynneu: trin engyꝛth am 10
byꝛth amboꝛthuaeu. aGỽenỽyn rieu gan rieu.
gnaỽt glutuan freinc deuan diuieu. ac am
gỽyn riein ryueleu a vyd: a diffeith eluyd heb
aelwydeu. ac allwed rufein gan rỽueu. ac- 14
allmyn heb allel kyꝛcheu. agỽynvyt gỽyndyt
yn gỽan yꝛdeheu. agỽander ſeis oe jnfeileu. a-
llỽgyꝛ meith am gyfreitheu. a lloegyꝛ yn bꝛy-
dyon bꝛat y rieu. agỽꝛth ffreinc ae ffraỽd ar-
longheu. agỽeithdofyꝛ yn dyfvꝛys agheu. 19
Eryſſi oes uaỽꝛ yꝛ ae kigleu. clỽyf am blỽyf
amdifflan pleideu. dꝛeic didỽyll tywyll agoleu.
goludaỽc riedaỽc rieu. an rodo trỽy ryddit ad-
neu. y rann oewled oeſſwed heb eiſſeu amen.

24
Mochdaỽ byt yngryt yngredyf carant.
mochdaỽ mynych doꝛr oꝛ tỽꝛneimant.
mochdaỽ rỽng faeſſon ruſſyant ymdꝛychu.
adibarch gladu aguaſſant. Mochdaỽ gỽyꝛ 28
manaỽ yꝛ mynnu molyant. ar gogled dyhed
diheu ygỽnant. Mochuyd ympꝛydein pꝛyder
achwant. ac amdeutu lloegyꝛ llafar yt gỽy-
nant. am lithꝛaỽ mab henri anryuedant. me-
int uyd ygỽaſcar yꝛ yſgrydyant. yſgein doſ 33
uoꝛoed rif toꝛuoed taruant. Tỽꝛỽf am y teruyn
traha ny barchant. ami diſgoganaf eſgut lef-
ant. gỽirion ualgeuaỽc agymynant. Maỽꝛ 36
trachwres llynghes lloegyꝛ agyꝛchant. lluoed
afletneis treis ageiſſant. am gyhoed tyꝛoed
taer yſtyngant. Y tyꝛeu kadarn yn wann
y gỽ nant. am taleu tyꝛua y tỽꝛneimant. 40
am gynghaỽs undyd rif myꝛd a ſyꝛthyant.
am vo ꝛoed kyhoed ykymynant. Ohonaỽ difgo-
ganaf na hilia plant. ac nyt mi ae kelnyſtreulant.
Oeſuot adyuyd douyd ae diuant. bꝛythyon ae treu-
la penna vydant. Bꝛithuyt adybyd o dicter
karant. a feif byd lawen pan ygỽelant ...
Dygoganaf tyfyꝛru erymes tra bythaỽt.

4
Llynghes von dirion direidi llefteir creu trỽſt
rỽyueu troſti. llanỽ niỽ am gonỽy amgyni.
llithꝛaỽt gỽyꝛ eryꝛ eryꝛi. dywres amſer teskynn
tewi. di ryujc kymry rac kammỽꝛi. dꝛeic daro-
gan uab henri. blỽydyn y eruyn kynn toꝛri. 9
bleid kedyꝛn kadarn yweſti. Gỽeſti byt koel
ennyt keli. gỽaſtat gỽlat gỽledic noꝛmandi.
gỽſt pꝛydein pꝛyder oe eni. gỽaſtatuot ual
rot yn troi. Penn beird pob eluyd oth hen 13
ovynnon. mi ath ogyuarchaf ar arỽydon.
py vynych gymhỽylly vabon. Mabon kâredic
ygyweithyas. goꝛuchel awen arweilgi las.
Mabon oed bythyon pan delon yỽ hurdas. 17
ac owein auyd ryd rỽyf teyꝛnas. Gỽꝛ coch
ygcochwed goꝛawen. gỽyned gỽꝛeid hyn hil
meruyn mur teyꝛned. Carannaỽc uabon 20
ymbꝛonn gỽaret. kyuarwyd yỽ duỽ ymdam-
unet. allmyn ar gychwyn gochwed dyghet.
bꝛeoled dachwed gyꝛded gerthet. rygas pob
rywir bydaỽt dir dyuot. gỽyꝛ merweryd am
dꝛeuyd ynymdꝛauot. Rudyon galaned lain 25
dyhed heided adiheu eu bot. pob kof pob kyfnot
pob gỽꝛ pob goꝛuot. criſt amrodes ymlles ym
llỽyꝛ wybot. lloegyꝛwys anghymmỽys yn ag-
hymmot. lleſſerthin werin amdꝛin dꝛauot ~

30
Criſt ieſſullwyꝛ uedu lleuuer criſtaỽn iaỽn
gogaỽn gan ucher. criſt keli yꝛ peri pꝛudder ~
vy mardaỽt traethaỽt traethatter. vy meirdy-
on bꝛu fenhyon ſynhyer. vy mardeir eurgadeir
catwer. vygkerdeu uch llyfreu lleer. llỽꝛỽ gan-
on ogano y pader. Cret yduỽ odim ny ommed.
cret oe blas nyth gyffro maſſwed. cret ydiodef
duỽ gỽener. ae gyuot y oꝛuot arniuer. O gyt-
uon teyꝛnon tỽꝛỽf glywher. o gytuot rin am- 39
mot roſſer. Saeſſon dy vꝛyſſyon kynngỽand'.
ardaloed llukyhoed kỽyner. didefnyd maelenyd
mal ucher. digyfreith heb gyfyeith heb gaer.
am uael dir y clywir hir aer. amlann gỽy
rann ovỽy ruduer. am vuellt teruyn tỽꝛỽf 44

ucher : taryf ar uaryf o uarwa6l lyfyzder ⌣ 1
am aber kãmarch y kyfuarcher ⌣ llyw llewe-
nyd y niuer . Yna yt vyd pzydyd heb pzyder ⌣
obzydyat gobennyat gloe6der . o pzifieith penyt-
weith pader ⌣ o bzifparch pan yth gyuarcher . 5
Erch6ch y douyd o dyuynder ⌣ ardunyant ll6-
ydyant uch lleuuer . Dur arloegyz ar lwgyz
y pader ⌣ ae gar ae vanyar . ae vaner ⌣ G6z o
gud para6chzud wythuer ada6 ylywya6 y
la6er . h6nn abeir dechzyn pan dechzeuer ⌣ 10
tozr terwynr6yd du6 g6ener ⌣ Du6 g6ener
coeler nat kelwyd . kilya6d feis oedzeis dzos el-
uyd ⌣ am aber kammarch amharch . Marchd6-
z6f ga6z llafna6z alluyd . a llumman aela6 14
heb gelwyd . alleith dzeic dzagon ygilyd . lloegyz-
wys ar g6ynuan g6ann vyd . g6yz yggryt
c6ynyt emennyd . g6z arloegyz al6gyz ygre-
uyd . ada6 y ly ada6 y lywya6 yluyd . h6nn 18
abeir dechzeu dech vyd . ynhir yam ytir yderuyd ⌣
g6a6z pennes aflonyd . kyuogyat kymynyat
am uedyd . hyt dydbza6t adzo da6n ywa6tryd .
y weithzet yt glywet let eluyd . y gyzrif adyzrif
ny deruyd ⌣ y radeu dz6y dedueu aderllyd ⌣ 23
Darllydon kar6n kaer leriyd ⌣ rac llef du6 did6-
yll gerennyd ⌣ hyt pan vom ynhir ynher6yd
gleindit yn rydit rac efplyd ⌣ aela6 gan vy 26
reen rodyon bedyd . erch6ch dzugared rac dyhed
defnyd ⌣ [Am uuellt teruyn t6z6f adodi . toz-
uoed llu kyhoed k6yn eryffi . ar eft6ng redet
rodyeu henri . angklaer benn kaer kyuarch 30
trenghi . kynuerth oli alun teruyfgi . g6af-
gar ac amhar ac amharch dzofti . kytlauan
dywan ban yhatrodi . adza6d ychollet gall 33
gallet ny elli . O gyfranc bar6n byzr y gywei-
thi . atuyd kelein wenn heb penn heb perthi ⌣
atuyd meirch g6eilyd g6ael eu diffodi . agolwc
digu ar wyz tu keri . a diafpat van ag6an a- 37
g6eidi . a coch ympob tref ac adef trueni . efcut
gymry plant galwant ar dewi ⌣ a gar tagne-
ued trugared tr6ydi ⌣ Glaffa6n argoedyd
kedymdeith . gloeffedic c6yndic adichweith ⌣
gloeffon cur kofyon kyfarweith ⌣ kywerlyn
hoedyldyn adiffeith ⌣ kedyzn loegyz ynllygru 43
kyfreith . kyfrych6n g6el6n eu golcith ⌣ duundeb
faeffon yffe6 noffweith ⌣ di voned arwled eu 1
medweith ⌣ aruollyein heb getwein gytweith ⌣
adozirn6zth derwyn dyleith . bar6neit byzr ho-
yd eu kyweith . a llyw[ya]dyz g6yned g6annareith ⌣
adza6d lludet ka6d kanhymdeith ⌣ edzych awelych
wael anreith . amgyuyrdan kyflauan eilweith ⌣ 6
dywygir oz mynnir milreith ⌣ bzatdyhed ogom-
med gobeith ⌣ Dyd6yn dyn att du6 ynvn weith ⌣
goludant lluoed lla6n ymdeith . G6zd ha6l6z yn
holi affeith ⌣ g6z alas olefteir dichweith ⌣ g6ir-
yon g6ir dileir dyleith . g6aratwyd gan du6 11
d6yn y leith ⌣ g6areda6z vu yz dewrwyz degweith ⌣
bodla6n du6 pan deruyn pob ieith ⌣ Jechyt rann
penyt poen geith . poet ef an rodo rann gyfreith ⌣
gobeith ⌣ diwed trugared tr6y gyfreith ⌣ Amen ~
16

M Oz y6 g6ael g6elet . kynn6zyf kynniret .
bzatheu abzyth uet . bzithwyz ar gerdet ⌣
ac ozda6t galet ⌣ arard6y dynghet . ac yzdu6 dyw-
et ⌣ ydywan gollet ⌣ mab ny mat anet . mabineid
dynghet ⌣ anghena6d agcret . anghenvzi gywet .
lloegyzwys aedywet . och rac anghyffret ⌣ hyt 22
ympenn yfeithuet ⌣ oz kalan kalet . g6ir yda6
g6aret . dz6yzdyn damunet . g6ynvzyn g6arthaet ⌣
g6yned ydzydet . kymry vngyffret . eullu alluchet ⌣
coeluein eug6aret ⌣ g6ira6t keuda6t ket ⌣ g6a-
ranr6y reget . rann gan ogonet . ⁌ Gogonet 27
an rann . amrodes r6yfuan ⌣ ambu bard datcañ ⌣
atgigleu gamlan . atwelir griduan . ac amv6-
yn k6ynuan ⌣ achynhen dzuan ⌣ achynnyd maban ⌣
katwer yn vychan . kadoed awelan . kynnyd ka-
darnvan . cur llauur lluman ⌣ ⁌ Lumangoch 32
g6nn vot . lleitheu ozuot ⌣ arwyd eu dyuot ⌣ aer-
wyz eryzot . aweryz eu clot . eu cled cleu ragot .
Ragof rinwedeu . rann gann gynn angheu ⌣ 35
dyd g6einyd g6aet creu . dyd keryd kaereu . ef a
da6 ual diheu . a ches lyghefleu . ar treth nathze-
theu . ny llnyd naf6ydeu . g6añ divlan dadleu ⌣
gan r6fan r6yfueu . yeir bit greireu . o von hyt 39
vynneu . cret ydu6 by6 budyeu . ambyd ryd ra-
deu . dz6y eirya6l feinheu . afynhwyz ll6yz llyfreu ⌣
anroder rann diuieu . g6enwled g6al oleu . :· 42

Prif gyuarch geluyd pan ryleat. p6y kynt ae 1
tywyll ae goleuat. neuadaf pan vu padyd.
ycreat. neu y dan tytwet. pyyz y feilyat. auo lleion
nyfmyn p6yllat. eft qui peccatoz amniuereit. coll- 4
ant g6lat nef6y pl6yf offeireireit. bozeuebindel. oz-
ganont teirpel. eingyl gallwydel. g6naont eu ry-
uel. panda6 nos adyd. pan uyd ll6yd eryz panny6
tywyll nos. pan y6 g6yzd llinos moz. pandyuer6yd
c6d anys g6elyd. yffit teir ffynna6n. ymynyd fya-
wn. yffit gaer gartha6n. adan donn eiga6n. 10
Gozithgyuarcha6z. p6y en6 ypoztha6z. p6y vu
perigla6z. yuab meir m6ynua6l. Pa ueffur m6y-
naf. aozuc adaf. p6y veffur uffern. p6y tewet yllenn.
p6y llet ygeneu. p6y meint enneinheu. neu ulaen
g6yd ffali6m. Pyeft6ng mozgr6m. neu pet anat- 15
uon. yffyd yneubon. neuleu ag6ydyon. auuant
geluydyon. neu awdant lyfyzyon. Pawnant pan-
da6 nos alliant. panvyd ydiuant. c6d anos rac-
dyd. panda6 nafwelyd. Pater nofter ambulo.
gentis tonans ī adiuuando. sibilem fignum 20
rogantes foztum. amg6i6 g6i6 amg6myd. am-
geiffant deugeluyd. amkaer kerindan kerindyd.
rytynneirch pectoz dauyd. ymwynant ysewant 23
ymkaff6ynt yndirdan. kymry yggriduan. pzoua-
toz eneit. rac ll6yth eiffyffleit. kymry pzif diryeit.
rann rygoll b6yeit. g6aed hir ucheneit. afg6yar
honneit. dydoent g6arthuoz. g6ydueirch dyaruoz.
eingyl yghygoz. gwelattoz ar6ydon. g6ynyeith 28
ar faeffon. claudus in fyon. or6yuannuffon. bydh-
a6t penn feiron. rac ffichit lewon. marini bzython.
rydaroganon. amedi heon. amhafren auon. lla-
dyz ffadyz kenn amaff6y. ffis amala. ffur. fiȝ. fel. 32
dyzuedi trinet tramoed. crea6dyz ozohai. huai gentil
diffanai gofpell. codigni cota gofgozd mur coznu
amandur. neubum gan wyz keluydon. gan uath
hen gan gouannon. gan euuyd gan eleftron. ry 36
ganhymdeith achwyffon. bl6ydyn ygkaer gofann6.
6yf hen 6yf newyd 6yf g6ion. 6yf ll6yz. 6yf fynn6-
yz keinyon. dygoui dyhen vzython. g6ydyl kyl di-
uerogyon medut medwon. 6yf bard. 6yf nyriuaf
y eillyon. 6yf lly6. 6yf fy6 amryffon. fihei. arahei 41
nyf medy. fi ffradyz yny ffradzi. pofberdein bzonrein
adyui. adeuhont v6ch medleftri. aganhont gam
uardoni. ageiffont gyfuar6s nyfdeubi. heb gyfreith

heb reith heb rodi. ag6edy hynny dygovi bzithuyt.
abyt dyuyfgi. nac eruyn dy hed6ch nyth vi. reen
nef ryma6yz dywedi. rac y grefrym g6ares dyuoli.
Ri rex glē amgogyuarch yngeluyd. aweleifty 4
dn̄s foztis. darogan d6fyn dn̄i. budyant uffern hic
nemo ī poz pzogenie. ef dillynghwys yt6z6f dn̄s
uirtutum. kaethna6t kynnhull6ys eftis ifte eft
achynn buaffwn afunfei. arnaf b6yf derwin y 8
du6 diheu. achynn mynn6yf deruyn creu. achyn̄
del ewynri6 ar vynggeneu. achynn vyngkyualle
ar llatheu preu. poet ymheneit ydakyfedeu. abzeid
omdyweit llythyz llyfreu. kyftud dygyn g6edy g6e-
ly agheu. arfa6l agigleu vymardlyfreu. ry bzyn-
h6ynt wlat nef adef gozeu. 14

Goffymdeith llefoet wynebcla6z. y6 hynn.

Golut byt eyt dyda6. ket ymgeinmyc-
ker o honaw m dychyftud aghen
dychyfya6. dybyd hinong6edy gla6. ny na6t 18
kyhafal kyvaethla6. agle6 chwerit creu oe-
dina6. pob llyf6z llemittyoz arna6. pob ffer dy
atter heibya6. dychymmyd dedwyd ac ana6.
rihyd ac ef du6 dywalla6.
Golut byt eyt dydo. diga6n dovyd darparo. 23
hydyz gwaedg6anec 6zth vzo. pan elwir chwe-
lit acdo. diozyuic dyn ny welo. nydida6z ny
da6z c6t vo ny wneyd gwir ny ein ymzo. ny-
chenir m6yeit arffo. bit vleid beidyat a-
dwyll. chwanna6c vyd llen llwyda6c lla6diuo.
Golut byt eyt dybyd. atwaed chwant atuant 29
riyd. dychynneit ieueinc dychynnyd. nyt echw-
enjt clot kelwyd. nyt vn aruaeth kaeth aryd. ys-
g6ac vzo ny vo crevyd: atuant ada6 ny wnehyd.
ll6yt ac annwyt ny gymyd. ny ob6yll odu6 diffyd.
ny elwir yngywreint ny gynnyd. keinyath6n go-
fryn6n greuyd. hyt pan ynbo gan grift grennyd.
anghyfaely6z anghyfyzdelit llann. dy chyftud bzn̄
bzolit. g6ell nac no geuedewit. ym gweithzet 37
g6aftra g6eilit. chwec ynanwa6s yn odit. ch6er6
dzyc coz wedy trenghit. nyt gna6t efcuffa6t efg6it.
ny cheffir da heb pzit. pedzyfan d6fyn pedzy ch-
welit. areith g6ell goleith no govit. dz6c pecha6t
oe bell erlit. da ynggnif pozthi menechtit. du6
o nef g6ae dzut ny gret it. mab meir diweir 43
avenhit. da weith yn gobeith 6zthit. ath gyzb6yllir
ym bzon̄vit.

Difrys gỽanec dyffuſtit traeth. goſgymonn
gỽyth goꝛdin. gỽyluein hanes goẏewin pỽyỻ
ỻu. athỽyỻ trỽy chwerthin. bit gynnvidyd
gywrenhin. bit leſc eidyl bit varỽ crin. ke-
rennyd faỻ gaỻ gynnin. gan rewyd ny
phellvyd rin. dychyffre. gwaeỽ gỽaetlin. dy-
chyveruyd trỽch athꝛin. enghit avo ỻyſei-
thin. enwir ef kyỻ ywerin. namỽyn duỽ
nyt oes dewin. arglỽyd gỽlatlỽyd gỽerthevin.
Dyvꝛys gỽanec dygỽꝛthꝛyn gro. gỽſt eidyl moch
detwyn ryyſant maon medlyn. aoꝛdyvyn paỽb oe
deruyn. trenghyt toꝛrit pob denghyt. ry bꝛynỽ nef
nyt ef ſynn. Moꝛ wyt gywrennhin gyꝛbỽyỻ
onebaỽt. gỽiſgaỽt coet kein gowyỻ. nyt eglur
edꝛych yntywyỻ. rac annwyt ny weryt cannwyỻ.
nyt edwyd nỽydiuo pỽyỻ. kerēnyd a dovyd ny dỽyỻ.
Nỽy diuo pỽyỻ pꝛif egỽa. agỽnneu edyn ny wna.
oer gaeafraỽt tlaỽt moꝛua. gỽell rihyd no ryſ-
ſedha. rac dꝛỽc ny diỽc atneir. ỻawer maỽꝛeir
avethla. keudaỽt kyt woꝛymdaa o ovꝛys nywys
kỽt a. arythal ydꝛindaỽt traha. maỽꝛduỽ moꝛ ỽyt
Redeint goꝛwyd rwyd pob traeth kynnic wrda.
mynaỽc marchogaeth nyt neb aued oe aruaeth.
nyt ef enir paỽb yndoeth. nyt ehovyn bꝛyt yn
ỻong dꝛeith. nythangnef gỽynnaỽn agodeith.
bit vyỽ gỽꝛ heb dꝛyc wryaeth. mynaỽc kerd ketw-
yf eiỻyaeth. ny byd hyvyſgỽꝛ neb noeth. nyt oes
reith nat vo pennaeth bꝛeyenhin beidyaỽt an-
reith dywal dir vyd y oleith. ny naỽt eing ỻyfyꝛder
rac ỻeith. enghit gleỽ oe gyfarweith. medỽ mut
dꝛut pob anghyfyạeith. dinas adiffyd diffeith.
eiryaỽl agaraỽꝛ haỽdweith. ef molir paỽb ỽꝛth
yweith. ny char dovyd diobeith. goꝛeu kyflwyt
yngyweith. Gwaeannỽyn goaflỽm tir. ot ynt
tonnaỽꝛ gaỽꝛ ennwir. diweſtyl alaf dirmygjr.
gwaỻ arny mynych welir. aravo diffyd divennw-
ir ydꝛaa. kyfa rann rybuchir. bit waſtat gwꝛeic
ny erchis. mevyl ys gnaỽt oweddaỽt hir. ny
rydecho rydygir. o hir dinaỽ dychwynir. auo marỽ
ny moch welir. a vo da ganduỽ ys dir. a vo gleỽ
gochlywir y glot. o vychot godolir. gỽynn y-
vyt pydiw y rodir. kerennyd duỽ ahoedyl hir.

Elidir Sais ai cant.

Maỽꝛ aỽꝛ ydaỽn adyuu. y vꝛyt mab kỽas meir
oieſſu . matganet y vꝛonget oe vꝛu. o
vꝛeinhaỽl ganmaỽl gynnydu . Ef ynllỽyꝛ an 4
gỽyꝛ ef goꝛuu . ef goꝛeu goꝛỽyꝛein auu. Ef awna-
eth dayar kyndyuu y vꝛon. vꝛy onef ynkanvu.
Ef gỽnaeth heul hỽyluaỽꝛ lewychu. ef gwnaeth
lloer allewych artu. Ef gỽnaeth trei allanỽ 8
a llwyꝛ uedu byt . abydoed wledychu. Moꝛ gyuaỽn
y daỽn darparu. moꝛdigỽl yuedỽl vynnu.
Mynneſſynt uratwyꝛ vꝛedychu criſt . creulo-
ned heb allu. Rygellynt gallem agcredu. 12
ygkryt byt ryhyt ryuedu. Gỽnaetham nam
arygam ryuu. kyuodoed ryued yadu. keiſſaỽ
rac kulỽyd kelu. plant adaf rac adef ypechu.
Ac eua ac ef aegỽybu. gỽypit duỽ gỽybot a
daruu . Goꝛeu ym omreen racuedu. rwyd are-
ith obꝛifyeith bꝛydu . pꝛydeſtaỽt oꝛdꝛindaỽt tra-
ethu. traethuolyant teilyngdaỽt talu . Kym-
hennaf kymhennu aduỽ . diỽydỽꝛ ymnerthu.
nerthoed gỽyth gỽeithꝛedoed ambu . gỽeith 21
detwyd yỽdadolychu. Kynn kyſtỽng clỽyf kyf
vyng gladu. kynn gỽeryt goꝛober digu . kyn̄
annwaỽs tywaỽs tywarchu. vygknaỽt tywar-
chen oboptu. Bỽyf gỽaf duỽ kynn nomgoſ-
tegu . gỽſt aghen aghev riallu . bỽyf vnvot 26
woſſot waſſau o weiſſon ywaſſanaethu . Am-
dyuynno duỽ ymdyvynnu nef. Arynaỽd aeteulu.

Dir vyd ynnbꝛoui kyt boet bꝛeuaỽl 30
byt . anbedyd annyanaỽl. duỽ dewin
bꝛenhin bꝛeinhaỽl. bꝛeinhaỽc ỽyt bꝛogatw-
yt gedaỽl. lleha vi gan llu bedydyaỽl. nam
lleha ynlle engiryaỽl. namgoſſot omgoſſep
vydaỽl . ygoſſon dynyadon dynyaỽl . criſt a
daỽ ynwar ynwraỽl . dydbꝛaỽt yꝛ dirpꝛỽy 36
pꝛeſſennaỽl. Auoda ef gỽelir dwyaỽl. avo
dꝛỽc adꝛic yndihaỽl. yntaerdan aphann
uffernaỽl . Vffern dofyn dyfynaf y chanaỽl.
llawer un adaỽ enidyaỽl. yggỽaſc yggỽiſcoed 40

coꝛffoꝛaỽl . Meu dyttwyn ymeiryaỽl . meir aphe-
dyꝛ maria aphaỽl. Meuadꝛaỽd ymadꝛaỽd meidꝛy-
aỽl. vd meidꝛyat medꝛwyt owadawl . y gỽꝛ aoꝛeu
awyꝛyaỽl etneint . ac atneu daearaỽl . Erglyỽ 4
vi arglỽyd kannhỽynawl . erglywet gwar nyuet
nefaỽl . tu y bỽyf ybo dy ganmaỽl . tut yſpꝛyt
antat yſpꝛydaỽl . 7
ERmab kyuarchaf rỽydaf vyreen . ac yꝛ
tat ar yſpꝛyt gloewuryt glan . Nyt traỽd
yncouyeu can ymkyfun . nyt reit ynn ameu
llyfreu llen . y griſt y canaf arureint canon . 11
keinwaỽt omtauaỽt ardꝛaethaỽt dꝛỽn . llathꝛeit
vymardeir wedy myꝛdin . lleithꝛit aberit obeir
awen . Barochel uchel vch egylyon . bard vydaf
yduỽ hyt travỽyf dyn . Archaf mab meir 15
creir credadun . creaỽdyꝛ amheraỽdyꝛ llywyaỽd'
llawen . Rac oerwern gethern uffern aphan.
afleu anodeu lleanodun . lleha vi dovyd huenyd
lynn . llawer awna duỽ yꝛ dynyadon . Rỽyf nef
adayar rac taeruar tan . y rỽng dydwylaỽ 20
rac dy deulin . Goꝛugoſt woꝛmes nych waraỽn.
goꝛuaỽꝛ duỽ goꝛuot o idewon . Amved criſt cre-
aỽdyꝛ nef ysaghen . ysagkreiff agkꝛet yny gyl-
chyn . tros eluyd ynbyt ynewan . treis ierſin gan
syladin . Ac eil dirgleis treis traỽ adygen . 25
ymdigaỽn galar omkar katkỽn . Dỽyn dauyd
oedut acoediryon . dyfryded diraỽꝛ hil maỽꝛ ma-
elgỽn . nyt ymteu gỽyned amygỽynuan . neut
amdỽll awyꝛ neut hỽyꝛhinon . Gallaf yth ga-
raf yth gaer urden . gellit pob defnyd vꝛoyd vꝛen-
hin . kanwyt tri nyt reit itt amgen . kan wyt
deu pell godeu acun . 32
Reit yỽ ynndillỽng tyllued pꝛſſent : kanyt ym
pꝛyſſur y houered . redeis obechaỽt nyt by-
choded . obuchant trigyant ymtrugared . trinda-
ỽt amdycko omdigued . yndogyn eidunet waret
wared . Teirffoꝛd ydeuant etiued ar duỽ . yny dy-
uyd paỽb yꝛ vꝛaỽt gyhed . Vchaf gỽyꝛy achaỽs
gỽiryoned . llỽꝛy gỽyꝛdaỽt kyt boet bꝛaỽt rinwed.
Areil yỽ pꝛiaỽt enỽ pꝛuded . tros vỽynyant trigy-

ant trugared . trida angoꝛeu tryded yỽ adaỽ .
ediueiryaỽc da duỽ nỽy gomed . Gomedwys eua
aual diwed . awarvu wychar y chywryſſed . o
douyd y traeth trỽy gyhyded . o ieſſu y traethỽys
ioſſed .amdodỽy douyd amduded .yꝛ iſrael oſe-
rann ydelwyf y dangneued. Dyd yparch rei 6
ynrngyꝛwed . yperchir ereill y parch argled .
Kynnadyl awna criſt wedy crocwed .kynnad-
loed pobloed paỽb yỽoꝛſed. Kymhennaf yỽ'dyn
kyñ ydiwed.kymodi aduỽ kymmut ymed . kym-
ryt oed einym kymotloned .kỽbyl kynncablu
o duỽ aranbuched . Pechu yꝛdigonſam o gam
gared . amgyrwyf dꝛindaỽt dydꝛugared ~ 13
Meſſur adodir ar bob maſſwed . moeſſen ae
dywaỽt aduỽ ae med ~ ~

GOꝛeu yỽ ydyn diỽ ynyt peri . perigla-
ỽꝛ ygymryt. kanys goꝛeu duỽ diwyt . 18
gỽaret plant rac pla athꝛiſtit . Gỽꝛ darpar
y dirpꝛỽy llu byt. garawys kymerth pỽys
penyt . Diruaỽꝛ uu ouedỽl unpꝛyt . dyrweſt
duỽ budeugeinpꝛyt. am duỽ merchyꝛ bꝛat 22
dybu bꝛyt idas . bꝛedychu ynyſpꝛyt . adifyeu
yndyſu leturyt .daly ieſſu managu mỽynglyt ~
Duỽ gwener bu crei bu creulyt . croc antat 25
an treis ygyt .Gỽnaỽn yꝛdaỽ ardelỽ aneiryt .
gỽnaeth pob ryỽ ynvyỽ oe uebyt . Duỽ ſa-
dỽꝛn ys aeth ys eithyt ym med . madueint an-
hyuryt . Tꝛannoeth y goꝛeu eil gỽꝛyt .gỽiruab
duỽ dangos y vywyt . Duỽ ſul dỽyſſaf cof aỽꝛ
ykyuyt heul . kyuodes oe weryt . chwedyl maỽꝛ
an deſſry nyt ef deſſryt . deſſro criſt keli ankeluy-
dyt . Kulwyd angoꝛeu ni ac angweryt .argleit-
ryat uab rat o garchar ryhyt . o garchar buef
agyꝛchwys yaruedyt . Duc mab duỽ o dan ac
ergryt .ooerwern uffern wern weglyt . ogyffro
dayar ogyffryt . ogarchar agclaear agklyt . 37
amyl ſyꝛthaſſant blant oeblegyt . amgreaỽdyꝛ
ae groc yn waetlyt . wyth bꝛifwyt yſſyd ys enbyt.
oꝛwyt gỽyth gỽaethaf ſyberwyt . Galwaf vynaf
can gannaf gennyt . Ry gelwir dyfro pob dyfryt.
Nybyd dadwodeu detwydyt mabdyn .gan uab
duỽ oe wynuyt . ynoleu ys bo vy annwylyt .ar
nef arnaỽd duỽ aediffryt . 4

GOganaỽl arglwyd gogonaỽl . gogonet
vꝛenhin dewin dwyaỽl. Differ vi vy ri
rỽyf yſpꝛydaỽl.dewr arglỽyd hylwyd hael bu-
dugaỽl . Diuei dat rac bꝛat bꝛeuaỽl gymle- 8
gyt ⁊ dygyn enbyt penyt poen uffernaỽl ~
Donyaỽc didꝛiſt griſt groes rinnwedawl . di-
dlaỽt yngỽaraỽt dyd gỽeneraỽl. Diwyt 11
arwyd eiryaỽl ydyttwyf ⁊ nabwyf arnat rỽyf
rỽym engiryaỽl . arbennyc lywyawdyꝛ bꝛyna-
ỽdyꝛ bꝛeinyaỽl ⁊ erbynneiſt llywyeiſt llu bedyd-
yaỽl . Erbyn vi vyri llyỽ ynlle deduaỽl . 15
Gwyꝛtheu yꝛdydoſt gethꝛeu ath dyſt gethꝛaỽl.
arglwyd nef allawꝛ gwaỽ gỽerinaỽl ~
ardelwaf oth naỽd rac taỽd tanawl ~
Eiryf gymỽy goꝛdwy angerdaỽl vffern. 19
Oerhagyꝛ wern gethern gaethꝛaỽt uarỽaỽl.
Yꝛdygur dolur modur meidꝛaỽl. argledyꝛ
gogonyant gỽarant gỽꝛaỽl . Erglyỽ dic tlaỽt
yngnodaỽl erchi . trugared itti vy ri rotuaỽl ~

Meilir ap Gwalchmai ai kant 24

KYuarchaf y duỽ dwywaỽl weini . kyuar-
chwel adel y daeoni . kyueirỽ kyurỽyd
kyvꝛet amawyd . kyvarwyd ymllỽyd ymllỽyꝛ
deithi. Tꝛaethaf armaf oꝛmeint ynni . arueid
ymkyfreid ymkyffroi . kyffret allaỽd yoli 29
creawdyꝛ . allwyꝛ greuyd ygrynnoi . allafur
achur achorff toꝛri. achyfyaỽ hoedyaỽ hỽy-
laỽ heli. achymryt ygan duỽ diwynhi ~
achymro divꝛo diurat wedi. Divꝛeit a newit
ny vei chỽant allit:di vanỽ pꝛeſſent dilyt 34
pꝛeſſwyl gynhi . achymrif oed gỽell no gỽall
rei. Rybuchet trinet tranybelli . Pwyll am
kyueiryt oꝛ kreawdyꝛ oꝛ kyt or mab oꝛ yſpꝛyt
oꝛ iaỽnvꝛyt vꝛi. Oꝛ dꝛindaỽt vndaỽt undꝛas 38
ami . vn tra trugared vnwed ovꝛi . Vndec
teir perſon.vch ar[ch]egylyon .vndonyon nemyon

nerth heb dꝛenghi .vndanc ɓynt ɓꝛthyf
ɓꝛt eu moli . vnduɓ ynt ɓynteu .adiheu tri.

AM bo y gan duɓ ambo trugared . 4
nybo dꝛɓc neued amgoꝛuedho . bot
ariaɓn omdaɓn amdiheino . byt aɓn ygyt
gryt gret awelho . bod duɓ ahaedwyf rɓyf am-
rifo . boet ynadef nef ymgodefo . bydaɓt 8
nef dichleis yꝛ ae keiſſo ryd ⁊ bꝛenhineid gyn-
nyd creuyd credo . bꝛenhin myꝛ afyꝛ amſyn-
hɓyꝛo .bꝛeinÿaɓl yɓ y haɓl ar aholo . bꝛeint
gɓlat padwys amkynhɓyſſo . bꝛenhinyaeth
gyɓir hywir honno. o bꝛiſlwyꝛ ſynnwyꝛ
yſynnyo vymryt ⁊ bꝛud gyt geluydyt am
keluydo . kelvyd ny dygret adywetto . 15
keluydowc kelwydaɓc geir ffraeth yꝛ ae trae-
tho . koela vi griſt diathꝛiſt athꝛo . nyt kel-
vyd coelyd ar nyɓ ch oelo . koelwyf aſynnɓ-
yf aſynnyo kywreint . koelaf duɓ ar ſe -
int abꝛeint eu bꝛo . criſtaɓn ɓyf gan iaɓn
daɓn digyffro . criſtus bɓyf daɓnus yny 21
domo . criſtonogaeth uaeth am digaetho .
criſt keli vy ri am rydhao . ac ef vꝛenhin
nef am nodho rac gɓall ⁊ ydaɓn ae deall
amdiwallo. Diwallus deus nym di uannɓo.
didwyll y bwyll ae kyꝛbwyllo . divꝛat y ga-
ryat yn yt garo . dinam ogonet yae 27
cretto . duɓ creaɓdyꝛ llywyawdyꝛ am
didwyllo . dedueu digamwed am diwedho.
llywohyt vꝛaɓt ⁊ deuaɓt dibechaɓt ym a
bucho. O buchyant maɓꝛuot ef am rod-
ho. rodyon didywyll am didwyllo . dedueu
digãwed am diwedho .donyeu kynghoꝛev
am kynghoꝛo . kyghoꝛɓꝛ ar ɓꝛ yꝛ ae myn-
ho gɓar : kyghoꝛuynt ny gar ɓꝛth ae karo.
Caru ym ydjm am digaplo . caryat ae bɓ-
yllyat ym ny ballo . car andadyl dilys am
dewiſſo . kerennyd douyd beunyd ambo.
Eidaf oed ynn reithaf. 39
ymbywyt . caru kymhlegyt ygryt

grymhaf . caryat didwyll agyꝛbwyllaf : 1
cared bꝛeint camwed camhaf ogywyt .
om bꝛyt kynn gɓeryt y gwaredaf . Caru
duɓ y baɓp oed bybyꝛyaf . mal y kar y
ſeint bꝛeint bꝛeinholaf . kanys caru duɓ 5
diatueiraf. gɓeith ⁊ eilweith rac kyfreith
y kyfrifaf . Ef yndiwael hael haɓl gym-
hennaf . ef yndigard hard y vard vydaf. 8
ef divꝛadw achadɓ "y dagnef "uchaf : ef ao-
ꝛuc nef adef adef adaf. Ef yn vn duɓ gɓir yn-
gywiraf. vndeb doɓn digraɓn digreulonhaf.
ef yndꝛi ami . ny mynnaf y uar : ef ÿdꝛu-
gar gwar yn hegaraf . Ef yɓꝛ tat ef yɓꝛ 13
mat mɓyhaf . ef yɓꝛ mab ef yɓꝛ pap pennaf.
ef yn yſpꝛyt glan gloewaf .y defnyd ⁊ ef yn ri -
hyd ryd ny ryuedaf . Ef agret y gret gret
adwynaf . cret argel dirgel adirgelaf ganaf
credet baɓp yduɓ deɓꝛnaf gogonet ⁊ cret
yneidunet aeidunaf . Cret vyuyꝛ yſtyꝛ
ayſtyꝛyaf . cret yɓ heb ymgel diogelaf. 20
credadun yɓ ef yɓ dꝛaɓſgɓyd ⁊ criſt arglɓyd
kulɓyd ac nys kelaf . Credu camgyfreith
ys dichɓeithaf . cret dyſgeit gan y neit a naf.
cret greuyd beunyd bennaf ygogaɓn ⁊ cre-
du y duɓ ae daɓn ys kyfyaɓnhaf . Crettych
di vi yꝛ keli keluydaf . crettɓyf di vy ri 26
pan vo reittaf.

DVw arglwyd erglyɓ dy volyant . duɓ
arodyat amryd kygɓennyant . duɓ
terwyn toꝛuoed gogonyant .duɓ nefoed 30
vy nodua yn geugant . duɓ bꝛeinhyaɓc a
bꝛynɓys y garant . oꝛ poeneu ar pechaɓt
awnaethant . plant adaf plenhigyon
vuant . yny pꝛeſſent y pſſwylaſſant . 34
gan duɓ yn lleuuer llewychant . llu bedyd
llewenyd a gaffant . rac bꝛonn meir mɓyaf
y medyant . gɓerydon gɓiryon vyd angɓa-
rant . amihagel dec dygant yn ganllaɓ ⁊ yꝛ
cannllu oꝛdiuant ⁊ crefydwyꝛ credu rywnae-
thant . Yꝛ creaɓdyꝛ ae crewys y credant . yg-

ygkein ffaỽt ydꝛindaỽt ytrigyant. yn 1
pꝛytuerth gwerth pꝛiſgerd aganant.
reit y minneu le lỽꝛỽ medyant .parhaus
paradwys yỽ vychwant. oeiryol milyoed
a milcant oꝛteulu.parthadu ymparthant : 5
gabꝛiel raphael amriuant yngymhen:vy
gymhody* awnaethant. Ynydyd ym pꝛiaỽt
ympꝛouant. yꝛ unduỽ nyꝛ vndaỽt ymga-
dant. ynrinnwed radeu ymrodant. yn
waſtat vyggỽeſti agatwant. yggỽynuyt 10
rac ỻeturyt ynỻỽydyant. teyꝛned teyꝛnw-
lat ymdygant. ynỻeithic duỽ gỽledic y
gỽledychant. vn ỽyparch ỽyperchi avỹnant.
14

REen riedaỽc rỽyſc kyuerthi rex ryn-
gaf othrod rỽyduot uoli. rann eiryan
araỽt traethaỽt teithi. ym trugar arglỽyd 17
kulwyd keli. kanys ef anda andoeth gỽeini.
duỽ gỽyl goludaỽc golychỽn di. nat elom
ynỻoc ynỻe kyni. ynỻỽgyꝛ ỻu malaen ma-
ledicti. mat mynycha dyn dwywaỽl wedi.
neges ymkymeỻ kymrodedꝛi. yſſym arſỽyt
maỽꝛ mynet idi. Mechdeyꝛn kaeroed nache-
ryd vi. kanyỽnn nam ffoꝛd namffuruf erni.
ernywyant y dyn ydigoni. ar duỽ yn goỻỽg
gỽaỻ vynechi. ae dykỽy yngam ygkymhelri
uffern :afleu dihed dihun grymry. kymroda-
ỽc awyd kymradỽ y vꝛi. kymroded pan uo
pont dewi. dỽy reit triſtit wed treghi. yꝛ auo
diuro yny divꝛi ~~~ 30

DJvꝛi divꝛoed dyhed diheu. diſgewyd dif-
fyd diffaỽt gynreu. diphara yda y de-
uodeu. camgymydaỽc cas keſſenydyl vꝛeu.
kyntaf ae geſtỽng gyſtud agheu. aghuoeth
aghen eghif rageu. rex ryſgoỻychỽyf rỽyf
ryuedeu. kyndigones duỽ oe defnydyeu.
Duỽ adigones ỻes aỻyſſeueu. ỻywyd 37
ỻeueryd aỻauuryeu. ỻary aoꝛuc ỻỽyꝛ ḁn
gỽyꝛ angeu. nyngattỽy reen yn rann uadeu.
Rodyſſit y[n] duỽ ynandechꝛeu. rod per padỽyſ
parha goleu. Rynn paraſſei duỽ heb dim
eiſſeu. yny wnaeth angỽn̩aeth an gỽeith-
ꝛedeu. Gwae agodỽy duỽ dogyn berthi- 3
deu. duỽ awna deubꝛyt ffryt affrỽytheu.
diffrỽythwyt dayar dꝛỽy garedeu dyn :
dinam bwyat duỽ aegoꝛeu. 6

GOꝛeu gwaradꝛet goꝛedwyn ffaỽ. go-
bꝛynnv gobꝛỽy gobwyỻ ohonaỽ.
gỽerth ymrodeiſt dyn dynaỽl andaỽ. 9
ath rodaf gyſſul heb gas yndaỽ. pan vyn-
no duỽ dy divuryaỽ. o dyỻeſt ꝑſſent aphꝛ-
eſſỽyl vꝛaỽ. Ket ath vo di golut goleu anaỽ.
nath tynnit eldit yꝛyadaỽ. na mỽy verỽ 13
arauar racdaỽ. na cheryd y duỽ dỽyn yꝛeidaỽ.

EJdunyant [y dyn] y dỽyn aruoes. y gymryt
creuyd criſtyonic croes. annwo gaỽn
woglyt oanneiryoes. o gadarn gatwent 17
can[l]ppꝛeſſent poes kany wyꝛ an pỽyỻ peỻ-
et anoes. anreit yſtyꝛyeit yſpeit eiſſoes.
o gadarn gatwent camp pꝛeſſent poes.
auu oedaỽc doe henỽ nyt oes. yn hir
nynnỽys duỽ dynnyaỽl einyoes ~ 22

EJnnyoes enryded rac ỻu annweir.
ynỻe ernewit awna kadeir. ageiff
agaffer yndiatneir. o gywyt agỽeith a-
gỽyth geỻweir. kan yttoed angheu yn-
ankyueir. paỽp pꝛeſſennaỽl lỽyth leith 27
agkyweir. namyn adywettỽy oduỽ uab
meir. nyt oed iaỽn y dyn dywedut geir...

GEir garỽffraeth gỽaeth gỽeith
gỽyth gywyt. gỽae yt vỽynt atref 31
ac ef ygyt. gỽae agodỽy duỽ trỽy ſyber-
wyt. traha ae ſyꝛth ympoen ympeỻ dein-
cryt. gwae ny ỻauur ỻes yny yſpꝛyt.
Yſpeit vyꝛr vydaỽl vot ympenyt. gỽae 35
ael ygkam ygkymlegyt kayn. kynnryuel
loc lygyat enbyt. gỽae auo yno diffro
diffryt. diſtaaed dolur dygyncur kymryt.
kymeraỽd anduỽ andihewyt. kanys ef
angoꝛuc ac angỽeryt. Goꝛuchel reen 40

reol diffryt. goludaᵬc arglᵬyd goleuat byt.
go2pᵬyf creaᵬdy2 nef nerth y gennyt. gob2yt
gᵬelet ynhed ynhyt.
YN hyt ynhedwch haᵬd bᵬyf oeglas. glan
mechteyzn glein gloeᵬ deyznas. Gᵬledic
nef allaᵬ2 allwy2 dinas. llary arglwyd llawer
llewyn gᵬanas. Gᵬae ny wna kynnif kynn
oeleas : kymmot ar creaᵬdy2 ae ry greaſ.
Credᵬn y2 ren rybenndigas. dᵬfyn dyvu y
hᵬnnᵬ honneit ygas. Galwaf ymeiryaᵬl
ar y wennwas. aholl gradeu nef yneuhad-
das. ameiryolo pedy2 per y ewras. arpoblo-
ed gᵬirin gwanhed tras. ameiryolwy ſeint
ezechias. arueir uam y that y thec urdas.
ameiryolᵬy meir ar ymab kᵬas. nat elᵬyf
ynllᵬgy2 yn lloc idas. Namgatto reen ryn-
dec p2ynnas. yn rewin kayn can ſathanas.
rac pobloed poen eukyweithas. poet ef
vyn duᵬ nef vo vyndinas.

Y brawd Fadog ap Gwallter ai cant

Mab anrodet. mab mat anet. dan y
v2einheu mab gogonet. Mab yn
gᵬaret ymab go2eu. mab uam uo2ᵬyn gre-
vyd adfwyn aeduet eireu. Heb gnaᵬtaᵬl tat.
hᵬnn yᵬ2 mab rat rodyat radeu. Doeth
yſty2yᵬn. aryuedᵬn ryuedodeu. dim ryued-
ach nybyd bellach ny bᵬyll eneu. Duᵬ yn
gaᵬ2 maᵬ2 bychan. k2yf kadarn gᵬann.
gwynnyon rudyeu. Kyuoethaᵬc tlaᵬt.
antat an b2aᵬt. audur b2odyeu. Jeſſu yᵬ
hᵬnn ynbenn rieu. Jſſel uchel emanuel
mel y uedylyeu. Ych ac aſſen arglwyd pſſen.
pſſeb pieu. a ſopen weir. ynlle kadeir ynlliᵬ
kadeu. Pali nyt utynn. nyt vryael gᵬynn
y gynhynneu. Ynlle ſyndal ygkylch y wal.
gᵬelit carpeu. Eiſſoes mae ef. dangos o
nef awnaeth gᵬy2theu. Oed uab naduᵬ
reen. o2hᵬnn yken. llen a llyv2eu. adewiny-
on aſynnwy2 doethon. dethol gampeu. A
darogan p2ophᵬydi glan : glaer barableu.

y leueryd ᵬ2th uugelyd gᵬylwy2 ffagleu.
Egyl ytuyd aenos ueldyd. dyuu ynoleu.
yna ytraethᵬyt. ac y koelwyt coeluein chᵬed-
leu. Geni douyd. ygkaer dauyd yndiameu.
Son egylyon aglyᵬ dynyon a diolcheu.
llewenyd maᵬ2. allawer gaᵬ2. o ganueu.
Y duᵬ glo2ia pax in terra. ynteruyneu.
Hedᵬch y2byt. iechyt y gyt. gᵬedy agheu.
Gᵬylynt wy2 gynt. ogof hirynt. herwyd tadeu.
Gᵬylwy2 kywrein. gᵬy2 ydᵬy2ein. ardal b2ȳnev.
Paᵬb ol ynol. gᵬneynt trᵬy reol. rann wyluaev.
Onos ynos. valchᵬant aros. kyfuaroſſeu.
Gᵬelſont ſeren. oliᵬ amgen. ac amgylcheu.
Acamgen rat not. no2ſeruchot. vch y penneu.
Geni yna. y b2enhin da. arwyd diheu.
Vu gyſſeuin. gan d2i b2enhin. vaᵬ2 yb2eineu.
Ynacredant. yna ky2chant. ky2ch godeheu.
ac eu manac. ſeren o rat. ynroi goleu.
Kaeruſſalem. achaer uethlem. nyt y2methleu.
Doethan ynrᵬyd. arueirch eb2ᵬyd. wiᵬ eb2ānev.
Diſgyn ynffyſc. ſerē aedyſc. wir ydyſgeu.
Y2 ty ydadant. heb. do2 heb gant gᵬȳnaᵬc d2yſſev.
Ymab ydoed. aanydoed. dan y nodeu.
ae vam arlaᵬ2. aeb2oñ werthuaᵬ2. ᵬ2th yeneu.
Dyn awelant. duᵬ ycredant. da ycredeu.
Ef adolant. nyohiryant. ar heir linyeu.
Sᵬllt ago2ant. eur anregant. arago2eu.
My2r ac yſto2. ardunyant co2. kerd rinwedeu.
T2ᵬy ffo2d arall. troant yngall. heb golledeu.
Rydun aegᵬlat. rac tᵬyll ab2at. yb2enhin geu.
Rᵬyſtrᵬyt erot. greulaᵬn aruot. ar y arueu.
lladwyt meibon. gᵬiriō gᵬȳnyon. gᵬae y māmev.
Acnyt gᵬaent hᵬy. gᵬyñ ybyt hᵬy. bot ȳ ſeinyev.
armerthy2i. achaᵬs euri. yn eu rᵬymeu.
Kyt bot ettwa. ewyllys da. dial eiſſeu.
Nagᵬneuthur da. nath2aethu da. ar dauodeu.
Hynny aᵬnaeth. ganedigaeth. dec wynneitheu.
Vn mab duᵬ gᵬir. ot ed2ychir. ar y dech2ev.
Nos nadolic. nos antebic. y d2ycnoſſeu.
Nos lewenyd. y lubedyd bydᵬn nynneu.

Bendigedic . yỽꝛ nadolic . deilỽg wledeu . 1
Pan anet y mab . arglwyd pob pab . pob peth biev .
O arglỽydes . a wna yn lles . an llud poeneu .
Ac angỽna lle ⁊ yn tecca bꝛe . yggobꝛỽyeu .

yr vn ai k 5

Gwaret arnaf naf naỽd am rodych .
gỽann ỽyf ym nerthwyf . vy neirthyat
vych . gỽareder llawer lle gwarettych . reit gỽ-
aredỽꝛ gỽeinyeit gỽae nygerych . Sef yỽ y
gỽander ner nyt nas gỽypych . ſalỽ ymgelu
pany gỽelych . Gỽander gỽir bꝛyder bꝛat 11
vynych kywyt : agkedernyt bꝛyt ỽꝛth abꝛe-
dych . Bredychỽꝛ yỽꝛ byt ae gyt gywrych .
ar fathan truan y treythych . awyl cnaỽt 14
chỽannaỽc achỽennych ynhaỽd ⁊ maỽꝛgaỽd
didꝛaỽd daỽ oe edꝛych . Rac tri gelyn dyn duỽ
amnodych . rugyl gyt eu kyngyt ae kein
wrych . rac eu llu kat du ymketwych . ar- 18
glỽyd rac ebꝛỽyd kyfrỽyd amkyfrennych .
ffaſter byt ae wyt awherdych . ffoaf os
gallaf y aſgellwꝛych . ffoaỽdyꝛ yỽ y ryỽ reỽ-
indꝛych . Vynet vn vyget gerdet . agard vꝛeſ-
ſych . keiſſeit gythꝛeuleit agythꝛudyych .
cas wybꝛeit rỽydꝛeit rỽyſtreit rỽyſtrych . 24
caỽſſant gennyt varn nyt atuerych vyth .
nathꝛeinc euhoer . nyth nac euhirnych .
Coꝛff ae pump ſynnỽyꝛ llwyꝛ y llywych . 27
caerureu ydoꝛeu ual ydaear ſych . kaeadeu
pareu perỽch yny bꝛonn . gỽiryon boꝛthoꝛy-
on aberthynych . Titheu yꝛ eneit peit nam-
pyttyych . tro offyꝛd di dꝛo y traekeffych . tynn
dꝛoet dy uedỽl trauedych . dy bỽyll ⁊ oblith ma-
gleu tỽyll tywyll eurych . Dyuotyat gỽaſtat
gỽiỽ yſtyꝛyych . dy uoned arwed y harwedych .
dylyet . aeduet auettrych . yngall dy annyan
deall adeellych . gloeỽ degach noꝛeur ythwna-
eth eurych . ath lunyaỽd creaỽd haỽd ycret-
tych . y eilun ehun honnych yardelỽ ⁊ ac oedec
wirdelỽ yꝛardelwych . aruolleiſt ynof y ket-
twych . anffaỽt aphechaỽt kynnyphechych .

achaỽs reitwlych uu uedyd ffrỽythagheu 1
douyd duỽ auolych . kytſynnyeiſt gỽedy
keis nafgỽettych . ar gnaỽt wall deuaỽt a
welldouych . nyt vn weit nadỽy doluryych
bop aỽꝛ : namyn yn ryuaỽꝛ aryuynych . 5
awneych o diỽc nadiogych . gỽed cant
kymmot kymmydych . Vn weith herỽyd
caryat meith hyt na methlych ⁊ diſgyn pan
amherych . Gỽaet ieſſu auu gỽaet cu cỽy-
nych . gỽirda yſtoꝛya pan yſtyꝛyych . grid- 10
uana ocha ual ych yn beichaỽ ⁊ pan uo yn
kỽynaỽ gỽae y gytych . Jeſſu dec ieſſu ym-
dangoſſych . dy wyneb ny heb aohebych .
nachud dy deuryd didoꝛych oth was . gỽae
neb oe gas ageſſeych . Tꝛoui vy rỽyf keli
amkallonnych . attat y troaf attaf y troych .
nat vi y ỽꝛthyt y ỽꝛthꝛych maſſwed ⁊ gỽaged
bꝛeuoled adiwedych . Amheraỽdyꝛ creaỽdyꝛ
cryf ymgỽnelych . ymffyd amcrefyd ym 19
cryſheych . daly vy llaỽ ythlaỽ alywych yn
iaỽn ⁊ arhyt ffyꝛd vnyaỽn ym harwedych .
athuolaf duỽ naf nefoed lewych . pỽy nyth
vaỽl oꝛ ſaỽl ar afeilych . Yth uolyant ſonyant
ſon clych allyfreu : kerdeu telyneu cras 24
tanneu crych . Nef dayar uffern pan y ber-
nych . dot not ymhỽynep am hadneppych
par cled y minneu ny mynnych vy mot ⁊
parth yꝛwon goꝛuot ym goſſottych : 28
pan del y tri llu trallaỽt berych . y leaỽs
yn traỽs a treis boenych . yth lu di diuri
di vꝛych gỽynn oleu ⁊ ary llaỽ deheu ym
lleheych *Divregwawt Taliessin*

Goꝛuchel duỽ golochir ym pob va . 33
goꝛuchel y ennwein yn eurea . Elÿ
eloÿ ac adonaÿ ac o ac alpha . peryf nef
parhaus gỽꝛdda . par ỽydyd eluyd peris
pꝛiſda . o tan ac awyꝛ allyr ac ethꝛa .
Kynnybỽynt un anyan llyꝛ athterra . 38
kadỽynne dyꝛys pỽy namyn kyfrỽys
ae kyfrỽyma . Y kynneil aelwis oe leuthe-
ria.

Nyt maen nyt haearn ae kadarna . nyt co2s
nyt calaf tudet ae kudya ꝛ nyt pl6m tr6m
y riſc ae go2wiſca . Neus g6iſg6ys keluyd 3
g62. od6fy2 aẏa. traethadur p2oph6yt pur
ae traetha . Pan dywot tat ſelyf yn pſalmo-
dia. Quis tegit aqua ſuperio2a . Neus 6
go2wiſc6ys g62 keluyd nef oe nodua . a ſy2
aſygneu aheul a luna . peunyd kylch eluyd
heul ae h6yla. yn uchel oduchom lloer lleu-
uera . pump g62egys llunny6ys llunyedic 10
lla6da . ſicut in celo ⁊ in terra. lla6n y6 y deu
eithaf oeiry a ia . Ac rac oeruel neb nyſ neſſ-
aa. Pymhet yny perued neb nys kyuanheda.
ydeu oboptu y dyuu tymer da. G62es ody-
h6nt ac oeruel odyma .go2uc d6y ffynna6n
kyſla6n eu da. ffynna6n g62es yn awy2 .a- 16
heul yny hadua . ac o2 tryded ffynna6n y
dyellir eigya6n attam yma . aperis p2eſ-
ſent yplant eua . Aberis oes ac oeſſoed
abl6ynyded aſecula . oes. oes adaf. ac oes 20
eua . Eiloes oes noe a noſyeſ yny archa .
T2yded oes. oes ab2aham pennffyd pater
patriarcha. Pedwared oes . oes moeſſen
ymmynyd ſẏna. pangauas degeir dedyf 24
yny dir weſtua. Pymhet oes. oes detwyd da-
uyd p2opheta. Chwechet oes. oes ieſſu ahyt
v2a6t ypara. ac yndi y p2ouet y p2opheſſẏa.
y doeth o epil enn6ir eua . mal yda6 ar y 28
d2ein blodeu roſa. Meir wy2y adoeth ouru
anna . a ieſſu adyuu o v2u maria . ar nos y
ganet ieſſu g62 an iacha. y cly6ſp6yt co2
egylyon nef yn kanu glo2ia . Dyuynn6yſ 32
eluyd olawer da . ac y2 tri b2enhin ſerena.
travu emanuel yn dawel yma . g6naeth y
g6y2theu lla6er gweith2edoed da. G6na-
eth ar y neitha62 yggalilea . or d6fy2 y g6-
in melys pan erchis maria. ef po2thes
pum mil ar y pum to2th bara . m6y oed 38
o wraged noc awelat 62th u6ytta.
Kyuodes y uo26yn o2 domo cla6ſa. ky-
uodes un mab meir extra po2ta . yar yelo2wyd
oe o2wedua : kyuodes lazar y dan ydayar
b2at meir a martha . Ef treidwystonneu heb
geiſſa6 llongeu hyt y po2ua. Ef avu uedic
y2 paralitic . yn ymyl po2tic epẏſſina. ef 5
avu uedic y2 claf nychedic adoeth atta6
hyt y ty2rua. Ef g6ara6t deillon . ef didan
cleiuon . acharcharo2yon obob cleuyt ae
g62th2yma. Ny chyfrif neba6t .narholl uy-
dyſſya6t . byth nyſ traetha. awnaeth ynri 10
oanryuedodeu hyt trauu yma. Ac ynydi6-
ed ydyuu. iachaa6l ieſſu. hyt ynieroſolima.
y kymerth croc acheth2eu . affro6yllau .ac
agheu . y kymerth un mab maria. yob2y-
nu lla6er ola6 ſathana . Ef kyuodes y 15
trydyd dyd oe o2wedua . ac y doeth att y diſ-
gyblon g6edy b6yta . g6edy yſpeit hir qua-
d2aginta. Neur aeth men pandoeth . yny-
nef ybu ꝛ yny nef y byd . yny nef ymae et-
twa. adydb2a6t yda6 ef attam yma. ac ad6c
ganta6 y ſa6l ae koffa . ykeiff mihangel y 21
ſa6l auo da. y ob2ynu g6lat nef ys ef yſſy da.
Y gethern ennwir aata6her yma . y gethn
yſſy waeth ny wnaethant dim da. Y gethh
ael y uffern .gan luciffer yda. P6y y6. p6y ynt
p6y ae koffa. p6y onyt kyfr6ys aekyfriua. 26
Gwae agymerth bedyd . ach2euyd . arnyſe-
uis ynda. g6ae pchenna6c tir. ny chyn-
halyo ywir. rac y traha . G6ae 6ynt ypen-
naetheu y2 chwant aelwed . aty2r deuodeu.
ac ae diua. Gwae offeirat byt . ny agreitho 31
ywyt . ny ph2egetha. Nywercheid6 ygell .
ac ef yn uugeil nys arheila . ny differ y de-
ueit rac bleideu ribynnyeit .achyffes da.
Gwae ef auo ki. kynndiwed g6eini . erbyn 35
teruyn trenghi. g6ae ny th2ugara .Gwae
a d6c tref tat g6ed6 ag6ann . onyſ atuerha.
G6ae nych2et y2 trinda6t . g6ae ny gyn-
nyd ſardab6t . g6ae ny th2ugarha . Gwae 39
a yſſo b6yt . ny chan golochwyt . ny lauurya ~

G6ae 6ynt yg6nniuyeit . nygarhant eu he-
int . nydegēma . Gwae ageiſſo y v2yt yt
tra vo ymy6nbyt . tr6y d2eis ath2aha . 3
G6ae alad dynyon . g6ae at6ng anudon .
onyſdiwycka . G6ae perchen tauaót . a-
uarno camv2a6t . onyſdileha . Gwae 62th
ygymyda6c . agynhalyo g6c . ac awnel 7
d26c . ac ad6c yda . G6ae adycko tyſtolyaeth
gam . ar vab ab͛ham . onyſpennyttya .
G6ae digaſſa6c ſeint . ny chynneil eub2eint .
nyſadolha . G6ae ynerbyn agheu . a volo
pechodeu . nys kyffeſſa . G6ae yn erbyn 12
dydb2a6t nychoſpo y gna6t . ac amyp͛a6t
nyph2ydera . G6ae agynneil arna6 . ac a-
d6c atta6 . arnyvo yeida6 . G6ae ayſpeil
tut . agynhalyo golut . gyſnewitta . G6ae 16
a 62th2ymo arwann . ae ca6d ac ad6c yrann .
onyſkyfranna . G6ae nygaro du6 . g6ae
nygaſſa dyn . g6ae ae diua . G6ae agynne-
il bar . ynygallon 62th gar . ac ae kaſſa . 20
G6ae pchenna6c b6yt agaeho y gl6yt . ac
ny alwho b6yſt 62th y v6yta . G6ae pchenn
kyuoeth . awelho lletnoeth . onyſcudyha .
G6ae ny rodho lletty . a than ag6ely . y pere-
grina . G6ae aga6d g6iryon . g6ae nydidan
cleiuyon . acharcharo2yon . onyſgov6yha . 26
G6ae 6ynt y gethern . ef pan anet . adwc
y wirh͛et . yn ynferna . G6aent h6y ygethern .
auynnant uffern . byth g6edy yma . Yny
mae ubein . yny mae lleuein . a llawer pla . 30
Yny mae griduan . yny mae poethuan . heb
eſto2ua . Yny mae deincryt . yny mae anwyt .
ac eiry aia . Ac nat oes datol6ch . nac ediua-
r6ch . vyth wedy yma . Archaf arch y2 mab
rat . ac y tat yda . T2ugared yd2inda6t ath2u-
garha . kynn mynet ymbed amdiwed o2-
wedua . llwy2 ediuar6ch tut ⁊ kynnelwyf o-
dyma . Arauedylyeis . ac aradigoneis . o
treis a th2aha ... ~~~ 39

Oli du6 yndech2eu adiwed . ae kynnif
nywellic ny omed . vn mab meir mo-
d2ydaf tey2ned . meir mam griſt ergynnan
rian͛d . Tyda6 y2 heul o2d6y2ein y2gogled .
Dy eirya6 y2 dyua62 d2ugared . dym 5
ar dy vab yolud dy yntrugared . du6 uch
omne . du6 rac omne . du6 aued . Reen nef
anrodomne ranntrugared . tey2nuronn
tranc y2om heb ymomed . Dywyckof y 9
digonhom ogamwed . kynn mynet yggwe-
ryt ymhirwed . yntywyll heb gannwyll ym
go2ſed . ymg6einuot ym go2ot ymgo2wed .
G6edy meirch ac ymdwyn glaſſwed . achy- 13
ued achyt ynni ag62aged . ny chyſcaf go-
b6yllaf omdiwed . g6lat ydym is agro ym-
aſſwed . Mal deil ovlaen g6yd datwed . G6ae
agha62 agra6n ma62uerthed . Ac onys g6a-
da6l y rihed . kyn gatter ef yn ryſſed . p͛ſſent ⁊
perigyl y6 yny diwed . Nywy2d2ut nyt yſ-
gryt ynytymher . nychyuyt bo2e ny chyf- 20
ueirch nyt eiſted . ny chan wen nyt eirch
trugared . Byd chwer6 y dalha62 ynydiwed .
ſyberwyt ama62uryt ama62ed . meith2yn 23
co2ff ylyffeint . anatred . Allewot ac ymd6yn
ennwired . Ac agheu dyda6 62th gl6yded .
Ef ynll6ch dychynnull dychyued . dyneſſa
heneint arllet arued . dygluſt dyd2em dy 27
deint neut atwed . dychy2cha croen dy vyſſed .
Aneirolony mihangel . ar reen nef rann
trugared . kynnteuin keinhaf amſer . day-
ar aclar glas called . Neidy2 ynrith ych yg-
g6ed . g6y2d mo2d b2itho2 tired . pan gan-
hont cogeu arulaen g6yd . handit m6y vy 33
llav62yded . Toſt m6c aml6c anhuned . kan
ethynt 6y kereint ynatwed . ymb2ynu yn
tyuo ynynyſſed . mo2 ympob fo2d yd elher .
Rac griſt g6yn nyt ynialed . oed ch6ant yn 37
kar yntroſſed . treidya6 ty tir yallduded .
Seith ſeint a ſeith ugeint ⁊ aſeithcant auu-
ant yn un o2ſed . ygyt ach2iſt g6ynn nypho2-

thynt vygiled . archaarchaſ nym nackaer y
roſ adu6 tangneued . ambo ffoꝛd y poꝛth ried ⁓
criſt ny b6yf triſt yndy oꝛſſed ⁓ 3

Y N en6 dñi . meu y moli . ma6ꝛ y mola6t.
Molaſ douyd . ma6ꝛ y gynnyd . arycar-
da6t . Du6 anhamuc . duw angoꝛuc . du6 an-
g6ara6t . Du6 angobeith . teil6ng perffeith.
tec y purſſa6t . Du6 andyly . dú6 yſſy vzy ⁓ 8
bꝛenhin trinda6t. Du6 apꝛouet. ynn yndꝛ6y-
det . dꝛ6y y dꝛalla6t . Du6 adyuu oe gar-
charu . gan uſullta6t . G6ledic detwyd . an-
g6nel ni yn ryd . erbyn dydbꝛa6 . and6c yꝛ
wled yꝛ y wared . ae werinda6t . Ym parad6yſ
ympur gynn6yſ . rac p6ys pecha6t . Ang6nel
iechyt . yꝛ y penyt . ae pym dyꝛnna6t ~ 15
Dolur eghyꝛth . du6 andiffyꝛth . pangym-
merth kna6t . Dyn agollei . pei naſ pꝛynei .
diuei deua6t . Oꝛgroc greulet . ydeut g6a-
ret . yꝛ vedyſſya6t . Cadarn uugeil . criſt
nyt atueil . y teilyngda6t ~~~ 20

P Onyt g6ann truan trymder pechad⁚
pechodeu aniuer ⁚ nawyl dyn dyuot
yamſer . nawelyd kewilyd kallder. 24
Nachꝛyn lla6 yn llunya6 ſal6der . nachꝛet
ydu6 dewin ffydlond'. nachꝛynei bop pꝛyt
rac pꝛyder . c6ympa6 y my6n k6ymp
luciffer . yn dilet uryt byt bot ynouer ⁓ 28
Nyt da na thꝛaa nathꝛa balchder . nyt di-
gewilyd pan welher dydbꝛa6t ⁚ darllein
pob pecha6t ual y pecher . achꝛiſt ympꝛenn
croc yꝛ creulonder. yny boen y bu du6
g6ener. arpumpffr6t . pumffr6yth nyt 33
ouer . ae banneu ambenn yniuer . ac an-
heil6ng lu gan luciffer. ac yntal pob ſant
y galander . ac egylyon neſ niſer caran-
neit ⁚ yn crynu rac pꝛyder. Deall6n ſyn- 37
ny6n tr6y ſynn6yꝛ ner . dielwet uyd dyn
y dyd y ganer. eſ yn uab yn uebit ouer.
eſ ynwaſ an waſtat gallder . eſ ynoet yn 40

edꝛym llymder . eſ yn 6ꝛ ynareil pꝛudder. 1
Eſ yngr6m yn gryman g6illmer. eſ yn
r6th yn ruthꝛa6 g6ener. Eſ ar6ngk y r6ng
y d6yuer. eſ heb gof yghyſ vꝛiſ aered . eſ yn
wann truan la6 tryuer heb nerth ⁚ eſ heb 5
gannerth heb geniuer. llwyt y benn pan
heny6 y ualchder. Lygat bꝛi6 heb li6 heb
leuuer. lle yꝛ danned ynd6nn pangeiſſer.
lledyꝛ y grud yngrin pan deimlher. ll6m y 9
groen crin urych yſgeler. lle ryued ryuic a-
balchder. Na uit ryualch dyn ydan yſer. na
vit unlyſſen6 aluciffer . Nybyd bꝛych wenn
llenn lla6 anycher. nybyd bꝛychwyn dyn 13
dyd ycladher . Nyſcanlyn oedaoediuer ymdꝛo ⁚
eithyꝛ y amdo amdla6t biner ⁓

N a6d ytat armab rat roſ amgalon . na6d
y glan yſpꝛyt kywyt koſyon . na6d y 18
ieſſu caru coꝛon tangneued ⁚ cared diſgybled
aediſgyblon. Na6d ygroc deheu donyeu dan
uon . agymereiſt du6 yꝛ dydynyon. Rac uffern
gethern geitha6ei anffydla6n . ae creula6ndiga6n
di gaſſogyon . Na6d y caryat rat roſ am galon ⁓ 23
na6d myꝛ ameir ae moꝛynyon. Na6d aar-
chaſ y archegylyon . ma6ꝛ argl6yd neſ allawr
ual ym ll6ydon. Na6d pedyꝛ arbennic lleithyc
llithyon . oꝛeu poꝛthoꝛyeu oꝛ poꝛthoꝛyon. 27
Na6d y pedwar g6ar g6erydon wyꝛyeit ⁚ agel
yſtoꝛ pleit kyweit kanon. Na6d Jeuan li6
bann benndiwydon. auendiga6d criſt croes
ar6ydon. Na6d adſ6yn kyſſ6yn kyſſon y g6- 31
edi. pꝛoph6ydi keli kylwydogyon . Na6d un-
da6t trinda6t y tripherſon. na6d yꝛ holl ſein-
eu ſened wiryon . Na6d kanma6l holla6l 34
hollegylyon neſ ⁚ ag6ir adeſ y g6erydon ⁓
Na6d arnaſ y dodaſ y detwydyon. nodet oe par
phet amperthynon . Na6d merthyꝛi du6 deon
dꝛagywyd ⁚ na6d yſſyd uſyd auel wirion. 38
Kynn godef agheu egyꝛtholyon . amb6yf gan
deuhael kael kyueillon . Mihagel. Gabꝛiel gobꝛ6y-

onganma6l: yſpꝛyda6l geda6l gedymdeithon.
Yreol dethol yg6yꝛ doethon . yrydit adef
nef ymnodon . yn ryd ymheneit rodyon go-
leuder. yn rwydder lleuuer ymllehaon. amē ~
Yg6ꝛ anrodes rinnyeu ardauaót . ac - 5
ara6t ac eireu . amtroſſes ygyffes
nyt geu . am troſſo yꝛtroſſed goꝛeu. Ygury-
a6 goꝛwiſt ygrudyeu . ygaru mab du6 yn-
diamheu . ygymryt penyt rac poeneu uf- 9
ſern ꝛ ac affeith pechodeu . G6ae dyn adilyt
camlyeu . g6ae leidyꝛ ae ledꝛat ygclodyeu.
G6ae d6yll6ꝛ ae d6yll nyſmadeu . g6ae gebyd
oe gabyl amryffreu . g6ae ot oe dꝛauot yny
dydyeu. G6ae ſyber6 ar ſubet agheu . g6ae
l6th oe lithia6 ygg6enereu . g6ae vꝛad6ꝛ oe
vꝛydyon uedylyeu. g6ae ny chyꝛcho ffeir
offerenneu criſt ꝛ croes dolur archolleu ~ 17
G6ae agodho mam ogam nyt geu . g6ae
agodho tat nyt [rat] rieu. G6ae ef yeni ener
kyghoꝛ6ꝛ kynghoꝛuynt ae geingheu . 20
Seith bꝛiwyt pecha6t y6 pechodeu yꝛ bobyl ꝛ
mae yny bibyl euhenweu . am ſeith bꝛiwyt
nyt g6yt geu . Seith wedi ypader aruer 23
oꝛeu. Seithꝛat mat medꝛ6yf y dechꝛeu . Seith
leuuer ennwer euhenweu. Seith wers kym-
man glan kynn gloes agheu . croc ꝛ agant 26
criſt ae eneu . Ẏſtyꝛyent pum oes byt eu bot
ym madeu . pan aeth un mab du6 ydyd goꝛeu.
ydꝛ6s poꝛth uffern gethern gaetheu ~ 29
Ywan heb annoc ae groc oe greu . y ſarff af-
lawen yn y eneu . Ydoed ynber6i ub oꝛ bareu.
ſeith canmil peireit oeneideu . a gla6eir ac ot.
aſeirff allewot . a pha6b heb annot yny boen-
neu . Ar kethꝛi oſcla6c . ar kythꝛeul coꝛna6c.
ar kyꝛn llym ſodla6c . ar yſodleu . arllygot
penngarn . ar gyluineu carn . ar llech las 36
hayarn . ar ſarn ſaetheu . Ar ffeir ynhirdꝛ6c.
arff6ꝛn dywyll6c . a pha6b ol6c ary balueu.
a phop ry6 hirdꝛ6c . aphob kyfri6c . aphob
eidoꝛ6c arhen doꝛeu . a phob ry6 deua6t yꝛ do-

lurya6 cna6t . aphop kigweina6t ar ykigwei-
neu. a pha6b yn ubein . a pha6b yn germein ~
a pha6b yn lleuein . naſ llad agheu . Nys 3
adꝛa6d taua6t . nyſ traetha keuda6t . onyt
y dꝛinda6t unda6t oꝛeu. Poenedic gethern ~
pobyl my6n mycwern . poenoſyeint uffern
gethern gaetheu . archaf arch ym naf . y 7
dewin doethaf . nyt ym arwerthaf heb y
wyꝛtheu. Oꝛ llethꝛi ar heul . oꝛ lle kyuyt heul ~
nam rodho y gythꝛeul yꝛ y gẏthꝛeu. Yꝛygyt
aruoll yꝛ y pymharcholl . yꝛ y arch vꝛi6doll ~
ae archolleu . Yꝛ y car abſalon . yꝛ cur yd6y
vꝛon . yꝛ gwaet ygallon ae vꝛon vꝛi6greu. 13
Yd archaf ymtat . yſpꝛyt a rat. rann oe wir
garyat . ual ymgoꝛeu . Kynn ẏſgell medꝛa-
6t . yſgar ampecha6t . meda6t nyt meu ~
Poenedy kynnes. kaffelgoꝛdiweſ . kẏmun
achyffeſ . alles llyſureu . Ole6 acaghen . a
chym6yll amen . achymot amreen . yꝛ 19
hynngoꝛeu . Ny b6yf l6th dia6c . ny b6yf
leſc oſynna6c . ny b6yf weithꝛeda6c . cam
weithꝛedeu . Ny b6yf gyhudgar . ny b6yf
ymladgar . ny b6yf anhegar . ynhogi geu.
Ny b6yf hoedyl gywall . o weithꝛet arall. 24
ny b6yf 6ꝛ aghall . erbyn angheu. ameN

Du6 yngyntaf ykyuarchaf . bennaf
bieu . Nef adaear agwyllt ag6ar . 28
g6a6ꝛ yſpꝛydyeu. Moꝛ adyfred mur [teyꝛned] reit
wed radeu. ar ffuruauen ar holl pꝛeſſen ~
bꝛyſſur donyeu. a phatwys [ra] ef an pꝛyn6yꝛ ~
pꝛyn godeheu . ar holl bobled . ac nyt ry-
ued . r6yf ſynnh6reu . Jeſſu ieſſu avyd a 33
vu . tr6y vud gethꝛeu . Mae yn uedyant . ma-
6ꝛ ogonyant . g6ant goꝛeu . Y mae yn kan-
uot ac yn g6ybot holl wybodeu. Nyt oes
vꝛenhin . deus domni dim . ynn yn eiſſeu.
Pan nat yſtyꝛ yparch ſ6ydwyꝛ . perchen̄
ſ6ydeu . Nat an dꝛos gof . ywyllt adof. 39
y da6 angheu. Ac na6dant rac aglywant.
[o gleuytyeu ~

Bꝛyder diryaỽ. pabꝛyt ydaỽ. eudỽyn ỽynteu.
Ac nat gỽell barn. eurgled kadan[r]. arglỽyd cadeu.
Noꝛ dyn gỽannaf. adiſt adlaſ . yny dadleu.
Dꝛudyon vydant. dꝛỽc ybarnant. ameubarnev.
Heb dim neſaỽl. orỽyſ bydaỽl. byt gyſreitheu.
Kyſreith hocket. achuhudet. ỽanet bieu.
ac ennwired heb dꝛugared. adꝛyc eireu.
Agỽylltineb. haỽl ac atteb. gattel poeneu.
adỽyn reudus. yngamlyꝛyus. lỽyꝛ oſuty eu.
Ydyd adaỽ nybyd diſraỽ. gỽyꝛaỽ geireu.
ar wanngriſtaỽn. yn agkyfyaỽn. digraỽn dagu[r].
Yꝛ neb aegỽnel. goꝛmod ryuel. ryuaỽꝛ gãmeu.
Nybyd un vꝛeich. heb uỽy noe beich. o bechodeu.
Gỽae hockedỽꝛ. gỽae guhudỽꝛ. oꝛ gohodeu.
arbalch gyued. herwyd troſſed. tryſoꝛ obꝛeu.
Panwir uarner. yggoleuder. ſer aſygneu.
Geyꝛ bꝛonn douyd. aſſywedyd. nyt oes wadeu.
Nyt oes allu ynerbyn ieſſu. na ſynn dꝛoeu.
Nac eſguſſaỽ. nachudyaỽ [bꝛaỽ] bꝛat uedylyeu.
Yna y telir aghenn yſtir. ennỽir eneu.
Ybob tỽyllỽꝛ. ac ethꝛodỽꝛ. eu gỽeithꝛedeu.
Pan ỽꝛthotter. yỽꝛth niuer. neſ obꝛỽyeu.
Ydygỽydant. eiſſeu gỽarant. gỽae yꝛ eneiteu.
Ympỽll uffern. gyt argethern. wern welieu.
lle mae triſtỽch. athywyllỽch. allỽch alleu.
Ar kythꝛeuleit. euherbynnyeit. oerõ boeneu.
Pob kamwedaỽc. paỽb ys oſynaỽc. rac euſaſnev.
Yndiſgyꝛnu. danned arnu. oꝛn ymliweu.
llidyaỽc vydant. llym ygỽanant. arkigweinev
Gỽenỽyn atneir. gỽed agkyweir. myỽn. peir poe- [neu]
Ac eu cronni. yhir goethi. gỽaeth noc ageu.
ac odyno weldynatro. dꝛyc damweineu.
Eiry ayarreỽ. aruthyꝛ wynt gleỽ. aglaỽ dinev.
agỽaeth heuyt. oed odeſ cryt. myỽn craỽn byll [eu]
Yneb nychꝛet. eu kyſryntet. bꝛyuet bꝛoueu.
Weldy yna. perchen traha. trahir gãmeu.
Yn hardymer. gan luciffer. bꝛyder bꝛadeu.
Oed gỽell mynet. yn llekaffet. gỽelet goleu.
Gỽyluaỽꝛ urenhin. y goꝛllewin. llewych dꝛeſyn [eu]
Ygymryt gỽled. uaỽꝛ enryded. rydit gerdeu.
Geyꝛ bꝛonn douyd. yndꝛagywyd. gywir donyeu.

Bꝛenhin gogonet. bꝛeinyaỽl yweithꝛet: ny
cheit oe barth [eet] na phlet na phla. Pei nawnel-
hei. vegys yharchei. rei ryuaỽꝛ dꝛaha.
Toꝛri ygỽahardon. achỹnal lladꝛõ. athꝛeiſ-
ſaỽ gỽeinon. gỽnn nath dykya. Dꝛỽc
vyd oꝛ diwed. diſper ygamwed. drỽy ualch-
der reuued. ryuic nyt da. Yſtyꝛ di en-
nwir. herỽyd atreythir. ganduỽ ny cheffir.
dim kywirha. Eithyꝛ gỽiryoned. agỽar
tagneued. agỽir trugared. ual y gwedha.
Edꝛych dyuuched. kynn mynet yth ved.
o gỽnaethoſt gammwed. naryuedha.
Bot yndir talu. ger bꝛonn yꝛ ieſſu. lle
y gỽelo y tri llu. y trallawt awna.
Gwae yꝛ ſaỽl agredan. os kamwed aw-
nan. yꝛ tỽyll uyt truan. adifflanna.
Ac ny nymedylyho. arỽy dirpero. y rỽyſ
a gaffo. nyt ym goffa. Kyt boet kyuanned.
bydaỽl gymyꝛred. gỽled gỽneir enryded.
awnna. Gỽeleis lywelyn. luoed eil meruyn.
a chymry tervyn. yny tyꝛua. Gỽeleiſ ben-
naetheu. gỽyned ar deheu. coloſynneu cadeu.
kyt oꝛſedua. Gỽeleis wyꝛ yn trin. ameirch
myſterin. gỽin a gỽerin. a gỽarỽyua.
Gỽeleis luoſſyd. a chyued beunyd. a byt
ar gynnyd. gynnif gỽyꝛda. Hynny aeth
heibaỽ. val ymchoel dylaỽ. mae paỽb ynadaỽ.
oet dibarha. Nycheiff kyuoethaỽc. uot yn
hir hoedlaỽc. vỽy nochynnhĩnaỽc. na chyn-
henna. Yſtyꝛyeit travo. rac poeneu agro.
babeth a geiſſo. beth agaſſa. keiſſet bop dedwyd.
ywled ny deruyd. llewenyd llonyd. ffyd affynna.
Nacheiſſet hocket. trỽy gam guhudet. neſ
yny thecket. kanythyckya. Pan lỽyꝛ udylyer.
penyt pꝛyt pꝛyder. poen gam edyllder. o ver
eua. Nat oe gãmwed eſ. yd aeth arglwyd nef.
ypꝛenn diodeſ. edyl traha. Gỽae nyt mat
anet. bechodaỽl weithꝛet. toſted vyd gỽelet.
golỽc lỽyꝛdꝛa. Dangos ffrowylleu. ae holl
archolleu. aegethꝛeu aegreu. ae gỽc aỽna.

Hynn

Hynn awneuthum i. beth awnaethoſti. 1
med criſt keli. ri reit oed yna. Bot glein-
dyt paraỽt. ynerbyn trindaỽt. rac trallaỽt
pechaỽt. deduaỽt diua. Gỽae ỽynt y keby-
dyon. ar hocket dynyon. ar camỽlyon. 5
nyt adolha. Gỽelet eu madeu. dꝛos eu
camwedeu. yn uffern boeneu. benyt
gudua. a gỽelet mynet y nef ogonet. 8
y ſaỽl a gaffet. ar y gyffuryf da. Y gan
lewenyd y wled ny deruyd. yn tragyỽyd.
ryd rat gymannua. a MeN. 11

Canu tyſſilyaỽ yỽ hỽn. Kyndelỽ ae cant.

Dvw dinac dinas tagneued. duỽ dyna-
ỽd nam kaỽd ymkamwed. duỽ do-
eth ydeythi teyꝛned. teyꝛnas wenn was
wirioned. Duỽ amdỽc ymdogyn anry-
ded yw wennwlat yỽ rat yỽ ried. yn 17
elỽch ynhedỽch ynhed. yn hodyaỽt yn
haỽd varannhed. ac eilrod eilrod gyhy-
ded. a reilrec eildec dꝛyganed. aganỽyſ
ymrỽyſ om racwed. ragoꝛ uam rac 21
ram ragyꝛwed. Tyſſilyaw terwyn gyw-
ryſſed. parth am naỽd adꝛaỽd adꝛyſſed.
peris ner oꝛ niuer nadꝛed. pꝛaff wiber
wibyat amryſſed. Mab gardun ardunic 25
naỽꝛed. Mabolyaeth aruolyaeth wared.
Mab bꝛochuael bꝛonn hael haỽl oꝛned.
goꝛpu nef yn eiuyonyd duded. Mat gyꝛch-
aỽd garchar alltuded. kyꝛch kyſſlaỽn kyfle
diſroed. Mat gymerth arnaỽ pꝛaỽ pꝛuded.
pꝛif obꝛỽy obꝛyn trugared: mat ganet o 31
genedyl uoned. maỽꝛ wledic maỽꝛwlat tyll-
ued. Mat goꝛeu madeu marthoed. ac yꝛ
duỽ diofryt diofryt gỽꝛaged. Gỽꝛeic "ennw-
aỽc "annwar ythꝛoſſed. ae treidỽys butrỽy
ennwired. llann uechann vychot yberthed.
llann ymroñ y challed. Dynyaỽl bobyl ny
boꝛthant iaỽnwed. Jaỽn yduỽ diuanỽ eu 38
reued. ar eubꝛyt eubꝛadaỽc uuched. aegỽe-
ryt ac ef ae gomed. kedaỽl ud kadell eti-
ued. cadeir coꝛ yn cadỽ haeloned. 41

Kedwis dꝛeic dꝛagon gynnadled. caſſau 1
caru creuloned. karet baỽb keradỽy diwed.
kerennyd kynn keryd kared. kerit oꝛ vygkerd
ygkynted yn yt gar gỽyꝛ gwanar gỽinwled.
Caraf ylañ arllen gan gared. ger ymae 5
gỽyduarch vch gỽyned. gỽyduitle glyỽde
gleỽ de achwed. gỽyd vynnwent gỽydua
bꝛenhined. Beird neuet niueraỽc oꝛſed.
bꝛeiſc adoꝛth ehoꝛth ehoſned. bꝛeinhaỽc loc
leudir kyuannhed. meiuot wenn. nyt 10
meiwyꝛ ae med. **Kyndelỽ ae cant.** kynd'

Djs med treis nys treid yſgereint. nys dae-
ret trefret ytriſeint. mỽy yndi gỽ-
eſti gweſteifyeint y balchnaỽd. noc amra-
ỽt amreint. ae balchlann y vꝛeint rỽng 15
ybalchneint. ae balchwyꝛ ae balchwyꝛ teſ-
ſeint. ae balch lỽys eglỽys eglurureint.
ae balchrad aebalch rod trameint. Ae
balchaỽꝛ yn aỽꝛ yndeweint. ae balchgoꝛ 19
heb achoꝛ echwreint. ae balch offeiryat ae
hoffeiryeint. ae pharaỽt offeren hoffeint.
Balch y bagyl bagỽy eur yheinyeint.
balch y lloc rac y llifueiryeint. a nhebic
yꝛbleit ablyc heint. affleu freu aphꝛyuet 24
llyffeint. a than poen poꝛthoed digofyeint.
vffern wern ffuryf y henneint. kynn ar
naf ernywed wythheint. wyth p̄ſ ỽythpꝛif
wyth p̄ſkymeint. Kynn ergryt penyt 28
poenofeint. poꝛthwyꝛ duỽ poet ỽynt vyg-
kereint. Pan vo paỽp panvỽyſ heb heneint.
ynoet dewr degmlỽyd arhugeint. Pandel 31
bꝛaỽt rac bꝛonn uchelſeint. amrodỽy creaỽ-
dyꝛ kyreiueint. kynn mimneu kynnybỽyſ
gywreint. kyndelỽ ỽyſ kynhelwaſ ovꝛeint.
kerd newyd ymrebyd rygeint. kein aw- 35
enn gann awel bylgeint. ~~~ **kyndelỽ.**

Pylgeineu radeu amrodir. rod rỽyd gall-
rỽyd gatyꝛ ytgenir. Canu dꝛeic bꝛyde-
in abꝛydir. obꝛyder berthualch yt berchir. 39
beth ymae meiuot ae hamdir. berth eluyd
rac eluet ennwir. berth y lloc ỽꝛth lleu babir.

berth ychlas ae chy2n glas gloewhir. Berth radeu rieu rygredir. ae cred6y cred6ch na th6yllir. T2anc ar du6 traethaf naellir. tra6t ar dyn aetremyn tr6y dir. Pe2iglus pellus pell dygir. pall arna6 p6yllaf ydognir. P2eff6ylgoll d26ydoll egir. p2effent v2ad6 v2ada6c ygelwir. Pobyl vyd yn an g6yd yngelwir. pa6b ohonam am yn kam yncofpir. Awnel ia6n ratla6n rymolir. auyd ryd ydyd yt uernir. auo g6yl golev yt nodir. gol6c du6 arna6 adodir. Auo g6ann 62th wann 62th ia6nwir. yn ll62 6 p6yll pell yd atrodir. auo llary llawen rygy2chir. ac auo llachar ry llochir. auo g6ar gwell yt uodeir. noc auo annwar acennwir. **Kyndel6 ae cant.** kynd'

ENnwir dyn ael ytherbyn. enn6a6c uyd uegys yheruyn. En6 d2eic d2agon amdiffyn. annwar var vedgy2n eiffydyn. Tiffilia6 tey2ned gychwyn. treis wen6yn terwyn to2yf erchwyn. panaeth g62 go2mes uuelyn. g6eith gog6y g6ythgat ymoftryn. Pann gy2ch6yt ymlynwyt r6yt rynn. ymplymneit ym62thuyn. yn reidun o2un o2efgyn. yndyd reit aroda6c yggrynn. ynrod6yd eb26yd ynerbyn. yn rodle g6yach g6yarllyn. Ygkyfy2gein kyfwy2ein kyfy2byn. ygky2goll tewdo2 to2 dychlyn. ygyfv2anc powys pobyl degyn. ac ofwallt uab ofwi aelwyn. ynaele oual am ovyn. Oed aela6 coel c6yna6 can v2ynn. ynryuel ynryva62 difgyn. wrth digy2 ketwy2 kady2wehyn. yngkynnif sarff unbyn. seuif ef feuit du6 gennhynn.

Kyndel6

Can uod du6 yt vun y dilenn. tut wledic elwic elvydenn. tir g6zeid go26yf rac vnbenn. Tiryon mon meillon ymo2benn. Tiffilya6 tey2ned nen b2enn. tey2nas dinas dafgenn. tey2n vard ae kan kady2 eurbenn. tey2nwa6t tey2nwy2 kyngen. kynnydwys kynnif kygo2ffenn. kynn6ys glein kynn glas dywarchenn. Kynnadyl kerd kerennyd gymenn. gein wennwas heb gas heb gynnh. llann a6naeth aela6uaeth lofleñ. llann llugy2n lloga6t offeren. llann tra lly2 tralliant wy2dlenn. llann d2alla6 d2allys dino2benn. llann llyda6 ganllytwed wohenn. llann benn g6ern bennaf daearenn. llann bowys baradwys burwenn. llann gamarch lla6 barch y bercheñ. **Kynd'**

PErchenn co2 kerd wofco2 wafga6t. **ae cãt.** ketwafcar cas llachar lluchna6t. lluch varan lluch uann y vola6t. aruolyant urdyant v2d enwa6t. Berth veinot o virein loga6t. lloc ua62ueith am uedueith ued2a6t. teruyn tec ym terwyn beida6c. aweles ny welir hyt ura6t. Caer rufein ryued o lyga6t. caer uchel uchaf ydefa6t. kaer ehang ehofyn y chi6tawt. ny chyfret y phobyl aephecha6t. caer arheul kaer did2eul did2a6t. kaer bellglaer obellglot ada6t. kaer barchus barhaus bara6t. aberit ybererinda6t. **Kyndel6 ae cant.** kynd'

PEnnyadur kerygyl kereffyt. ket achzet achzeuyd ygyt. perigla62 periglus wyndyt. G6ynda6t g6ynn g6irion o2modb2yt. pereit wa6t perna6t perheyt. Per uolyant efbo2thant efbyt. peir kyfreith kyfr6yd yn kyuyt. Kyuoeth du6 anduc ygg6ynuyt. kyua vyd y2 p2ydyd aep2yt. p2ydeft loe6 p2yder dihewyt. Diwahard y vard y venn6yt. diffleifto2 teuto2 to2 diffryt. Diffy2th hael hir b2ochuael b2oglyt. graduuel greidya6l y 62hyt. g6y2th awnaeth nywneir hyt ennhyt. Nywnaethb6yt eiryoet y2 ynoes byt. oe ataf etwyn canllyt. Ydyfu adeil aryhyt. G6y2th arall g6erthua62 ydeturyt. grannyggre dybu dyb2yt. gre yggredyf ynlledyf ynllucuryt. ygkarchar yndaear ynyt. Poft powys per-

gig kedernyt. pobyl argledyz argl6yd di-
ergryt. pozthloed bud pozthloes oe vebyt.
yneluyd penn mynyd penyt. **Kyndelb.** k'
PEnnyd62 pennaf ygreuyd. agred6ys
y du6 deus douyd. cretet ba6p y peir
lluoſſyd. lluoſſa6c yda6n ydetwyd. Credaf
da ny diua nydiuyd. nydiffyc onyt ydiffyd.
Credaf vi vyri vy rybyd. vyllywya6dyz cre-
a6dyz credouyd. credaf ywen am reen am
ryd. mat gynnull ma62 weryd. Credaf
yposſ pſſent pzeſſ6ylwlyd. am peris 02 pe-
dwar defnyd. Credaf y peryf nef yn eluyd.
amg6naeth obura62 yn bzydyd. **kyndelb.** kynd'
PRydyd 6yf rac pzydein dzagon. pa6t
kerd cadeir pzydydyon. Gly6 amryd
ragozueirch gleiſſon. gleiſſyeit li6 : glas
ganoligyon. Meu deturyt meint g6zyt
g6zon. mal yg6naeth mechdeyzn haelon.
meirch argeirch yn garcharozyon. meith
gerdet. mygyz gytret geidzyon. Ymeiuot
ymaent ar6ydon. ar6zeid ywreid vzythyon.
Yma62wled ymed ymaon. y thzetheu y6 traeth-
aduryon. Ydeugreir gyweir gyweithon.
agyuyt yngyuoethogyon. y hynaf heny6
oe thiryon. handit ryd r6ng yd6y auon. Y
ſygynuab gle6 gloe6 rodyon. a uolaf auolant
veirdon. karaf y barch yharchdiagon. cara-
da6c vzeinha6c vzeiſc rodyon. Card oleith o
lud eſbozthyon. perigla62 perthua62 po6yſ-
ſyon. Del6 yd ym yndiamryſſon. amlugyzn
am gyznn am geinyon. yn vntref untreul
wledolyon. yn unda6t vndat vzodozyon.
Can dzugar can war werydon. can ter6-
yn can tozof eglynnyon. Can dozuoed
niueroed neiuyon. can vod du6. can vot
ynwiryon. Amrod vyggwledic g6leityadon:
dzefret g6lat waret wozthozdyon.
Kanu y du6. kyndelb ae cant. kynd'
DEudenggrad benn berchenn bzad
bzioda62. deudeggrad dyweñwlat
moz uat moz ma62. du6 dewrwir pellir
p6ylla62 on kynnhen : dilen obzeſſenn ban
yn bzyſſya62. Deu edzyd yſſyd aſſynnh6yzy-
a62. deu erbyn agheu aghychwia62. doeth
wlat nef adef adaf wycha62 ſeil : vffern y62
eil dureil dyza62. Ouer diuuner llyther lle-
a62. ofyd acheuyd yt achzeta62. offyzyf yoli
tri odzaetha6t berſſeith. oeg6yded ieith oe
g6yda62. berthideu rieu rywaſgara62. ny
mat bozthes mam mab nwydida62. per
othit donyeu byt dynya6l oga62 nenn :
dynyadon betheu benn bob eua62. Parth6ys
r6yf ratla6n da6n dibura62. pozth ym g6a-
6t taua6t digarchara62. berth gyuoeth
ll6yzdoeth lle6ych wa6t [beunyd] am elyf vedyd am
eluyd gla62. G6edy golodyd o dywylla62. g6e-
dy gol6c urat goleuat g6a62. G62th keli y-
oli kynn neithya62 dayar : g6yl dzugar dy
gar vo dygerda62. Kyt g6yp6yf hedi6 ha6d
uot uchlla62. ny 6nn yz hynny a wyf heua62.
g6yz reen ymreit ryd y ola62 hebda6. rac
ynperigla6 hebperigla62. g6dam yngozll6c
g62ll6yd6c lla62. g62 hydyzueu gheu yggygella62.
KYgholli ma62du6 mozdybzyt yneb : kygh k'
all n6y goheb oe gynuebyt. kyntoza62
yſſyd yſ ef ancryt. kyghallenn dilenn ozffenn
ozffryt. kygeudon ada6 odiofryt criſt : kygafa-
6c kyfyzdziſt kyfyzdoſt benyt. Kany6 ydyn
diuan6 y vzyt. kygreif dia6l kyg6l kywyt.
kyngha6s auyd tra6ſ aved triſtyt meith :
kyfreith dioleith kynn lleith lleturyt. Kyw-
yzdoeth ry6 gogel bat annel bzyt. kyfyzd6yth
kyfafyzd6yt pzifwyth pzifwyt. kyuaruaeth
amaeth am aruedyt t6yll : kyfranc geu gym-
h6yll am p6yll ympyt. Kyfyzgna6t ymke-
uda6t deua6t heuyt. kyfredec ach6ec ch6e-
r6 hir ennyt. kyfreit oed ymplcit oet ym
plegyt uot. kyfragot dyuot tu vygg6eryt.
yn ll626 ll6yth eluyd douyd andyt. yn lla62
lliwetta6d angla6d anglyt. Ynll62 yt yd g6-
yd hyt ygg6eryt lla62 : ynll626 un kyua62
yd ynkyuyt. O areu angheu aeren ergyt.

ooerued poenwed pa6b yvywyt . o arwar
daear do6n ygyt dydb2at . o arwein pecha-
6t lletta6t lleturyt . Ny ry gar trugar 3
traſyberwyt . ny ryda6 ana6 oeann6ylyt .
Nyrygodwyf r6yf rymg6eryt odygyn :
Nyt r6yd wy gynnygyn gyndieb2yt . 6
ny rygollwyf du6 ode6zed byt . ny ry-
golles nef ny bo ynuyt .

e ENuytrwyd awyd ewyc lauur 9
d6nn : anuedy y kar6n p6nn pen-
yadur . heb fynnyeit ynreit r6yd echlyf-
fur : aheb wybot bot byt mo2 ampur .
rybu erthyſt yn rybu arthur . gynt ry-
bu amgyfra6t g6ynt g6an tra meſſur . 14
rybu ulkeſſar keiſſaſſei flur y gan ud
p2ydein p2it y hefgur . Rybu v2an uab
lly2 llur6ym adur mat : ygkamp ygkyw-
lat ygkat yghat yghur . rybu erk6ff 18
ma62 r6yſc dida62 dur . ryuyc angredua6l.
greidua6l greidur . Rybu gam weda6c
mada6c modur ffa6 : rybudvuida6 dila6
dila6 dolur . bu alexander byt lywyadur.
hyt fygnoed nefoed ny bu fegur . Pam 23
nawyl pobloed pa6b yndoſtur pla : pob
trah yndiua ac yndiuur . pop naf oe niuer
pob ner pob nur . pob nenn ympreſſenn
yn amp2yſſur . G62thot r6yf holla6l holl
yſcrythureith : g62th6yneb aweith y6 y
wneuthur . g62th awyd d2agywyd tra-
g6yladur . g6archedid eluyd dybyd dif-
pur . g6erthevin v2enhin v2eifc penny a-
dur byt : g62thladet om b2yt pyt pecha-
dur . Go2thywys nef oed nyued eglur .
g62thyf ny bo triſt criſt creadur .

CReaduryeu nef na6d dialaeth . 35
Seint : ky2reiueint gymeint
gymed2olaeth . cared ym ynni neut mi
ae maeth . Caru amynnu uy mabola-
eth . caraf yolaf tri d26y drudannaeth 39
ket : canret om g6aret y2 a6chg62daaeth .
Can ryd du6 douyd da6n ehalaeth : can

1171

rann rat goleude62 ffr6ytheu fraeth . can 1
cly6 ankenny6 kymh6yll62yaeth . kein llyw-
ya6dy* crea6dy2 cred6n rywnaeth . Ca6d
catwent pſſent p2eſſ6ylyaeth anhydy2 : 4
kanys b2eu mal g6ydy2 hydy2 hudolyaeth.
y2 teir perſon byt bit yth aruaeth . y2 tri
yn ia6nwir ia6n 62ogaeth . Y2 vn du6 vn 7
dyn navit hyd2aeth b2at : y2 mab rat y2tat
tec henaſyaeth. kan duc pymwhan criſt
pymoes ogaeth . oyg : ogyuyg gymodoga-
eth . o ango2 te6do2 tut alaeth . gymhwyll :
otwyll oditwyll dywyſſogaeth . yn dyn- 12
dit ymp2yt ym mru panaeth . yndolur
ygkur ygco2fo2aeth . kynnydwys ma62
ma62ureuolyaeth gnif : yn kynnif yb2if
b2iodo2yaeth. kynyt vu vinheu heb f6yſeu faeth.
gan andu6 v2y v2enhinyaeth .. 17

BRenhined benn ban ythanet hael :
bro oed yſcauel yſgouunet . b2enhin
pob ffin pob ffa6 dyghet . b2a6 k6ydam y-
gyt ygkryt agkret . Yn uffern gethern 21
gaeth d2eſtet erwan : ynaffan poethuan
peitha6c d26ydet . Yn daffar taeruar tan
amgyffret . yn arffuruyd lle ny ll6yd ker-
det . yny daeth cayn can y weith2et . cam :
ygkyweithas nam nymbo vyned . 26
G6dam pob annwar daear dy2et . godef
gr6n yſg6n anyſgoget . Godef6n g6yd6n
gwaelaet aruan : g6yth gyman yn llann
yn ll6y2 gywet . ami am a6yd yngeheuet .
yn afurina6 du6 ynefuriuet . archaf 31
danc kynntranc . tr6y eirolet meir : hyt
namg6nel kellweir coll agkyffret . kynn
dy la6 gychwyn tydyn tytwet . can da-
lu y du6 y dylyet . Can lleng egylyon 35
kein lliwet obeith : kynn lleith rac kyf-
reith kyweithaet . Kaff6yf o yoli criſt
keli ket . caffel ynadef na6d nef nodet ..
A M E N ~ 39

Canu y du6. Kyndel6 ae cant .

1172

UN arglỽyd ‸[kyfrỽyd] kyfreithgar wledic : awle-
dych heb auar. vn mab duỽ diſſỽys y-
daſſar. vn mab meir meitraỽl diarchar.
vndofyd tragywyd trugar. vn rieu rỽyf
nef adaear. vn gỽꝛon gỽꝛaỽl y daſſar. 5
vn af wen owedi glaear. Ymperyf kynn
perigyl bỽyf car. om cared carafỽy ediuar.
ny vo dull uadeu dall vydar. odyn duỽ a
bỽyn yn bꝛiſgar. Ryuerthir ennwir yn 9
annwar. ynarglỽyd uffern wern wanar.
Rychyꝛchant vn peir teir trydar. kyn-
nadled kenedloed ampar. llu bꝛithyon bꝛo-
doꝛyon bꝛỽytyꝛgar. Eil gỽythlu goꝛdyar. 13
Tꝛydyd llu nywllud kyuarwar. llugỽyn-
nyongwynvydic agar. Ynhuenyd naỽd
yn huanaỽ nef bỽyf adef aduỽyngar : 16
kynn bỽyf gỽan eſgus gỽynneſgar. bỽyf
gỽas duỽ gỽeſti dialar. kynn bỽyf aghe-
naỽc aghennwar. hoedyl hoedꝛan hoen 19
eban abar. kyn aghenn agheu athꝛugar.
Argywed gloes glaſſwed glar. kynn dir-
uaỽꝛ gyfvaỽꝛ gyfyſgar. kynn nom dỽyn
ym diwed garchar. kynn oergaỽd agla-
ỽd agklaer. yggỽaſc yggỽiſc derỽ a 24
gỽyar. Vꝛdeu ren reithuaỽꝛ gỽaỽꝛ goar.
Jndex rex ‸[rec] ouyd hygar. yechedaỽl kedaỽl
ketwaſcar. Eirchyat llaỽ rodyat llachar.
Jaỽn omdaỽn doeth ar llauar. Yaỽl heb
doli ar war. Yolyd ỽyf onỽyf ynauar.
yolaf y duỽ y difỽyn y uar. 30

Rac bar anperyf penn haelonaeth.
dỽfyn deifnaỽc vyd yalaeth. yn an oes
y mae ‸[m] oes maỽꝛwaeth. maỽꝛdꝛygeu bꝛydeu
bꝛadỽꝛyaeth. Oagkret agcrſtonogaeth.
agcreuyd yſſyd yſſywaeth. gỽell gobꝛit 35
gobꝛỽyon edwaeth. heb heneint ‸[heb heint] heb hir
aeth. kynngoꝛtho gỽarther uarchogaeth.
kynn gỽarthrut kythꝛeulaeth. Nyt gỽall-
aỽc vꝛadaỽc vꝛadỽꝛyaeth. mab duỽ: yꝛ 39
mabdyn dirparaeth. pan gymerth maỽꝛ-
ỽꝛ marỽolyaeth. ympꝛenn croc ancreaỽdyꝛ
ni aaeth. Ef an car ankyꝛchaỽs ynaeth.
o vffern craỽnwern creulonaeth. ef bieu
radeu ratlonaeth. vch naỽ toꝛof naỽ tyw-
yſſogaeth. ef is nef uch nef uch naỽtra-
eth. yſſyd ny ſymut y bennaeth. Ef an
rỽyf yn rỽyd neitrolaeth. gỽelligrat 6
gỽallouyat gỽelluaeth. Ef aued auedyꝛ
oearuaeth. Aryf haf naf neſtic hynauya-
eth. Ef yn ureiſc yn vꝛonn ehalaeth.
ef adaỽ y dangos aỽnaeth. gỽnaỽn yꝛdaỽ
kynn bꝛaỽ bꝛeuolyaeth diohep woſſep 11
wanaeth. Erbyn bꝛaỽt bꝛaỽ vyd bratwry-
aeth. douyd barnant ryd arygaeth. yꝛ
amſer y ffrỽyner pob ffraeth. nyweryt
mewyt milỽꝛyaeth. Gỽꝛ angỽyl ni a- 15
gỽeledigaeth. gỽelat ỽy gỽelitoꝛ ynaeth.
Mỽy yt gar gỽaỽꝛ gỽyꝛ gỽꝛdaaeth. noc
yt gar car kerd kebydyaeth. llei yt gar
llauar no llaỽuaeth. mỽy yt gar llaỽꝛyd
no llaỽgaeth ~ ~ ~ ~ 20

LLewenyd llu nef llawena vymryt
yth wynnvyt ythwynnva. mab
duỽ byỽ vyllyỽ am lleha. omlle dꝛỽc
amdydỽc ymda. Dayoni vy ri am
rydha. ryd rybỽyf gan vy rỽyf rỽy 25
gỽna. reen reithleu rieu rat gyua.
ratlaỽn doeth rỽyf kyuoeth coffa. O gan-
treigyl atregỽch yma. Oc an cam an-
kymer ettwa. trugaraỽc arglỽyd tru- 29
garha. ỽꝛthyf y ỽꝛthyt nam pella. pell
ydwyf onỽyf yn echỽa. Ar ny uo pỽyll-
aỽc nyſpỽylla. Eithyꝛ oꝛic nythꝛic
na thꝛefna. hoedyl etuyn hoendyn di-
bara. hoetran hydyꝛ hydꝛeid aetreida. 34
Tꝛeul trydar amcar namcaſſa. nam
golud ymgolochwyda. o gatwent pꝛeſ-
ſent y bꝛyſſya. dial blas aual blys eua.
O amraỽd amreint diara. oamryỽ 38
amryuys vỽyta. O buchwant chwen-
nychu traha. obu chỽec bu chỽerỽ
o dyna. chwerdit byt bodaỽt andiua. 41

Yndiuan6 yndiuant yd a . ynchwedyl atuei-
la6c yd atueila pa6b ꝛ oꝛpobloed ny bara .
Peris ef peryf nef nodua . perada6t para-
dwys wydua. pereit loc y en6 yna. y adaf
adef ny vwyna. ffrwyth l6ythlenn waſtat 5
wen weſtua. ynffr6ythla6n offr6ytheu
terra. Terr6yna6l yecheda6l yacha. baꝛd
athya6l athua6l athua6ꝛha. 8

Ma6ꝛ defnyd bedyd bendigeit rieu ꝛ r6yf
reidyeu rat uolyeit . mola6t du6 mo-
laf aedyweit . ae mol6y nyſmolaf ofeit.
am obꝛ6y am obꝛit vy reit . am ieſſu caru
kyꝛb6ylleit . Caraf y dꝛeth adꝛaethant 13
geinyeit . traetha6t ber y bura6 eneit .
Rac oer uer6 uffern wern woneit . rac
oeruel uchel ucheneit . Rac toꝛyf agkyſcot
agkyſgeit k6ynuan ꝛ rac t6ꝛyf tan taer 17
yneit . Rac awyd afr6yd nyt afreit . rac
afyꝛd6yth afyꝛd6l gywydeit . Rac buched
gan bechaduryeit . rac treul hoen ynhir-
boen ynh6yꝛbeit . ynhirg6yn g6en6yn 21
g6einiuyeit . rac goꝛtrud kythꝛud kyth-
ꝛeuleit . Kythꝛeulglas g6ꝛthgas g6ꝛthgri-
ſyeit . rac goꝛmeil yſpeil yn yſpeit pechu ꝛ
rac pecha6t oꝛdyſneit . Goꝛdyfyn vi. 25
goꝛten ri r6yf greit . yn r6yt ureint yn-
rann seint ſeinyeit . Yn r6ytl6yꝛ ynfynn6-
yꝛ ſynnyeit . yn r6ydha6l h6yꝛda6l hirdode-
it . Ympꝛi dull kynnull kynnheilweit . 29
ympꝛi doeth kathyl kyuoeth koethyeit .
Ympꝛyſſur llauur llyuyꝛdoneit . ympꝛeſ-
ſent ympꝛeſſ6yl eneit . Yn adoꝛth ehoꝛth e-
hofyneit . kyfyꝛgein : kyf6yꝛein glein gloe6
heit . Du6 am rod r6yf vod uedylyeit. 34
rann didann goꝛchlann goꝛcheithleit .
toꝛyf eurin wertheuin 6ꝛth reit . yth ger-
da6ꝛ g6erthua6ꝛ g6ꝛthuynnyeit . Rac
bꝛa6t raun baran barn beirnyeit. pan 38
varner tri niuer tr6y neit . bernit du6
and6yn y weñbleit . y neuoed yn neuot
yneit. A MeN-J-J-J 41

Nyt ynat neb dꝛut ny dꝛefn6y . g6aſta6t ꝛ
kynn g6iſca6 auar6y . auar ma6ꝛ 2
ymbꝛonn lla6ꝛbann ll6yth6y . moꝛ vyd ll6yd
llonyd lla6 dad6y . moꝛ atrec pob ch6ec pan
ch6er6y . moꝛ adf6yn diſ6yn digon6y .
Criſt kulwyd poet r6yd ymrangh6y . om 6
rang lles neges nam nag6y . du6 amduc
omdꝛ6c ydꝛam6y . y tremyn y dꝛemit ofr6y .
moꝛ detwyd adꝛeid adꝛag6y . ar h6yl arhael
vꝛonn tragyꝛch6y . Kannkyꝛch6y dews di
ard6y . kyꝛch clotua6ꝛ amdira6ꝛ dir6y . 11
Pymhoet pobyl rac pobyant oꝛd6y . pym
hoes byt aheuyt ynh6y . G6ae uab dyn
dilit y gamd6y . ygkamlit eithyꝛ gobꝛit
gobꝛ6y . yſgeryd yſgared v6yv6y . caru 15
g6yt ynryhyt yn r6y . Ynr6y yd am6c ada-
mun6y bꝛyt ꝛ rybenyt ry bech6y . pechadur
pechodeudirp6y . adirper pder pf arl6y.
ar l6yn kynn kyſtl6n keſt6y . keiſſa6 nef 19
g6ar adef gwar6y . Kann goꝛeu andu6 an
datpr6y . tr6y gethꝛeu achꝛeu achym6y .
cann g6eryt crea6dyꝛ ae crett6y . kann g6a-
ra6t g6erinualch nef6y . kann diffyꝛth
trinda6t tri mack6y . odan trimeib glan 24
glein ov6y . Kanys ef aued a uynn6y . kanys
mynn mynnaf agar6y . keritoꝛ car coꝛ
karat6y . canret cret creuyd am rod6y .
kan g6ledych g6ledic eur gylch6y . kylch
huan kynnan ny6 kann6y . kynnheilwat
kynnheilwet v6y v6y . cann gynndel6 kyn- 30
nel6 kannhoꝛth6y a M E N

Candigones du6 an diflann . verroes ꝛ
yneiryoes yneiryan . G6ꝛ an g6naeth
ae g6nel am danā . trugared kynn meued
mablan . G6ꝛ anpeir an peryf glotuan 35
g6ꝛ g6ychdoeth g6ych gyuoeth gyuan .
G6ꝛ ang6yꝛ ang6ara6t oe rann pymoes
byt ꝛ yꝛ bedyd y ieuan . g6ꝛ ygkret ygcreuyd
nyt g6ann . g6ꝛ ygcroc ygcroes bedꝛyuan .
G6ꝛ awys a vꝛys y vꝛa6tlann . ef ada6 nyt 40
atta6 ef attann . Pan wnel du6 dangos y varā.

dydỽyre dy daeret arnan . dychꝛyn tỽꝛyf
toꝛuoed yneban . dychyꝛch hynt dychꝛe gỽy-
nt gwaetuan . Dychymriỽ tonn amliỽ am-
lann . dilleinỽ llyꝛ didetkyꝛ dylann . Dychy-
mer ufelyar bar barn . dychrys gỽꝛys gỽ-
ꝛes tande allan . gỽedy kennllennic wedy
kalan perth ⁊ pan boꝛther glyỽ ambann .
wedy ſerch a ſeirch meirch meingann . 8
emys llys llyſſeit uch ebꝛann . Gỽedy treth
mal traethaỽt Jeuan . kynn glaſued kynn
glaſſu vyggrann . duỽ am ryd omreidun 11
ovan . rỽyd obeith oweith ywinllan . ac yna
daỽ bꝛaỽt bꝛaỽ gymann . ardeheu vy rieu
vy ranN ⁓

Einion ap Gwalchmai. 15

Dvỽ dewin gỽertheuin gwyꝛtheu .
dy wallaỽ adan rann oth radeu .
dynyadon deſnydyeiſt yth odeu . dynaỽl
dyn donyaỽc ỽyf vinneu . Daỽn yſſyd 19
ym yn iaỽn yndyn ethꝛylith ⁊ athꝛylỽyn
bỽylladeu . dyn ỽyf glan aphann offeren-
neu . duỽ douyd rec ouyd reithleu . dꝛyc vab
ỽyf yt rỽyf rym goꝛeu . bydỽn da bydim 23
diamheu . kynn mablan wythꝛann weith-
ꝛedeu . kyt bỽyf dꝛỽc byd dꝛugar ditheu .
Herỽyd dagreuyd dagreu dadolỽch ⁊ dydel-
wynt ynhydyꝛ hyt vyggrudyeu . cam amot
kymot omkamwedeu . kynn bỽyf raỽt 28
bedꝛaỽt ymplith bedeu . kyndyuot chwerỽ
gyuot chỽedleu . duỽ amgat ymyỽn kaereu .
nef ⁊ duỽ a glyỽ vyllef ymlluc vꝛydyeu .
Duỽ amgỽnel gochel ffraỽt oeruel ffreu .
ffrwt uffern aſtrus ffraỽdus ffrydyeu . 33
duỽ amgỽnel omgỽeith goleith gỽelieu .
duỽ amgỽnel goglyt selwyt ſulyeu . duỽ
am differo omdiffareu . duỽ dỽc vi attat y
maỽꝛ tat meu . Duỽ nymkerydych om 37
kerydeu . dyd y keryder y karedeu . diwed
nybyd itt nadechꝛeu . nybu ny bỽyf triſt
yth dadleu . Boet ef y talỽef hael rỽyf rieu .
arlann eurdonenn yꝛ y donyeu . can gur

adolur artal glinyeu . can gymryt penyt 1
penn elineu . ym muched goꝛỽac yꝛ geireu
maſỽed ⁊ adoeth eithyꝛ meſſur ar vyggeneu.
POꝛtheiſt yꝛpymoes gloes glaſſveireu.
pym weli keli keluydodeu . poꝛthỽyf 5
y boen edꝛyd mynyd mynneu . parthꝛet
a mynet myn yth gigleu . penn cret vu
welet dy welieu . pan yth archollỽyt oth arch-
olleu . Can boꝛth egylyon gỽylyon goleu-
nyt perthyn yth tat mat vy madeu . Kan 10
pereiſt douyd dyd yn veu . namgat y
gythꝛeul yꝛdygythꝛeu . Dygroc croes
wydin urennheu . diffyꝛth chỽechoes byt
rac pyt poeneu . amheraỽdyꝛ creaỽdyꝛ
oth greu bu gwaetlyt ⁊ gotlaỽt ny bydaf 15
oth gyfreitheu . Gỽynn eubyt vyneich
vyỽn eglỽyſſeu . eglỽyſgar hygar hygadỽ
gloeſſeu. diwedyn werin wirion gathleu.
dynyadon dynyon diamreu. gỽae ef ae
peris perigyl agheu . panwanpỽyt ieſſu 20
yny aſſeu . Gỽedy doeth ef yꝛ diodeu . duc
anreith uffern yny affleu . Agỽedy hynny
hynn aoꝛeu . gỽir ypꝛegethir ypꝛegetheu.
gỽelet yn mynet mynwaỽl dedneu . gỽyl
gyuachauel na chof amheu . Goꝛeſgynnỽ-
ys mab duỽ dyſyeu . nef uchot ⁊ goꝛmod 26
yỽ bychot obechodeu . Yn urdeu reen yn
rann deheu. ynỽꝛaỽl kedaỽl kyt aſeineu.
boet ef yndibenn bot yndibleu . heli yn
ennlli hyt yn henlleu ⁓ ~ 30
GWedy dywedut gan annwyt geu .
agỽedy heuyt gỽyt goꝛdercheu .
Gỽedy kyſſynyaỽ kydyaỽ kadeu . gỽedy
dỽyn goꝛuynt ỽꝛth y goꝛeu . Gỽedy gỽydy- 34
eu garu llu alleeu . alliaỽs achaỽs uche-
neldyeu . gỽedy gardu rỽy gỽedy kerdeu
byt ⁊ gỽedy gwyt plegyt ypylgeineu .
Gỽedy ymdaeru barnu bꝛodyeu . gỽedy 38
hir erlit gobꝛit gobꝛeu . Gỽedy gỽythomed
ſened ſỽyneu . gỽedy gỽaſſanaeth y penna-
etheu . Gỽedy kyganaỽc keingyeu ydyn- 41
[dit.

g6edy llit[yn]ymladeu . gozp6yf ygan du6 1
vzy:g6edy g6edieu . gozuot gozffowys
parad6ys bieu. Myn nabyd dyn nahyn
na ieu ∶ neu naſtra6d tralla6t trall6y-
byz eiſſeu . Archaf arch ydu6 ardodeu 5
nef ∶ nadotto pedyz gloeu . Ymlludyas
ymadas yzmeu. ymtref tat ym karyat
kereu . Mihangel amdel ymd6yn adnev.
mal yduc k6yneu llen allyfreu . Mal 9
dyuot[eluod]eluyd geleu . mal creuyd hywyd
kynnyd keneu . Meir aſeinlyn marthin
matheu . marcus alucas Jonas eneu .
ardu6 vy eneit kyfreit kyfreu . Eiro- 13
l6ch ſef6ch yn ych ſ6ydeu . Mydyz vy eiry-
a6l ba6l pan del ym agheu . hael meitra-
6l nymdeha6l om vndiheu . Mi kynn
b6yf araf nym bo areu . my6n creuyd 18
affyd a pha6t radeu . Mynnit ym eir-
ya6l gredua6l gradeu . menyt wed
du6 doeth ythgyuoetheu . mynet ym
g6aret g6ar uedylyeu . Mola6t yz trin- 21
da6t mal g6edieu ⁓ mynnit ym gyzry-
ueyeint m6ynnyant creireu . du6 adiof-
vzyt arueu:aruot perffeith g6eith gozeu ⁓
kynn gozwed ym med poet meu . Amen ⁓

PEryf nef pura vygkeuda6t . par
ym du6 parablu ohona6t . parabyl
g6ir pandzeithir traetha6t . peruegys 28
pur uelys uola6t . Perigyl y6 ydyn y
diwarna6t . pan uo ygkared buched be-
cha6t . pan del rac ieſſu trillu tralla6t .
Pa6b ada6 atta6 pobyl vza6 yz ura6t .
pobyl byt hyfryt eudifra6t . awneir ar 33
nywnel y garda6t . ediueira6c du6 ae
kymera6t . Adynyon g6iryon yneu g6yz-
da6t . G6erin diwerin di nydiozgra6t .
g6ae ef y argl6yd nef ny bo para6t . 37
Nytoes darogan dyn truan tra[lla]6t . oz
g6z ae gozeu madeu meda6t . Cret ti
ida6 raclla6 yn ll6z6 anffa6t . vndyd 40
adouyt ynni ae dywa6t . y coſpir enn6ir

y coſpa6t aer gyt ar genedyl uedyſſya6t ⁓ 1
Ac eiſſoes kynn gloes glasued tywa6t ⁓
penyty6n g6ediwn yn ang6eda6t . rod6n 3
v6yt yzdu6 adia6t beri ∶ criſt heli keli can
uvyllda6t . Nachyſbyd6n uot heb yſpyda6t ⁓
g6ennwlat nef yn adv6ynda6t . G6ymp 6
edzyd douyd deua6t y radeu ∶ ny rydzaeth
neb taua6t . Ragoz6n greuyd affyd affa6t ⁓
rac agheu lletrat bzat bzedychya6t ⁓
G6edi6n gwyll6n byd6n bara6t . par 10
arg6z ar6z yn rywara6t . Pan ieſſu vzy oe
vzenhinda6t . ydoed pymoes byt ygkyt gaeth-
wa6t . yggauael ỹggwael yggwela6t uf- 13
fern . yn afleu oerwern ynerdygna6t . Ar-
dunedic du6 ardel6 ohona6t . awnaf argl6-
yd naf nerth pob kiwta6t . Cad6n ureint 16
deweint kanys deua6t . du6 ner ny gymer
gam eſguſſa6t . Na chyſg6n can6n canon
ara6t . kanyt ogyſgu yda6 g6aſga6t .
Ardu6 adef ynef vylle ll6ybza6t . yny 20
edzina6 vzy rac y dzinda6t . Yerchi ymri
r6yf na6 ra6t g6erthua6z ∶ g6zthvyn vy
eneit pan el omkna6t . boet ef y byd6yf
g6edy bedza6t . gyt ar vndu6 ma6z yny-
vnda6t 25

ADef nef neirthyat oth rat boet r6yd ⁓
ergly6 om g6edi keli kul6yd . Argledyz
ohonaf naf na6 hywyd . argleitryat mei-
dzyat medyz a om a6yd . Ar eu pechodeu
puchyſſwn ar6yd ⁓ croc ∶ ym d6yn croes 30
yz criſt ar vyſg6yd . Agheu yz eneit avzeit
afvz6yd . Ada6 y bucha6 am bechz6yd . bych-
ot gouyget tr6ydet tramg6yd . buched an-
uedzed y ynuytr6yd . beich o bechodeu nyt
bechodz6yd . bychydic dall agkall agkyfar-
6yd . kynnglaſſu vygg6ed kynn glaſued 36
g6yd . gleſſin deyerin werin wog6yd .
kynndyuot kyfnot . ny kyfnerthz6yd ⁓
kennadeu agheu ag yngyuarwyd . kynn 39
bot ym oerglad boet ym argl6yd . rydal6yf
ia6n yn ratla6n r6yd . Cann ediuar6ch kyf-

rỽyd ym ieſſu : wedy kymynnu ym kym-
henrỽyd . kynn ar grudyeu dagreu dygỽ-
yd . kynn gỽerydẽ lann nyt gỽaratwyd .
Etwyn vyd treul dyn trugeinmlỽyd . 4
At vyd hoedyl hidlaỽ rac llaỽ ny llỽyd . adỽ-
yn pob goꝛllỽyn pan dioꝛllỽyd . Adỽyn ar-
all pall pỽyll eilwyd . Adỽyn med agỽled
gỽledic hylwyd . Adỽyn haf hirwyn kein
llỽyn canllỽyd . Adỽyn march pennill e- 9
bꝛill ebꝛỽyd . Adỽyn hỽyſgỽꝛ gỽꝛ agoꝛwyd .
Adỽyn gỽyꝛ terỽyn taer gyuannỽyt cat :
pan vyd kedyꝛn yn ymoꝛthỽyd . Adỽynach
kynach gennyf boet rỽyd : kein uoli
keli kallonnogrỽyd ~~~ 14

Goſſymỽy tramỽy tromdigued . byt :
goſſymuttit bꝛyt bꝛat anmyned.
goꝛſach arllaſſach lles maranned . goſſ-
ymdeith eilweith andielwed . Goſſymutaỽt
gỽaỽt gỽedy maſſwed . goſſymut gouut 19
goſỽy nazared . Goſynnỽn treulỽn traet
a byſſed . tref yd aeth duỽ nef yỽ tangneued .
ymmru moꝛỽyn ^fwyn^ ovoned anna : duỽ gỽyl
uaria vaỽꝛ gyhyded . pan uu ympꝛeſſeb
ympꝛyſſur wed . yꝛ ych ar aſſenn gyt a 24
ioſſed . Y goꝛeu rieu rinwed pann anet :
adoeth y waret ylaỽered . Kynn bei mab
yntat rat rỽydannwed . yreen ar yſpꝛyt
gyt amgeled . Dꝛỽc ydaethaỽ ỽꝛthỽynẽbed.
iaỽn y erot greulaỽn y greuloned .
Gỽerthu ieſſu yſſy ryued . aoꝛuc idas 30
odigaſſed . gỽeith vernit gỽythlit gỽyth-
loned yꝛ byt : gỽꝛthuyt uu gywyt y argyỽ-
ed . Cann ryuu yꝛ werin oennwired . a-
vꝛedychỽys criſt creaỽdyꝛ uuched . Kyſya-
ỽn aedeu kyuannhed ardir : ennỽir di-
uenỽir y etiued . Archaf arch ym naf 36
yn nỽyled . yꝛ archolleu doll gan dillued .
y dỽy vꝛonn auu ar ued yarglỽyd : na vy-
ꝛoawyd yn ouered . Y goꝛff aediỽ eidun ryſ-
ſed . y myỽn eur donneu hyt y danned .
Kann mynnỽys yꝛ duỽ difuroed arnaỽ : 41

na uynnet ae laỽ lad kalaned . O mynn o 1
ampỽyll kymỽyll camwed . mynnet ym war-
et o iaỽn wared . Nadalyet diheu dỽyvlyned
ygyt : yuot ynybyt hyt hir hoedled . Paham
nat edꝛych tlaỽt yny dloded . moꝛ vyd hoedyl
egin y bꝛenhined . Nat hỽyꝛach y dỽc duỽ 6
teyꝛned ragon : no meibon eillyon ny eill
troſſed . Ymken ym keinwaỽt dyfryded.
ym kỽyn bꝛỽyn dỽyn bꝛenhin gỽyned . 9
Gỽae vi arglỽyd duỽ am dewrgled dideich :
gỽynn eubyt ỽy vꝛyneich oe ureuoled . mal-
yduc oedec enryded . y dỽc duỽ paỽb yny diỽ-
ed . Digarat auyd digared rac llaỽ : heb 13
allel hunaỽ rac anhuned . ef anef allaỽꝛ
gỽꝛ maỽꝛ aemed . ef yn un dihun dianhyed
Ef goꝛeu rie ratloned . ryuu : gỽꝛaỽl ieſſu 16
penn llu llaryed . Ef yntri ynri ac nyt ryued
reithgar . bwyf gỽaſ duỽ kynngỽeſti dayar . Ā

Wn fardd ai k. ac nid oes yma ei dechreu.

A Duỽ am troſſỽy om tra ſalỽder . attaỽ :
y iaỽn obeithaỽ awybyther . ygym-
ryt penyt kynn gỽyt gỽander . y gywy- 22
det lann didan dyfynder . y ffyd ygreuyd
y gryfder . mynet : eidunet trỽydet tra
yngatter . Y achubaỽ naỽd nywatter ydaf :
ardeu hynaf ny byd ouer . erchi poꝛth dewi
parth yd elher . nyt arch agkyfuarch agky-
uamſer . Meir a mihangel pan delher . 28
bỽyf trỽydaỽl kynnadyl kynnoc ucher
Men nat iaỽn troi trỽy agkallder . na
cheiſſaỽ tramdaỽ yny trymder . Nyt ef
andiffynn nac andiffer yna : dywedut 32
traha trỽy gam ober . nyt ef angỽeryt gỽyt
goꝛỽacter . nac an ryd y dyd gan edyllter .
Nyt ef ydeir nef onerth llonder . nac o
nerth ymſang yn vn amſer . Ys gỽell yn 36
gyſpell goſp aphylgeint : yny oli aſeint a
ſeith pader . Pedyꝛ wynn angỽꝛthuynn
gỽꝛth yꝛ ygder . ysti aỽꝛthyt a ỽꝛthotter .
rac teulin trinet tri niuer adaỽ : Artry- 40
dyd ylaỽ y luciffer . Ardeu ardeheu yggoleud

yggoleudreuat auat uoler. Mat bu ynlly6
ynllythy2 uoleit :ageiff y eneit yſpeit oeſp.
nyt mat anet nyt mat aner. o ed2ych ardu6
adiuarner. ny mat gymy2th araf ny gymer
penyt : Kanywy2 ennyt pahyt atter. 5
Ny mat erlyn dyn dim ehofynder. 6gat
went p2eſſent heb p2yſſurder. Yſediuar vyth
tra vyther yndi. ys y2 antroi yntrachallder.
Ys y2 antreigla6 treiklyt an kywyt an cam-
wober : trama62 yt ymda62 amdonyer. 10
oda tranghedic yt ad6y yſgarer. truan yt
etuyndyn pand6yller. tr6y du6 ydiuant
pan diuaer. T2uan aglywaf ar eglycter :
bot traſerch ſyber6yt penyt pynner. tra
ſegur amrud am ry6 hoe6der. ys dybyd 15
ydyd ydialer. Dybu griſt ymb2u ymb2u-
der y2ō : deu6n rac y uronn v2ynn oliuer
dyda6 mihagel ual yg6eler. rac llu egy-
lyon tiryon tyner. Dydeuant atta6 a 19
dotter ymmed : dyb6yf om kamwed du6
amkymmer. dybo ymdiffryt kynn p2yt
p2yder. g62 adiffy2th pa6l pa6b adiffer.
Jffreidyat ma62 rat ma62 reith. 23
dy2chauel : deus y2 iſrael dewiſ gyf-
yeith. du6 gennyt gennyt b6yſ kedymde-
ith. athitheu beryſ gennyf gannweith.
aminneu b6yf teu b6yſ teith diarſ6yt : yn
d6ya6l ann6yt p2off6yt p2iſyeith. G6ae ef 28
d2aethadur kynn llauur lleith. nyth2aetho
ohona6t ara6t areith. g6ae diwarth diw-
yl dioleith am y eir : ny la6er leueir ouab
meir meith. G6ae nygret trinet kynn 32
ryret reith. gna6t ael6yt diffyd auo diffe-
ith. Pan uynn6ys de6s de6is ardeith ar-
na6 : 62th wynn ygannlla6 nybu ganlleith.
cayn ygkyfrin acagkyfreith. kaedic uſ-
fern ar gethern geith. 37
Awara6t pymoes byt o geithiwet.
Uffern : oblith y gethern gaeth eſ-
v2iuet. kynn b6yſ g62 g6eryt poet g62 40
g6aret. amg6ares oboen obop aelet. aw-
nel kyfarch6el kyuarchet. b2eſſ6yl y2 ar- 1
gl6yd awyl gan y welet. ac an cly6 ani
ny glywet. ac angby2 yn ll6y2 ynll62 tyg-
het. ac ankar yn war ac anharbet. ett6ar
ac ny gar traha trahyweith2et. Ac ny 5
geis nath2eis nathra6s gerdet. ac ny
gym6yll t6yll tr6y ymdiret. ac ny varn
odir ydaeret. ydyn : o nys rydilyn odylyet.
Eiryolafy arueir uy eiryolet. y2 yd6y 9
gared namdigaret. Y2 a62 y ſaf6yf ſafet
ymkymho2th. ymdyd6yn y2 po2th parth
ath2inet. G6erthua62 uihangel am g62th
uynnet. amdyduch o yghena6t d2efv2et. 13
Paneruynno g62 g6aret y tramg6yd :
y6 awnaf yargl6yd y erglywet. archaf
ydu6 d6y unet unffyd ach2euyd ach2et. 16

g6alchmei

TRuan a annyan ynni o amp6yll. tra
charu p2eſſent p2es kynnhywyll.
tramoed omda6n du6 y gymh6yll. trem-
mynt uy myrt ymb2at ath6yll. T2ugar- 21
a6c douyd a d2eiha vygkeryd. hyt nab6yf
her6yd kreuyd kerd dwyll. Credaf griſt
nefoed neued gann6yll. kein uedyd vyn
du6 yndy6 yſt6yll. 25
Eſt6yll ayſty2ywys deus defnyd. dirnat
digynrat gymryt bedyd. delyeſſit Jeuan
ieuanc detwyd. diheu uab du6 nef yn d6ſy2
echwyd. Acha6s y dyfu uchel v2i ym mru 29
meir : y2 ma62 ha6d llu llewenyd. llawen vyd
reen yny ryhyd. Rycherir ynhir yny her6yd.
hi yn vam 6y that. hi yn wy2y heb wat. hi
yn holla6l rat yn rec ouyd. Hi ynn verch 33
y6 mab ymod yſſyd. hi ynch6aer ydu6 o
d6ywa6l ffyd. a hi aha6d bo2thes lles llin y
enhyd. Rac ll6yth 6yth pecha6t p2ia6t p2if-
6yd. p2ineſſit mab du6 mat gerennyd.
ern6y goyg6y gob26y gob2yd. p2yder6nn 38
gyfnot dyuot douyd. adafneu oegreu ar
ygrocwyd. credaſſant oe da6n yndiwenyd.
deudec ebostol dethol doeth6lyd. cred6n eu

kyuot ac nyt atuyd . yn unda6t trinda6t
yn d2agywyD ~
TRagywyda6l du6 tragyuan6yf .
traetha6t ohona6t ahanden6yf .
O2da6n ryloueiſt rylauar wyf . yn
aſleu ẏgeu agywyd6yf . Ac ynrynna-
6d ffra6d ffraeth ydad6yf . yn urdas
heb d2as d2os ab2yd6yf . am b2yt ar
gymryt gymra6t am n6yf . kyuar6s
myn6s meu y kaff6yf ~ ac yſſy mi du6
adi6yck6yf omd26c ꝛ oe trugared . kynn̄
mi tramgl6yd . ac amg6nel peryf pan
pericl6yf . perffeithweith ouec adec dal6yf .
TEilyngda6t ada6t adef g6irin . trei-
thito2 tramo2 trama62 deruyn .
tir rygymerth criſt ogroes od6yn ke-
th2i ꝛ tr6y am rygolli daeoni dyn . Du6
amd6c yno ana6 tremhyn . tramh6y
karad6y kaerua urdyn . dewiſſach
gennyf kanys perthyn . dyfnn difro-
ed no med melyn . Melys y6 pecha6t
pan yherbyn digreit ꝛ mo2 tr6m y2 e-
neit ynydetuyn . edined maſſwed moeꝛ
amkanlyn . ediuar auar ef nys dech-
2yn . ediueira6c da du6 ae keinmyn .
ef keiff kerennyd ae ffyd ffechyn .
Erytheolaf reen rybud ennyn arhyn'
ha6d ꝛ haed6y yſſ6yſgynt hael go2wyn̄ .
GO2vynn åetremyn d2amy2 d2efret .
y treia6 cared caru mynet ꝛ my-
nyd ymd2aeth criſt ar geing dydwed
dayar ꝛ kynnb6yf abar ambo lludet .
ll6yttit vygkywyt ygkywir cret .
ygcreuyd ynffyd ynffa6 ganret . Ym
dyd6yn omdu6 ymdylyet . o gatwent
p2eſſent p2ef efuriuet . Efryd vyd
dechreu dyn dewred gyfureu ꝛ aedi6-
ed ef diheu agheu yghet . ac nyt go-
chel gocher6 d26ydet . g6ely agklaear
dayar dudet . A g6ae ni o2neit yn
rydodet . ynrygna6t pecha6t pall gy-
[niret .

Rac ant6ylla6 byth obeth heb ret . ygolli
teithi tranc aſneuet . ac yſſy ymi uedyc
aued g6aret . angeu ꝛ . adod6n ynneu yn
ymdiret . yſef argl6yd nef anerthaet . y
diofryt g6yt g6edy ryret . Ac ym reen
g6ynn g6ann yſtlynet 6yſi : ac ys meu
erchi arch geinmyget . ky2reiueint o2
meint meith gyhuſſet . ry g6neuthum
o dim o d2ycweith2et . antrugara6c argl6-
yd trugarhaet 62thyf ꝛ ami y62tha6 nā
g6rthodet . amdu6 amdiwyt arbet . er-
byn b2a6t trin͛a6t trinet —

Canu y dewi agant g6ynnuard b2echeinya6c ~

AM rodho douyd dedwyd deweint . a6en
gan bylgein pandel pylgeint . awyd
boet kyfr6yd bardoni ꝛ kynnel6 ade6i y-
deukymmeint . Nydyly co2n med keinyon
medweint . bard ny wypo h6nn hynny dy-
geint . nyt ef y kanaf can digyoueint .
vym mryt ꝛ nam6yn mi ae p2yt kywyt
kywreint . Ys m6y ykanaf kynno hene-
int . canu dewi ma62 amoli ſeint .
Mab ſant fy6 go2mant . go2mes ſeint
niat ꝛ nalletrat yn rat r6yt yſgereint .
Yſſit rat yny wlat a mab ameint : ygky-
uoeth dewi diueuel gereint . arydit heb
ofut heb ofyn amgen ꝛ heb oual kynn-
henn kylch yheneint . Onyt bleyd ad2e-
yd tr6y y wythneint . neu hyd go2uy-
nyd re6yd redeint . Ef kymerth y2du6
diodeiueint yntec ꝛ ar donn acharrec
achad6 y v2eint . achy2chu rufein rann
gy2eiuyeint . ag6eſti yn efrey g6ſt di-
amreint . agodef palua6t dy2na6t
trameint . ygan uo26yn di v6yn di-
wyl y deint . dialwys peirgl6ys pergig
dyfynneint . ar ny las llofget lluoed
lleſſeint . Dy2chaf6ys b2ynn g6ynn
b2einya6l y ureint . ygg6yd ſeint
mil ma62 aſeith ugeint . archafael
kaffael gan weſteiuyeint . dy2chaf6yꝛ
[dewi b2eui ae b2eint

Y Vzeint 62th y vzyt y vzeina6c ae
eluyd ynryd yn rieda6c . ar Jwer-
don wlat ys rat ranna6c . ardeheu ef 3
bieu aphebjdya6c . a phobloed kymry a
gymmer atta6 . ac aryd ynlla6 ll6yz dei-
thia6c . Tzael yn erbyn yzparth uoda6c.
padzic aeluoed yn lluoſſa6c . ac ef an
g62thuyn nat oſyna6c . ar trugared 8
du6 ar trugara6c . agaro dewi da di-
ofreidya6c . ac agaho aekaro ual kara-
da6c . agaro dewi ual deu eirya6c nauit :
nacharet nallit nalleidyz diſya6c. aga-
ro dewi diofreda6c. caret offeren len la6-
era6c . agaro dewi dagymyda6c . caret
ymwaret ac yghena6c . Agaro dewi 15
ual difudya6c doeth : rygelwir ef yn
doeth yngyuoetha6c . Deu ychen de6i
deu odida6c . dodyſſant h6y eu g6arr
dann garr kyna6c . Deu ychen dewi
ardercha6c oedynt : deu garn ager- 20
dynt yngyt bzeina6c . yhebz6ng anrec
yn redega6c . y laſc6m nyt oed tr6m
tri urdaſſa6t . Edewit bangu gu ga-
r6ynna6c . ardeu ereill vzeiſc y urech-
eina6c . Bandel gouyn arnam ni ry 25
byd6n oſyna6c . rac gozmes ketyzn
cattybzuna6c . ar du6 adewi deu niue-
ra6c . yt gall6nn pzeſſen pſſ6yl uoda-
6t . AmeN 29

B zeinya6l vyth uydaf pandelwyf
eno : ny byd ynebzo abzyder6yf.
G6elafi . offeireit coetheit cannh6yf.
canaf eumolyant meu ydel6yf ~ 33
G6elaf wir ynll6yz allewenyd mur :
achllen uch alla6z heb allu cl6yf.
G6eleiſy am uchez uchel eur6yf .
ag6zaged rianed rei agar6yf ~ 37
G6eleiſy glas ac urdas urdedic haeloni
ymplith detwydyon doethon doeth6yf.
Ympl6yf llann dewi lle auol6yf.
yt gaff6yf y barch kynnyſarch6yf . 41

Ac obleit douyd diheuuard 6yf : ac nar
na6d dewi ydihang6yf . adigoneis y o 2
yggl6yf diuri : ydu6 adewi ydiwyck6yf.
kanys dicha6n dewi nyſdiolch6yf . g6na-
et eiryolet ym am aarch6yf . ~ 5

A Rchaf rec yndec adigeryd 6yf : y
erchi ymr6yf r6yd gerennyd .
ydu6 gyſſeuin dewin douyd . ac y 8
de6i wynn wedy douyd . De6i ma6z
myny6 ſy6 ſy6edyd . adeui bzeui gyz
y bzoyd . ade6i bieu balchlann gyuelach
lle mae mozach ama6z greuyd . A
de6i bieu bann geibyz yſſyd : meidzym
le aemynn6ent yluoſſyd . a bangoz 14
eſgoz a bangeibyz hennllann : yſſyd
yzclotuan yzclytywyd . a maena6z dei-
ui diozuynyd . ac aber g6yli bieu g6-
ylwlyd . a hen vyny6 dec otu glennyd
aeron : hyſaes ymeillyon hyfues 19
goedyd . llannarth llann adneu llan-
neu llywyd . llann gada6c lle bzeinhy-
a6c ranna6c rihyd . Nys arueid ry-
uel llann uaes lle uchel . nar llann yn
llywel gan neb lluyd . Garth bzyngi 24
bzynn dewi dige6ilyd . athzall6ng
kynnvyn keyz ydolyd . A llann de6i
ycr6ys lloca6t ne6yd . aglaſg6m ae-
egl6ys gyz glas uynyd . G6ydeluot ar- 28
uchel na6d ny ech6yd . kreic urna
dec yma tec y mynyd . ac yſtrat nyn-
hit aerydit ryd . Rodes du6 douyd def-
nyd oeuoli : dewi ureui vzenhin llew- 32
enyd . Ragoz ma6z uch lla6z rac lluoſ-
ſyd . penn . argynan conet cret abedyd .
abot oegylchyn kylch yueyſſyd . hae-
lo athiryon athec dzeuyd . a g6erin a 36
g6irodyd . agozuot g6aret lliwet
llonyd . ll6yth daniel aruchel eu heue-
lyd . Nyt oes yn kad6 oes amoes am-
yn vdyd . ll6yth maryet ma6zwedus 40
eu mer6eryd . g6ell pob un dyuun de6z
[noegilyd .

andeỽꝛ andiffer andiffyn uyd . adewi angwe-
ryt rac kryt keryd pechaỽt ⁊ ymaes maeſta-
ỽt dydbꝛaỽt dybyd . adewi ae goꝛuc gỽꝛ biei-
uyd. magna uab yn vyỽ ae uarỽ deudyd . 4
Adewi rywelat yny rihyd . val kyſliỽ aheul
hỽyl yſplennyd . Yſſit ydewi da gyweithyd .
ỽꝛth wann achadarn achadỽ ypꝛydyd . ac i-
daỽ y mae ual ydetwyd . detwydyon bꝛeui 8
yny bꝛoyd.

Ovedꝛu canu coeth anrec yhael ⁊ kefeiſ
y archauael kaffaſy oſtec . ogyrchu 11
bꝛeui bꝛeint ehedec . dim goꝛden yn llawen
llaỽer goſtec . Y uoli dewi da gymraec ehoſyn ⁊
ouod byt abꝛonn obꝛydeſt chỽec . O bꝛyſt dy-
lleſt dull ychỽanec . y vꝛeui adewi doeth gym-
raec . diogel y naỽd yꝛ neb aekyꝛcho ⁊ diogan
y vꝛo diogywec . Rac creireu dewi yt gryn 17
groec. ac Jwerdon tiryon tir gỽydelec . O
garaỽn gan iaỽn gan ehoec. hyt ardyỽi
auon uirein athec . Oꝛ llynn du llet uu llit 20
gyhydꝛec . hyt ar tỽꝛch teruyn tir acharrec .
Dod yỽ ydewi deheubarthec beir ⁊ ydial ual
diweir dỽyn ywarthec . Dothyỽ ydewi yn 23
heuec gan boꝛth duỽ . poꝛth dynyndiatrec .
Dothyỽ ydewi diffreityat tec . rys maỽꝛ
mon wledic reodic rec ~ 26

Rymedylyeiſy hynn yhonni . urdaỽl y
vꝛdas anueitꝛaỽl ⁊ auedyꝛ rodi . rỽyſ
radeu bieu beird yỽ uoli . allen allyſreu allen
bali. Pandeuth offreinc ffranc oe erchi. 30
yechyt rac cleuyt rac klỽyſ delli. Wynepclaỽꝛ
didaỽꝛ dim nywelei . Peſſychỽys tremỽys trỽy
uod dewi . Merch bꝛenhin dwyꝛein doeth y-
ureui . aphꝛyt agỽeryt y gyt ahi . ỽꝛth glyỽet
dahet tyghet deỽi . ae uuched wiryoned wiryon
ynni. ael ymbedꝛaỽt mynnỽent dewi . nyt 36
a yn uffern benn gỽern boeni. apheulin a
pheunyd yggoꝛweli . y geiſſaỽ diffryt y deerỽi.
Ny allỽys gỽerin gwaret idi . hyt pan y gỽa-
raỽt gỽirion dewi. ar adar ae haroei. nyt arho-
ynt ỽy neb namyn dewi. Ac eſ aedyduc oll heb

eu colli . yn vn yſgubaỽꝛ uaỽꝛ ar llaỽꝛ llenwi . 1
Pan ryuel arwyſc ffichti . ros eluyd pob keluyd
geilỽ dewi . agỽyꝛtheu aoꝛuc gỽerthuaỽꝛ dewi.
buobeith kanweith kynnoe eni. Danuonet 4
idaỽ didan berchi . oneſ dec adef adỽyn weſti.
allaỽꝛ dec nyeill dyn diſgỽyl arnei . ychwanec
kyuoeth creuyd peri . Credỽch aglywych kedỽch
dewi . ynych llaỽ allu byt gyt achỽi . ar uagyl
eur yphenn ffoỽch racdi . val rac tan toſt yt wan.
tyſt duỽ idi. arureich ureiſc ae vꝛynn . gỽynn ⁊ 10
uchaf uchel beri . ar llech dec dꝛos wanec athꝛoſ
weilgi . aedyduc dybu duỽ ỽꝛth y thꝛoſſi . acnat
vo yny uro breint atheithi . eithyꝛ trimỽc yn
amlỽc oe amlennỽi . a vynnduỽ dybyd byth ỽy
voli. a uynno nodet kyꝛchet dewi. 15

Dvỽ auolaf yꝛ eiryolet . ym ⁊ kany allafy
dim heb duỽ trinet . Dewi ynehang yn
rann rỽydget . ac yn yg diedig dewi waret.
Dewi maỽꝛ ar ymoꝛ mynych nodet . ry gel- 19
lwir ar y tir rac diwrthꝛet . agỽeſti ydei gỽ-
eſtei rodet . ar bop ſant goꝛmant geugant
gonet . Adewi ae treidỽys tros dytwet eluyd .
arſeint ſywedyd detwyd tyghet . Ac y vynyỽ 23
ethỽyſ eithaf dyuet . atheyꝛned ethynt athe-
yꝛnget . ar uab nonn hael uronn hawd ogonet .
ardewi uab ſant ſyndal dudet . Dewi maỽꝛ
mynyỽ mat ygỽelet . penn argynnan
bedyd creuyd achꝛet ... 28

Nychꝛonnes rodes radeu . wallosyat ⁊
rudeur adillat uat verthideu . ny cheff-
it gan naſ nac oe eneu. nychaffat gỽꝛeb
namyn gỽyꝛtheu . Gỽꝛthebet hyget y hygl-
eu gerdaỽꝛ ⁊ gỽyꝛthuaỽꝛ bꝛiodaỽꝛ bꝛiaỽt 33
dedueu . Oꝛdaỽ llyghes dꝛom trỽm ygeireu.
ygeiſſaỽ kymraỽ kymryt pꝛeidyeu . rỽng
mynyỽ armoꝛ maỽꝛ adꝛoeu.auyd ⁊ ar yeu
llywy[d] lliỽdyd goleu . Collant arllygeit ar 37
eneidyeu . ny welant nalliant nac eu llog-
eu. achyghoꝛ awnant achennadeu . y hebꝛỽg
idaỽ ebꝛỽyd dethеu . Tꝛydypla wydyl avlỽyd
diheu. tri dybud mynyỽ mynaỽc bieu. 41

Peuſydỽys treſynỽys diffỽys treſyneu. ynam 1
gant hodnant oꝛmant oꝛeu. O anuod boꝛa bu
diameu. ydeuth eſ y uynyỽ fyỽ fynhỽyꝛeu. 3
keſſỽyt kythꝛeulaeth gwaeth gỽeithꝛedeu. ny-
allỽyt a uynnỽyt methlỽyt ỽynteu. Ellyg-
hỽys gỽꝛaged eugỽꝛegyſſeu. rei gỽynnyon' 6
noethon aethan uadeu. Yggỽeꝛt yggỽꝛthwa-
reu gỽyꝛth aoꝛeu. kerdaffant gan wynt arhynt
agheu. Edewis padꝛic dꝛỽy dic dagreu. llone-
it llech llauar hygar hygar hygleu. pan aeth 10
y Jwerdon ywyꝛth ynteu. ac eigyl racdaỽ dꝛaỽ
dꝛathonneu. aduỽ ae mynnỽys mynyỽ ydewi:
kynn geni yn ri enryuedeu. pan bꝛegethỽys
hael bꝛegeth oꝛeu. val coꝛn yt glywit gloyỽ y-
eireu. . . . ~~~ 15

Kynn ſyꝛthei vꝛỽynen ar urynneu. oneſ :
nefoed y gadeu oe hanodeu. ny ſyꝛthei yꝛ-
llaỽꝛ uaỽꝛ uilltireu. namyn ardyn urdaỽl vꝛ-
dynt ſeinyeu. adewi oed bennaf oꝛpennaeth-
eu. aduỽ yngỽybot y deuodeu. Ac eſ oed uch-
af yꝛ yndechꝛeu. byt: aheuyt kerdynt ygyt 21
a ninheu. Dewi differỽys y eglỽyſſeu. dicho-
nes rac goꝛmes goꝛmant greireu. aphynna-
ỽn dewi ae phynnhonneu llaỽn : llawer un
ratlaỽn ffrỽythlaỽn ffrydyeu. ac ol yuarch 25
ae ol ynteu : ys atwen y maen y maen ell deu.
Yſſit hynn arurynn gỽynn goleu. uchel :
gan ochel dꝛycoed dꝛycweithꝛedeu. Mynogi
apherchi apharch beinckeu. yn eglỽys a 29
chynnỽys a channhỽylleu. Ysſit gyuedach
gan gyuedeu. acharu duỽ yndꝛech no phen-
naetheu. Yſſit gan unbyn unbarch dynolya-
eth : yſſit unbennaeth. yſſit unbenneſſeu. 33
Yſſit eſcob llary uch alloꝛyeu dewi : pym all-
aỽꝛ bꝛeui bꝛeint yꝛſeinheu. Ac y uoli dewi
dothỽyſ yꝛ deheu. poet doeth uon am clyỽ am-
gỽerendeu 37

YGỽꝛ auolaf gỽir ogoned. nywnaeth
nagỽaeth na gỽythloned. Namyn o
bell dygymell gỽell gỽiryoned. adygynnull
ſeint yny ſened. ſeint angaỽ allydaỽ llu edꝛys
[ſed.
ſeint lloegyꝛwys ac iwys aſeint ygogled. 1
ſeint manaỽ ac anaỽ ac ynyſſed. aſeineu poỽ
ys pobyl enryued. Seint Jwerdon amon a-
ſeint gỽyned. Seint dyſueint acheint achynnadled.
ſeint bꝛecheinyaỽc bꝛo hywred. aſeinheu 5
pꝛeſſent woꝛment tired. Dybuant ygyt
ynun oꝛſed. y ureui ar dewi da y uuched. Y
gymryt dewi dygymroded. yn bennaſ yn dec-
kaf oꝛ teyꝛned. Oꝛdigonyſſam ni gam o 9
gymared. kyuodỽn archỽn arch diommed.
dꝛỽy eiryolet dewi aduỽ aued. gỽae anat
gỽennwlat gỽedy maſſwed. Dꝛỽy eiryolet
meir mam ratloned. amihagel maỽꝛ ym 13
pob aỽꝛued. Dycheuer vydỽn nylu amy lary-
ed. dycheuer vydỽnn ninheu am dꝛugared.

gr vab yꝛynat

Och hyt ar vꝛenhin vꝛeint ucheldaỽ. ha-
eldat goleuat llygat allaỽ. nachꝛet pe-
chadur y diuuryaỽ. hynny el y bỽll y bell dꝛigy-
aỽ. Naphoeni geugallonn dꝛeulaỽ. namy- 20
net ogriſt*** yꝛ groc yꝛdaỽ. ac nawyꝛ yn llwyꝛ
llebydyaỽ yn arglỽyd. athꝛỽy waratwyd y wir
adaỽ. Bei medylyei dyn ae vedylyaỽ. auu o
dolur ar y dwylaỽ. gan gethꝛi paraỽt. yn ky-
thꝛudyaỽ cnaỽt. eſ ny wnaei bechaỽt nae ry-
buchaỽ. Bei na bei vndyd douyd andaỽ. dyd
bꝛaỽt yn baraỽt yndiburyaỽ. ar gỽaet yn 27
giret. ar dyd y croget. ae dỽylaỽ arllet wedyꝛ
llidyaỽ. ar gỽaet yn ffrydyeu ygkylch y vꝛon-
neu. ae holl welieu heb eliaỽ. ae goꝛon yn 30
dꝛein. ac ynteu yngelein. ae benn yn ang-
krein. wedyꝛ greinyaỽ. Ac ol y ffrowylleu ar-
y yſtlyſſeu yꝛ gỽneuthur angheu. aphoen
idaỽ yꝛ pꝛynu mab dyn oꝛtan uſelyn. y 34
gan y elyn. aoed yn aelaỽ. yꝛ dangos yꝛ
byt. y boen ae penyt. yꝛ ydỽyn ygyt o gi-
dỽm laỽ. Ac yna y dyweit ydyd ucheneit
mae eſ diryeit. oe eneityaỽ. acham guhu- 38
dỽꝛ. acham uſurỽꝛ. athỽyllỽꝛ baỽꝛ. bꝛada-
ỽc dwylaỽ. alleidyꝛ annonyaỽc. adyn deu
eiryaỽc. aglỽth adiaỽc. dial kymraỽ. agot- 41

achelwyd ageuaỽc creuyd . kanyt eidunt 1
ffyd . ffoynt racdaỽ yblith ygethern . y wae-
laỽt uffern . ylle y mae migynwern . agỽe-
dyꝛ vignaỽ . achynneu odan . adefni bꝛỽnstā.
aphob marchdaran yn ymdaraỽ . Rac tra
gỽꝛes y tan agoꝛmod boethuan awnaeth 6
baraban ybenydyaỽ . yꝛ kythꝛudyaỽ cnaỽt.
yꝛ dial pechaỽt . perchen dꝛycdeuaỽt adel at-
taỽ . archỽn yꝛ yspꝛyt. keli oth blegyt kynn
pꝛid agỽeryt yngỽarandaỽ . achaffel ag-
henn ac oleỽ allen . achymot anreen . kynn
non reinyaỽ . anefaỽl oꝛsed . arann dꝛugar-
red . achꝛist oꝛ diwed . yn dỽyn attaỽ . AMen.

Gruffud uab maredud bab dd' aecant yr groc .

Caraf benn raith . coꝛ aryannweith . carei
rinwed : Crair gair agat . y dꝛwy ga- 3
ryat y dꝛugared . Croc caluaria vaerdy gra-
cia. vaỽꝛdec ryssed . Creded un benn . hael vo-
ꝛwyn wenn . havl virein wed. Cret bennde-
vic . lys wyꝛennic . lwys wawr anned . Canne-
it wyꝛthyeu . kanon radeu . kain anryded. 8
Cadeir ffair ffyd . kedaỽl vvyd . ket eloued .
Kyflaỽn dawn dar . y rwym galar . ar ym-
geled . Coeluein elen . eurei uoessen . ar
y vyssed . Kelemic rat . cadarn wennwlat .
kedyꝛn winwled . Coꝛyf arderchaỽc . caer 13
dec eurawc . coꝛ di gared . Coꝛon eureit . cary-
at vwyeit . kiriet ueued . Keinllun teckaf .
bꝛenhin hynaf . y bꝛenhined . Coet berued-
not . kain y uaỽꝛglot . cun nef eurgled . 17
Cael ym grym grair . rat oe boꝛtheir .
reidyeu berthed . Culwyd ener . adyng
niuer . oe dangneued . Colofyn llv cret . a-
rann waret . oꝛ ennwired . Coel egylyon . 21
olin uanon . olan uoned . Dylan natur .
uaỽꝛdec eglur . uordwy gogled . Delis arw-
ein . o dwfyꝛ dỽyn . y devyr dired . Dyduc
moꝛdon . ar y dwyvꝛonn . arwy dyfỽꝛed .
Dyfyꝛdwy waedgrec . aryal gỽanec . arael
gỽyned . Delw werthuoꝛaf . aglotuoꝛaf . a 27
glutuaỽꝛed. Dadyl ysbꝛydaỽl . oꝛgeiryeu
maỽl . yꝛ gỽr āmed . Doꝛ koꝛ keinmic . duỽ
yỽn ryuic . dewin reuved . Dar eneidyeu.
dilit vꝛodyeu . dilet vꝛyded . Dawn tlaỽt 31
anoeth . dayar wiwgoeth . dioꝛwaged . di-
nam loewder . diweir ener . duỽ yꝛ wirioned.
Da yỽ y boꝛth . adiamoꝛth . adiomed. Delỽ
vyỽ uarglwyd . eurlliw arwyd . ioꝛ llawered.
Dysc ffysc ffynnyant . agỽir uolyant . y
goꝛuoled . Dedyf ledyf loewdoeth . eureit 37
gyuoeth . arot gyued. Doeth gaerlleon .
dec anregyon . digynryged . Didꝛei uolyant .
duw da varant . diouered . Didꝛist grist
ges . oꝛgan hoedloes . eur gynhadled. Delỽ
uireinryỽ . yꝛ pꝛynu byỽ . oꝛpꝛenn arbed. 42

Dvc moꝛwanec dec odu gaeaf. ɫys ɫaỽꝛ
ɫeon gaỽꝛ ɫun gwaỽꝛ gwympaf. 2
Divei ion eruei arvaf y ganmaỽl. delw
vyw uab dwywaỽl vyn ne duỽ nefaỽl naf.
Di warth dꝛyfoꝛ coꝛ poꝛ perffeithyaf. diw-
yt greir y ueir uawred hoffaf. Dewin 6
kain yeffin kynn iffaf waelaỽt vedꝛaỽt.
a nud diwyꝛnaỽt y naỽd arnaf. Doeth
dꝛos vꝛic tonnyar kar kadarnaf. dethol-
walch balch byỽ ɫyỽ ɫaỽenaf. Dogyn 10
vedyd grevyd digrifaf dꝛamwy. drỽy va-
ỽꝛdwy dyfyꝛdwy defyꝛdir eithaf. Dwywa-
ỽl haỽl haelwaỽꝛ avaỽꝛuolaf. deuaỽt wa-
ỽt wider ffer ffurueidyaf. Dovyd lun e-
hun henw goꝛuchaf. nenn uab meir w- 15
enn ar bꝛenn bꝛenhineidyaf. Didwyɫ
bỽyɫ beɫwaỽt ffaỽt ffydlonaf. datyein
kein kynnyd dyd diwaethaf. Didaỽl ve-
ith y deith doethaf benndevic. wyrennic
uedic vud iach achaf. Dodyỽ not eur- 20
glot ioꝛ gỽlat beɫaf. ɫoegyꝛ ɫwyꝛ yn gỽe-
ryt vyt vodꝛydaf. Duỽ ieffu arglwyd dew-
iffaf. gynagyꝛ dihagyꝛ eirw ɫinagyꝛ ar
ɫun gỽympaf. Y delỽ vn mab meir yd ado-
laf. odilis areith gỽeith gỽerthuoꝛaf. Y 25
daly ynof cof kyfyaỽnaf. dꝛemyn. y dylyn
tydyn ɫỽyth plant adaf. Eryꝛ egyl doꝛyf
hoewloꝛyf haelaf. ioꝛ didwyɫ o nef eureit
adaf. Ardelỽ moefen hen hynaf y gynnyd.
vꝛdas ɫin dauyd gỽyd gỽedeidyaf. Anuon-
es cannɫes kaenɫanỽ bꝛeiſtaf. anrec 31
loegyꝛ uaỽꝛdec uoꝛdwy gloewaf. Anreith a
gobeith gỽbyl ffrỽythlonaf ioꝛ. yſbꝛiw dy-
lan moꝛ yſbꝛydolaf. Ennwi y vardlef ion
nef a wnaf. ennwant ɫythyꝛ deckant ɫath-
yꝛedickaf. Ennwaỽc arderchaỽc archaf y
nodet. rodet trỽy giret tri agaraf. Awr 37
arwyd mab meir o eir araf. arwraỽl keda-
ỽl kadeir deckaf. Eryꝛot eurglot arglwyd
pennaf yỽ. aɫyw marw a byỽ ryỽ radlonaf
Arwyꝛein croes griſt aoꝛeuraf. ar oꝛoꝛ koꝛ
kaer glaer egluraf. Elen ae kafas. alaf 1
yſbꝛydaỽl. trydyd dyd dedvaỽl aỽꝛ haỽl oꝛhaf..
DOeth delỽ vyỽ vy ɫyw ɫyꝛyon. pꝛif
obeith pꝛaff adeilyat yeith pꝛoffỽ- 4
ydolyon. Daỽn aphleit gỽeinyeit uỽch gỽ-
ynnyon uoꝛoed. aphꝛifdec lyſſoed ffrydeu
gleiffyon. Darogan dylan deil gerw gw- 7
elwon. moꝛ y vydinuaỽꝛ goꝛ vu y danuon.
Duc o gaeth alaeth uaeth alon ovit. y bo-
byl y rydit bibyl arodyon. Deheu rybud
mat dihaerebyon maỽl. a naf arwraỽl nef 11
eryꝛon. Doꝛ koꝛ coeth kyuoeth. dar cofyon
arɫwybyꝛ. gwaỽꝛ yngoleu wybyꝛ gỽir egy-
lyon. Gwerthuaỽꝛ eurɫoꝛyf toꝛyf tirion
y bleidyeu. da y eneidyeu dianudon.
Gwaret a rodei gỽirion goludaỽc. agỽaỽꝛ 16
dlyedaỽc yꝛ gỽir dlodyon. Crupleit di dw-
yɫeit deiɫyon kanhwynaỽl. bud awr amo-
daỽl bydeir mudyon. Cleuyt anyanaỽl cle-
ivyon divꝛaỽbwyɫ. neu anuedyd bwyɫ o
ynvydyon. Gwyꝛ berffeithyaỽ dꝛaỽ dꝛagon
gogonet. o euraỽ gỽaret y rei gỽirion. 22
Gwaredaỽc vynaỽc vanon bꝛenhinbꝛyt.
gỽeifc urdas ybyt ae gofgoꝛdyon ~
Gwynvyt oe vebyt y ueibyon adaf. ae
diuei alaf y dwyvolyon. Gwymp arwyꝛeī
kein kanon beruednot. ac aỽꝛareith glot 27
y goꝛwyꝛon. ɫyna anrec da deon y gwyꝛtheu.
o vyỽ aɫoꝛyeu euyɫ aeron. O ꝛy uaỽꝛ go-
eluein geyꝛ auon dyfyꝛdwy. o lawen obꝛỽy
olynn ebꝛon. O luchynt helynt holyon 31
dwyꝛeinuoꝛ. ac o lynnt taboꝛ lan atteby-
on. O aỽꝛ geudaỽt ffrỽyth oergytyon
mat. y dỽyn adurn rat y dynyadon. 34
ɫithꝛaỽꝛ gỽanec dec dogyn arwydyon ffyd.
ɫywyd merweryd ɫin meir wirion. ɫath-
ꝛeit bleit eneit yon y gogonyant. a deheu
uolyant dioualon. ɫwybyꝛ berffeithꝛwyd 38
rwyf rodyon goludaỽc. ɫytwaỽc gỽareda-
ỽc ɫydw gỽerydon. ɫun ɫawnrat karyat
coꝛon ydangnef. aç yoꝛ lluoed nef o gaer ɫeō.

Duc moꝛ koꝛ. kywir. delỽ vyỽ ỻyỽ
ỻawir anenn ny phlygir naỽn
aphlygein. ylys lwys uardlef yleon
wenndꝛef. ỻun ameraỽdyꝛ nef gan
ỻanỽ mirein. Eryꝛ pum weli. traỽs 5
hael tros heli. eur uawred geli. ar
vỽꝛd gwylein. Anrec bꝛiſdec bꝛyt.
y roi bud yꝛ byt. y veir ydeiryt o 8
voꝛ dwyꝛein. \ Credadun vn yỽ. cre-
ir meir marỽ abyỽ. croeſdec euraỽc
lyỽ. yỽ criſt agarein. Keidỽ rat yſg-
grythur. kadarn bennadur. creadur
modur creawdyꝛ madyein. Koꝛ ioꝛ
eurdꝛefnat. kywreint wneuthuryat. 14
mawr ucheluabrat mair aechoelue-
in. Kovyl gwanec dec diſt. koſyon
diathꝛiſt. kyvaraỽd achꝛiſt myỽn ky-
vwyꝛein. ỻathyꝛ groc ovaneic. ỻythyꝛ
araỽt ffaỽt ffeic. ỻuryc aryan dꝛeic. 19
ỻyw yꝛ goꝛon dꝛein. ỻyỽ byỽ budy-
gaỽl. ỻawir yſbꝛytaỽl. ỻawen arwra-
ỽl. ỻeir arwyꝛein. ỻwydyant nerth
berth byt. ỻw gỽir hir hyfryt yn 23
troſſi iechyt rac traỽs ochein. ỻoer
koꝛ ioꝛ arab. ỻwyꝛ gyfarch parch pab.
ỻun y oꝛeu mab. ỻaỽn eur amein. 26
Doethineb elen. amgwnaeth goꝛaw-
en. ahirweith moeſſen vu yarwein.
Dwywaỽl waỽl wahaỽd. dauyd ae 29
hurdaỽd. duỽ ae goꝛeuraỽd. dec arwy-
ꝛein. Delỽ yſbꝛydolaf. dogyn rat tat
teckaf. da wieil adaf. diwael oedein.
Doꝛ koꝛ poꝛ pevyꝛlwys adoeth gᵒeth
gynnwys. olys baradwys y lwys 34
bꝛydein. Ry wnaeth faer glaer glaer
glot. delỽ loyw hoyỽ hynot. yꝛ didwyỻ
oꝛuot. o yoꝛ datyein. Ratlaỽn daỽn a
doeth. ri tri trichychyuoeth. y loew 38
gaer goeth. o vꝛo loygyꝛ gein. Rywo-
gaeth cedꝛus. rwyd fwyd cipꝛeſſus.
o geinghyeu epinus. ar y gynghein 41

Rinwedaỽl vaỽl vud. ny vaeth gaeth
gythꝛud. roet duỽ oe deurud. rat da
dwyꝛein. Boned med molyant. byd
yſſyd o fant. anaỽs gogonyant. nys 4
goganein. Balch delỽ elỽ eilyat. anaf
nef wennwlat. aner oed wirdat. naỽ
rad wardein. Bꝛeiſc diweir greir grym.
bꝛeint y ſeint nym ſym. bit y ardelỽ
ym. byt aehurdein. A M E N. 9

Doeth delỽ ner aber wybyꝛ vỽch
eluaer. nef naf gwerthuaỽꝛ
mireinglaer. dwſyꝛ dir koꝛeglur wir
kaer dyfyꝛdwy oꝛmoꝛdwy maỽꝛdaer ..
Moꝛ odyſc mab meir aduc. maỽꝛed
deith gweith gwynnvydir. olygaỽt 15
greir loewget groc. y loegyꝛ dir o-
leugaer dec. ỻyna gein goeluein vu
gael yn ỻoegyꝛ. ỻawget greir oꝛ ifra-
el. ỻanỽ aeduc oe dec auael. ỻun dſt
ehun. croef duỽ hael. ỻanỽ ỻwybyꝛ 20
glut. ỻoegyꝛ dut y duc. ỻun ỻyw pum
oes ar groes groc. mawrchwedyl ỻaw-
en gan wenic. marchoc bꝛonn moꝛdon
maỽꝛdec. Doeth delỽ nenn ar bꝛenn
bꝛeinyaỽl nef. awybyꝛ yny gỽbyl dodef.
ny doeth rec o dec danghnef. duỽ byw
gaer y debic ef. Doeth croes o wial
moeſſen. adelỽ ar vꝛic moꝛ dylan. 28
ner oduỽ nawrad dewin. naf gerỻaỽ
nef gaerỻeon. Creawdyꝛ ỻun eidun.
adaf lyw onef. ny wyl neb y gyfryỽ.
creir kaer maỽꝛglaer amerglyw. 32
croes dec dan eurdelỽ criſt yỽ. Tec vu
dꝛe to tonn welwgaen. ath v* y vꝛo
gaer ythwn. toꝛ greir gwerthuaỽꝛ vy
mawrboen. terra kaluaria virein. 36
ỻes hynot ỻin clot ỻunclaer. ỻyw
nefaỽl ỻawn auael ỻwybyꝛ waeth
faer. ỻethyꝛ dyfyꝛdỽy moꝛdwy maỽꝛ
daer. ỻithꝛaỽd moꝛ ỻathyꝛgreir koꝛ 40
kaer ~ ~ ~ ∞ ∞

MEu ymoꝛalw obwyll diſalɷ o
bell dwyſaɷl. a meir geir goeth
eiryan wywdoeth. eur rinwedawl. Go-
ꝛeu yɷ meir. glandat boꝛtheir. gleindyt
berthaɷl. O berffeithꝛwyd ar bop arɷyd.
awr bybyꝛyawl. Seren yɷ hi. not go- 6
leuni. nyt gelynyaɷl. Lloer engylyon.
agwerydon. eic waredaɷl. Mam tang-
neued. athꝛugared. yeith ragoꝛaɷl. 9
Temyl yꝛ mab rat. neuad garyat. naɷd
ac eiryaɷl. Hynaɷs uoꝛwyn. hynot ad-
vwyn. ohenɷ dedyſawl. Hoewvam ieſſu.
haɷd y charu. hedɷch eiryaɷl. Hil gɷeilch
groec. hoewlɷys bꝛifdec. hwyl yſbꝛydaɷl.
Heul y dwyꝛein. honn oed riein. hoen 15
dwyꝛeaɷl. Gabꝛiel geudaɷt. oe eur daua-
ɷt. ae eir dwywaɷl. a vu gennyat ym
elldotyat. ymwyll didaɷl. Pan gat mab
meir. henɷ o vardeir. hynaf urdawl. O
deilyngdaɷt. gɷir uoꝛwyndaɷt. gɷyꝛyf
vireindaɷl. Goꝛuc ave. doeth arwyꝛe.
deith oꝛeuraɷl. Gweith gɷynvydic. 22
dɷyn o ffyꝛnic. dan uffernaɷl. Adaf ae
blant. oe divwynyant. o dwy vaenaɷl.
Dayar anef. kynn poen odef. cun peu-
nydyawl. Aeth gɷaɷꝛ y glot. ar bꝛenn
hynot. yoꝛ bꝛenhinaɷl. Yꝛ llewenyd. 27
rat abedyd. reidyeu bydaɷl. Yeithyd
ffyd ffyꝛd. wyth ugein myꝛd. aeth oe
ganmaɷl. am ygreivyeint. diodefye-
int. duɷ adeuaɷl. Kyꝛchaɷd criſt naf.
troſ ueich adaf. treis vuchedaɷl. Pum
oes o ffɷꝛn. y baɷ gymɷꝛn. ny bu 33
gamaɷl. Yſgynnaɷd laɷꝛ. lathyꝛ ni-
uerwaɷꝛ. llethyꝛ nef eurwaɷl. arde-
heu r tat. vn trimeitrat. yon trame-
dꝛaɷl. Bꝛenhin didlaɷt. arbop kiwda-
ɷt. eurbab kedaɷl. Bit ef nef naɷd.
byt abꝛynaɷd. bu duɷ bꝛeinyaɷl. Da
vu yꝛannerch. y anna verch. o yn 40
ni vaɷl. Ar les pobyl gret yꝛ llɷyꝛwa-
ret. oꝛlloer
wyꝛyaɷl. Goꝛffowys rat deongaryat. di-
engiryaɷl. ymru ꝛ weryd. geirllewenyd
goꝛllewinyaɷl. Yoꝛ ſeint bꝛeint bꝛeiſc. yn
duɷ vaɷꝛweiſc. yn di varwaɷl. Yn vab ffrw-
ythlaɷn. yn vyɷ digaɷn. ynvudygyaɷl. 5
Yn yſbꝛyt bud. deheu rybud. diarhebyaɷl.
Yn vn athꝛi. tric ywedi. tragywydaɷl.
Yn vꝛenhin wybyꝛ. hael doeth ewybyꝛ. hw-
yl deithiaɷl. yn vꝛaɷt ffaɷt ffyd. gwirion
vuyd. gɷerin neſaɷl ... 10

MErch Mam **** odiweir
waet. chwaer yth dat o rat eiryoet
eva wyꝛ yaue wyt. regina anroes eneit.
Mamaeth bꝛonvaeth bꝛenhin vu. moꝛ wy-
byꝛ hir nef tir tra. meir angeilɷ moꝛwyn
geli. mev amovyn mam aue. Tiſt arwyꝛe-
in y gleindyt. ti veir vu ꝛ diwair waret. 17
tec oth gaer glaer yɷ dy glot. temyl y
griſt tev amlɷc rat. Rat mat meir ge-
ir ragoꝛi. anduc on dygyn an ymdꝛo. gras
oeſſoed argroes ieſſu. ar annerch tec wyꝛ
anna. Meir vam y arglwyd y moꝛ. a naf
a that nef athir. ym kadɷ rac rɷym bꝛadɷ
bꝛyder. oe bꝛat trɷy garyat trugar. 24
Tec rec rat tɷf mat mam gɷir bꝛffwyt.
nef gwell no neb yth varnwyt. temyl
yth uab maeth yth wnaethbwyt. a neu-
ad yɷ vy naɷd wyt. 28

ARlwyr* waret. griſt ythanet. naf
nef dꝛefret. naɷs gogonet. nys go-
ganein. Ar dyſc arda. ylɷyth tra. rac 31
mvꝛn maɷꝛbla. obenn eua. yboenovein
ar volyant geir. arvilyoed greir. ar ua-
ɷl y veir. ar uaɷꝛ naɷdeir. ar varn a- 34
diein. Arberffeith vꝛyt. hoewvꝛeich hyf-
ryt. ardeheu byt. arduɷ deiryt. ardatwy-
rein. ardaɷn kɷplaf dewin doethaf pan
gyꝛcheiſt naf. lluoed adaf. lle yd oedein.
Ardꝛefyn oꝛdwy. ar dꝛeis dꝛamɷy. oer 39
leith arwy. yngloes dirwy. ynglas dyꝛein.
argroes irwyd. argadeir ffyd. ar gedyꝛn

grocwyd . arget geluyd . ergyt goeluein.
Argynhyꝛchaỽl . radeu dwywaỽl . argoeth
ganmaỽl. ar gof euraỽl. argyfwyꝛein . 3
Ar daỽl maỽl mat . ardemyl garyat . ardei-
lỽng rat . ar dut y kat . eur dadoc kein.
ar glot gyhoed . erglyw ꝛ pobloed . ar arglỽ-
yd ym oed . ar glaer diroed . arglaỽꝛ dwyꝛe-
in. Argatholic dyd nadolic . eir maỽꝛhydic
awr wynvydic . yꝛ wen vadÿin . arbỽyll le
yndyt . arbefyꝛ yſbꝛyt . ar boꝛth yꝛ byt . ar
lef blegyt . arlỽys blygein. Ardangnheued.
rat anryded . ardꝛugared . ar wir uawred
ar wyꝛy virein . ∞ ∞ 13

ARchaf gulwyd . diwaradwyd . dy wiỽ
radeu. ac y ueir dec hael oꝛoec . hil o
rieu . achỽbyl allwyꝛ . ynof fynwyꝛ . o nef
feinyeu. Ac engylyon agwerydon . agỽiỽ
radeu. yt varglwyd dat . yꝛdy garyat . eur-
deceiryeu. Roi naỽd yth waſ. rac bꝛaỽt ogas
rac bꝛat ageu. Rac barn kedyꝛn . abeich
edyꝛn. o bechodeu . Rac kebydyaeth . rac
traỽs aruaeth . rac treis arueu . Rac 22
kynghoꝛuyn. avyd elyn . y uedylyeu .
Rac creulondeʀ ynydener . anudoneu .
Rac mvꝛn athwyll . adogyn gymwyll . a
dygyn gameu . Rac gwaeỽ dan vꝛonn .
rac gwyth galon . rac gỽeith gỽyleu . Rac
dỽfyn lefged . adigaſſed . adic eiſſyeu . Rac
treis arllwybyꝛ . och amyl ewybyꝛ acham-
lyeu. Rac trallaỽt byt . rac traphenyt . 30
rac triphỏeneu. Rac tan uffern . aedꝛyc
kethern . aedꝛỽc hitheu. Ae chas oueint.
ae goveilyeint ae geueleu . ae chaeth wen-
wyn . ae choecwannwyn. ae chicweineu . 34
ae chynydyon. ae chỽnduon . ae chwyn diev.
Ae phyꝛth heyꝛn. ae thanllyt gyꝛn . ae thin-
llwyt geu. Ae tharth ae llỽch . ae thiryon-
ỽch. aetharaneu . Ae roſt bꝛynnic . ae reſt'
ffyꝛnic . ae rwyſtyꝛ ffyꝛneu . ae bꝛeyveryat.
aebꝛont baryat . ae bꝛỽnt beiryeu . Aehot 40
genllyſc. ae hir deruyſc. ae hoer dyꝛueu .
ae gỽythlondeʀ . ae gwanniuer . ae gỽanaueu.
ae dygyn gymỽꝛn . ae duoer fỽꝛn. ae daear feu.
Joꝛ deg radwlat . yaỽn abꝛynyat . ion y bꝛeineu.
Yno kyꝛcheiſt . aragereiſt . oꝛei goꝛeu . Oth
hyneuyaeth . enydigaeth . eneit eigyeu. 5
Othvod yth ued . oth enryded . aeth yn reideu.
Othuaeth athuaỽl . othdelỽ dwywaỽl . oth
daladyuieu . Oth vynedyat . eur dy dyat 8
ardy deheu. Pevyꝛ vihangel . kun glwys
angel . kyn gloes angeu . Penn kymenda-
ỽt . yỽꝛ peundidlaỽt . pan vo dadleu . Poꝛ 11
coꝛ karyat . per y vꝛedyat . pur y vꝛodyeu.
Par ef nef naf. adiwarthaf . yỽ dywyꝛthev.
Y dwyn vyſpꝛyt . rac hoedyl deugryt . rac
hydil dagreu . yth wlat rat rec . yth windei
tec yth wyndut teu. ythle amlỽc . yth 16
lỽys olỽc . yth lys oleu. AmeN—o—J

Baltaſſar gynnar gennat duc anrec
odec iaỽnryỽ garyat . o arwyd
yawn gyflaỽn rat . o eur tawd y eir y tat .
Digyſtud anrec amdec yſtwyll rat duc
yꝛhydyꝛ eur gannỽyll . ieſſus uab koeth
doeth didwyll . iaſpart oꝛ myꝛr nyt byꝛr
bwyll . Gỽnaeth melchioꝛ euri oꝛ arwyd 24
gouec vod vnyaỽnrod yn anrec . y ioſep
dat rat redec . y ieſſus dwyn tus daỽn tec .
Baltazar durbar dewrboꝛ awnaethant
oe maỽlſant a melſyoꝛ . ennỽaỽc iaſpart
eurwart ioꝛ . anvon anregyon ragoꝛ . 29
Doeth oꝛ dwyꝛein kein keiff bop aỽꝛ eur-
glot . y arglỽyd nef allawr . arwyd y vot
ynglotuaỽꝛ. eur myꝛr athuf wedus 32
waỽꝛ. Yꝛtri aroes y trỽy rat . teir an-
rec ueir yꝛ kreir cret . feren heb laỽ lys
erot . arodes gyuarwydyt 35

Gr. uab maredud aecant . y dudyr uab gron.

Lleỽ glew gleiſlym grym gryt flemy-
chu. lloꝛyf koꝛyf kat keimyat 3
kamon daſgu. Llaryeid walch geirwalch
goꝛvu abꝛỽyſgyldyryf llyꝛybyꝛffyꝛyf
bꝛigyꝛyf bꝛagat vylchu. llit pꝛit pꝛif
yngknif yngnaỽs kyꝛchu. llyỽ glyỽ 7
glỽyt yſgỽyt eſgar bylu. Llyꝛ ovyn aer
vꝛỽyſcdovyn ar vꝛeiſcdu vꝛonndoꝛ llaỽch
veird yoꝛ angoꝛ enghyl dachuedu. Llỽyꝛ
darogan bꝛan ym bꝛaỽt y ku. vab dyfyn-
wal aryal gal digelv. Llwydyant ruthyꝛ
llin uthur aeth lle bu ffrollo llavyn ge-
lyngno clo clot enynnv llun run gun
gỽyned ved veneſtru. llyꝛ getwiſc eryꝛ
gat waſgaru. llunyaf waỽt tauaỽt 16
yꝛ tyuu ymbyt. llunyeth dihewyt bꝛyt
o bꝛydu. llywch fflamdur dudur dadyl
diblygu. llachar dar bar berth vaỽꝛ
nerth varnv. llacheu glot oleu yngleỽ
dalu gỽeith. pan vei wyarlleith pum
feith fathꝛu. lleivyat digiliat galon 22
grynv llaỽ rodet nodet nud gyſtadlv.
Lliwrud waeỽ dilud wiỽ devlu ffyꝛnva-
el. llaỽrud hael diwael duỽ oe adu. Llat-
win ỽꝛaỽl greir boꝛtheir barthu. llyt-
waỽt wawr byꝛthwaỽꝛ beird gartre-
fu. llaỽn gyſlaỽn boewdaỽn llỽꝛỽ hae-
du om bꝛaỽt. ny wnaeth trindaỽt 29
ffaỽt ffoꝛd oe gablu. Taryan llwyth
tewdỽꝛ gỽꝛ oe garu. tremynyat faeth
gat feithgampalltu. Tỽꝛ gỽꝛ gỽꝛd
bleit greit grym karku yngadoed 33
tarw. ar arỽ aeroed doꝛuoed daruv.
Tꝛyſtan hir amdir yn ymdaeru. tra-
ỽſ maỽs maỽꝛdꝛut clut clot enynnv.
Teruyſc llew dewrdyſc llit ardu gat
gvn. taryf kun rỽyf alun yn ryuelu.
Tꝛachwerỽ verỽ vaỽꝛdoꝛyf loꝛyf koꝛyf
kaethlu. trychyat bꝛyt gryt grỽydyꝛ 40
vꝛỽydyꝛ vꝛedychu. Tꝛoches goeluein
bꝛein vwch bꝛu gỽyarllif. trech yngnif

no rif y riwallu. Tꝛyuer kat neirthyat
nerthaỽc allu. Tꝛevyn heilrwyſc hueil
riſc heyꝛnblu. treiglaỽd klut dattaỽd 4
clot hyt deutu havyn. travynllỽgyꝛ aelif
lavyn loegyꝛ elyſlu. Tꝛeigyl om bꝛonn
annerch ſerch difyꝛchu. tra gleỽ llew
lleiſyat gat gymynv. Taerleif gỽyar 8
meif gỽaew irgnv gỽaetlin. tỽꝛyf ta-
ryf tan chwefrin dꝛin dꝛemynv. Trỽy
vꝛys oe lys lỽys dwys deifyvu. trỽy vꝛa-
ỽt y geudaỽt. trỽy ffawt ffynnv. Tꝛỽy 12
lithyaỽ bꝛanes trỽy lethu noꝛthmein.
trỽy lathyꝛ arwyꝛein gein geinhyadv.
Tꝛỽy rat mar gwaỽꝛ gweiſc yn bꝛeiſc 15
bꝛynv. trỽy rod trỽy vod voes trỽy oes
ieſſu. Trỽy eur boꝛther mer maethlu. mihagel
paỽl pedyꝛ gradivel y del oedv. ∞

y gyr hoỽel uab gron.

Gweleis leỽ doeth hael gỽiwlỽys
wledeu. ae loywueryd yn kael y
alaueu. Ynrefnant winllys yn refneu 21
clot uaỽꝛ tra ydoed yngwaỽꝛ kyn trei
oedeu. A cheinadlu beird a cheinodleu.
a chenedloed yſp oe chynatleu. achwyn
vtlef wyf och yn natleu lit. achael avyn-
nit a choelveinyeu. a gỽꝛ ieueing beilch
a gỽaryeu. a gỽiraỽdvꝛ beird a gỽꝛodeu. 27
A gỽar gỽmpaf clot myỽn gỽir gam-
peu nud. ar eil eurvud eiryoel arueu.
Arodi yn ymỽng rudyon emeu. a rỽyd
oꝛchwylyon ryderch heilyeu. areadyꝛ
o win ynghychrieu hydyꝛ. myỽn eur 32
a gỽydyꝛ muner gỽaỽdeu. Achyꝛd a-
deinyaỽc a cherd danneu. ywch y neuad
dec achyneueu. Achein adwyn walch a
chynnedueu heird. achyuedach beird 36
och oe vadeu. Echwyn yỽ adyf achwyn-
adeu. ochein edyꝛn bꝛonn vcheneideu.
Achos galar ioꝛ nychỽſc goleu gynif
llevein anidꝛif llif ynagreu. Vchel rodaf
wyf achul rudyeu. och ar daear naf 41
ywch eurdyeu. Echwyn girat vuoch

vn go2eu ion. echwng hoewrym mon ae-
chynghozeu. Echwyghaód deigy2 bard
ywch y eneu. och anawd yndic gyt a chó-
yneu. Echyghaód ym boen achenigy-
eu. hiraeth. och yngot awnaeth anwych
angeu. Yaón alarus wyf ynyal o2yeu 6
vn oleurwyd trift yn noluryeu. Am o-
leuv2yt kadw amyl ylyfreu da. am ei-
rie beda mawr wybodeu. Amgiriet
a maól am gar nyt meu. am garyat 10
góyned aeragozeu. am gudyaó howel
ym godeu tramgóyd. am góydaó varglo-
yd roi góaed vaó2gleu. T2auaelaód vym
ryt tróy ovaleu. treiaó buarth clot vn
tri bieu. T2óm adolur vyd tramedyly-
eu kar. amlyó ac eurdar amlóc v2deu.
T2imóy yó2 gogleis tra mawr gigleu.
tri phenyt galar rac traphoeneu. 18
no chwerw alaeth b2onn gan chware-
leu dur. trymv2yt arlavur tromv2wy-
dy2 lifyeu. T2ech yllidyaód honn tra cho-
lledeu. tróy hanner y v2onn y2 tra hei-
neu. nod2ycannyan fflam yd2óy gyn-
neu derw. o gymell hirerw gem allo2yeu.
T2ift y go2uc duó traóftec eireu. troſla-
wr dayar mon. treiſlwy2 dieu. trevyn
hyglot ydoeth travyn hygleu nyt byw
tróm eryſſyt yw trimóy2eiſſeu. Kann
aeth amlóc yo2 kainytheimlaó lwys 29
gyfoth. mab meir liaws gouev. góaedaear
wyned gwedieu gytuot. gwióvynnei
pob clot a gwaevinneu. Y2gwyargroc
leyn ar gwaew irgreu. areit b2ynaód
yn rat ab2einev. athiwarthaf deith ath
hoyw wy2theu greir. o ragoz pwyll meir
io2 y2 eigyeu. Dwc heb lyſſyant duó dec
y blaſſeu. wy2 ydedwr mawr eur y dudyr.
yn iawn rydit nef anyan radeu llwy2. o
glot aſynnóy2 glat y ſeinyev. ∞ 39

y dudyr vab gronwy.

TRoſſes ym grym grift. oedeith ueith
uaengift. tróm eidylgo2ff trift. tra 3
medylgar. T2eiglaód kaód kyffro. tróy2
v2onn honn heno. o vot klot klytno dan
do dayar. T2ift wyf murnglwyf maó2.
trin erwin aerwaó2. roi gleó llew dan 7
llaó2. gaó2 go2dwyar. Toft goft gyſtudy-
aó. o boen hoen hebdaw. ymdaó ffrót
wylaó. aph2it alar. T2eiſſywyt von yn
veith. trof ruthy2 uthy2 anreith. triſy-
ei bum trifeith. myón góeith góyar. 12
T2óm wnaeth maeth maeth meithiw. yg
gryt ryt ariw. trom aergrwydy2 v2wy-
dy2 v2iw. alliw llachar. To gro maendo
mur. agud nud natur. tudur waew 16
aergur. wió aeurgar. Terwyn gwyn
b2wyn b2onn. nyſ kel naós kallon. treigyl
y ovwy honn. tra glew avar. T2aóſ ud
nud nawell. treul mil hil hiriell. travyn
tre2kaſtell. vedgell vudgar. T2yſtan 21
glewdan gled. oegeith deith dytwed. trift
iaón yó góyned. treiſtwyn gwanar.
Tervyn dioer oer oed. to2yf llo2yf ko2yf
kadoed. to2yfoed aer vilioed. awr vuelyar.
Tó2yf lletv2yt b2yt b2óyn. teir ieith góe-
ith gwenwyn. tervyſc myſc maó2góyn. 27
dioer dwyn dewrdar. Llew llyw lluo2llin.
llavyn eurd2avyn aerd2in. allywyó2bydin.
kynn llaó2 bydar. Llawer blyngder bloed.
oedwyn kwyn kyoed. llew oed lly2 gedo-
ed. lluryc otar. Lwró alaeth gaeth gud.
llawgreir nedeir nud. digraón hywlych
grud. deigy2 anhalar. Llo2yf oed lly2 bei-
dyat. kynn maen kaen kaeat. llu blanc 35
d2anc d2omgat. lluchyat llachar. Lluny-
wyt b2eudwyt b2yt. amdoeth koeth kerd
glyt. llaw d2eiſ daſgwr gryt. llwy2 d2ift
yſgar. Llenn gel dawel do. agud grud
agro. llwyby2 kyffro ffrollo myón tro 40
trydar. Llawr llytwed ved ueich. llem
llithv2ein llwythv2eich. allith2ó2 b2yneich.

y6ch llethyꝛ bꝛanaʀ. lLawir weiſc vꝛeiſc vꝛe-
int. ll6 doeth koeth kywreint. llit g6eir ge-
ir gereint. oed veint y vaʀ. Neut toſt goſt
gymwyll. amgoeth doeth didwyll. divꝛat
gat gannwyll. eurbwyll aerbaʀ. Neut
coꝛ muner maen. glas gwas gwiſc dur-
gaen. is grud glo gro graen. ger taen
tonyaʀ. Neut ma6ꝛ awr ochein. am loꝛyf
kynnoꝛyf kein. neut af y leuein. nyt wyf
lauaʀ. Neut diledyf gredyf grann. d6yn
g6a6ꝛ dan lla6ꝛ llañ. nyt adauel gwañ. ne-
ut ediuaʀ. Neut chwer6 her6 hynt. oe 12
vard hard helynt. neut lletkynt llech-
ynt llacheu darpaʀ. Nym da6 dyd lla6en.
na geir goꝛawen. na g6en na g6ynngen.
am ioꝛ g6ingaʀ. Ner ffer glewder gly6.
nertha6c lytwa6c ly6. ny welaf ymby6
y gyfry6 gaʀ. Naf nef na6d na6 kant.
ae ryd ffyd ffynnyant. gyt ac ederyn
ſant. trigyant trugaʀ ~ ~ ~ ~ y dud.

Awdur hael eglur. heul ogled a 21
lloer. oer y6 kwympo dioer. kam-
peu dewred. Eryꝛ kyꝛchat kat. kytwed
paredur. aryf eingyl dudur. dadyl diom-
ed. Arwyd yw tramgwyd trymgof gy-
ved bꝛonn. oer vyd kallon donn. dan let-
vꝛyded. äruthyꝛ gynygyn dygyn dogned
ohiraeth. aros marvolaeth eurvab ma-
eth med. Joꝛ kiwda6t hoewffa6t oꝛhoffed
dagnef. oed ef wendꝛef nef naf bꝛenhi-
ned. Ae vꝛa6t ffyd avyd vyth yn ag6ed
dꝛiſt. y dꝛ6y giriet criſt y dꝛugared. 32
änhebic my6ndic dygned ucheneit.
nyt heb lad eneit vurbl6ydyned. Vn
da ia6n hirda6n harded llewenyd. di ar6
allonyd oed erllyned. Aela6 pan vu dꝛa6
edꝛywed eurdoꝛyf. y gwnaeth lloꝛyf kat
koꝛyf. koetk6n dachwed. Eleni gwaevi
gwi6 veued blygu. dꝛ6c vu d6yn dꝛeic
llu. llyꝛ gymroded. Nyt atwen rodi y
dan dytwed llawr. llew glew moꝛ glot

ua6ꝛ gawr gyvꝛyffed. Neut edyꝛn teyꝛn
hyt lann tued dꝛa6. mal h6nn g6yna6
bꝛa6 bꝛeuoled. Neut ydiw hediw ha6d gy-
myꝛred kat. dan doꝛ koꝛ kaeat. rat anrydꝫ.
Neut atuoes einyoes anued amaſarn. 5
neut atuarn kadarn keda6l uerthed.
Neut utwaed y vard neut atwed kerd-
a6ꝛ. a hoew eryꝛ wa6ꝛ yn hir oꝛwed.
Neut atueil bueil buangled yngryt.
neut atuyt gwyndyt. g6indei ſylwed. 10
Neut otua troua trauyn kanwled beir-
dyon. neut atboꝛyon mon meu gyuan-
ned. Neut adwyth balchlwyth bylchla-
vyn dꝛoffed llyꝛ. athudyꝛ beñ g6yꝛ is g6e-
rytued. Ner ffer ffyꝛyf eurgyꝛyf aergyꝛch 15
ryffed gly6. trauv vy6 vy lly6 lla6 gyfly-
ed. Nyt oed reit oe bleit blodeu g6yned
dut. nac ameu golut nac amgeled. Neur
aeth tr6m hiruaeth tr6y gymherued bꝛoñ.
y boen yꝛ gallon honn anhuned. Neut 20
myuy du6 vꝛy odivꝛoed ma6ꝛ. ag6yn d6yn
doꝛ ga6ꝛ gwa6ꝛ g6irioned. Nymdoꝛei ſyꝛth-
ya6 amſered galar. nef ar y daear niuer
dyed. Neu dyuot trauot trevyn alltuded 24
hir. ymoꝛ dꝛos y tir enwir annwed. Neu
vꝛenhin dewin diwed goꝛthꝛymaf. tros
vꝛada6c aea tra6s vꝛa6t gyhed. Neu diua
traha teruyn chwer6ed gar6. am eurgar6 28
y var6 yny va6ꝛed. Tꝛ6m oedwyn yw
k6yn kynn hywed varw. yn llys bennry-
nyd oed ryd reuved. Tꝛy llew g6arant 31
cant ywch kynnted beirdlu. g6ledic eur
f6llt vn g6lat a goꝛſed. Tꝛa6s ia6n eil
meria6n. ma6ꝛed vn ovec. travyn ma6ꝛ
dec di vrec dyvyꝛ gymyꝛred. Tꝛefneu am-
yl vꝛodyeu amla6 vꝛoded heird. di ryuic 36
y6 beird adiryued. Tirion hil beilchyon
hwyl balched kadwr. taryan l6yth tewd6ꝛ
g6ꝛ goꝛuoled. Toꝛyf plyml6yt yſg6yt
oſged ardercha6c. taryf eura6c lytwa6c 40
vyna6c voned. Tꝛ6y wyꝛthyeu goꝛeu diga-
red

dutno beuno ytvo yetiued. Tꝛef ner dec
niuer dagneued gadeir. ae peir pevyꝛlwys
greir vab meir ae med. ~~~ gỽdudur.
ARglwyd didꝛiſt griſt gỽir diſt gỽar-
deR. eurglaỽꝛ nef allawr alloer loe-
wdeR. Oeraf meith varỽdeith vu arvyꝛder.
arwyd yỽ nanllwyd llwyꝛ edyllteR. Aer 7
dꝛanc llew kadeu parableu per. eurdꝛavyn
eruei lavyn aryf oliueR. Aruthyꝛ ar vn
ruthyꝛ ameith dꝛymdeR. aros atueil eil
alexandeR. Ochabarus wyf dꝛỽy glỽyf 11
glewdeR. vot hynn odechꝛyn eil gỽyn gw-
artheR. Ywch elaỽꝛeid vꝛyt gryt grym-
ufter eclel. arwyn varỽ vaỽꝛeir doethdeR.
vcheneidyeu man mab meir yỽch ser. a-
chynudaỽ glaỽ gloewdeigyꝛ lleuveR. A
chan llewic triſt achwyn llawer. achaỽs
traỽs treifglut heildut haeldeR. Ech- 18
ỽng ioꝛ gỽenllys. ffyꝛyf emys ffer. acha-
ru gỽindei och oꝛgwardeR. Gỽnaeth tu-
dur aervur aruot lymder. kynn rudgla-
ỽꝛ llawr llann y rann ratteR. Gỽyarlle- 22
ith trifeith traỽs ehovynder. gỽaeỽ irllw-
yd adwyd edern gryfdeR. achat vꝛagat
vꝛeifc amgỽifc wychder. achamaỽn yn
llaỽn llit ablyngdeR. achau heyꝛn chw-
yꝛn chỽerỽ naỽs dicter. achoꝛyf toꝛyf tir-
uaỽꝛ myỽn gaỽꝛ gyꝛddeR. Achꝛyt gryt
argrỽydyꝛ abꝛwydyꝛ bꝛyder. acharu dei-
vyꝛ gan vꝛein crein creulondeR. Achꝛeir
gỽyned wenn yn benn balchder. achꝛiaỽ
idaỽ eidun dewrdeR. Acheneuin dꝛin 32
amdꝛi amfer. achynavon gleỽ achein
niueR. achlot agoꝛuot ymgỽir valch
ner. achlybot yweith yweith yỽchlaỽ a-
beR. Dar ovoned amyl dewr avuner.
dayꝛet vꝛeifc weifc walch eurvalch arueR.
Diwreid y vaendy doꝛ advwynder. dirỽy
rybud toſt dur oꝛobeR. Deryỽ ectoꝛ 39
nerth dioꝛwacter. darvu amdꝛeic llu llỽ-
yꝛ oꝛthꝛymdeR. Dogyn gur poen dolur
panvedylyer. dogyn gaỽd amhudaỽdam
vy hyder. Dihagyꝛ oed glybot yglot gan
gler. deheu keimyeit bꝛwydyꝛ duỽ ae kymeR...
AEr vyngkỽyn echwyn och ar gyhoed gỽdud.
veir varw blodeu kenedloed: deryw 5
clot y kiwdodoed. doꝛ ohil yoꝛ dewr hael oed.
Amyl wylaỽ glaſlaỽ glỽyſlenn ae maỽꝛ-
gud ameurgoꝛyf ryt onnen: emreys
barch amras berchen. amyl deigyꝛ allef
yoꝛ nef nenn. Gwiỽ dỽf yoꝛ gỽaevi dy 10
vot. gỽaỽꝛ gỽeilch gỽyned ymmed mut:
durdỽꝛyf kei ardaerdoꝛyf kat. dewrder
grym. doꝛdoꝛ agryt. Galar callon a-
golỽc. amgwna yndꝛiſt griſt ymgroc:
othꝛoi doemat wythꝛyw dic. dan gaen 15
maen mur dudur dec. Gỽmydoet vy
mronn gwaew anodeu triſt. treif dw-
yn yoꝛ bꝛynn byꝛdev: gỽae y genedyl oꝛ
chwedlev. gweith tra galar meith yỽꝛ
meu. Tꝛavyn treul ongyꝛ gwyꝛ tre- 20
vyn gwaỽꝛ doethwlat: trin gyꝛchyat
gỽꝛyat gaỽꝛ: treigyl yꝛ vꝛonn honn
hoet tramaỽꝛ. traglew rym llew dan
rỽym llaỽꝛ. Roet dan vaen glaſgaen 24
glỽyſgoꝛyf heird gedoed. hard ogiwda-
ỽt digeffiꝛd: ynghoꝛ llen gỽen amgwe-
heird. ynghud llyſty bud abeird. Gỽañ
vꝛy yỽ kymry kymawred dyvyꝛ gwe-
nwyn deivyꝛ y fflamged. gỽann llys 29
allann gỽann gwyned: gỽann mon
am yoꝛ gỽin amed. Rwydyꝛ didaryf
bꝛỽydyꝛ roet ardudur hael hwyl ywe-
in neu vetwyꝛ: goꝛeu eurdꝛeic agerir
gweryt nyngỽeryt nenn gwyꝛ. Po- 34
nyt toſt dogyngoſt dygyngud. pevy
dꝛavyn par eurllavyn aerllad. pann
mon amdꝛeic penn mynyd. penn ke-
nedyl penn eic gwyned ... ~~~
DOeth ybleit eirchyeit erchyll
hir annerch allwyꝛ ennill 40
bꝛỽydyꝛ gỽirlavyn travyn treꝛkaſtell.

Bꝛwyn adogyn gỽyn oedygyngoll.
Ragoꝛaỽl pob rywgiriet. oed varglw-
yd vd vawrglot. traỽs ovyn tir treis
viat. trasevis kynn treis ovit. Gwae 4
vi loꝛyf eurgoꝛyf gỽawr aergur ky-
varyf. gwaeỽ didaryf gỽiw dudur:
gwasgu llew gỽaf glew gleifdur. gỽist
haearn gaen ymmaen mur. Amyl 8
ywch grann oe hynt vangoꝛ. ymdi
dyꝛ deigyꝛ am dudur. aelaỽ ynof y alar.
elyngryt alun gryfder.... 11
Olaf yỽ ner niuer nevaỽleur a-
naỽ. oꝛonỽy rwysc greidyaỽl. ka-
er ar aer kar arwrawl: kedyꝛn ostỽg
deilwng daỽl. Kadw hyfryt iechyt. ech-
el gredyfaỽl kat ucheldat mat meidꝛa-
ath boen gulwyd hylwyd haỽl
ỽl. yꝛdydonn vꝛonn yreinhyaỽl vꝛen-
hinaỽl. ath greuloes ath groes ath 18
groc vꝛeinyaỽl. rat ystyꝛ reit ath gan-
maỽl. kanhoꝛthwy veir vy eiryaỽl.
kannwyll hard athvard ath vaỽl. 21
Kadarn uchaf naf ked*** nefaỽl. ar-
glwyd. erglyw lef negessaỽl. amloꝛyf
koꝛyf kiwdaỽt gỽaỽt gỽywaỽl. am lew
gaỽꝛ am le gwraỽl.

Oth hireint eurvꝛeint aervꝛat.
varyneic. oꝛonwy vꝛwydyꝛ gy-
chyat. nyt oes na berth nerth neirth-
yat: nahydyꝛ vud na rud yn rat.
Na nenn na pherchen na pharchyat. 30
ar vard. roist y veird dydillat. nachyng-
aỽs bwyll echyngyat. na chyngoꝛ my-
dyꝛ ragoꝛ mat. Tꝛavych naf yn glaf.
gloyw gvnyat hoewloꝛyf. hywlych grud ally-
gat. traỽs yn gawr gỽynllaỽꝛ gỽinllat.
trossed gỽledic oꝛsed gwlat. Och vi eryꝛ
gỽyꝛ gwryat pennadur. vot poen edyꝛn
arnat. yechyt ahyt hoedyl garyat. athꝛo
nefaỽlgoeth doeth dat. Och wael dꝛym-
glwyf rỽyf. rodyat bud uawred. bydaf va-
rỽ am danat. oth wisgoed gwymp ath wis-
gyat

ath wasgawt ny vu waỽt wat. Dyuot
deỽꝛ aruot aeruaỽꝛ ffysgyat trin myỽn
trist oval gwastat. mur dur dewr darpar
kar kat. meir a wyꝛ maỽꝛ a irat. Othire-
int hoewvꝛeint nyt hyfryt yꝛvn. oꝛonỽy 5
lavyn creulyt. oth eir ath aryf gedernyt.
ath glot veith nytaw gweith gwyt. Oth
wengret giryet gỽꝛyt anirgel. yn eur-
gat dihewyt. ath dawn athdinam leindyt.
ath ouec ath bꝛisdec bꝛyt. Och ner vot gỽ- 10
ander echel gỽyndyt traws. nym gỽnel tre-
is diofryt: erglyỽ grist vymaỽꝛ dꝛistyt ar-
glwyd grym am eurgled. Reen rwy volaf
naf nefaỽl wryt gỽir gwar et boen achlevyt
rat ysbys bud reit esbyt. rud baladyꝛ ger 15
rayadyꝛ ryt. Ryued yw vy myw vymyt am
arglwyd amaỽꝛglỽyf yth blegyt. reith ruth
vꝛwydyꝛ aergrwydyꝛ ergyt. rywyaỽc di vꝛa-
daỽc dy vꝛyt. Ryhael eurgreir meir maỽ-
ꝛed leindyt hydyꝛ. ath ro hoedyl ac yechyt:
ri reuved rudgled rodglyt. ri rỽysc heird ry
reuved beird byt. ~ ~ ~ 22

Os claf modur mur mawred garanaỽc
goꝛonỽy greir goꝛsed. gỽiỽ eneit beird
gỽae wyned. gwaỽꝛ gỽindei ny haedei hed.
Nawnadic tremic trỽm leturyded veir yꝛdy
vaỽꝛ dꝛugared. amgar am giriet reuved. am
gein etmic wledic wled. Vcheneidyeu meu
ochwna med vy mryt heint vy mraỽt ky- 29
uanned. vchel dar echel dewred. yechyt oe we-
deidbꝛyt wed. Anhyfryt yꝛ byt bot anhuned
clwyf ar vy rwyf nyt ryued. aryf golovyn eryf
ymgeled. eryꝛ teyꝛn medwgyꝛn med. Oer yỽ
hirvot clot clo ryssed gỽendoꝛyf myỽn gwander
yn goꝛwed. eurllyỽ o haelyon voned. aerllew 35
balchglew. bolch y gled. ... Och vi arglỽ-
yd rỽyd rỽysc natur ywein awyd deỽꝛder arth
nat ystyꝛ meir dy dostur. ath glevyt vꝛỽydyꝛ
vaỽꝛvꝛyt vur. Yechyt ỽꝛth vymryt vy mraỽt 39
eglur daỽn ygan duỽ pēnad athdel othheint ath
dolur. athdiledyf anaỽd gaỽd gur. Arwyꝛein maty
ein modur eur anaỽ. oꝛonwy vab tudur. aruot
eir peir paredur. aryf yn yng. aer dirvyng dur...

Lledyf dedyf doeth eurgoeth oergyt mola6t. a nef yzdzinda6t hoevza6t hyfryt.

Gruffud uab maredud ae kant 2
Llaryeid ueir gyweir digywyt riein : y
naf od6yzein nef adeiryt. Llawen oet
eiryoet rat uebyt. ouec : ob6yll gyhydzec
obzifdec byt. llunyet ma6z aget meir y gyt
arfeint : llewenyd grifieint bozthureint 7
berthvzyt. llwydyant eur uedyant yn ll6z6
aruedyt. glwys : ynlla6z baradwys rac p6y
penyt. llaryeid ueir ozgeir heb gyt. y ganet:
ymab gogonet get gedernyt. lludya6d der-
uyn dyn ydan myglyt hir : llewenyd pob
tir g6ir y gweryt. ll6z6 rec oes bzifdec. yf-
pzyt ratla6ndzem : lla6z wawr ua6z uethlē
lli6 gem gymryt. lliw ll6ybyz g6anec dec
amdyt lewenyd : lloer lla6z ll6yz gynnyd llu
bedyd byt 17
Meir ma6z dziftit byt : bzyt abzyderaf.
meir ma6z dy wyztheu oleu alaf. **Merch.**
Meir hoen ha6l hirdyd heuelyd haf : meir
nymgat hwyzwat hirwae6 toftaf. dan 21
vzonn liuyedic my6ndic dycknaf. Meir o
ued6l rat meir ufydaf. meir ouedyant nef
os mar6 uydaf. meir windei gadeir. wen-
dec adaf. Meir dyzo boztheir barth ac attaf.
Meir gein kynn yd6yf ogl6yf ynglaf. meir loer 26
wendzef nef nerth ageiffaf. meir oz ifrael
hael heul ozuchaf. Ma6zed vyzd voned me-
ir adv6ynaf. meir werthua6z glot ua6z me-
ir wa6z wympaf. Meir alonyda6d ma6z
lin adaf. Myna6c ufyda6l mam nefa6l naf.
manon d6f g6iryon g6aret arnaf. 32
ARgl6yd r6yd anryd tangneued. eur-
glo bzo bzeinya6l gymroded. ergly6
vi 6yt ri pob rinwed. aergledyz pedyz pei-
a arglyt uyt vodur teyrned arglein kein rac keithyaled.
dyaf am maffwed. ocheueift ozchyvig 36
annwed. achur olauur eil awed. yn pzy-
nu oz pzenn ardyfynued. na uyd na ued6l
vyggomed. na uit lit gan ly6 bzenhined.
na vadeu uedyant gozhoffded. dy bzitw-
erth arnaf naf nazared. ochereis becha-
6t achared. acheryd acharat wraged. 42
athzeiffa6 g6eineit athzyffed. athzyffoz athze-
iffic falwed. abylchu vyggeir abalched. heb
olchi balch ued6l fymled. ogaml6 ac amyl
digaffed. ac ymlan6 ogamlit ryued. ac 5
amlaf gaml6ybyz divzoded. ac yml6g6z o
gaml6z6 g6aged. ac amlaen gamlas ennwi-
red. ac ymlit mozgymlad chwerwed. Kynn
g6ifta6 my6n g6afca6t maenued. kynn 9
gwift rifc r6yfc gaen dytwed. kynn g6af
wher6 irder6 oer dyed. kynn gloeffyon kyn
glaffu yzdanned. kynn glaffar diwedar diw-
ed. kynn g6eithla6z kynn g6ythla6n gynted.
kynn g6ythleith feith dzutueith dzoetued. 14
g6ir lawir ly6 moz athired. g6a6z day-
ar deheu agogled. g6ediaf g6i6 diagyz
uerthed. ymot ymatyein dzugared. yth
wynlla6z yth winllat ozfed. yth winllann 18
yth wenllys anned. ieith wledic y me-
dic an med. ythwenwlat arglwyd yth win-
ARdwyzeaf naf aner. egylyon : [wled
clot ion g6erydon g6areda6c ffer. 22
ard6yzein matyein meder ia6nder. keuda6t:
ardwyzea6z wa6t ffa6t ffydlonder. eura6c
amuna6c muner degradwlat : arglwyd r6-
yd rodyat g6irdat g6arder. ef ang6naeth
o gaeth geithulinder weinyd. ynryd bu ufyd
dz6y ffyd ffyzyfder. ef aroes ar groes gryffy-
eu gollet. bzec : y waet y rydec bu chwec chwe
r6der. ef adiuan6 llan6 llinagyz dyfynder.
ffraeth : ef awnaeth uchffraeth traeth trei
ac aber. ef awnaeth aruaeth bop aruer di-
ueth. aphob ry6 unpeth treth lle traether.
dyn dil6fyz o d6fyz d6fyn loewder. glan : athan
vn annyan pan ennyner. ary6 awyz ll6yz 35
ll6z6 adf6ynder. ffyd : aozuc douyd ac nytouer.
adu6 y6 vy lly6 lle mae doethder. ma6z : a
dayarlla6z g6a6z g6a6t adirper. adar g6yllt
ag6ar g6ir doethder vzodyeu. wybyz eiga6n
ffrydyeu fycneu afer. Ynylle y bu ynmedu 40
bud hoewder achles : ac yny lle y colles y lles
y lles llawer. yftyzyet d6yf gret natoes gryfder

Merch: Merch amain ach6aer glaer egluraf. 6yt ygrift didaift didzanc waeffaf. Mireindec ovec ufyd c6plaf. mozwynda6t ffa6t ffyd dyd dedfolaf. Meir d6y ha6lder ner nerthoed hyttraf. athzadeu dithau doeth yth uarnaf. Mat Meir uat eruel dat ar vy6 ot af. meir neut tew ua6leir. ti auolaf.

kyrch y lle ymae Merch uch.

kerth : na nerth didaỽl berth dadyl aboꝛther.
nat oes hebdaỽ pꝛaỽ lle pꝛouer radeu : diwed na
dechꝛeu parableu per. nat oes rat na mat me-
dꝛỽn amſer ffaỽt : dy eithir ri tri trindaỽt u-
thur wawt wiỽder. Gỽae a gretto bꝛo bꝛeuol-
der vuched : gỽae awnel troſſed ynylle y treiſſer.
gỽae eſ arglwyd rỽyd yny lle yroder nac :
gỽae eſ dyn goꝛwac auac ualchder. Vnwed
haỽl didaỽl. hudaỽl uyꝛder deruyn : yỽ hoed-
el dyn tremyn trỽm oꝛober. Ac adeilat bꝛat
bꝛyt ſalỽder dꝛydỽ : ar deil odur bedỽ nyt ar-
beder. neu hyd aỽꝛ echwyd ynochoꝛ creicuerr
leſyn : neu leiſſyat aegeuyn myỽn treuyn try-
uer. Rac hirdilyt pꝛit pꝛaỽ ufullder bꝛyt : 14
ri y byt am dyt dyſc achallder. rỽy gaffỽyſ
vy rỽyf rỽyſc didꝛymder hed : kynn bed ſeith
dꝛoetued agwed gỽander. Ragoꝛ rỽym kyg-
hoꝛ keigheu pader criſt : regeudiathꝛiſt tiſt
lle tyſter. Ryd ym gỽnel douyd rac diuer
dꝛamgỽyd rỽyd arglỽyd hylỽyd haỽl gyfrỽ-
ydder. reen llen llathyꝛdꝛef nef naf dỽywol-
der chwec : rec dius naỽſdec adeus noſter.
ARglỽyd duỽ erglyỽ eurglaer uannyeu :
Arglỽyd llanỽ athꝛei rei onreideu.
Arglỽyd lluchynt gỽynt agỽyllt ffrydyeu.
moꝛ : maỽꝛ dy rat athwyꝛtheu. Arglỽyd e-
glurder ſer aſycneu : arglỽyd gỽyllt agỽar
dayar dieu. Arglỽyd gỽendꝛef nef naf deruy-
neuwybyꝛ obeith rat uedylyeu : arglỽyd moꝛ
athir gỽir gỽaredeu. Arglỽyd nos adyd kyn-
nyd kanneu. Arglỽyd teruyndyn donyeu
goꝛuchaf goꝛuchel noduaeu : tydi aanet 32
get gret greireu. o ueir wir eureir uaỽꝛ wy-
ꝛyoꝛeu. Tydi aued vꝛy vꝛeineu yſpꝛydaỽl
yſpꝛydoed gỽedieu : ti adaỽ dydbꝛaỽt didlaỽt
datleu. yꝛ barnu yꝛ trillu trallwyꝛ bynkeu.
Ti uab meir ỽyt creir creaduryeu duỽ : heb
diwed heb dechꝛeu. Tydi reen llawen llen a
llyfreu. adygynwerthỽyt gynt dꝛỽy dogyn 39
wyꝛtheu. yꝛ dec ybyt tec bu teu arhugein.
odatyein a dotyeu. Tydi arglỽyd rỽyd rinwed
eu bop aỽꝛ. arodet dan [illegible]awr uaỽꝛ uỽꝛyadeu.
Tydi duỽ gỽedy gwawdeu coſ : y dwyt kyuo-
deiſt yth radeu : am hynn wawr pob llaỽꝛ
lloꝛyſ eneidyeu. ỽꝛth ueibon dynyon dꝛagon
dꝛeigeu. Dilitya vy arglỽyd dy aelodeu 5
ym : amyl ratlaỽn uedyanneu. o gỽnaeth
am eurlluỽ buỽ bechodeu : acherydus dꝛỽc
acharedeu. Ereiſc dewin bꝛenhin bꝛeinyaỽl
ſeinyeu : nat dy uar arnam amgam gỽym-
peu. yꝛ dy gythꝛud loes yꝛ dy gythꝛeu. yꝛ dy
goꝛon dꝛein ỽꝛ da goꝛeu. Oeda ni vy ri ri-
nyeu tyſtolyaeth : rac toſt dolur agheu. 12
LlOꝛoſ bꝛenhinaỽl. doeth dewinaỽl. gor-
llewinaỽl. garlluwunyon. llywyd
ranneu. hyt uedyanneu. lleỽ hydyꝛ can-
nyeu. llywyodoꝛ keinon. llym lauurya. 16
nam dolurya. na thoſturya. ieith dwys diri-
on. lle digared. gyflauared. yntrugared.
yn ri gỽirion. lle didoſtryd. llys lluoſſyd. 19
lle dangoſſyd lladin gyſſon. lle riedaỽc. digam-
wedaỽc. lle gỽaredaỽc. llugỽerydon. lle ky-
vanned. llu rianed. gỽaỽꝛ uaranned. gỽyꝛy
uoꝛynyon. lle neſolaf adeduolaf. duỽ a
uolaf dioualon. lle canmolut. llaỽꝛ maỽꝛ mo-
lut. ehang olut y hengylyon. llit achaſſeu.
ympob plaſſeu. y vaſleſſeu eua vlyſſyon. 26
lliaỽs guryaỽ. llym doluryaỽ. llu diuuryaỽ llat-
ua wirion. llaỽꝛ waỽꝛ warant. lluoed barant.
llethyꝛwaỽt garāt. llithyꝛwaet goꝛon .. 29
OOꝛ eurdar urdas diwyllic. kar kyuar
kyſvỽlch barnedic. coꝛoſ gỽendoꝛyſ
gỽyndyt arbennic. kaer eurglaer arglỽyd
bonhedic. Creaỽdyꝛ ameraỽdyꝛ moꝛ gỽenic
athir : a theruyn wybyꝛ llithꝛedic. Kynn 34
mynet yꝛ maenued hirdꝛic : kynn gỽely gỽa-
elaỽt pꝛyuyedic. kynn gỽelet gỽales nych-
yedic. Caffỽyf griſt uy rỽyf uy ryuic. oth 37
wlat. ac othwled nydiffyc. Kynn pallu pūp
ſynnỽyꝛ pỽyllic. kynn pỽll dỽſyn pall diualch
etmic. Kynn pꝛoui oꝛ pꝛyuet ffyꝛnic. pecho-
deu tremygeu tremic. Kyriedus arglwyd 41

bϐyf karedic vꝛy yny uro dewiſſic ⁊ yꝛdy groes
arloes liſyedic . ar kethꝛeu bu kythꝛudyedic .
argϐaeϐ ar gϐyar llithꝛedic . ar gallon glaer-
uroñ eglurvꝛic . Ar bedlaϐꝛϐyt gϐaϐꝛ gϐyꝛē-
nic . ath eni aeth ynoᵗ lle ytric . oth anet ny 5
budeith unic . athdeith arglwyd rwyd rod
bꝛouyedic ner ⁊ a nef damunedic . ar wara-
ϐt o ffaϐt ffenedic. arwarant eua blant blen-
nic . ar waret yꝛ werin boenyedic . oꝛwyꝛy 9
eur wirion lathꝛedic . arweryt yꝛ byt bendige-
dic rat aroet duϐ nadolic ⁊ kynn gϐnaethoſt
nyt coſt kudyedic . vi geli yn golofynedic . eur
dec rec ragoꝛ deudyblic . ardϐy rϐy rϐyſc can-
maϐlyedic . ardal mal molyant ſein ſŷꝛic . ar-
dydelϐ ardelϐ urdedic . Keli naf pobloed ymke-
lennic dec ⁊ dϐc ui yꝛ wlat ny diffic . 16

MOlaf arwyꝛaf ar eireu pꝛydyat ⁊ maϐꝛ
dat y mab rat mat amodeu . Molaf
heuyt bꝛyt bꝛodyeu diatneir : un mab meir
diweir oꝛ geir goꝛeu . Molaf yn ffraethaf 20
yn ffrϐytheu yꝛ holluyt ⁊ y glan yſpꝛyt pꝛyt
pꝛiaϐt wyꝛtheu . Moꝛ vn duϐ adyn donyeu
credadun . un athꝛi deun athꝛo dieu . Moꝛ
vndat un rat un reidyeu purffaϐt ⁊ moꝛ vn
vꝛaϐt un gnaϐt yngϐneit ninneu . Maϐꝛ 25
greaϐdyꝛ bꝛynaϐdyꝛ ar bꝛenneu gloewgroes ⁊
pumhoes o bumloes o lys agheu . My vi
vy ri tri trϐy nertheu vynaf ⁊ atynghet-
vennaf bob anafeu . O awyꝛ diwyꝛ adeheu 29
dayar ⁊ ac uffern uarwar bar berϐ byllyeu.
ae chas ae chϐmpas ae chϐympeu meddaϐt.
aphechaϐt y cnaϐt cnϐt anaeleu . Ae bꝛat ae
redyat ae rϐydeu duon ⁊ ae hir eiſſyngyon
a harſangheu . Hyt na allont ym am vyg- 34
kammeu wed ⁊ neb ryϐ ar gywed dyed dieu.
Tꝛϐy gyffeſ trϐy les trϐy leiſſeu hedϐch : trϐy
ediueirϐch rac llϐch llycheu . Tꝛϐyꝛ tat ar
mab rat yn reityeu hyfryt ⁊ trϐyꝛ glan yſ-
pꝛyt pꝛyt pꝛiaϐt wyꝛtheu . Tꝛϐy diweir loew
ueir . alaueu eglur ⁊ auu em antur y uam 40
ynteu. Tꝛϐyꝛ egylyon llonn llunyeu eur naϐ
taϐd ⁊ ny ſyꝛthaϐd yꝛ claϐd yꝛ claf dyeu .
Tꝛϐyꝛ ebyſtyl rϐy rϐyd bꝛegethwyꝛ toñ ⁊
llonn ⁊ trϐyꝛ archegylyon diryon dyꝛeu .
Tꝛϐyꝛ pꝛophϐydi ri riedeu dyſgeit ⁊ trϐ-
y henafyeit bleit y blodeu . Tꝛϐy y pedwar
gϐar gϐiryodeu ragoꝛ ⁊ agel yſtoꝛ coꝛ kaer 6
y ſycneu . Tꝛϐy Jeuan galan goleu y gyflϐꝛ ⁊
uedydyϐꝛ y gϐꝛ angϐyꝛ ninneu . Tꝛϐy arϐyd
gloeſwyd trϐy eglϐyſſeu yꝛ ffyd ⁊ trϐy uedyd
kynnyd kynno bedeu . Tꝛϐy ffyd trϐy laſſwyd 10
trϐy leiſſeu rinnwed . trϐy wed ffeir anned effe-
renneu . Tꝛϐy hinda uaϐꝛda vyꝛdeu diletrith trϐy
wenith trϐy wlith rith anreithyeu . Tꝛϐy wynn 13
trϐy wenyn. trϐy wineu winbϐyſ ⁊ trϐy baradw-
ys lϐys leis oꝛganeu . Tꝛϐy veint y loewvꝛeint .
aelyſreu kyfa ⁊ a wna y bara yn burgoꝛffeu .
Tꝛϐyꝛ gret trϐyꝛ giryet . trϐyꝛ geireu lladin :
a wnar gwaet oꝛ gwin rin yn rieu . Tꝛϐy dy 18
varn gadarn athgadeu dydbꝛaϐt ⁊ trϐy dy
bꝛiaϐt ffaϐt naϐt eneityeu . Tꝛϐy vy rϐyf y
bϐyf heb efyneu diaϐl ⁊ trϐy eiryaϐl y ſaϐl ar
ſeil gynneu . Cartrefaf trefnaf trafneu goleu-
ni ⁊ trϐy uoli vy ri tra vϐyf inneu . 23

NYt oes hael ieſſu ny bu ny byd ⁊ digaſdad
leu yϐ dy gyſtedlyd . neirthyat gϐiwredy-
at gϐaredyd pumoes ⁊ o dꝛymloes eur groes
irgreu arwyd . ageu aderuyn y dyn y dyd ⁊ ag-
gard uyd galar ϐꝛth ygilyd . Agenn gyfrϐyn 28
gϐyn yny gynnyd balch ⁊ mal hoedel hudaϐc
walch y ehedyd . Erglyϐ ui vy ner yϐch ſer yſ-
ſyd ⁊ eurglo incelo med ſeilym dauyd . argleidyat
trefnat trafyn bꝛoyd gϐynuyt ⁊ am try o gyϐ-
yt ym tragywyd . Yn creir ϐyt uab meir 33
moꝛach gynnyd ⁊ an llawen aϐdur an llunyedyd.
Yn nenn anperchen parch llonyd paraϐt ⁊ an
deheu deuaϐt anduϐ douyd . Yn ner reit hyder
an rat detwyd ⁊ yon gϐꝛaϐl ewybyꝛ an gϐir 37
lywyd . Yn tat unyaϐn rat an riyd . didꝛiſt
eurloew ieſſu griſt arluoſſyd . Nat na thw-
yll na bꝛat ar dy bꝛydyd ⁊ nat vꝛec ϐyt wiw- 40
dec ar dy weϐdyd . Nat agkallder ner yn dyd

ym creifyeint : na digyaỽ y ſeint yn
dec yſſyd . ayſſyoes nyt oes nos na
didos dyd : alpha hebot clot clo llu
bedy d. vn athꝛi ari arybud a rat a
that di gronnyat dygerennyd . .. 5

Llacheu gỽynẏd llyỽ dỽy oꝛſed . lleỽ darſỽyt.
llucheden bar ỽꝛth aer eſcar arthur yſcỽyt.
llafyn trafyn treigylgat tec kynnheilyat deucan̄
haelỽyt. llỽybyꝛ gryt bꝛyt bꝛỽyſc lliaỽs getrỽyſc
lleas gatrỽyt . llyꝛ oſgoꝛdyon ỽythleith galon
nyth lyt gilywyt. lluruc vꝛỽydyꝛchwant oth
deỽꝛuedyant nytharueidy wyt . lluoſſaỽc dꝛafyn
eurgryt lymlafyn. aergreu blymnwyt . 13
llunyeiſt oꝛuot o leỽdỽꝛ clot hyt loewdir clỽyt .
lloegyꝛ deifyꝛ godi : araỽn ynni uryen annỽyt.
lloꝛof coꝛof cannwled eiſlath durgled aeſlỽyth
doꝛglỽyt . llyỽ llym grym gryt oth dewr blegyt
nyth hirblygỽyt. lleỽ lluoꝛllin milỽꝛ toꝛch trin
mal aerdỽꝛch trỽyt. Gỽnaethoſt ynaer katcun
eur uaer coetkỽn iruỽyt . llithyeiſt ath ron 20
aerueryuon aruoꝛeuỽyt. Gỽnaỽn glot ynteu
oth dꝛaỽs gampeu nythdꝛeis gỽympỽyt. Gỽas
yggarthan a thꝛỽm ogan ny thꝛemygỽyt . 23
Gỽaeỽ gỽeithliwet hyloeỽ giryet hael yỽ goꝛwyt.
Gỽeilging ongyꝛ yttec eryr etto geirywyt .
Gỽaewar trymffyſc mawl oth eur dyſc mal yth
urdwyt. Gỽerſſyll poꝛthvꝛein oth arỽyꝛein yth
oꝛeurỽyt. Goꝛſafỽꝛtrin dewrdỽꝛỽf kunin dur
daryf kynỽyt. Vyggỽalch balch berth. da oth
uaỽꝛnerth doe yth varnỽyt. Vyggỽelygoꝛd coet
dur oſgoꝛd kat taeryſgỽyt. Vympoꝛ llaỽget ti-
zion dꝛefret taryan dꝛyfrỽyt. vygkedymdeith
aeſſaỽꝛ eurvꝛeith oeſwꝛ aerurỽyt. Vygkaryat
gỽꝛd kymmen agỽꝛd kam aỽnegỽyt . Vygkyf-
vỽyꝛein vygkar durllein vygkarỽ deỽꝛllỽyt. 35
vygkoꝛof toꝛof taer . vyndꝛeic yn aer vyndꝛagon
ỽyt . ~ ~ ~ — englynyon y ſul .

Dvỽ ſul eurlyỽ byỽ byỽyeit arỽyꝛein
o riein gein ganneit. uthurwed anry-
ded ynreit. ythanet benn reith eneit . 40
Duỽ ſul rat ieithuat yth uedydywyt naf nef
adaear bꝛoffwyt : maỽl ieith ioꝛ mal yth eurỽ-
yt. mab y wyꝛy ueir o eir wyt . 2
Duỽ ſul eurgreir meir maỽꝛed y doethyon
y doethoſt lyỽ nazared. gỽertheuin dar tru-
gared. gỽyꝛthuaỽꝛ ioꝛ buduaỽꝛ oꝛ bed.
Diſalỽ ner duỽſul ynef. dec eidun y duc
adaf o dꝛeis gỽyn o dꝛaỽs gynnif . odꝛam-
gỽyd ufferndꝛymgof . 8
Duỽſul vn eidun adef y creaỽd creaỽdyꝛ
rat athangnef . ygglein hydyꝛ ygglynn
hoewdꝛef . ygglan eir egylyon nef. 11
Duỽſul dec anrec vnrin ogaryat y goꝛuc
nef dewin. dwywaỽl waỽl weiſc vꝛeiſc vꝛen-
hin. di vurn weith weith ydyſỽꝛ ynwin . 14
Duỽſul arglỽyd rỽyd rodyat duc uoeſſen
odec ueſſur caryat. oloes reit olỽys redyat
ae lu oꝛ eifft o lỽyꝛ rat . 17
Doeth Manna alpha eilffaỽt reen onef
yn reit niuer moyſſen. duỽ ſul duỽ gỽir
goꝛawen. ſeint bꝛeint bꝛynaỽdyꝛ llywyaỽdyꝛ
Oꝛ pum toꝛth haỽdboꝛth heidbal [llen. 21
ardeu byſc ioꝛ oed dibỽl. ry boꝛthes meus
deus duỽſul. radeu heb ammeu bummil .
Duỽſul goeth y doeth deith wir adeilyat
gỽedy dilyỽ dyhir. vud rat gangawat 25
gywir . vod rec valch noe dec y dir .
Dar nef adaear diagyꝛ bꝛiaỽt daỽn doꝛ
eigyaỽn ffynnaỽn ffaỽt. dỽys olỽc ri tri
trindaỽt . duỽſul y byd bꝛỽydyꝛdyd bꝛaỽt.... 30

Dylyem pỽyllem kynn pell ynyal ỹg
angeu ffrỽyth yꝛ aual . dyvot yn cof
dꝛỽy oval. gereint duỽ goꝛon y tal.
Arodeiſt varglỽyd ar odeu maỽꝛed dꝛos
yn meirỽ bechodeu. gỽaet oꝛ vꝛon̄ doll ar-
cholleu. y redec oꝛ cnaỽt tec teu. 36
Maỽꝛ gewilyd vyd na vadeu ny gỽnaỽn
yn enỽ y goꝛeu. gỽelet cur adoluryeu dyd
bꝛaỽt y teilynggnaỽt teu. Athelỽ athwylaỽ
arllet dy delỽ pam nat adolit erom truan
awryt. erbyn goꝛwed ymed mut. arwyd dyvaỽꝛ
boen irat. eres pam nawnaỽn yꝛot 42

Trahaearn brydyd ma6r ae kant.

Dy6 a6naeth offraeth fr6yth adeilat :
arbedwarpost cost kystedlyd rat.
Neuada6z wenllowinllat adon : o waet 4
y gallon d6y uronn difvzat. vn ozpyst y6z
tyst tost ydiwat : argl6yd didzamg6yd deheu
dzomgat. G6ell y6 p6yll noc eur ogaryat
peryd : per y6 y gynnyd pur y gennat. 8
Eil ozpyst kynneil kein oleuat : treul g6ir
llud6 kywir mal llit kawat. Tec agann6-
yll pwyll pell ynat ydyn : ydylyn gwestyn
gobzyn g6astat. Tzydyd post kynnyd y6 yn
kynheilyat : ogoz clech6ittioz mydyz gyghoz
mat. Rac pob amh6yll t6yll rac kymh6ylly-
at geu : gozeu yeneu eiryoel ynat. Pedwyzyd
post ryd ozpyst rodyat : pennaf ac uchaf post
naf nefwlat. Nyt edy hirb6yll dat y dat hir-
bla : kynnyt at wnada da6n ymb6yat. Pann
del yn ungel pobyl yn vngat : anuon anreigy-
on yzanregyat. Dyn kywir gloessir mal 20
gleiffyat auon : aa yzg6ahodyon gan gyhudy-
at. Ac malkynt lluchynt lla6ch annogyat :
llawen yeith perffeith pob gobeithyat. llauury-
eit o heit o hat llubedyd : llonyd digeryd uyd u-
vydyat. Car anant molyant milyoed bozthy-
at : cozon athza6on dedwydy on dat. Keren-
nyd kynnyd kynniuyat dygyawdyz : crea6-
dyz hael llywya6dyz heul alleuat. Buched 28
ber6 troffed treif ymdygyat : bychan vyd urd-
as g6as kas keiffyat. Pann uo kadarn barn
unbeirnyat agnus : parhaus cristus croes 31
difg6ylyat. Pa6b ada6 y la6 y ly6 neirthyat :
poz g6yz g6ir eryz y6 yng6aredyat. Pyt
ungryt y6zbyt ar bat ar donnyar : trugar
du6 bannyar uo ynerbynnyat. 35
Molet pob lliwet lly6 argl6ydi : mygyz
wa6z nef allawr mab ma6z mari.
Moz ha6d ym om na6 dd yn nomni agnus :
apatris cristus coes dat eni. Eurdzeic 39
un ffeleic enw a ffilij : fpc iessu fanctus a
fancti. amen ef y6 ynreen an ri didzamg6yd
argl6yd da kul6yd y6 du6 keli. Cozon athza6-
on yn kar athzi : kaffom y aruoll oll kynn rac
ynkolli. Creir dedua6l bzeinya6l y6 yn pzif
amhera6dyz : crist crea6dyz huawdyl hual g6-
eilgi. Kymerth croc yn uerth yz nerth ynni : 5
croes yzd6yn pumoes ogyuoessi. Ynben kun ky-
uun kyuodi awnaeth : yz plau pl6yfogaeth
plant kaeth kayi. Joz trugar pennar penn
haelyoni : adiga6n oeda6n d6yn ryuerthi.
Argl6yd ma6z hyl6yd moz heli athir. ar6z
kywir g6ir g6i6 y uoli. 11

Trahaearn heuyt ae cant.

Diofryt dozgryt grym ar6zyeith : de6z h6el
digel dygyn adzeiffweith. Dzeic balchzy6
keinlly6 kunlleith gelynyon : dragon gan gofy-
on. g6nn g6yngyfyeith. Gwelet ar giwet oer 16
argyweith : g6edy g6alch rodyat gat gedymdeith :
g6aet ryeidyz beleidyz. heb oleith yggryt.
G6ae vym ryt ymyt ymot noffweith : llettaot 19
gredyf bytha6t. griduan hyt beith. llauurg6yn
g6en6yn dirr6yn dirreith. llafar lludaffar lle
diffeith heb ri : lla6z tywi tewi ll6z6 nat hyweith.
llinon yfgyzyon lle6 aes g6yzieith. leucin ac 23
ubein. amd6yngobeith. llugyzn bzeifc deyzn bz6-
yfc deith mozgymla6d : ll6ybyz fa6d lloegyz
dozyf ga6d. ll6g6z d6zyf godeith. lleon de6z-
der ffer ff6yz annozreith llain dzin bzenhin. bzan-
cich aghzeith. llwyth te6d6z treiff6z trifeith bzc-
hinyaeth. llary lla6nffraeth bennaeth. beird-
uaeth b6zdueith. llit annyan dylan taryan 30
teiryeith : lla6z rudlein yfgein arwein eurwe-
ith. lle6 pzud ket dilud kat dyleith kaca6
lla6z ll6yzura6 ll6tla6 : llit llyz lletyeith.
P6yll kei pyll myduei poz pall medueith :
pyzth pibyluac dinac da6n ganhymdeith : poz 35
gryt lles efbyt llys oefbeith nat byw pargly6
digabylry6 deheu g6bylreith. Parhaa6t mola-
6t mil offymdeith : pann gwyz ma6z eryz om
meur areith. Pzud nud yd dilud oed daleith
trydar : par galon efgar gelyn oefgeith. Bit 40
ida6 ana6 ynat kyfreith : paradwys tatwys

tut pob gỽynnyeith . paraỽtrod unrod anreith
ny deruyd . kerennyd peryd purffyd perffeith .
Dvỽ dewin bꝛenhin bꝛeinyaỽl neirthyat .
doethuab meir abeir oebur gennat . 4
Daỽnhyſpys dyfrys divꝛat gerennyd . y bꝛif awe-
nyd herwyd hirwat . Gan wyꝛyon haelyon hil
digronyat . aryf creulaỽn camaỽn einyaỽn ynat .
ardal eurbennyal . erbynnyat anant ardemyl
blant molyant milyoed boꝛthat . Nywadaf 9
barnaf kan wyf beirnyat naweiſc arglot bre-
iſt bꝛỽyſc dychanyat . Acynyplith yn rith an-
reithyat nymkeir . heb greir dileſteir ac effeiryat .
Kywir wyf haedwyf hedỽch arat kyffredinrod 13
bod bydin gyꝛchyat . o bỽyll mur didwyll maỽꝛ-
dat didꝛamgỽyd . arglỽyd kulỽyd rỽyd rỽyf
goleuat . Anuonaf traethaf treth ogaryat 16
eurchwedyl ymkenedyl kanon bꝛytyat . awen
yn llawen rac lliwyat kelwyd ny bỽyf goll gyn-
nyd gangall gennat . Eiſſeu ſynhỽyꝛeu mydyꝛ
eiryeu mat . oed ymi golli gỽeſti gỽaſtat . 20
Peiryeu ffrỽyth wledeu ffraethwlat per heilgyꝛn
pur laſneu erdyꝛn pyſt kedyꝛn kat . Gỽae
bieu madeu med a gỽinllat . gỽerinoed llyſſoed
lles pob eirchyat . Gỽahodyon rỽydyon arod-
yat dꝛeigyeu gỽiỽ gyvedeu teu tywi yſtrat . 25
Dagyuoeth peunoeth poen ymbỽyat agoll-
eis y dꝛeis dꝛoſſed ffyſcgyat . agallu keinllu
kanllaỽ hat meruyn . ac yſgeirloeỽ lynn . ac 28
yſgarlat . Gỽir uolir ynhir gywir gawat . gỽ-
eilch hirvꝛyn teruyn toꝛyf gymynat . Gỽaet
werin olin leidyat am eryꝛ . gỽyꝛ bleinyat
ongyꝛ o blỽyf dingat ~~~ 32

egin. rif moꝛgregin. wꝛd achegin y veird chw- eugein. Nyſarganffo dꝛycdꝛem wannffo. oꝛ lle ꝛranffo y kymro kein. Nawd ac arwyd ym ner trarwyd dakyfarwyd duw kyfwyꝛe- in. Gwynvyt clerwyꝛ ac overwyꝛ. aphader- wyꝛ hyffawt arwein. Gwꝛ mywn grafdec. ar dir glafdec. glot adaſſ(t)ec gwladoed diſdein. Gwaſgawt kerdawꝛ gwiſgi roduawꝛ. gwawꝛ dwy vaelawꝛ gwꝛdivilein ...

Di vilein yw da val nud. diwac byꝛdeu y neuad. dewrvab phylip awdur vod. di veuyl eiryoet yw dauyd. Dauyd hwyl ieithꝛyd hael athꝛo kyfyawn. kafas bwyll digyffro. gwꝛawl (haeł) hylwyd gymro gwynnbyt trwy vy- wyt tra vo. Tꝛa vo ynhoewvꝛo dianhyfrec doꝛ ardir maelawꝛfaeſnec : gwled beunyd vuyd ovec avyd ynllys dauyd dec. ~ Tec atteb kyfundeb kwyn. trevyn llawndec tra vo n llundein : trwy y gyngoꝛ aeoꝛoen try y bleit att yꝛei blaen. Yblaen dadyl ganthaw ny blyc. ada yngkyngoꝛ y duc. ffyn nyant gerdet urdedic. hoffei reyngyl y hoew ffrangec. Ffrangec da loew dec diletyeith a vedyꝛ. dyſgawd vydyꝛ pob kyfreith ffynnon dirion bedeirieith ffynnadwy bann rwy beñ reith. Penn reith mawlweith amolut poſt pywys vadawc rac pyt. pinywn glew grwn goleugret pennkerd pob kyfreith ve- ith vat. Mat rwyd gwnn ymat rodgar. mydyꝛieith ynbenn kyfreithwꝛ. y mae oꝛ tuhwnn yꝛ moꝛ. mal yꝛeur maelawꝛ eryꝛ.

Gwilymdu oaruon yſyr gruffud vab ^ aꝛkant.

REn trindawt arawt eiryf ỹghyſtud rywnaethoſt am boſt nedeirgoſt nud. Rieu rat bareu beri goꝛchud. llew **** ka- er galchdew glew glyw dat annud. Ry vlin yw attal llwyd aryal llud. ry vlwng yw echwng echel deuryd. Ry vlaengar aerdar urdawl roduud. hael reflac wael rwyſc mael (ys) kael kud. Ryued yw yn vyw veird nyndu- hud. yvot reinyat clot cletren ulaenrud. Ri dinoꝛwec dec dygyn ryuud gwyned. ! gan ſaeſſon gogled mawꝛed moꝛud. lle ym am walch grym gryt oleurud. lletvꝛyded mynych gredyf hirnych grud. llwꝛw gohir llawir llawer kud. gan eingyl. arllawꝛ ka- er degeingyl dygynagyſtud. lluoed awydy- at llawrodyat rud. llwybyꝛ dꝛut aerdylut eur diolud. lledelit llit pꝛit pꝛifud eidunet yry- delit ket kyt agruffud. llwyꝛ ynveird aneird anoew dꝛablud. lliaws eiſſiwet amnodet nud. llwydit y rydit oꝛat ufud llewenyd nawcant. pꝛif volyant pꝛud. llithywyt oewennllaw bod wallaw bud. llavyn fflamdwyn ual bꝛwyn bꝛein ar golud. llwybyꝛget llawvꝛo- det llafrud gelynyon. llew dj ymryſſon ovon voꝛ rud. ..

n yt digeryd duw neut digarat kyꝛd : neut llei gw- yꝛd y vyꝛd oveird yn rat. Neut lliaws vꝛwyn kwyn kanwlat yghyſtud : oth attal ruffud waew rud rod- yat. Neut llit vy llethꝛit llathꝛat othadaf : llathyꝛ wyrd ymdanaf y ymdanat. Neut llet vꝛyt vy mryt vymrat adyvu : pan daruu ri llu roi llaw arnat. Neum lladawd trymgawd llew tromgat py wnaf : pam nadoydi attaf. neu vi attat. Neum llwyd triſtjt pꝛit pꝛif wrthꝛychyat wyf : othꝛigyy vy rwyf mywn rwyl gaeat. Neum llwyꝛgur llauur lli- vyat vyggoꝛoen : neum llud dygyn boen. hoen hun ar lygat. Nam lleſteir vab meir mawꝛ arnat. vy mar : ellwng ym vy aerdar kadarnbar kat. Mawꝛ glwyf aoꝛwyf eryꝛ kyꝛchyat glew : moꝛ oed ryw ym llew llywyaw ꝛdẽgwlat. am eurglot hynot hynn adiwat eingyl : ym mawꝛ glawꝛ tegeingyl tegoꝛbwyll- at. am argled troſſed treiſſyat ygkyni : am erglyw dewi gweſti gwaſtat. am arglwyd hylwyd hwylyat yn aeſſawꝛ : ar vꝛeint karcharawꝛ kyꝛch oer irat. Pei meu pibyl dieu dyat talyein pangyꝛchawd el- phin par trin trychyat. Pwyllvud ruffud byd beid- yat yn heyꝛn : penn teyꝛn kedyꝛn ket wallofyat. Pybyꝛ eryꝛ gwyꝛ gwꝛyat ynggoꝛſed : pobyl oꝛuo- led med wled wledychyat. Poſt katgun eidun ef awydyat byt : parth eſpyt peirgryt greidyawl ffyſgyat. Nathoedit rydit rat ymadꝛodeunath edeu donyeu dinam bwyllat. Nath atueil bueil bwat gwyndonyd : nath atvyd ythdyd kỹnyd kenat Nath adwn otgwnn gunyat : pẽnadur : ovewn kaer galch vur vy modur mat.

m at amdiffynnyat keidwat kiwdawt. modur

gỽaedur mur mervyn deuaỽt. Mydyꝛ eiryeu rieu
raaỽt eil moꝛgant: mygyꝛ volyant rolant ffynny-
ant affaỽt. Mirein ruffud bud bydin waſgaỽt.
moꝛyen dyſc rodffyſc reidffyꝛyf ẏgknaỽt. Myvyꝛ
giriet ket kadꝛaỽt kalchvynyd: mỽyvỽy gẏnyd 5
ryd rodyon didlaỽt. Medỽ ym gỽnaeth hiraeth
herwr keudaỽt: madeu vyrieu deu diwarnaỽt.
Medỽl lletvꝛyt bꝛyt mod bꝛaỽt ediuar: meglyt
dꝛeic llachar lluchynt medꝛaỽt. Muner clyỽ clot
ryỽ llyỽ llewychwaỽt: meic vn arynaic pꝛif dꝛeic
pꝛiawt. Med wledeu donyeu dunaỽt oegyuarch: my-
uyꝛ barch llywarch llywyd kiwdaỽt. Mi awyꝛ 12
vy ri rỽyf odivꝛaỽt: meith vot mis hebot hebaỽc
ffaỽt. Mygyꝛ naf diffwyſſaf dyffoſſaỽt ynaer:
meneſtyꝛ gledglaer taer tỽꝛỽ gaeafraỽt. Moꝛ wael
attal hael hỽyl anaraỽt: moꝛ wann byt trymvꝛẏ
wedy tromvꝛaỽt. Moꝛ wae ym ymae medꝛaỽt gyf-
flauan: ygkaſtell rudlan reitlwy walſtaỽt. archaf
y griſt naf araf araỽt: yꝛ y gallōn dōn aevꝛōn vꝛiỽ
gnaỽt. allwed nef ſened ſon vndaỽt vꝛeui: ellỽng
ym vyri duỽ tri trindaỽt. —— Ren trindaỽt ara-
ỽt eiryf yghyſtud: &c. **Llyma odleu ymiſſoed agant**
Neut kynnechꝛeu mei meu **gỽilym du y ſyꝛ gruffud.**
anhuned: neut kaeth yſſy waeth amaeth amed: netkyn
hebic dic dygyn adꝛoffed tiſt yꝛ pandelit criſt wedỽ ath-
riſt wed. Neum kur olauur ym aeloned. neut keryd do-
vyd nat ryd rudgled: net cof ſy ynof yſanwed y veint
neut kywala heint hynt di ryued. Neut kaeth ym 28
dilit llit llawered. neut keith beird kyfyeith am eu
kyued: neut keithiwet ket nat ryd kyt wed nud: ka-
dyꝛwalch ruffud brud bꝛeidin tachwed. Neut kỽyn
beird trylỽyn medỽ ankỽyn med. neut kaỽd ym anaỽd
meneſtyꝛ kanwled: neut carchar anwar enwired elg-
yldut: aerdꝛeic llann ryſtut vynut voned. Neut nam
dyhud bud bum arygled. neut nam diyt llit lliaỽs 35
blyned: Neut nam daỽꝛ duỽ maỽꝛ maranned naf
glyỽ: neut nat ryd vy llyỽ lleỽ tref garned. Neur
wur oe eiſſeu deu digyued. neur wyꝛ beird kan
wlat nat rat reuued: Neut ef arỽyd gỽir neut 39
ouered gwyꝛ: ỽꝛth welet vyeryꝛ yny vaỽꝛed. Neut
truan ymgỽan gỽaeỽ lletvꝛyded. neut trỽydet galet
ym amgeled: neut trymvꝛyt gỽynd gỽander dyed
bꝛaỽ. neut trỽy eu treiſſyaỽ ameu troſſed. Neut tra
hir gohir gloeỽ babir gled. neut tra blỽg echỽg echel
deỽꝛed:

Neut trei kỽbyl oꝛmei maỽꝛed allỽynin: neut mis
meheuin wedỽ oꝛllin wed.
Neut mis meheuin meu heuyt gyſtut. neut
nat ryd gruffud waeỽ rud yn ryt. Neut erwan
ymgỽan gỽaeỽ cryt engiryaỽl: neut amdꝛeic 5
urdaỽl didaỽl ym dyt. Neut erwyꝛ omgỽyꝛ ym
gỽeryt criſt ner: neut aruer ouer beird niuerbyt.
Neut arwyd nam llỽyd lletvꝛyt ym callon: neut
eres nat tonn honn aryhyt. Meu ynof maỽꝛgof
am ergyt goual: am attal aryal vꝛyen ẏggryt. 10
Mal cofein kywrein kywryt vard dunaỽt: meu
ymdꝛeic pꝛiaỽt gỽaỽt nybo gỽyt. Meu gỽaỽt
gan auan uvydvꝛyt frỽythlaỽn: ogof katwalla-
ỽn bꝛenhindaỽn bꝛyt. Ny wnn walch gỽaewdỽn
gỽaỽt dihewyt clot: athi heb dyuot pada bot byt.
Neurwyꝛ paỽb ynllỽyꝛ llyyꝛvꝛyt gynnal: nat 16
hylithyꝛ eur mal. mel y wrthyt. Nat oes nerth
mat verth ymyt oth eiſſeu: gỽledeu na byꝛdeu
na beird ygklyt. Nat oes lys yſbys eſbyt neut
dibeirch: nat oes veirch naſeirch naferch hyvꝛyt.
Nat oes wed na moes maffỽ ynyt yỽngỽlat: nat
oes rat na mat eithyꝛ gỽat agỽyt. Neut gỽaged
troſſed traws gedernyt mon: neut gỽeigyon 23
aruon iſreon ryt. Neut gỽan gỽyned vann
ven ydergyt cur: neut gỽael am vodureglur
oglyt. Neut blỽydyn ydyn diovꝛyt a gar: neut
blaengar karchar grym aerbar gryt. 27

Diwyt yw ymbꝛyt braỽt hed pur vncof par enkyt ymbuched: duỽ yn uach moꝛach maỽꝛed. dỽyn croes deithuỽyn crist ythued.

BEd maỽꝛed meith. penn rỽydnen reith: bit obeith byt. Bydỽn yno. bud yn hoew vꝛo. bydin hyfryt. Bodyannỽn grist. bydin didꝛist. bud iaỽn detryt. Buan y tynn. y bꝛeisclu gỽynn. nyt bꝛỽyscle gỽyt. Poen doluryaỽd pan yncreaỽd. creaỽdyꝛ bywyt. Bꝛenhin trachoeth. oꝛ un kyuoeth. wꝛ ankyuyt. Vꝛy ar deheu. o rỽym bedeu. temleu tomlyt. Delyt ynof. dilad geingof. diledyf gyngyt. Duỽ dy ganlynn. diwael oesbꝛynn. dỽywaỽl yspꝛyt. Da vyd tyuyant. dỽysc ogonyant. dysc y gennyt. Bꝛoyd asya. ac affrica. pla oe plegyt. Bara yngic. an peir gỽledic. gỽlat lan vywyt. Byd gwaet oꝛgỽin. boet yn vy min dewin diwyt.

FRỽythlaỽn a chyuyaỽn achyuoeth y gerd: gỽꝛd dꝛahaearn eirgoeth: ffaỽt gỽyꝛ oetnaỽt gỽaretnoeth. ffraeth dauaỽt. detholwawt doeth.

Doeth ynn gỽyn oedỽyn oedaỽn gynnyd: detholryd bꝛydyd. bꝛaỽt ffyd ffydlaỽn. Doeth uab rỽy goꝛonỽy geir unyaỽn syberỽ: doeth dichwerỽ y uerỽ hyt wlat ueiryaỽn. Dyhir nawelir waladyꝛ naỽn kerdeu: diheu yỽ agheu dagreu digraỽn. Da uu ffaỽt ywaỽt y wiaỽn dewin: da vyꝛdin ae lin olwyth meirchyaỽn. Da lef oet eiryoet oe ratlaỽn ardelỽ: da ardelỽ kynnelỽ kyndelỽ keindaỽn. Da elidyꝛ gỽir gwarant iaỽn ganon: gỽꝛ odoethyon mon mynnỽes eigyaỽn.

Da lywarch kyuarch kyfenỽ iaỽn urdas: da dauyd benuras digas digaỽn. Da odyuet ket kadwgaỽn ruffud: daoꝛyeith digud aryeith wgaỽn. Da oed rỽng kaeroed keredigyaỽn rym phylip a gỽilym aethlym wythlaỽn. Da gyuoꝛun un einyaỽn uab gỽalchmei: aganei ffynnei ual berỽ ffynnaỽn. Da gneppyn warthꝛyn o werthꝛynnyaỽn dut: oed gerd esgut lut ladin gyuyaỽn. llygat gỽꝛ o dỽꝛ edeirnyaỽn artal: odit y gystal ynnyal vnyaỽn. O dytwet uaỽꝛ llet hyt uoꝛ llaỽn yggỽy: hyt gaỽꝛnỽy uud rỽy arued ruaỽn. Tꝛahaearn om barn em beirnyaỽn kerdꝛeit oed bleit penn keirdyeit keimyeit kam maỽn. Tꝛindaỽt tros uolaỽt ual ygỽnaỽn yth vꝛeint: trỽy eiryoled seint kereint karaỽn. Tꝛo reit y eneit yunyaỽn gymỽys trefret baratwys ffraeth lỽys ffrỽythlaỽn.

~ **llyma awdyl a gant gruffd vab maredud vab maredud y konw vychan vab tudur.**

Neut trist ym gỽnaeth crist croes dãgneued: net tros ovil llit a llet vꝛyded. Neut ryuaỽꝛ gollet nyt ryued am clỽyf: neum try yn hynỽyf tra anhuned. Neut trym vꝛyt penyt poen divaed: o gyfrangk trãgk travyn llavyn llaỽ vꝛoded. Neut tromvꝛaỽt tauaỽt am etiued lleỽ: eruei kychwyꝛn gleỽ arueu cochwed. Neut truan ym gỽan gỽaeỽ irlloned. neut trahir madeu gleỽ lacheu gled. Neut amlỽc ymdỽc dygned galarurỽyn. aveirỽ oꝛwyllt gỽyn oe varỽ oꝛwed. Neut trỽm hepcoꝛ ioꝛ doꝛ y dewred: neut trom anreith veith gỽeith gỽythloned: neut treis traỽsloꝛyf o ael tired meic. mynet eurvalch dꝛeic myỽn daearued. Neut bꝛeid yỽ ym vyỽ oe varỽ dytwed. neut bꝛaỽ yn treissyaỽ am yn trossed: neut bꝛonn donn yỽ honn oe hanned adꝛy. am golovyn kymry ae ymgeled. Neut bꝛeuaỽl chỽedyl tost varỽ kost kanwled. neut bꝛỽyn kỽyn canmyꝛd am gyꝛd gyued: neut bꝛeudỽyt arfỽyt oꝛsed gynheilyat. am lawir ynat loeỽ wiryoned. Nym doeth nagỽyngen nagỽen nagỽed. oe dyfvꝛys agheu dan lifdyfred: nymdaỽ eithyꝛ wylaỽ uthyꝛ dialed chỽedyl. dꝛos virein genedyl am dꝛaỽs vaỽꝛed. Neut hiraeth am gỽnaeth gaeth gynryged.

neut herwyd tramgỽyd tromgat gytwed ꝛ neut tra edyꝛn
chỽerwed gỽenỽynic afreolus dic oe varỽoled. Nybu
am nat byỽ llyỽ llawered ꝛ gollet vn doſtur mur marã-
ned ꝛ yꝛ pan las gỽanas gỽyned bervednot. hydyꝛ deyꝛn
ac glot hyt ardued. Kynhebyc vydei nyhaedei hed. tỽꝛỽ
toꝛretwynt graen am gaen gogled ꝛ kymrỽt maỽꝛeir
glot kymraỽt mỽꝛed daer ꝛ ỹghymynat aer yghymi-
ned. Kỽyn goleu yỽꝛ meu mi aeharwed. treiaỽ goꝛonỽy
trauyn moꝛdỽy med ꝛ kof garỽ oe lỽꝛuarỽ yalarued o-
ed ꝛ abeir vilyoed heb oꝛuoled. Kỹnyd ehỽybyꝛ oed kynn
noedyed. kolovyn ofgoꝛllaỽꝛ llaỽꝛ arllechwed. katvleid
teyꝛneid teyꝛned ener ꝛ eurlliỽ y vaner o ieirll voned.
kompot clot clutveird o heird harded. kỽympei greu
ãgheu eỉgyl galaned: Kein duryaỽl y bar yỽch kynda-
red gryt. ynggỽyth gerwin vꝛyt ỹggỽeith garwed. Ko-
ꝛyf ioꝛ doꝛ durgrỽydyꝛ vꝛỽydyꝛ divꝛoded. koꝛyf toꝛyf
lloꝛyf lleidyat oꝛ wlat yꝛ wled ꝛ kun reget vnllit myỽn
kynryged blin. karyat ryuel trin kiryet reuved.
kywreint oed yvꝛeint vꝛeifc an myned. kyweir oed
y eir eur gymyꝛred ꝛ kywir oed ywir o wiỽ ryſſed
beilch. o genhedlaỽc weilch oegynhadled. keueis
alaeth hir enwir anwed. a galar dar doeth koeth
kyuanned ꝛ ac utwaed danvꝛonn ac atwed triſtyt
abylchu vymryt. o varỽ balched. Kauas ras vꝛdas
eurdaỽn vuched. kennyỽ dewin nef kynnoediwed.
kaffo garyat rat anrydedallu. vn ragoꝛaỽl vu yn
rugared. A M E N.

Casnodyn ar kant.

TRindawt dibechawt duw bych diwahan ami ri rwydlan om kan kenffych. Mab diatneir meir mor uynych ymbyd : aeth saeth seith brwyd ffyd am ffuruych. Ym dwyn om gwenwyn nymgwenych uffern : affeith geith gethern surwern nyt sych. lle mae llawer gwae waelwrych anescor : llu du diystor ffylor ffoldrych. Differ vi uyne rac nych uffern gnwt : artan brwnstan brwt rwt rydunnych. arpydew llenn rew llawn rych kyllestric : ar peir geir garwdic peithuric poethvrych. ar-pryuet calet collyawcchwrych syrnyawc. afrwyd swyd sodlawc tresglawc treisglych. Aphob ryw distryw troy distrych fflamdawd. aphwyr lwyr loes gawd adrawd edrych. Diryeit uyd teleit tal-grych wythlonder : dur aeruur aruer ar nygerych. Direidon dynyon nyrydonyych dat : dirryd ffyd ffoat brat ac bredych. Dyro rann yth wann wynuyt wrthrych hawl : oth wlat vat veidryawl yr mawl mynych. Yth wled llyw buched lle ybych tragywyd : llawr mawr mireindyd llywyd llewych. llys didos di nos dawn wledych rac llawr llenn ot not neidyaw naglaw nymgwlych. trugar gerennyd douyd diuan.

TRindawt dibechawt nyt da bychan : troi bryt attat tro gloewrat glan. Tri ac un. kyuun mor yw kyuan. trugared ried reuved rwyfan. Tragywyd ybyd nyt dyd diflan. traa ny phara ny pheir didan. Tahir dielir dir darogan. Treis dyn aobryn ennyn anyan. trist gosp gost ffrndost gwst uffern dan. Trinheion dynyon danyal ogan. trafalst kynn amdo gro agraean. Tru mor anghall dall dull aneiryan. trossi trwy gammwed agymeran: Trannoeth heb gyuoeth heb gyfrwyuan. tra-wt angeu aereu uedeu vydan. Trayw hy popsyw nasynhwrn. trymder lucifer aeloes affan. Troy gam aruaeth kynuaeth kwynuan. trymgwydawd heb nawd y glawd nyt glan. Trauael nam oegam gwaelflam aegwan* trachywed llechwed lluch atharyan. Trefnawdyr llwyr huawdyr lloer ahuan. trefneist affurueist o ffyryf amcann. Trefneu ampryffleu geneuagan. treul gyuadef nef naf pob atuan. trengit aecollo llwrw tro truan. Traethawt oth uolawt vilioed gymann. trefn-eist syr amyr morawl dylan. Trefneist daeruawr aechlawr a-chlan. Trefneist wern uffern affeith sathan. trefret y bryuet lle ydymbrouan. Troch heol yscol esgar boethuan. trallawt yr giwt-awt nyt ymgatwan. Traws y bu iessu penn llu llydan. traw yr-ymdaraw ar dorof fwdan. Treul gyuor tros vor kyngor kyngan. Treidle ydethyw ffraeth lyw ffrwythlan. traetloes yny groes grist ehunan. Trareit im erchi mal am orchan : trarwyd uyd kulwyd am bob kalan. Trugared ahed haedwyf om kan : trwy eiryolaw mawr meir a ieuan.

TRindawt di bechawt duw nybechawd : treid-wyf y nef yn adef y nawd. Trist uyd tragyw-yd trwy gawd ae kollo : tristyt ryt rrwtro rrwytyr gyuannawd. Treisswyr nyt ystyr amdost ansawd : trossir pob ennwir yn hir ynhawd. lle ytrosset kiwet kawatsawd niuer : tru lu lucisser aer-gler oerglawd. Gwae adyt y vryt mywn byt ae bawd. gwae adwc rac gwann yrann rynnawd. Gwae dic. gwir dreissic drysawd amkan : gwael drauael dryuan gwaew tan artawd. Gwae auo cretffo tro trwydet vlawd : gwae divwyn gwenwyn cargwyn curgawd. Gwae adivreint seint. a feily-awd temleu : gwawr mawr murgradeu gredyf ymadrawd ~ Gwae avynn gobryn gobyr uffenda-wd : gwae diuiawc llidiawc lleidyr traallawd. am berchen o brenn abrynawd pumoes : per ffer ffur-ueiduoes ffrowylloes ffrawd. Erpenyt bywyt hoedel uergyt hawd : wrglan diwahan ynywahawd. Yrwlat uat ueidrawl auedrawd andras : yrwled hed haedblas heb gas heb gawd. . .

ANturywn hwylywn heli athonneu athynny-wn ued ynri : ynat pobgwlat rat rodi vn ion athrawon athri. Trindawt yngwarawt an gwarant. tri vnyawn un nerth gogonyant. Trwy ytat arat ynreityant : trwy ymab gwnaet bawb bop grymyant. Trwy yr yspryt ygyt y gadant. trindawt ynundawt gwediant. Trist vu grist ynygroes dygyant : trauael hael hwylawd aruolyant. Trawt gwener bu ffer y ffynyant : trydyd dyd dodyw odiuant. Trosdyd deugeinuet ket katwant : tref nef y niuer ef gwelsant.

Tzeidyom ni ami a mozgant : tr6y deu uoz kyg6z
kygharant . Tzeth ymdeith yn ueith anuethyant :
traeth a bzynn aphennrynn aphant . Tze6 ny
lud ryle6 eil rolant : tra6 yz bza6 arbzyuet goz-
mant . Tzeth6yf du6 odiwed vymant . tra v6yf
trauot6z vn amrant . Tza mynut tr6m ynof 6
ychwant : tremynnu treiflu trosliant ..

T Rinda6t ffawt ffer : tref nef niuer g6ar-
der g6irdat . Tzech wyt noneb . tr6y da6n
atteb treid6n attat . Tzau6yf vymyt ỹ troych 10
heb wyt : ymbzyt racbzat . Tzeul bennydya6 :
ard6y gurya6 yzdygaryat . Tzauel achur gyt a
dolur g6edy dalyat . Tz6m gymmereift tra6s 13
ynpzyneift ozpzeñ crocrat . Tz6y dyhoelya6 dzaet
ad6ylya6 dzut adeilyat . ag6ae6 dan vzonn ag6a-
et g6irion g6erin bzynnyat . arbyt paladyz
yndiangadyz amd6y angat . ar dall athwant 17
oth uadeuant nythuu diwat . Creeift deus ỹ
dil6yguf ydeulygat . Creda6d ynteu yz g6yzth-
ua6z greu goleu g6ylyat. Ae g6naeth gol6c ody6-
yll6c adiwallat . acaeg6naeth fyd odi vedyd y-
dyuodyat . Cryt agỹmyzth rac ofyn ma6zwyzth
mur g6ynnyeithiat . Cret aeg6ara6t oeva6z 23
becha6t beich oed anuat . Creir pob teruyn cre-
d6n dyfgyn . credo dyfgat . Credadun eir crift
ymbzu meir ma6z oleuat . Bzenhin argret oed
pañ anet ynpeñ ynat Bzeinya6l efcoz bzeint feint
feil coz doz dengredwlat . keneuinglot mab kynn
bot na phab naphyzyf afyzllat . Cant egylyon
gein egluryon glozia gannyat . Doeth trywyz 30
tec atheir anrec anrydedyat . Eur tus a myzr yz
g6z nyt byzr yny perffeithzat . Seren bu r6yd bu
kyfar6yd bu kyueiryat . Ovlaen ytri y uenegi yn-
ri rodyat . Era6t greula6n nybu gyfya6n. nybu
gouyat . ar adoli ygrift keli kolofyn lleuat . arch-
6n yzhael alud trauael ympob troyat . aberis llen
ac efferen ac effeiryat . ard6fyz yn win aphobry6
hin . aphob ry6 hat . a nos adyd ag6ellt ag6yd afyd
ffyzyfrat . a g6yllt ag6ar moz adayar ma6z ard6yat.
adengrad nef adiodef da awydyat. yzy haelder yzy
niuer vyner neirthyat . Bot yndiwed yn trugared
ynro garyat. amẽ .

T Rinda6t dibecha6t buched wirion : tru-
gar tr6m y uar kar g6ar g6edwon :
tri y6 du6 keli kolofyn deon . tr6y rat ac vn
mat keinyat kanon . Tzech y6 ef tat nef 4
naf gleinyon radeu . nozcreaduryeu gozeu
g6zon . G6z dinam digam dygyn y alon .
g6z da6n veith gobeith reith reuduffon . 7
G6zdidic g6ledic g6lat egylyon . g6zdedua6l
g6za6l bieurgozon . G6z agynnyd dyd dydon
ymdangos . g6z agynnu nos dzos dzeiffogy-
on . G6z agynneil feil feith urdolyon. g6z 11
agenny6 y6 awyd dynyon . G6z kỹmen peñ
llen y lleodzon. g6z kymm6ys kynn6ys kan-
n6yll deillon . G6z kymmot achlot achlefy-
on ov6y . G6z kỹmozth gobz6y dz6y dzauae-
lyon. G6z ny chud y uud y vedygon . g6z 16
ny chel awnel odichwelyon . G6z ny char
murnurat lledzat lladzon . G6z ny chein-
myc treis cleis cledogyon . G6z nychỹm6yll
t6yll tyllod hoelyon bza6 . y dzaet ae d6ylya6
dolur callon . G6z aaeth yny gna6t gaethza- 21
6t gethzon. g6zddal g6y dial gan ideon .
Doeth oe greu purgoeth perging dzudyon .
yzpumoes pumloes pumlif cochyon. Du6
uab meir y6 creir criftonogyon byt. da y g6-
yz goglyt mebyt meibõ . Rac kaffael trauael
tri anwirion kaiffas fudas f6dan pabilon . 27
Kyffeff6n keiffin , orat kyffon . kyffes dz6y benyt a
Ja6nvzyt ion . kaffom l6ys gyñ6ys ganozch-
ozdyon nef . kartref g6ir adef yg6erydon .
Selyf ynat tat teu dec . feilyeith nyt g6yryeith
gozwac : feith dz6y obeith ueith uedic . falym
6za6l feilym aozuc . 33

G Ozugum ryrret puret peryf : gozmod
obecha6t arll6fyzgna6t llyf . Gozeu oed
uadeu ozneu oernyf : gozwacter ygler ouer
ayf . Gozwac bechadur gle6dur gledyf guthzu
yeir achweir nychwyf . Gyzrir y benyt 38
deturyt didzyf : gared fa6d gath ga6d : yzg6erth
g6dyf . Tozwed hir yftir yftoz hybryf : gorwifc
llann y6ch grann poendann pandef . Gozmeil

pꝛidlad nyt nad nedyf . goꝛmes yỽ cludaỽ aelaỽ elyf . gỽꝛ hybỽyll kȳmỽyll kynn daear * wryf . goꝛeu da wyꝛtheu yỽ duỽ ỽꝛthyf . Goꝛffwyf deith didꝛiſt neut criſt ud cryf . goꝛffen digynnen da yỽ gennyf . Gymmỽyll dyſc ffyſc ffer nyt ker kaerdyf . gem gaeruſſalem . geireu ſelyf ~ Selyf ~

TRindaỽt paraỽt pur . traỽs maỽs moes eglur . trỽy rat mat modur mur mireinỽch . tro vi ri ratlaỽn . trafnidyꝛ dinydyꝛ daỽn . tref nef naf kyfyaỽn digaỽn degỽch ~ Tꝛeidwyf rỽyf rỽydwynt . tros uoꝛ coꝛ kerrynt ~ groec dec deruynt haỽduynt hedỽch ~ Tir gỽir gỽeringret . tymyꝛ gỽyꝛ gỽaret . tat rat reit nodet . get gadarnỽch ~ Tut lut ludꝛammỽy . tec rec ren ofỽy . teith ueith uaeth gobꝛỽy . trỽy attregỽch ~ Amgynnal gỽal gỽyd . seith bꝛaỽeith bꝛiwyd . pechaỽt raỽt raỽt rewyd . kyn̄ trechdyd trỽch . llunyaf naf neges . llunya ym̄ lym̄ les . llydā lan loches gỽares gỽarỽch ~ llogeil ſeil felyf . lle nyt pꝛifde pꝛyf . llaỽn nerth berth beryf . gryf digrifuỽch ~ llyỽ gỽlat uat uedyd . llỽythbeir creir creuyd . lleithic gỽledic gỽlyd . dyd didanỽch ~ lleuat rat rinnwed . llyna da diwed . lle ydaeth ffraeth ffrỽythwled . ymed medyꝛỽch ~ llaryed hed hodyaỽ . lle gỽyl hỽyl heilyaỽ . llaỽꝛ nef dꝛef dꝛeidyaỽ aelaỽ elỽch ~ llys vꝛy hy hoewblỽyf . lles gne de diglỽyf . llỽyd rỽyd rỽyf delỽyf dꝛỽy dadolỽch ~ ~

REit oed im obleit y blodeu pennaf . redyrat yỽ attaf ynghaf agheu . rat heb dỽyll garyat oꝛ dull goꝛeu . ygaru gỽledic lleithic llỽytheu . Kanyt oes namoes na meſſureu iaỽn . ganun angcriſtaỽn rylaỽn roleu . Erỽn dyd dyſyn teruyn tyꝛueu . yꝛ berchir pob gỽir goennwir geu . arvynyd pibyl byd pobyl bedeu ygyt . argynnullyt cryt creaduryeu . a ieſſu aelu arlaỽ deheu . a e loes dꝛos bunoes ae groes ae greu . a edarn lemdoeth goeth herwydgỽyth eu haỽl . wybodaỽl nodaỽl ar eneidyeu . Ny cherir ennwir dyhir diheu . ny cheryd dofyd diuanỽ cāmeu . Nychar hael [dꝛugar] dꝛygeu pꝛeſſennaỽl . ny chanmaỽl didaỽl dedyf eglỽyſſeu . Nychyrch kamwedaỽc vꝛadaỽc vꝛydyeu . hediỽ bꝛaỽ geithiỽ arbꝛegetheu . Acef avoꝛy veryf kythꝛeul wall ~ dyndall dꝛut anghall dan dꝛaet angheu . Credaf ỽꝛclydỽꝛ clot di eiſſeu . awnaeth tri amſer bꝛyder bꝛodyeu . Oes gyntaf adaf odeu an oleith . heb reith heb gyfreith peith pechodeu . llewyt eilkynghoꝛ eurdoꝛ urdeu . llenn taplys uoeſſen gan reen rieu . llyna ybuda dechꝛeu dioledyf . amſer gredyf dan dedyf gynnedyf gynneu . Tꝛydyd deuth bedyd doeth wybodeu . amſer rat mab mat gỽylyat goleu . Hỽnn da abara hỽy no bareu cnaỽt . hyt dydbꝛaỽt aeraỽt giwdaỽt gadeu . Gỽae nychar kynn clad pꝛid grad grudyeu . kymryt rann benyt rac rynn boeneu . Gỽae agar dayar adỽyeu atwed . ac na char buched ſened ſeineu . Gỽae ny wyꝛ ſynnwyꝛ llỽyꝛ yỽch llyfreu . gỽae ny wyl kyfyl y reit coueu ~ Gỽae ny weinyd ffyd ffyꝛyf dedueu dengeir . yꝛ mab maỽꝛgreir meir kadeir kedeu . Kar y tat ynat enỽ diammeu . anrydedarvam dinam donyeu ~ Na wna nathꝛaa nathꝛinyeu anuat . nathꝛeis na lledꝛat na bꝛat bꝛydyeu . Nalad galaned gared gureu . nalofc dei nyt llei noꝛ lladuaeu . Navyd kam dyſtyd moꝛ doſt ammeur iaỽn . byd griſtaỽn dedlaỽn ympob dadleu . Keis ymgadỽ athlỽ athlad os geu ~ kaſſagyt ybyt budur ygyfreu . Kyſſegrir kywir rac kaỽadeu gỽall . cuſſul call nyt dall nyt tỽyll eiryeu . Ret att beriglaỽꝛ puraỽꝛ pareu . reudus kerydus rac karedeu . Edꝛych y lle bych bachet dechꝛeu gỽed ~ koffa dy diwed oerued arueu . lluyd ſeith bꝛiwyd rewyd rỽeu . lliaỽs yỽ kynghaỽs ac eu keingeu . lleuyt ſyberỽyt ſybỽll ffeu hirdꝛỽc ~ uffern dywyllỽc mỽc megineu . llyckꝛyt kynghoꝛuynt clỽyf letkynt cleu . llawer llawr niuer llwyꝛ anaueu . llit gỽae aedilit amdaleu kamwed . lleſged gỽaelgared nyt gỽal goꝛeu . Kebydyaeth hirgaeth waeth weithꝛedeu . cabyl avyn̄ erbynn oer boen atneu . Godeb glythineb glỽt[h] eneu ampꝛyt.

godineb heuyt g6yt g6edieu. Rac yſeith dyleith ac
y6 doleu. rygaeth elynnaeth eu tatmaetheu. Bit
ſeith weithzet cret ualcreireu ympleit nyt tr6y ge-
rydeit trugaredeu. Coelaf naf pennaf warthaf 4
wyztheu. colofyn g6ed eofyn y g6edieu. Du6 abeir ameir
om ozyeu kyſſon ym o ffenn g6irion ganon geneu.
Diwyt 6yf ym r6yf nym gat cl6yf cleu. diwed en-
ryded dewin reideu. Reudus 6yf dynbl6yf da6n
bleit yng6zthzych rac gozthrech kythzeuleit. 9
g6zaf naf nef ymeneit. g6yz keli vy ri vy reit.
Reit oed ym obleit ⁊ cetera. ~ ~ ~

Ela6 Ja6n y6 da6n gne gwa6n g6a6t hwec.
Eili6 ewynvzi6 g6ynnwi6 g6anec. eilyeis
hynot glot gloy6 dec wennlliant. eilya6d y moly-
ant mil yghwanec. Eil6 dzeidya6 nymda6 tra6
tr6y gyſtec. eluyd t6fclotryd dyd na deudec. Eil
kein galet ret ym reitrec obeith. oleuveith 17
hoewdzeith bzeint ehedec. aryal bu gethal bzif
dial bzec. ar6yd dieilwyd r6yd von redec. Ar
ho6lun lu hun. hoen g6ynuanec maen. pann
wiſc tonn vz6yſcflaen gaen am garrec. Eir- 21
gall diwall ball b6yll o gywec. eiryoet yndi
oet hoet gyhydzec. Eur mal ambudal dolur
attrec vza6. yn lla6 6yl anda6 gan eil indec. Eir-
yan verch gynan kynnran kannrec. eryz tŷ-
myz g6yz g6eilch diſaeſnec. argl6yd gul6yd 26
r6yd r6yf groec rugylch6yzn ell6ng o heyzn y
teyzn tec. Meu geiryeu goleu g6yl wyndodec.
mi awyz moli hil ri ha6l rec. Meith hir y
cludir clot anrec taua6t. moz didla6t ygg6a6t
ygg6ennh6yſſec. Mena6t mola6t gna6t gne 31
tonn waedgrec. manar wiſc glaſſar auar wa
ouec. Myzd ae ma6l heb da6l diledyf ch6ec l6yſ
ieith. ma6zda6n gannhymdeith oeſteith oſtec.
Mein uirein riein gein gymraec. m6yn vo- 35
z6yn hund6yn hoendygyn gyſtec. Mynych lle
llewych lli6e hoec ym. men ym duc g6ennl6
lym ar rym redec. Mynet yzg6elet g6ennet
g6anec ⁊ manon wa6z aruon gouyon gouec.
Maengaer glot be daer glut balldec mygyz 40
uann. meingann dyn eurwann y dinozwec.

Bv oerchwedyl kenedyl k6yn ennwa6c
triſtla6n. camp meircha6n k6ymp mar-
cha6c ⁊ bud avyd rygud yra6c bit heb vyt
bot heb vada6c. ~ ~
Mada6c oedmarcha6c meirch ſarruc kein
v6z eil kynua6z catgaduc ⁊ dywann gar6 6
du6 angozuc. dan ſygyn poen dygyn pan yduc.
Duc du6 dat boſt kat kytuaeth heird eirchy-
eit ⁊ oe ozchud neb ny ch6eird ⁊ dygei ygg6yleu
digeird. diga6n oeva6zda6n y veird. ~ 10
Beird wiſga6c uada6c o uot a6z hebot y hy-
barch griſt nymda6z. der6 her6 hiraeth maeth
meithua6z ⁊ b6z6 naf o l6z6 nef y la6z.
Y la6z uada6c ua6z vur eruit tryſtan banndza6l
taer ozdinit: tralla6t eingyl giwda6t gedit
dzyllyeu aelodeu oe lit. 16
llidia6c oed uada6c uedwyz na6s garthan gyz-
thyei eigyl yngkyngha6s ⁊ llet kadoed lluoed
llia6s. llit kedic lla6 dzeiſſic dza6s. 19
Tza6s uada6c arua6c eiryf ſathyzſarn aerllu
tra uu tu to haearn ⁊ trech oed y nerth tr6y
verth varn. tr6ch ad6y noz tri chadarn.
Kadarnbleit eirchyeit yozchud bu triſt tra-
6ſdec uada6c eilnud ⁊ kadyzwalch llu kyt uu
y vud. ket yn neurllet an arllud. 25
arllud y6 ynbud bed anglad mada6c. modur
beird a neuad. arll6yſſyat kywlat rat rad.
eurlli6 helym aerlla6 hylad. 28
Hylad beird digeird wyf digu oed6yn hylwyd
k6yn kynn daruu ⁊ ha6l ua6l uil6z t6z tozyf
lu. hyla6 rod heil uod hael uu.
Bu ozchwedyl. ⁊ cetera. 32

Dreic llu kann daruu de6zvur. dzut vada-
6c arua6c aruer: dz6c nadoeth ma6z
anlloeth moz. dzeigylbzys dzeis dyzys dzos dir.
Dirr6yn k6yn keinyeit l6yzwys. dery6lly6
lliwet aros: dur bz6ydyzdozyf kerdgozyf kard
gas. de6r nenn benn perchen parchuſ. 38
Parchus vada6c deifna6c doeth. pob kynn
halya6dyz ll6ya6dyz ll6yth ⁊ pibyl yzlla6z
llu ma6z lle meith. pa6b gynt ydethynt ydaeth

aeth mada6c

aeth madaỽc ennwaỽc anwat . uthur gyf
lam uargam uaỽꝛget ; athꝛo bꝛỽydyꝛ gyffro
dꝛo dꝛut. uthur eſcutruthyꝛ yſgỽytrot .
Rodaỽc vadaỽc vodur lleng . rat winllat
wenllys ehang ; rudgled kynn derỽued 5
duruyng . reid yꝛth aeruleid arthurſlỽng .
Blỽng eingyl eſtỽng eidỽng oed . blodeu
kampeu kỽymp lloegyꝛuaed ; blaỽd galar
amgar gỽꝛeid . blingur eiryf blaengar arỽ[yd]
arỽyd ffỽyꝛ naſlỽyꝛ neſlyỽ ; ar wnaethoſt
hoedyldoſt hediỽ ; aer gattraỽs yꝛ lliaỽ[s] llaỽ.
oꝛ goet tref dan llef dỽyn lleỽ . 12
llew gleỽ gloeỽlan gangynwyt . llauur naf
aỽdur nef aet ; llaỽ anaỽ yꝛ lleỽ eneit . llew-
enyd llyỽ[bedyd] boet . Boet llawen reen rỽyf
llen llỽyꝛ ỽꝛth uadaỽc bur ennwaỽc beir ;
byt am walch grytbꝛyt bꝛỽydyꝛdaer . bei
tes nyt eres neut oer . . ~ 18
Oer vu y gyꝛd vyꝛd ueirdꝛoec . aroſ dyd
ketryd katrỽyc ; aryſ aergled arwed eur-
waec . eryꝛ tut murdꝛut maỽꝛdꝛeic .
Dꝛeic llu kanndaruu . ⁊ cetera . 22
AMdꝛiſt ỽyf goꝛffỽyf ymgoꝛffenn . ymdꝛo
call kynn dirwall deꝛwen . ymdꝛeigyl
bꝛat yỽ bꝛyſſyat bꝛeſſen . ymdꝛaỽt ffaỽt ny-
pheit vyggohen . amdylyn amdỽylann 26
hafren . amdỽyn kỽyn kynnhebic maxen .
am vedꝛu canu kynn aghenn . am uadaỽc
deifnaỽc dofyn awen . am nur pur ual pe-
ir kerituen . am ner per paroded paſgenn .
am nerth berth a barthei ychen . a meirch
eirch y archwyꝛ aren . Omkyuoeth amkan-
doeth ymken . amkyueillt keueis ỽꝛth ag-
hen . amkofuaỽdyꝛ amllywyaỽdyꝛ llawen .
amkyfuarch amparch am perchen . am 35
kyfued ym maenued ymen . Nymkyuyt
triſtit treis diwen . amkoꝛyf toꝛyf tyꝛuahoed
ohen . amkar rac eſgar rac a[g]en . amgyſ-
tal eiryf aryal uryen . amgoſt guſtennin 39
uab elen . am vydꝛoed meſſuroed moeſſen .
am veidꝛaỽl kymunaỽl kymmen . amuodur
ual mab mur moꝛyen . am uadaỽc [r]ỽyt vyt
vodaỽc bꝛatwenn . amyl naỽd duỽ y* deỽin-
adyen . amled hed o rinnwed y ren . . ~ 3
REn llen allyfreugoleu galar . rỽyf glỽyf o
gleuyt lleỽ bꝛyt bꝛỽydyꝛ bar . Rỽym di
dỽym dodi ri rỽnng daear . rebyd ryd rỽyd-
win . adewin dar . Redaỽd caỽd ymcof dof .
diveſylgar . rỽy amỽy ymae no gỽae nyt 8
gỽar . Rydꝛanc ieuanc iaỽn . daỽndiwattwar .
reit ryỽ llyỽ lleas oeſcaſ eſcar . Rỽyt yſcỽyt
eſcut dꝛut ỽꝛth dꝛydar . rot aruot arueu ke-
neu kynnar . Redyat kat kedyꝛn deyꝛn 12
di uar . ryt byt bỽyt vyꝛdoed wiſcoet waſcar .
Ryng wellyng wallaỽ heilyaỽ hỽylyar . rif
lliſ llu vueil ulkeſſar . Reid arueid aruot
wedy clot klar . redet vet ueidꝛaỽl dreigyaỽl
dꝛugar . . ~~~ 17
TꝛUgar gỽar gỽir . tricciet hoet hir . kỽyn
ỽir keinud . Tꝛiſt griſt groewvꝛaỽt ym
wyꝛ wylnaỽt am waỽꝛ eilnud . Tꝛumgoll oll
yỽ . tramgỽyd ynllyỽ . trymgaỽd nyn llud. 21
Tꝛeulffraeth maeth med . treiſ y dewred .
traỽs y deurud . Tꝛoffed meruyn treiſſyỽꝛ
gelyn . gerdbꝛyn gỽꝛdbꝛud . Tꝛyſſaỽꝛ oed ym-
tra uu walch llym . gỽiwrym gỽaewrud . Tꝛoſ-
fed y glo . manar amdo . mynoꝛ ymdud . 26
Tꝛaethu oedỽyn . tretheu advỽyn . hirgỽyn
hỽyꝛgud . Tꝛaethaỽt ennwaỽc . trathec va-
daỽc auedyꝛ g[u]ffud . Tꝛareit ymi . rac tra 29
phꝛovi . coſti kyſtud . Tꝛỽy arwyrein . treidy-
aỽ owein . diheſ duhud . Tꝛỽy hir bara . a
dvỽ donya . y datannud . . ~~~ 32
Dat anhudaỽl haỽl yỽ hywled owein . di
dwyllgein yſgein dỽ[y]ꝛein dewred . Dedueu
traỽs geneu treiſgỽned gry[s]chyat . daỽn y tat
rodyat boꝛthyat berthed . Duỽ gỽae ui dỽyn
ri dyn ry[w]ud y vyỽ . ỽyf amrỽyf rỽydl[y]iỽ nyt 37
byỽ neut bed . Dyfyꝛwledic eilic ywyled amget.
dyuet ydꝛoffet oed et ryſſed . Divei ualgỽalch
mei . gỽeilch maeth med agỽin . diſlin ſarff by-
din yn rin ried . Deỽꝛdyuyant rolant . rỽldaered

plymlwyt diarfwyt ysgwyt eurglwyt aergled.
Dur eil arthur mur. mawꝛatwed ar lu darfu
lle ry vu llawer reuved. Doꝛ ioꝛ dygy voꝛ dagy-
ued ennwawc. deifnawc oed uadawc uynawc uo-
ned. Dar doethyon ganon gwyned adehev 5
y llwgyꝛ agigleu. lloegyꝛ agogled. Dir yw .
ar gywir argwed derwin. daearawl ysgrin dew-
in diwed. Dyꝛys dwyn oelys lwyf gyuanned
llynn. dyꝛawꝛ gwawꝛ gwaewrynn kynn cañ
mlyned. Dyꝛodat ynrat enryded divꝛaw. deu
rud ud idaw ahodyaw hed ~ 11

Hedwled sened y feint. hael diwael uael
ueint. hy dyly vꝛy vꝛeint gyt ar vꝛahã.
Hynwyf glwyf wyf oll. honn gallon donndoll.
hwyr y gwyꝛ ffwyꝛ ffoll getkoll gytkam. 15
Hiraeth ffraeth maeth meu. hut dꝛut lut
lityeu. herw uerw chwerw chwedleu. godeu gwdã.
Hwꝛd dwꝛd bwꝛd beirdwin. hoedwyfc vꝛwyfc rwyfc
rin. her wifgner ffer ffin. goflin gyflam.
Hydur nur cur kaer. hydyfcffyfc myfc 20
maer. hoet adoet oet aer. ffloew diglar ffam.
Hyder ffer uer vu. heit greit bleit blygu. het
baelet llet llu. trychu tracham.
Hydir wir hir haf. heb atteb neb naf. hynt
gwynt kynt kwynaf. mab mwynaf mamm. 25
Aeth ffraeth uaeth uangoꝛ. uthyꝛlawn dawn
iawn ioꝛ. oeth doeth goeth gynghoꝛ. mawꝛgo-
oeth margam ~ Auar bar car caw. wyf rwyf
glwyf gludaw. ef nef dꝛef dreidyaw. rodlaw rwyd
lam. Amdꝛift wyf. ut prius ~ ~~~ 30

Kynn bwyf gwas grudlas gredyf anuon
bwyllvꝛaw obelluro gaerllion. dawnobeith
kyfyeith cofyon. dyngwyl yw uannwyl ouon.
Gwae bieu madeu medw gofyondogyngud 34
meu dygyngawd oualon. gwanngein riein rud
ffion. gwedus hael ueinus heul von. Tec dy-
gaf yꝛ haf arhoew uanondwf y dyuu ym govyon.
tawl hawl hylwyth oualon. teith hyder meith
hoewdir mon. Gweleis panngerdeis goꝛdwfyꝛ
avon rin. gwyl riein di anuon. gwir difemyl 40
a gwar difon. gwawꝛ hirdyd mawꝛ. harded mon.

Rud hydneit ymreit bu ron vyn nigyaw. car
hwylyaw cur hoelyon. ran oual lann rin auon.
rwyl y mae meinwyl ym mon. 3
Mygyꝛ wenyc ablyc amoblygyon mein. men
ymaen vyngcofyon. myꝛd ynwyꝛd o iwerdon.
moꝛ awylch mwyn amgylch mon. 6
Gwiw aweith gwawtueith. gwyt uanon riein y
rieu ^ doethyon. gwir uoli gwyꝛ oualon. gwar
dꝛemwalch. gwawꝛ vwynualch uon. ~ ~ 9

Synhwyrus deus duw goꝛuchaf. fywedyd do-
vyd diuei haelnaf. fef wyf yt vy rwyf
rwydaraf geinyat. fef wyt ucheldat mat mo-
dꝛydaf. Synhwyꝛa^yn^da donyeu attaf. fwyd didla-
wt owawt aweinydaf. Syrchawd glyw vy ryw 14
rwng taf athawy. ferchir ywch conwy ual y
kanaf. Saethuarch keindꝛafnidyꝛ dinidyꝛ da
naf. feri eglur vꝛynn kynnkynnhayaf. Syw
dỹmawꝛ rwyfwawꝛ yꝛhaf arbennic. foꝛredic 18
eidic elwic alaf. Am verch ruffud ud adyfc
moꝛdaf. vab Ioꝛoerth kãnerth kỹnwꝛyf goꝛ-
faf. Neut adwyf oglwyf ynglaf hwyꝛ dianc.
neit adoet gyfranc oꝛ tranc trymhaf. 22
Poen ryawt deuawt ot adefaf panvu berigyl
wann. amgann gynaf. Peunyd pwyll berthyd
pell boꝛthaf yꝛ honn. penyt bꝛonn dilonn de-
lwetnychaf. Hepkoꝛ goꝛoꝛ moꝛ mon ny allaf.
hybarch dyno vꝛo. vreint talheithnaf. Hybo-
enyw vy hoen nyhunaf obleit. hebogeid ly-
geit eureit araf. Heb vy chwaer wennglaer. 29
moꝛwyf wannglaf. hebu* gne nyt lle nyt llw-
rw arnaf. Hybwyll glot didwyll dodaf ar efpyt
heb wyt. y loer bꝛyt alwyꝛ bꝛydaf. Hir ykein-
mygir kerd wir waeffaf. berwyd dawn diga-
wn ual y dygaf. Hwyꝛdaw oeheilyaw hwylaf 34
ar ueirduyꝛd. y vyꝛd dꝛos geinwyꝛd adꝛaws
ganaf. Hoenegluruann kann kynn ery
gayaf. hi awnaeth keli ac nywkelaf. Hylwyd
wawt deuawt yndiueiaf bun. hoewlun hael
eidun o hil adaf. ~~~ 39

Vythcant annerch dawnferchdyn. uthur
vꝛys vꝛo henrys urenhin. Aaeth dꝛos ned

wed wahan . athawy **arlywy lun .
llywyawd llỽydrangaỽd . llud rin . llathyꝛ-
uein gein gann vañ valchlun . troſſof cof
pob kyfryỽ dyn eithyꝛ aỽt . aeth am gỽaỽt am-
gỽen . Pereis ffyſc glut dyſc glot dull . peri-
gyl hun yꝛ bun obell . peris gỽenn gỽaṉ yg-
kyfyꝛgoll . paraỽt y aỽt geinwaỽt gall .
Ot ergyt bŷt bꝛyduoll . y bob riein uein vỽyn-
dull . rann aỽt om gỽaỽt auyd gỽell . ne ryñ
eirỽ . no rann arall . ~
Ymdyd ef avyd oveddaỽt traſerch treiſic yỽ
vyndifraỽt . ym dic katwedic keudaỽt ami
kyfoedi cof aỽt . ~
Ryhỽyꝛ ym ynllỽyꝛ kael llỽꝛỽ ffaỽt om
ſerch os archaf ynbꝛiaỽt . ryaỽd y bum eil
ryaỽt . ry hir ymoedir am aỽt .
Ysbꝛein vaỽꝛ liỽ gỽaỽꝛ ale gỽaỽt hirdꝛic . a
hỽyꝛdꝛy om keudaỽt . ys bꝛeid ym vyỽ glyỽ
glỽyfnaỽt . ys bꝛaỽ pell adaỽ pall aỽt .
llyna lys nyt a diwyꝛnaỽt ombꝛyt . am
bꝛyder vyndifraỽt . lle lloerwiỽne llỽyꝛ wa-
ewnaỽt . llifgỽyn llaes a dỽyn llys aỽt .
Kigleu kynndifieu defaỽt kyntevin : kant
auar vyuyꝛdaỽt . kyꝛd etneint glỽyſneint
gloeſnaỽt . kerdgar kat adar koet aỽt .
Y kof ys ynof ys anynaỽt y try tragyỽyd
om keudaỽt . anghenndyd herỽyd hirwaỽt .
angeu ymedeu am aỽt ~
Dagyngoꝛ ragoꝛ rac vyndifraỽt ym : am
naſcaf ynbꝛiaỽt . dỽyn hỽyl dyn gỽyl golev
waỽt . dan vꝛic y goet wic ac aỽt .
Erchi merch vy ri rodnaỽt ys gỽneuth-
um . ys gỽnaeth gỽyt tros uolaỽt . arỽyd
nat ratlỽyd rydlaỽt . eres ymoedes am aỽt .
Tꝛavỽyf ry hir glỽyf ryaỽt y ỽꝛthi hoet
beri hut baraỽt . nymdywann didanded-
yfnaỽt . nymdaỽ kyfadaỽ cof aỽt .
llaỽer annerch ſerch ſeilyaỽd bꝛat aele bro
deilaỽ aelogaỽt . o wlat ueith glutweith
glotwaỽt . voꝛgant aredant araỽt . ~

Klyỽ yỽꝛ meu goꝛeu gỽꝛeid ganllaỽ . llyỽ
llawer haelder ffer ffuryfeidaỽ . llewych
uab arab y euraỽ clot pꝛud . Jeuan uab gruffud
uud uedylyaỽ . llyỽ nym gỽneit teleit talym
damunaỽ . llewenyd a neb tra veỽn hebdaỽ .
llyỽ am dyſgaỽd haỽd hodyaỽ gerd berffeith
nyt ual ſothachieith beird keith kaeaw . llỽyd
ragoꝛes les luoſſyd vꝛaỽ . llỽydgar rac ieueinc
veinc vydinaỽ . llym gyngoꝛ ragoꝛ yn rỽygaỽ
darpar lladgar rac eſgar derỽ rac yſgaỽ .
llathyꝛwaỽꝛ nyt oed uaỽꝛ eiryf gaỽꝛ guryaỽ .
llỽꝛỽ bꝛi daeoni dieu anaỽ . llỽybyꝛ digaeth
y iarllaeth y eurllaỽ ieuan . llwyt llydan daryan
llit yduryaỽ . llỽybꝛaỽd ehaỽnffyſc adyſc idaỽ.
llỽypꝛa oe nerthureich y vꝛyneich vꝛaỽ. llit er-
dyꝛn kedyꝛn keidyaỽ neu ỽꝛleis . lleis llỽgỽꝛ
dinaſtreis . lloegyꝛ dinuſtraỽ . llam̄ lloegyꝛfflam̄
llỽgyꝛffloch dꝛyſſỽch dꝛeiſſyaỽ. llit duraỽtyꝛ hu-
awdyr hueil uab kaỽ . llỽybyꝛdỽꝛyf moꝛgynnỽꝛ-
yf maỽꝛ gannaỽ nerthwir . llanỽ ennwir am
dir ynymdaraỽ . lliaỽs gyſtlỽn hỽnn honneit
gyvyaỽ . llaỽchblas agauas adas eidyaỽ . llys
hyſpys dyfrys divꝛaỽ waſſanaeth . llỽy*uchelỽꝛy-
aeth llary ffraeth ffrỽythyaỽ . llauuryỽn kan-
ỽn keinyeit heb daỽ . llauaueird digeird dygỽn
attaỽ . lle mae maỽꝛ cur llaỽꝛ kerllaỽ llys haelnaf
llann rann rymhuſſaf goethaf geithaỽ . ~
Kyꝛcheis ỽꝛclydỽꝛ clot tauarn athꝛef athꝛauot
med ogarn . car caeth y var coeth y uarn . kat
valch kadyꝛ eurwalch cadarn . ~
Kadarn y eiruarn ae eruit ae haỽl hael ieuan
eil pebit : keitwat rac bꝛat bꝛỽydyꝛ ymlit . kat
ol . eil eidyol y lit .
llit rỽyſc tan chỽeifrỽyſc chỽefrin yỽ ieuan .
llafyn garthan gyꝛthyỽꝛ trin . llydannryd y
gỽeinyd gỽin . llat llew beidyat llyỽ bydin .
Bydinlet hirget hỽyꝛgard yỽ ieuan . baed rỽ-
ydgan rudgoch dard . bodlyỽ croyỽ heilhoeỽ hael
hard . budlaỽn oe vaỽꝛdaỽn y vard . ~
Bard ỽyfi ymri rif llỽyꝛ aruaỽꝛgerd aryf aer
gat eſtraỽnffỽyꝛ. bard ynteu goꝛeu aegỽyꝛ . beird
[loewgerd bỽꝛd oleugỽyꝛ .

Gỽyꝛ ieuan diuan deuaỽt ffrỽſt bꝛỽyſctreth
gỽꝛ bꝛeiſctreul med am ỽſt . erdꝛeint gere-
int agoꝛỽſt . gỽꝛdvꝛi eur goſti oꝛgỽſt .
Gỽſt gynnal heildal haelder gỽyꝛ ieuan
gar ieuanc nud aruer . goſgeidic nur eilic
ner . goſgoꝛd loewffoꝛd eliffer .
Ercỽlff gryf ſelyf ſeil wledic ryderch rỽyd
Jeuan waeỽ yſſic . aryf aer didaryf urdedic.
ar glot y tri glut y tric .
Tꝛigywys maỽl hoewdỽys mal haedu oiaỽn .
y Jeuan gan ueirdlu : adyſc glot ffyſc heb
vyſc vu . vd card goꝛchur kerd gyꝛchu . caſno dyn.
Gwedy creir creawdyꝛ diuei llanỽ moꝛ
gymlawd naỽd noe. nyt gỽall ymwyn-
ball y mae . nyt gwell creir no meir na mỽy.
Mwyaf geir creir creawdyꝛ nyf. meint bꝛe-
int bꝛeinhaỽldat vchaf. maỽꝛdal gynnal yw
gennyf. meir yn eilgeir anwylgof. Cof ieſſu
llwyth bꝛu bꝛeint nodua diſgleir . diweir veir
verch anna . oꝛ y w mawr yỽ maria. oꝛat pur
dat am peir da . Da vu uoꝛwyn vwyn venw-
yt arbennic . erbynnyeit glan yſpꝛyt . deiſna-
ỽc veir diweir diwyt . deſnyd dwyn bedyd yꝛ-
byt . Byt greawdyꝛ llywyadyꝛ llawer . bit
greir ym veir rac yvar . pibyl awnaeth
ffraeth ffrwythdir . pobloed a muryoed amoꝛ.
Moꝛ amherawdyꝛ rỽydyawdyꝛ rod . mur
greaỽdyꝛ llwydwaỽt nym llud . moꝛwyn
gann par ym rann ryd . maỽꝛ garyat oe w-
lat aewled . Gwled gyfyaỽn om dawn ym
dỽyn amhebꝛỽng . bwyf deilỽng adolwyn.
diſgleir diweir veir voꝛwyn . gỽaỽꝛ tut gỽir
vynut gỽyꝛy vwyn . Mwynyant adalant
dyly pob geneu ygonon yỽ hynny . moli trin-
daỽt oꝛ vꝛaỽt vꝛy . molaỽt maỽꝛwaỽt meir
wedy . Gwedy vt ſupꝛa .
Ny dyweit pꝛelatyeit pꝛud ynmoli meir
geir goꝛmod . eglwys wogaỽn wiỽ-
daỽnwed . eglurder dedyf hanner dyd . Dyd
barn kadarn oꝛtho wrth . duỽ dy dat hir
wat hwyꝛwarth . dywet em barthꝛet ym boꝛth.

diwyt eir diweir veir verth . Berth obeith
gyfreith gyfrif . parch ahaelder mam ner
nef . pall y mae nyt kae ym kof . pỽyll maỽꝛ
didwyll meirdodaf. Dodaf vymryt rac
pyt poen . didaỽl haỽl ar hael voꝛwyn .
dyt ym reit ym bleit oꝛ blaen . didwyll
vaỽꝛ gannwyll veir gein . Kein virein
voꝛwyn dibech . kannwyll pwyll pell y
llewych . kynnedyf meir kynnyd moꝛach.
kynnil hoedyl kynnal hedwch . Hedwch
llary digrifỽch llỽyꝛ . haỽd clybot gỽir glot
gỽawr glaer . hi yỽ yn gogaỽn daỽn dioer.
heul gein hỽyl virein hael veir . Meir am
peir ympuraỽ cret . maỽꝛ annỽyt glaỽꝛ e-
neit glot . kynn bed ſeith dꝛoetued ſyth
dꝛut . kynnys poen kynnwys penyt ~
Ympenyt ergyt argoel . ombod rac goꝛ-
mod goꝛmeil . mi veu ynni vo annwyl.
meu rwyd meir hylwyd moꝛ hael ~
Hael yỽ hardvam llyw pob llwyth . hylw-
yd dawn obop iaỽn ieith ieith . heul dwyꝛei
uaỽꝛ gein veir goeth . hwyl uaỽꝛ annwyl
vireinyaeth . Mireinyaeth val y gỽnaeth
gwnaet . mat maỽꝛ arat meir eiryoet.
moꝛwyn eurdwyn aurdwyt . min pob
dewin aedyweit . Ny dyweit vt ſupꝛa

Bledyn tu ae cant y duỽ.

Glandat gỽir gelwir argrist galwaf.
gleindyt haỽd dilit y hadolaf. Gloew
dꝛe vyn gỽbyl uod rod rad uchaf gynnyd
glotryd digeryd duỽ agaraf. Rỽym gouei-
lyeint heint hynt dihiraf. roes ner ffur- 6
uauen eurnen arnaf. Ren trugar y
uar. o vaỽꝛ gamaf dꝛeis. rodei os heydeis
hyt nafhaedaf. Reidyach meu bellach
mi abỽyllaf. rec ffaclaỽꝛ bud maỽꝛ bod
meir awnaf. Rydit omgoujt agaf gan 11
drndaỽt ryd ffaỽt rỽy bechaỽt nyrybuch-
af. Rod haỽd naỽd awnaeth rif hyuaeth
haf. rinnyeu ful oleu os haỽl alaf. Rybum
pỽyllbꝛud bud bydaf ỽꝛth gyfreith rac keith
wy^{s}ch obeith aachubaf. Rei awarchadỽ bꝛa-
dỽ bꝛỽt ac oeraf. ryvỽyf iaỽn llundaỽn ylle
nyt af. Ri di falỽ yalỽ a iolaf racdaỽ. rỽyf
bỽyllaỽ idaỽ adysc pennaf. Rinnwedeurpader
agymmeraf. reỽ deincryt oglyt eglỽys pen-
naf credaf. Rac bꝛat nos gaeat naỽs gay-
af uffern. ryuel dywyllwern gethern gaethaf.
Rydoeth crist ygknaỽt gỽaraỽt gỽiraf. 23
ranneuoe donnyeu aeidunaf. Riein ueir
diweir wyꝛy lanaf detwyd. rat defnydbedyd
byt arwaessaf. Gỽedy gỽydyn dodi ri rywoc
caf. gwaetffreu gras wyrtheu argroes 27
warthaf. adoet arteith wieith owaethaf.
latron Jdeon trychyon oedynt trechaf.
Achludaỽ holyon arwirionaf. achlỽyf gỽe-
lieu āgheu yngaf. achladur iessu ar issaf
waelaỽt a chudbỽll tywyllaỽt araỽt araf. 32
Gỽꝛ agyfodes yngyfnessaf. goꝛeu bibyl odeu
y bobyl adaf. Goꝛuoled oued vsydaf gyfenỽ.
geir uolir yhenỽ ae enỽ iaỽnaf. anroes
peth llunyaeth llonyd uydaf. amryd dyd di
gaeth yndiwaethaf. amro naỽd digaỽd dec

loewhaf dꝛemynt. rac annoꝛuynt hynt heint
aganaf. beich o irlloned nys arwedaf. Buched
trỽyꝛgỽirdat keitwat katwaf. bud heb lud oꝛ-
chud archaf ynhollaỽl. bod tragywydaỽl vyn
nefaỽl naf. 5
JEssu adyun odeuaỽt gỽarder yossot lleuuer
ffyd iaỽnder ffaỽt. Oesswed tyngnheued yng
knaỽt meir bꝛ^{y}ffeith. eissydyn gobeith gỽirde-
ith gỽyꝛdaỽt. Ys ef bieu nef naf awaraỽt pla.
ys eidaỽ derra dỽydꝛadidꝛaỽt. Ys meu digỽym
rỽym rym gỽaỽt ygymhỽyll. ys mynn vy hā-
bỽyll yndidwyll naỽt. Ys tat ym nyt bꝛat neut 12
bꝛaỽt ac arglỽyd. ys tut didꝛamgỽyd arỽyd
araỽt. Di*danc oedyꝛdanc aỽdurdaỽt creaỽ-
dyꝛ dyg^{y}aỽdyꝛ ameraỽdyꝛ maỽꝛgymhendaỽt.
Daear gỽnaeth afaeth ueithwastaỽt pobloed. 16
ym maỽꝛ eithafuoed moꝛ athyvaỽt. apharat-
wys lỽys les paraỽt diwed. ydyn dibechaỽt da
buched iaỽn dibechaỽt. Gỽaedyn kynn dyfyn
dỽvyn waelaỽt kudugyl. ofyꝛth ymperigyl 20
fỽꝛth amharaỽt. arhed diwared. gỽiraỽt an
amser. aruer goꝛmodder agar meddaỽt.
Na medylya^{bla}blas diaỽt iessu pann vu ynybꝛy-
nu ar bꝛenn trallaỽt. Aroet kynn adoet. kein
adaỽt idaỽ. yꝛgoꝛdinaỽ llaỽ llyỽ bedyssyaỽt. 25
Gỽeini berỽ bystyl chwerỽ chweiris raỽt di
vỽyn gỽinegyꝛ^{a}gỽenwyn vꝛaỽgỽyn vꝛagaỽt.
amabdi vꝛadỽ gadỽ geudaỽt rinwedaỽl mei-
dꝛaỽl yspudaỽl yyspydaỽt. Meir chwec virein
dec voꝛỽyndaỽt ffrỽyth laỽn. moꝛ iaỽn ieith 30
randaỽn vn athꝛindaỽt. Duỽ adaỽ arnaỽ
diwarnaỽt kybed diwed yꝛ oessoed toꝛuoed tyꝛ-
uaỽt. Dyuot yn hynot anhunaỽt myvyꝛ.
dydetkyꝛ pybyꝛ paỽb oe v^{r}aỽt. Ydangos aroꝛ
arỽyd traethaỽt vann. daỽngof rann kymañ 35
kam ydivraỽt. Gỽir obeith uoddeith. ufydda-
ỽt oꝛsed. gỽaret heb omed y bum **hyꝛdaỽt.

Arch6n adef6n adywa6t pader yner kyfuander
y kyvunda6t . aneur benn perchen parch bꝛia6t
racHa6 . ynerbyn atta6 dyd bꝛa6 a bꝛa6t . ameN.
Ydu6 uchaf y kyfarchaf 6yf kyuerchyd . eidun
berchen a da gymmen y dygymyd. Bꝛenhin
g6lat nef yma y bu ef mi bieivyd . bꝛeinya6l 6
bennaeth vd hynafyaeth oed hyneuyd . Bꝛa6tle
kyfreith . g6ir eurdaleith . g6a6ꝛ ardelyd . budrañ
oe rat kan ygennat . kein y gynnyd . Budi 9
ſarruc . byt eu goꝛuc . b6yf digeryd. Coeth ueir
ua6ꝛvꝛeint ar ychꝛeivyeint . wir ychꝛeuyd . Kauas
oe naf bom llawenaf bump llewenyd . kyntaf
ryvu . reit yn kan vu . rat ankenuyd . Kynnel6
ang6nel . kennat a bꝛiel . kanneit wybꝛyd .
Da6n ar6yꝛe dywa6t aue . daua6t ufyd . 15
Did6yll 6ꝛthi du6 ycheli . vu y chilyd .
Eil urdedic . du6 nydolic . nydidolyd . gan enry-
ded gein ediued . geni douyd . lleuuer kyfya6n
lla6n oꝛtrida6n llynar trydyd . lle ydanreg6yt . du6
an pꝛoffwyt . dewin pꝛif ffyd . llewych uab meir .
rat bit wireir . reit bedweryd . lly6 ſudea . ac wyꝛ
anna . o gerennyd . G6edy daruot odeu hynot 22
y dihenyd. g6energ6eith dymp . yꝛ gras arw-
ymp . argroes irwyd . O vꝛat Judas . byt alanas
bu dilonyd . A bꝛa6t bilat ynat afrat eneit 25
efryd . Cof gogonet . vn tr6y dytwet antri det-
wyd . kyuodi naf . oꝛ lle iſſaf yꝛlluoſſyd .
Pymhet diffael kyfarchauael kyueirch ufyd .
pan yſgynna6d ara6t atra6d eureit etryd .
Nerth abara y ſant wylua . aſeint eluyd . 30
Ner bꝛenhina6l naf acheda6l nef uchedyd .
Oꝛ byt pan aeth . ma6ꝛ de6inyaeth meir di-
wenyd . Doeth niuer kein . y gael arwein
y geloꝛwyd . du6 aedeulu y gyfleu yngyfluyd .
Coꝛff bendigeit a hy eneit . meir huenyd . 35
Caryat gleindit nef y gelwit yndigelwyd .
Pob dim kywrein . goꝛeu coeluein . goꝛuc kel-
[vyd .

1251

Pedwar amſer hynaf bader . a hen6 bedyd .
Gaeaf g6annwyn reit oed oꝛllwyn . rat ader-
llyd . Haf kynnhaeaf . ymoꝛ dyfnaf . a ma6ꝛ-
defnyd . a h6yl alaf . lleſ uodꝛydaf
llys uedꝛidyd . a hael aela6 . ama6ꝛ wiria6 5
amerweryd . a heul oleu . alleu vereu a
lleueryd . a lla6ꝛ eigyawn . anlly6 harda6n
alli6 hirdyd . a lloer noſſa6l . ar6y oſa6l y
rei yſſyd . Naf ac argl6yd . y6ꝛ g6ar gul6yd
arg6ir goelyd . Nef adaear . ag6yllt ag6ar. 10
ag6ellt a g6yd . arch6n yꝛ tat oꝛdeheuwlat
vꝛdeu hywlyd . Yꝛ ydechꝛyn . geinwi6 oſynn
gan wae6 evyd . Erbynnyet‸ni trugar ynni.
tr6y gerennyd . Erbyn dylyet oꝛ p6ll vy-
net yꝛ pell vynyd . G6yt amdaruu o gam- 15
garu ac ymgeryd . G6edy penyt naf tr6y
gywyt . nef tragywyd . ~
DEdua6l ma6l molaf didꝛiſt griſt greir 18
naf doethaf didanaf dydaeoni . Dinam
uam vurdeu . diweir geir goꝛeu . dieu y donyeu
wyt vn athꝛi . Digrif bꝛif bꝛoff6yt . dyndit odit
wyt . dodwyt b6 vrd6yt y6 bru yꝛdi . D6ywes
les leindit deilyat rat rydit . dilit alewnit o
oleuni . Diſal6 gal6 g6ylua . defnyd dyd di 24
bla . deuda doeth yna du6 otheni . Dee lle llew-
enyd . o veir creir creuyd . Divꝛat uat uedyd.
detwyd ryd ri . Dodaf naf nefa6l . del6 ardel6
vꝛda6l . dec rec ragoꝛa6l vꝛenhina6l vꝛi. 28
Dedyf gannerth nerth na6n . deith obeith ieith
Ja6n . digaeth ffraeth ffr6ythla6n . wi6da6n wedi.
Dꝛemrod mod madeu . dꝛugar gar goꝛeu . dꝛo-
eu medylyeu . meu adoli . Dꝛ6y eireu geu gan .
a dꝛ6c g6c gogan . a becha6d annyan . buched yn
ni . ll6ydvꝛeint meint mantoed . ll6yꝛaf naf nef-
oed . ll6yth g6yth g6eithꝛedoed . baroe‸d beri . llum-
man rann rinnwed . llywya6dyꝛ haeda6dyꝛ hed.
llaryed di uuled y6 dy voli . llud‸dy was bas b6yll .

1252

llaỽnoeſtaỽn yſtỽyll . llef didỽyll gymmỽyll
gem pꝛoffỽydi . lluyd dyd diffael . llyỽꝛaſſryỽ
yꝛ iſrael . llaỽꝛ uffern wern wael trauael tre-
vi . lle nymgat mat meir lledic dꝛjc dꝛyc
eir . lle ykeir llỽyth globeir . glybot poeni .
llawr ofyn dofyndaear . llys flam gam gym-
ar . llachar o varwar yny uerwi . Eurglaỽꝛ
aỽꝛ arwyd . erglyỽ rodlyỽ rỽyd . eirglot bot
bytlỽyd gulỽyd geli . argleitrat nat noeth .
yꝛtan pan poenboeth . arglỽyd coeth gloe-
wdoeth yꝛ arglỽydi ~ ~~

Llyỽ goꝛllewin . llawryd urenin . llaryeid
vꝛeinyeu . llwydedic dat . llaỽn o garyat .
llen agoꝛyeu . llewych arglỽyd . llyuar gulỽ-
yd . lleuuer goleu . llywya uuched . lleiaga-
red . y llew goꝛeu . llys gynheilyat . lletneis
llochyat . llitnaỽs llacheu . Divevyl y gỽna-
eth . dirrỽyn aruaeth . dewr yn arueu . Di-
uei aerbeir . diua kardeir . dovi kerdeu .
Dilis wledoed . dilud kedoed . dylad kadeu .
Dileſc onnen . deulit uryen . dylut aereu .
Dinas gỽinllatt . dinac rodyat . donyaỽc
radeu . Doeth adigrif . dyꝛaỽꝛ gynnif . doꝛ
arganneu . Duỽ daỽn allael . diwan ry hael .
dewin rieu . Douyd yth wled . dỽys anryded
daſſwyn radeu . Digard uackỽy . dỽ goꝛonỽ-
y . dec y rinnieu . Dar trer ykaſtell . dewred
kadell . diwreid cadeu .

Gruffud uab dauyd uab tudur ae cant .

Eruit newit nwyf . aruer cler am-
cỽlyf . ervynnyeit ymrỽyf yd wyf yd-
a . Arỽydwaỽt eruyn . ar oet vnvlỽydyn .
awaraỽt toppyn velyn vỽla . arwydyon
rodi . awna haelyoni . caledi cronni cry-
nu awna . Ereill arodei arwyd rwyd
vyd rei . peit uei aedyꝛrci moꝛ y derra .
Eryꝛ gỽyꝛ gỽarant . arwyꝛein moly-
ant . ardunyant ffynnyant itt y ffyn-
nya . Edꝛyd gỽeinyd gỽaỽt . atneu
kerd tauaỽt . araỽt om meithwaỽt
ytt nymetha . Yꝛmỽyn mireinſon moꝛ-
ỽynaỽl dynyon . a ſon llatteion ae llettya .
Yꝛ mỽyn llifdỽynlleith . gỽaỽꝛ geinllaỽꝛ
gynlleith . gỽaỽt obeith gwennyeith am
gỽeinyda . Yꝛlliolluch Jonaỽꝛ . yꝛ nef llef a
llaỽꝛ . yꝛ mỽyn gỽaỽꝛ uaelaỽꝛ nam gouala .
Yr cof dof dyfrỽys . bun loewlun liwlỽys .
cannỽyll bowys lỽys amdilyſſa . Vy rỽyf
am reuved . o roy 2 geir gomed . rianed gỽy-
ned ath ogana . keli adꝛoſſes ỽꝛthyt vyn ne-
ges . culỽyd athꝛodes lles nyỽ llaeſſa . Coloſ-
yn pꝛyſtattun . coelueineu aỽꝛtun . cattkun
kein eidun eil cuneda . Kalandyd pandel . ke-
lennic digel . howel aer dꝛauael nywyꝛ dro-
ua . Kytwed buelin . katwedic ladin . kyfrin
kar ieſſin myỽncoꝛ aſſa . Kiriet naỽdget
nud . kar pꝛudua* pꝛeid uud . kanyt eirch
gruffud nathꝛud nathꝛa . Kadeir eir eur-
boſt . kadarn laeſuarn loſt . kadyꝛ ffraethl
ffroſt da uuoſt eithyꝛ dy vỽa . Kynnal gyw-
irdeb . ac enỽ ac wyneb . yꝛ neb ryỽ atteb nam
ry oetta ~ ~

Dof* gennat teithuat tuthua poendethol
pony deuthoſt di ettwa : duỽ aryd y dettwyd
yda dieu mi bieur bỽa .

Nyt lle ym geiſſaỽ . llauur bꝛỽyngur bꝛaỽ
rof aphꝛyt alaỽ ual ffrỽt ỽyleis .
llunyaỽ tangnheued . llifrann gỽan gwed.
bꝛeint kyflauared . kyflauuryeis . llidiaỽc
uugenti . llityant rỽytyant ri beidaỽ yhenỽi
pan y henweis . llithget bꝛeinget bꝛỽyn .
llaes virein uoꝛwyn . llyma vy maỽꝛgỽyn
nyt ameurgeis . Rac llỽ tonn ertrei . mae
vy llaỽ arnei . rei ae ryſedei naſrỽy vedeis .
llifaỽ vynggrudyeu amllad heb arueu .
minneu y madeu nyſ medylyeis . Ynyllun
kyntaf adechꝛeu gaeaf . pan vyd anaraf
tonn uaſſaf ueis . Yꝛ vnuet vlỽydyn o oet
atheruyn . yaỽnder yỽ gofyn hynn a honneis .
Ardec rỽymdec rin . trỽy lit ac oꝛdin . ooet y
bꝛenhin bꝛeinyaỽc kemmeis . Yn llygrant
ym grañ yn lle y gelwir llann . yn llogaỽt votuan

hoetran hydꝛeis . Yngheindꝛef aber angheudꝛeul llawer lle ybu ner niuer naf agolleis . yngkymỽt pennaf arllechwed uchaf ydyn a garaf nyſdigereis . Ynſirydyaeth don . yn ſir gaer aruon lle bu ron dꝛagon dꝛeigeu emreis . O mynnỽn vyngklỽyf gan liỽ tonn ỽꝛth rỽyf . nwyf nyt eſgoꝛỽyf kan dwys gereis . Yꝛdeugeinſỽllt not o yſterlingot . vynnamaes amot mi ae ſymmeis . Gỽenn a hoew yỽ honn gỽynlliỽ ertrei tonn . pann vyd eglur vꝛonn a llonn y lleis . a egỽadaỽd yn ueith yꝛ llys dyfrys deith . cam ac anghyfreith gỽeith gỽythlaỽn dꝛeis . Dy gỽyn vu gynneu dylad heb arueu . a llafneu geireu gỽyꝛon lletneis . a mlliỽ beith ledit ageir lleſmeir llit . yn vyỽ nath welit edlit atreis . Abyỽ ythwelaf ybaỽp y tyſtaf . abꝛaỽt aarchaf ac aercheis . Nadilynỽch dlaỽt nydjlynaỽ ỽaỽt . ar ol eur dauaỽt lliw eiry diueis. Detlis hoet ynhaf didlaỽt yth welaf . dadlev ny allaf ac ny elleis. a diallu ỽyf adeallnỽꝛ clỽyf . adyelluyd nỽyf kan dyelleis . Deallet doethyon dyuot dialon . o gỽnaeth penn dꝛagon dꝛỽc yỽꝛleis .

Nyt eilhaỽs dignaỽs dygneis daỽn dadleu . ar dyn di dlaỽt cỽꝛteis . no mynet hỽyꝛget hirges iwerdon o von y ueis

Dauyd bach uab madaỽc wladeiḋ ae cant .

MJ aweleis lys adỽy adec llys . ac ny weleis lys moꝛ lỽys etmic . a rllys ahofaf yꝛ lles yỽ phennaf . nyt llaes y molaf mel kelliwic . ynllỽyꝛ degỽch nef yn llaỽꝛ bachelldꝛef . y lle y byd dolef bob nydolic . a llu ogereint a llynn tramedweint . a llewychu bꝛeint bꝛo hil meuric . a llawer kerdaỽꝛ . a llawengrythaỽꝛ . a llewenyd maỽꝛ yỽch llaỽꝛ llithꝛic . a llef gan danneu . a llif gỽirodeu . a llauar gerdeu goꝛdyfnedic . a lliỽ goch baladyꝛ gan llin kadwaladyꝛ . a llafyn gỽaet raeadyꝛ coel ueingadyꝛ kic . athꝛo kerdoꝛyon athꝛydar meibyon . a thꝛablud gỽeiſſyon goſſymdeithic . athꝛully at trablin athꝛallaỽt kegin . a thꝛilliỽ ar win y

wann blyſſic . Teir kynnedyf yſſyd tirion lewenyd . arbꝛiflys dauyd di veuyl ryuic . By dyn bynnac vych . by gerd a vettrych . gyt ac annodych yn ennỽedic . Dyꝛet pan vynnych . kymmer awelych . agỽedy delych tra vynnych tric .

Pys gỽyt vyn niua . ys gỽann ymatwna os gỽenn ae gỽada . gỽydyn yd holeis .
Mae ymbraỽ glywet gỽybot agỽelet carwet edynyuet edynywen ſeis .

Grufud uab llywelyn lỽyt ae cant ..
VYarglỽyd rỽyd reen dy varn gymen.
divurn gameu. vat rat rinwed athꝛu-
gared athꝛo goꝛeu. Vyntraỽs gnaỽſ gnaỽt
odic bechaỽt aduc beicheu. Val nat divꝛo ym
yriuo am y rỽ^y^ueu. vyggodineb vygglythi-
neb vynglỽth eneu. vy enuigen vygkerd aren
vyghard eiryeu. Vyndiogi vyndireidi over
oedeu. Vyngwall vnpꝛyt vyggỽann ỽꝛyt
yngwennereu. Vyggoꝛmod ſon enwaỽc loeſ-
ſyon yneglỽyſſeu. vyndichellyon y lad dyny-
on alud donyeu. Vyndꝛyc veddaỽt anhoff
araỽt yny ffeiryeu. vyngham ueſſur bꝛat
ac uſur. bꝛyder gỽyſſeu. Vy chwant yꝛbyt
ar vyꝛr ennyt ouer ranneu. vy ffalſt gyf-
reith yny bꝛytyeith yny bꝛotyeu. Vyggoꝛchỽ-
ylyon einyoes holyon yny ſulyeu. vygkam-
degỽm abcir kidỽm berỽ hockedeu. vy
ennwired taer adꝛoſſed toꝛri dꝛyſſeu. vyg-
gauaelyon oꝛwac holyon arwyꝛ kilieu.
verdꝛym grym greir. bꝛenhinuab meir oꝛ-
geir goꝛeu. veurglaỽꝛ gỽaỽꝛ gỽyꝛth kynn
kil yngyꝛth kynn cael angeu. vy chwant
cant kỽl vygkañ medỽl vyghun madeu..

Ỻyma gerd ſefnyn.

Llathꝛaỽd dꝛos vydoed dꝛumoed dꝛimỽy. ỻwybyꝛ not gwynn vꝛiwot myn gỽynvꝛeuwy. ỻiw ewyn ar dyn yꝛ dwy adlif ỻanỽ mynutrew ỻif ỻynn mynedwy. ỻewychaỽd kyfeir creir credadwy. ỻanỽ gỽir geyꝛ d[e]yfyꝛdir o lann dyfyꝛdwy. ỻun am peir maỽꝛeir rac amaerỽy deigyꝛ. ỻiw loeỽ deurud eigyꝛ ỻeilei dirỽy. ỻawen oꝛdꝛefwen hyt ydꝛywy ỻeis lonn om kaỻon̄ y honn ahỽy. ỻe bei kein yꝛthyei kannoꝛthwy eſbyt. ỻiỽ eiry vedꝛus vꝛyt ỻaw eurvodꝛwy. Eirmoet y kereis wrleis arlỽy aryf kat [wnaeth] didaryf keitwat adwy. Joꝛ dieidil mil a mỽy oꝛ ieueingk. eiryaỽl gerd ffreinc aryal garỽy. ỻathyꝛlenn bꝛyt ỻawen bꝛiaỽt ỻywy. ỻyỽ ae glot gernyỽ oglyt gaỽꝛnwy. ỻew kymeỻ casteỻ ỻavyn kyſtwy aergrỽydyꝛ. ỻaeſwr govꝛwyſc vꝛỽydyꝛ ỻaſar gyfrwy. Olwyn dyuot perffeidvot pỽy. eiliỽ bꝛiỽ bꝛeiſc vꝛonn maỽꝛdon moꝛdwy. yꝛ ner etmyker oet makỽy o ſerch. vnyaỽn hoewdec verch o nann heudwy. Aeth cant dꝛỽy vedyant dꝛaỽ o vaỽdwy. uthur bwyỻ geir didwyỻ ac ardudwy. Eirchyeit ae dyweit o dawy ae gỽaỽt y dygynnvỻ ffaỽt y degannwy. Deuỽn benn mynyd uſyd ovwy. dinas dan ſolaſ a dinſilwy. Dyvynt hynt tremynt tramỽy beird gỽyned. y gyfragot gwled agafrogỽy. Tꝛa vo teyꝛneid volchꝛeid valchꝛỽy. dꝛagon nenn doethyon yn nindaethỽy. Didlaỽt kein wiraỽt myn kynnarỽy walch. oes loeỽ barabyl balch is laỽ berwy. Dyludỽꝛ eĩgylgat yngat angỽy. didlaỽt weith lwyſieith dadyl alaſſỽy. Dewrwiỽ telediỽ taladwy rodyon da gludwr beirdyon digeladwy. Da vu glot tudur aerdur oꝛdwy. doꝛ kymen oꝛoꝛ kamaỽn arỽy. Da iaỽn geir unyaỽn gooꝛonwy vyỻyỽ. di vei voned yỽ da veuvanwy.

Kwyt yſgwyt yſgỽnn gymarred. reit eirchyeit oꝛchwyl ỻawered. riuo dy wledeu ryued o geỻir. oꝛ rybarthỽn wir yꝛ roi berthed. Rot eurglot varglỽyd a maỽꝛed. reit eirchyeit oꝛchwyl tangnefed. Rac ỻit vꝛo deu dwyỻ rac ỻet vꝛyded raỽt roit tuỽ arnat naỽd ri teyꝛned. Ret eurget ergyt tros wyned. ryt gwynvyt gỽanvard arỻechwed. Ryỽ lỽyſwaỽt ath beir ry laſwed vy guarn. ri ny dꝛeiſſyaỽd wann run odꝛoſſed. Rỽyſc hoewvꝛỽyſc hyfryt yth gyued. rec maỽꝛdec moꝛdaf dy gytwed. Ry vein veryd ỽyf rỽyf vn vaỽꝛed ỻyꝛ reit ym golovyn gwyꝛ rat amgeled. Dinydyꝛ hydyꝛ hyder ynggoꝛſed. dawn [cof] kyfyaỽnderenmyned. Dieu gedernit dyhed ath vlymlwyt adec keinwlat ỽyt adeucannwled. Dar oeſpar eſbyt diomed. Doꝛ eurioꝛ dewr aryal maỽꝛed. diwreid kebydyaeth a dewred. y dyn dỽy gamp vynaỽc yn di gỽymp voned ~

Curỽꝛ dꝛeigyeu keryd greigyeu. cleroed eigyeu. klarei dygyat. Koethem geiſſyaỽ keith ogleiſſyaỽ. kedyꝛn dꝛeiſſyaỽ. kadarn dꝛỽſyat. kyflym redeis. kyfle credeis. kein y hedeis kanon hoewdat. kyñ ebꝛỽydet kaỽn hir dꝛỽydet. koelyỽn rỽydet. kaỻon rodyat. yn vynychaf odyarchaf. ef yỽꝛ gỽychaf ỽyf argochyat. ymoleſtei oe kyñeſtei. y beỻweſtei hybwyỻ waſtat. Arwyd ffyñu. eur yſtyñu. aerdiſgyñu. urdas gẽnat. Aryan ỻeſtl. ar ffeneſtl. ar y reſtl. eryꝛ yſtrat. Bꝛyſ y parei. bꝛynỽꝛ clarei. bꝛith agarei bꝛatheu girat. Bꝛiỽ achleiſſeu. bꝛein dieiſſyeu b[y]yder leiſſyeu. bꝛỽydyꝛ loeſſyat. ỻỽyt aglewgein bot eil ywein. berỽdaỽn gywein. beirdyỽ̃ gaỽat. wrth dyneilyon. berth gyfeiỻyon. byd oe deiỻyỽ̃ bud oe diỻat. Gar pꝛofadỽy. geir taladỽy. gỽꝛ aradwy. garỽ y redyat. Gwyt nyſengis. gwyn adꝛengis. gwar diengis. gỽyꝛd oe angat. Groes yỽ geyꝛyd. gỽeilch gerennyd. gỽelwyf dꝛennyd. golut rannyat. Gwalch ỻe delwyf gỽnn y gỽelỽyf. gỽedy delwyf gỽaỽt adeilat. ỻwyꝛ myn creireu. ỻe bei ffeireu. ỻunyỽn eiryeu. ỻonn ennyꝛyat. ỻwyd rieni. ỻud dꝛueni. ỻes oed eni. ỻyſſoed ynat. ỻiaỽs ueidyaỽ. ỻwyd vꝛeidilaỽ. ỻudyỽꝛ eidiaỽ. ỻaỽdeỽꝛ rodyat. ỻaſneu hirion. ỻetneis dirion. ỻochỽꝛ gỽirion. ỻychỽꝛ gareat. Sefnyn agant yꝛ aỽdyl honno.

Gefnyn ae kant .
Dygyꝛduỽ hard mae bard balchffaỽt
kyuanned myỽn bed mod buched ma-
deu y bechaỽt . Moes rat molt paryat . para-
ỽt digrifyeith meith maỽꝛdỽyn gỽiwdeith
myꝛdin geudaỽt . Mackỽy meu uoꝛdỽy
myvyꝛdaỽt garỽvloed mat oed meu wifgo-
ed mỽꝛei wafcaỽt . Med kyhoed milyoed
molaỽt aneirin . maergỽin murgỽerin
meir aegỽarat . Dyfgeis gur dỽyfgur
neut yfgaỽt teruyfc . dyfc dyꝛrỽyf adyfc di-
ryuedaỽt . Dycknaf duỽ eurnaf diwarnaf
dygyn uu. du doe gan dꝛillu dogyn o dꝛalla-
ỽt . Dỽyneurwas di vas deuaỽt diweckꝛy
ydy dirwely daear waelaỽt . Dieinc dꝛos
uaỽꝛgeinc uargaỽt grud pꝛydyd . deigyꝛ
ryd diefryd deu aeafraỽt . Gỽiỽ uyd ger
bꝛoyd y bꝛiaỽt deigyꝛgoft . garỽ ffroft gan
gỽayfdoft gỽynaỽ gỽeddaỽt . Gỽneynt
dꝛaỽ gỽyꝛyndaỽ gỽꝛ undaỽt uedgyꝛn gar
chwyꝛn ger teuyꝛn goꝛeu tauaỽt . Gỽae
niuer glewder gloewdeuaỽt pobloed dꝛaỽs
vywyt oeffoed dꝛos uedyffaỽt . Kauas
kỽbyl urdas rac kabyl oꝛdaỽt haỽd kaỽd
kein ymadꝛaỽd kynno medꝛaỽt . kyfyaỽn
kathyl uaỽꝛdaỽn uardaỽt diletpei cof rei
ket diuei cadỽ adeuaỽt . Keingeu coeth
datleu keith didlaỽt darmerth. kyngerth
kỽyn joꝛwoerth kanon eurwaỽt . Kudyaỽd
llaỽꝛ kỽymp maỽꝛ amaraỽdyꝛ gywreint .
coꝛ feint coꝛff haedureint . kywir ffyduraỽt ~
Bꝛaỽt ffyd pob pꝛydyd pab pꝛiodaỽꝛ gỽa-
ỽt gỽydyn ynn vyỽ bedeir aỽꝛ : bot
arioꝛwoerth gerth gerdaỽꝛ bydar kud
bed lliwrud llaỽꝛ .
llaỽꝛ duoer yỽ llei ꝛ dyall . lletty ioꝛwoerth
daỽnverth dull . agarỽbỽys crynvein gei-
rỽ bell . ac irbỽynt derỽ ac oerbwll .
Pỽll agud yꝛud oꝛif pennkeirdyeit .
gỽlat ganneit glot gynnif : paỽb ae
gỽyl llit gynvyl llif . pellet deigyꝛ pylleit
[digrif
Digrifỽch dieu grevyd . dỽygrefft bard
urdedicrod : dodet yngaeth doe dan gud .
dogyn trauael dic nyt ryued . ~
Nyt ryued troffed traferth treis galar
tros golofyn kerd bytuerth . amarỽ yn
bard maỽꝛenỽ berth . ymarwein digyꝛ
am ioꝛwoerth . C
Euraỽd ioꝛwerth geinuerth gan . erlly-
ned gỽir gyued gỽin . araỽt tec o oꝛeu ton .
oꝛod duỽ aeuraỽd dyn ~
Dyn doethbỽyll didỽyll . dodeis vloed
gyngherth . dỽyn ioẃerth lỽysuerth leis :
araf ydꝛef oer vu ꝛ dꝛeis ywaelaỽt llaỽꝛ aw-
Gỽeleis am uard hard hylithyꝛ . [eleis .
gỽedy darllein gỽaỽt eurllythyꝛ . baradỽyffe-
id berỽ difathyꝛ . bꝛid aderỽ bꝛeudỽyt aruthur .
Aruthur alaethꝛuthur olithꝛaỽ pꝛoffỽyt
medylywyt mod wylyaỽ . dinydyꝛ dagreu
ymdanaỽ defni glut deuvỽy no glaỽ :
Glaỽ bꝛyt ỽylaỽ bꝛat alar . gloewon dagreu
aglywir . nychwyt anavỽyt niuer . na chaỽn
Da gerdỽꝛ haỽlỽꝛ haelyon [ragoꝛdaỽn gerdỽꝛ .
agudywyt gỽydyat ffyꝛyf amryffon . dauot-
yaỽc beiꝺ di vutyon . didlaỽt traỽs vwynwaỽt
Gỽae ger mon o veirdyon [tros von .
vyꝛd . gỽifgaỽ ogoꝛff gỽifgi gerd . gỽeat diffaft
gỽaỽt gỽaỽt hyffoꝛd . gỽafc llaỽꝛ gỽeifc kerdaỽꝛ
[gỽifc hard . ~
Bꝛyt ar olut byt o byd maỽꝛdodaf bꝛyf
fyaf lle ygwelaf bꝛys llu gweilyd .
Bꝛeint nef hun adꝛef hoewvat ryd y keit .
bꝛeinyaỽl haỽl henbleit gynnyd . Gwy-
ned bꝛeifc adurn divurn . neut vuyd arber
bꝛenhines haelder gloewder gwledyd . Bꝛỽ-
yfc vydaf ot af ydyd ymgwelo . bꝛo amyl yỽ
yno ym lewenyd . Pꝛydaf allunyaf oe llonyd
ualchdut. paraw . aclaỽ olut oꝛfut yffyd .
Perdaftein coeluein keluyd . lauarwaỽt . para-
ỽt berth dauaỽt gan boꝛth dovyd . Pꝛif de-
gỽch dilỽch eiry dolyd kynn glaỽ . pꝛaỽ
nwyf gyꝛyf anaỽ nyt goꝛvynyd Pꝛiaỽt o

oleuwaỽt eilewyd hyfryt . pꝛyt gem ar deu
vyt gymar dauyd . Gwaỽꝛ gerdgar hỽyꝛwar
herwyd adnabot . goꝛuot ar hoewglot gỽiỽ
ireglyd . Goꝛhoffder llawer med llywyd k
kerdeẏ . geiryeu amyl vwryeu ymleue -
ryd . Gỽir gymwyll yphwyll ae ffyd ae ch
champeu . goꝛeu ffuryf bꝛodyeu gan ffyꝛyf
bꝛydyd . Gwaret yỽ rwydet y ryd oe gwydꝛin .
gỽin oꝛ llaw yeſſin yꝛ lluoſſyd . Ragoꝛes ka-
res keryd ny haedei . rei ae ry volei llaỽꝛ hu-
velyd . Rac bꝛeint merch wyndeint llenn
dyd wybodeu . oꝛ moꝛ bu goleu maỽꝛ bwy-
gilyd . Rodyat yngharat yngheryd gwyñ-
galch . riedaỽc dꝛemwalch wylualch eluyd .
Riein loew virein . leueryd gwaſtat rat
hylwys blannyat . heul yſplennyd .

Gruffud uab dauyd uab tudur .

Gỽyl vun adꝛy hun drỽy hut kurortho
car ỽꝛthyf dywedut . nyt diboen nam at-
tebut nyt hawd ymadꝛaỽd a mut ~
Mut a balch hil gỽalch gỽeilch nỽyf yth
welaf oth uarnaf ieith vaỽꝛnỽyf . mon oed
henỽ menydhenỽyf . minneu llaes gofeu llesc ỽyf .
Gỽannllesc wyf hut rỽyf hoet dꝛỽc . am vn
geir o du maengaer amlỽc . gỽannach adic-
yach ymdỽc gỽennllyſ hil gỽanllaes olỽc .
Dy olỽc treiſỽc troſſof ỽyf alltut aa villtir
hebof . dyn aryd geuyn argof . dyỽet eir diwyt
Dywet eir kyweir yn ol kaỽat nỽyf : ꞏyꝛof .
can goꝛỽyf cỽyngirat . ae yꝛ gỽerth canner-
th kennyat . ae oth uod enỽ rod yn rat .
Ym ny chat yn rat reit atteb eilwyd eilyỽ
gỽendon moꝛeb . nac yꝛ gỽerth nac yꝛ nerth
neb . y gan honn etton atteb .
Atteb dihaereb hir orchwyl eneit adyweit
haỽlbleit hỽyl . ys adef ueingan annỽyl .
adeu bꝛat goleu bꝛyt gỽyl .
Nymbyd dyd llonyd allun llary gỽanllaes
ar llaỽꝛ gỽenllys eittun . aminneu hydyꝛ
ym annun . meu nỽyf cur rỽyf yỽch caer run .
Kymmeret haelet hoewlun om dolur am
dalu pỽyth vy hun : arblas glas glỽyslaỽꝛ
eittun . ar bleit y heneit y hun .
Nym gỽnaeth gỽaeỽ alaeth gỽiỽ elyn
hyt hynn . onyt honn yn eittun . na chof
na chanu arovun . nachaỽd uthur anaỽd
Gỽydyỽn na haedyỽn hadun ꞏeithyꝛ vn .
hy gereis hoeỽ gares yn eittun : gỽydyei
agỽydyoꝛ annun . gỽedeid elyneid wyllun .
Wythnos ym annos om annun gyffro aeth
etto ỽyth eittun : ỽyth atteb aaeth attun
aethant dan gud heb uud unn .
Amyl dꝛỽy hiraeth yd aethan . amot rỽyd
awyd awen : omgeneu eryeu eiryan .
eurdylat attat eittun .
Yt oed cam llỽꝛỽ kytcam llif . nat anuonut
hut hoewdỽf . oeittun geñat attaf . hyt tra
ꞏgeit eneit ynof ~

Dieu y kymer ner nef . ydeu eneit dianaf .
eneit yw hirwen gennyf . ar eneit awyꝛ ynof .
Hoffter uyd doethder deithdut adyſger y-
dyſgawd yꝛ dywedut . argoꝛeu geiryoel vy-
nut . y gem bwyll hy dwyll ahut .
Tꝛwy hut bwyll aſtut abell yſtyꝛ gwenn
tuae gwann ae hepkyꝛ tro mwy vwy traha
myuyr . trech odwyll nogwirbwyll gwyꝛ .
Gwyꝛ nwyf gwir gannwyf gwawꝛ gannwyll
llethꝛyd amllithꝛawd ym goꝛffwyll . deith wyl
boen . dyn detholbwyll . doethyom mal deillyon
adwyll . Twyll aſymut pwyll *pell defnyd
medwl . mal dyn medw diawtryd . hoengwaed
grec gwanec gweunyd . hun am neb un
ym nybyd . Kyntaf uu adaf odyn amoꝛwyn
wyl am aeron . adeu gymar trydar trin . y
gelwit gouit gyuun . Vn vu adaf amaual .
ac eua kyt bei gouul . aroes oe merchet
uedel . oe meibyon doethyon dethol .
Ynol adaf naf nwyfrad kynnkyfreith pab
nae dꝛablud ygoꝛuc pawb y gared . ae gares
yndigeryd . Digeryd uyd ryd rwydgael .
da y gwnaeth mei dei oꝛ deil . deuoet dan
goet ydan gel . y minneu ui am annwyl .
Gwylya bwyll hirdwyll hwyꝛdwf . golwc kynn
mod diodef . ac ennill dyſc ac ynnif . ac antur
byd yn gyntaf . ~ ~ ~ Jdem gruffud .
Dvc gwledic kedic odu coedyd ros . nyt
nawt rus ardetwyd . orwym garw . o
rym geryd . oꝛ annodun run yn ryd .
Doeth run hir ydir dewꝛeir abelldꝛic . gan
gedic kein gadeir . lle y gwnaeth run gyf-
un gyueir aberth o vawꝛwerth yueir .
Tꝛwy nerth geir mab meir mawꝛ eidun
catoed : gwnaeth kedic credadun amlwc
uod oꝛ anodun . ymdangos yꝛos oꝛun .
Run goeth ual ydoeth odeith gaentach
gyꝛch ogarchar dieiryach . o raf bwyll
yꝛos bellach . ydelwyf onwyf yn iach .
Yn iach eryꝛ gwyꝛ gwawꝛbendefic rin ydo-
eth run uonhedic . yꝛos nyt yꝛ dangos dic
| oꝛwym kadyꝛ orym kedic .

Ym naf agaraf avedyꝛ gwyꝛyaw gleif ac a
ſeif heb ſyꝛthyaw . aergled rad . eurgled rud
aw . arglwyd boet rwyd ybyt dꝛaw . Jde gruffud ..
Evꝛ a mein coeluein y cael kae melyn
da evyn dwy auael . arwydyon mat
yadael . oꝛod dawn hoewuod dyn hael .
Rod hael rec auael ry gauas amwawt y
dauawt y diuas . vnllythyꝛ llathweith kyw-
eithyas . vn lliw ac eur gwiw gae ꝛ gwas .
Y gwas a***auas gofein rod argeis rud eur
gae tec riein . gwaethaf nawyꝛ arwyꝛein . gw-
eith eiryeu meith eur a mein .
Bud diueth mwynbleth manbleit mein
ſidan mywn aryan maen eureit . bun ae
roes rann einyoes reit . bu yn kylchynu
kylch eneit .. Gwae rac ovyn duw dyn oꝛ vann
y bo ageiſſyo gwꝛegyſſan . gwanec dec gouec rec
rann . gwat goſſodyat ſidan . Nyt meu rec
atneu rac atneir dilis roi gwꝛegis gwꝛeic
diweir . doe ymdoeth kyfoeth kyweir . da o vywn
gra a vu ỹ greir ~ ~ ~~~

Llyma gerd madaỽc dỽy greic . 1
Gwlat yn tric traỽſdic llỽꝛỽ treiſdwyn
grufud dogyn arllud dygynoꝛllỽyn . gỽꝛ
odedyſ gỽꝛeid adwyn. gỽyꝛ o dir kynyꝛ ae
Kwynỽn vyt ygyt amgyỽ- •[kỽyn.
ed moꝛdaf. kundewred araf ardeu-
ryỽ uawred. Keneuin vy min a med ar
ankỽyn kyñ dỽyn bỽꝛd āmwyn beird 8
diomed . kadyꝛ ruffud dꝛaỽſvud dꝛoſſed.
dioſnaỽc kadarn vab madaỽc riuyaỽc
reuued . ket diledyſ gynnedyſ ac āned
didꝛangk . kynnif vn vod ffrangk kyn-
noe vaenved . yn heirllys y gwys gỽeiſc
dycned nat byỽ . llun teyꝛneid lyỽ llin 14
teyꝛned . Balch y beird bobyl heird har-
ded hu yſcỽꝛ bꝛyn hynawalch gỽꝛ bꝛenhi-
neidwed. Ynreſgoet yn roet anryde[d] dige-
ird ym ae virein veird am overed . Yn
gynt noꝛ lluchwynt dir llechwed yſtrat
douei ugeinwlat diuei gannwled. Tale-
ithlys emys diomed teulu tylỽythlu a 21
vu ovyỽnberthed . Taladwy arlỽy eur-
wled gan eryꝛ y bellennigwyꝛ bỽyll vn a-
gỽed . telit gỽaỽt tauaỽt etiued dedyfaỽl.
kan y goꝛff oeſuaỽl kynn goꝛffwyſued.
Talaf ymeurnaf marwnaỽt gỽynwed 26
treiſ am bwyth a gefeis byth oe gyued.
Ny bu laỽ dꝛeiſſyaỽ leỽ dꝛoſſed ymlaen ny
ragoꝛei chwaen oryỽ gared . Ny bu dlaỽt
ymraỽt dꝛỽy gymroded wir nac ennwjr
dihir hyt dyd dyhed. Nyt anghyſunei 31
dangnefed ffrỽythlaỽn . ny ruſſyei gama-
ỽn hirdaỽn harded . Ny bu wann ānyan
anned atholo . hyt tra vu yno hytraſ voned.
Oe gyngoꝛ tros voꝛ traỽſ vaỽꝛed kyꝛchit .
y kaỽn yn rydit kañ anryded . Oe gynrein
mirein amyl maỽꝛed yn llaỽ . ogyſtal anaỽ
oe gyſtlyned. Oelynn kaỽn vervyn vaỽꝛ 38
ualch cled gỽyndyt . oe dillat bum clyt hyt
hydyꝛdiwed . Oe laỽ bu anaỽ buaned llif
nant . oe blant vn y gant yny gynted . 41

1267

kymen eil moꝛyen elỽ maỽꝛed atteb nyt
ae doethineb ny doeth wyned . kymanvaỽꝛ
eurwaỽꝛ arwed yꝛdangnef eurlyỽ werin
nef ar lawered. Kymer di duỽ tri truga-
red attat lyỽ lochwed yſtrat yth wlat ath 5
wled . AmeN. **Madaỽc dỽy greic .**
MEin agud deurud trom vu yn
dirwy . muner uab madaỽc rieda-
ỽc rỽy . Myỽn arueu goꝛeu oed eil garỽy.
mỽyn aerua bu da y dwyn ffaffỽy . Ma- 10
neruaỽꝛ eurlaỽꝛ amyl y arlỽy . mynoꝛ
ved diwed kỽyn bꝛo daỽy . Myỽn eruit y
lit oed daladwy . maen oeruar y gar maỽꝛ
alar mỽ . llefir yꝛdeifyꝛdir amgylch dyfyꝛ-
dỽy llauuredic vyd llef ar adwy . llỽyꝛ yn 15
gỽnaeth douyd hirdefnyd hỽy . llad ygen-
nym eil llyỽ degannỽy . lleyn dwyn on
kỽyn amdu konwy llaỽꝛ mon ac aruon
goꝛyf eur gyfrỽy . llin haelyon doethy-
on gwlat dindaethwy . llefant hyt bꝛydyn
llynn llumonwy . lleyn ae kỽynyn dꝛof 21
dỽfyꝛ kawnỽy . lluoed ae gogylch hyt am-
gylch gỽy . Ry aniben ỽyf eil ronabỽy.
ryỽ vꝛeudỽydyd moel koel keladwy .
Ry weleiſ ruffud ryffyꝛyf ardwy . ri llỽyꝛ 25
ym medwi is llaỽꝛ maỽdỽy . Ry weleis
kynn kỽyn yꝛd dwyn erdwy . ryỽ haelyō
hoewon hywel goꝛonỽy . Dewr gadarn
rufud ardir gadw . dogyn o vꝛeudwyt yỽ
llyỽ llaỽ vodꝛỽy . Naf ae ro kulwyd ebꝛỽyd
obꝛỽy . naỽ alar ym yỽ nawelir mwy . 31
Mỽy rann diua ꝛ grann adyſỽꝛ grud
dꝛoſtaỽ gan dꝛiſtyt ae kyſtud . no dyſỽꝛ
dꝛos dꝛaeth ny vaeth vud naỽt am oꝛeu
ffaỽt ruffud. Gruffud kynn maen 35
gud o vyỽn mein gyꝛ llann dan rỽym
llenn creſydwyꝛ oed enỽ maỽꝛ a gỽaỽꝛ
y gỽyꝛ . ac wyneb dꝛos wlat gynyꝛ .
Gwlat yn tric traỽſdwyn llỽꝛỽ treiſ- 39
dwyn gruffud . dogyn arllud dygyn oꝛ
llwyn . gỽꝛ o dedyf gỽꝛeid adwyn . gỽyꝛ
[odir kynyꝛ ae kỽyn . .

1268

Madabc dwy greic ae cant 1
Arwedeiſ uaſſwed om g6ed am gwa6t
o2wacder llawer lliwyant keuda6t.
arwedwyf vy r6yf kynn r6m kna6t aru-
thy2 kynn gloes oduruthy2 kynn glas 5
vedza6t. Rat ac yſpzyt byt bot ynbara6t.
rof ac eurgreir meir ma62 gymhenda6t. ym
vnffo2d ardu6 om anffa6t. Byngkeu boet
meu v626 beicheu o var6 becha6t. Tzaha a
oſt6ng trahy yſta6t. troſſet enwired ynan
wara6t. Tzi ang6naeth vyt kaeth koeth ell
yngda6t lles bylchu oed eres balched era6t.
Radla6n y6 mab du6 ac nyt rydla6t. roes
bym ſynn6y2 ym amyl ym gwara6t. Kam-
re callon lonn leindyt kna6t d6yla6. ſyn-
nya6 g6aranda6 pob g6iria6nda6t. Tza6s
ym pzynu vn vud y dzinda6t. troes bum
oes er groes gras bedyſſya6t. Gallu o 18
yngder gellyngda6t pobloed. dzut y6 wir
naf oed dzidiwarna6t. fr6ythla6n awy2 ll6-
y2 ll626 dynyolda6t. ffrydyeu ſer ſygneu 21
yn neeu na6t. ffra6d gaeaf rac haf hyva6l
deva6t hin. fr6yth ffraeth egin gwin g6e-
nith pyſga6t. Daear ac adar goedyd waſ-
ga6t. mynyded dyfred criſt nyndifra6t.
Nos adyd douyd dyfunbaſta6t. mo2 tra-
eth awnaeth gynt no2ſaeth ſeith niwarna6t.
Kynn hir annud pzud pzid athywa6t. kyñ
hwy2 ennill pill pell ryueda6t. Kynn r6y-
myat dyat odia6t gloeſſed. kynn chwerwed
dyed dial medda6t. Kynn anghyflym rym
rwyma6 2 dwy va6t. kynn anghyfl62 g62 32
my6n gar6 dzalla6t. Kynn perigyl vynet
kynn para6t o2wed y gaſtella6l ved ac yſty-
lla6t. Kyffes penyt hyt hydy2 ufudda6t. 35
coffau ieſſu ochaf oeſſa6t. k6byl dzoſſi bu-
ched dzoſ becha6t pzydyd. caffwyf gerennyd
kynn b26ydy2dyd bza6t. ameN. 38

Madabc dwy greic ae cant
Mab y gof gla62dof diuieu myn par-
chut perchen clap achodeu. van-
nwyl ny pharchaſinneu 62thyt y t6yll 42
glevyt teu. [Carngoſta6c go2a6c go-
2eu ytt dewi adewis claſdyeu. cas vegy2
keſt egy2 cos dageu kly2 athffuſt aduſt oed
deu. keis gnap ag6na glap. glippy62 tãmeu
caſgyl. k6ſc o vy6nodyneu. ffroena adeil dy
ffroeneu. ffror a oth garno2 ynffreu.
Colya6c y6 g6elet kilieu y llygeit ma- 5
62 vyd ll6gy2 cramỹneu. colles rann oth
amranneu kall gla62 kellweir va62 y6 2
veu. [Kyuot dzycwas cas keis laeth bz6-
neu moch ymachub ath gl6yfeu. ac ir dy-
hun dy glunyeu ac oer y6 kelwyd ageu. 10
Keis glafres gynnes dan dy ginneu 2
nos yn neſſaf yth arueu. kymer rac g6-
2es glafeſſeu. kim6ch bzynnic vo26ch bzeu.
Byd gyweir ar ffeir keis offereu claf cl6yf
dz6yn ag6efleu. eiſted leidy2 ffrom ar dom-
eu. ym myſc moch keis veilgoch geu. 16
Arch vla6t arch wada6t arch wedieu byt
herwyd bot yt angeu. arch y2 y groc waed-
ogeu. arch y wr g6ann rann o2 reu 19
Arch eſgy2n achy2n acharneu deueit ac-
ireit o2go2eu. ymbil amwer yth ffereu.
ymdioſc rac lloſc y llev. 22
Keis dza6 gyveirya6 govereu peras poe-
ra dolovynnev. mae r6ng pell yth bibell-
eu. ma62 vyd coff clafri cleu.
Rei adel goch daly gucheu 62thun mae
erth6ch yth leſeu. ryued beñ llechwed lluch-
eu ho2yn tin gan y2 heint teu. 28

Mad' dwy greic ae cant. y bo2gan ab dd' ab ll'
V6ytty pobloed af attat vo2gan. va62
gar oſp ac eirchyat 2 dewiſtrevyn dywi yſ-
trat. dzennyd dz6y nerth douyd dat. 32
Tat maeth pzif veird heird ohirda6n uo2-
gán va62gar kadarn kyfya6n. g6ymp o2
bo2th kymo2th kama6n. g6ych bo2 o hil io2
hael ia6n. Ja6n y rodes y2 ieſſu. ana6 36
caredic yno. ana6d rac y haelyoni. ennill
y gyfry6 ynny. [Ynn y mae tydyn oet
tyd. lleſ ua62goſt llys vo2gan uab dayd.
dyn agos nyt anegyd. dynobell y vedgell
vyd. [Byd ynvymryt g6ynvyt g6ir. bud 41
tec bu oe rec rago2. mynet wlat vymhenna-
dur. manw pa6b 62th vy muner. [Muner
yſſyd my6n eur ſut. mo2gã bennadur 44

ma6ꝛgat . meneſtyꝛ cler my6n yſtyꝛ clot .
meiſtyr ma6ꝛ o d6y va6ꝛ dyuet . Odyvet
pan adefer hyt ym mon lle yd ehet moꝛ .
ny welet ac ny welir vertha6c yꝛ pan vu 4
arthur . caſtell nyat kymell kar . coſt dalu
g6yl kyſtal y g6ꝛ .

Gwr clot ryd yſſyd ynanſodi. goꝛuud-
ya6c varcha6c pan vei erchi . g6ꝛ 8
kadyꝛ rud baladyꝛ mal rod beli ma6ꝛ . g6a6ꝛ
dan de6 aeſſa6ꝛ du6 y6 oeſſi . Gerdwy iſ tawy
ny chyꝛch ty6i g6ꝛd voꝛgan dyſtan ala6 dꝛoſ-
di . g6arant y anant daeoni kyfrin . g6erin 12
vyꝛd vydin o veird vedwi . goꝛeu y barnant
o wlat geri . goꝛon yꝛ a6ꝛhon y eryꝛi . G6nai
man y delei namyn doli g6in . m6y no d6fyꝛ
melin ymen deifi . g6naf ym bꝛa6t araf eil
bꝛyderi . g6i6 adivilein g6a6t y voli . G6-
naeth ynteu vinneu vynni n lla6enach . 18
oe lifrei n valchach noc eilifri . hir y gatto du6
my6n daeoni . h6yꝛ y dycker ner rac yn oeri.
Herwyd g6ych edꝛych edꝛyt kri argl6yd . ary
ehutr6yd ae wrhydꝛi . hylwyd achadarn lle
bei holi . hygleu ar d6y voes hoe6 gler dofi .
Hard auael vur hael vy ri neheubarth . 24
hwyleu dewr diwarth haelder dewi . hael am
vud vu nud o vy6n nodi . dianael voꝛdaf my-
6n daeoni . Diſerch vu ryderch y rodi tryſoꝛ
poꝛſſoꝛ affyloꝛ eur a phali . deu well y6 moꝛ-
gan ny 6nn dewi . dwywa6l lly6 g6ꝛa6l lla6
egoꝛi . dedyf pa6l yn a6ꝛ treul noꝛ tri oꝛ go-
gled ym du6 ywyned da y eni . llavuryaf y
va6l geyꝛ g6a6l g6eilgi llamſach deheubarth
yn wr llimſi . ll6ybyꝛ hard y bꝛifuard bꝛofi 33
obennllyn gofyn ryt odyn ae reit oedi . h6nn
y6ꝛ aruedyt ergryt eurgri . heb vyneigyeit
ffyꝛd heb vynegi . My6n yſtry6 ydaf meneſt[l]
clotryd . moꝛgan uab dauyd [ryd] rieni. mal ſeth
uab adaf [ydif] dyvi panaeth y baradwys wi6d6yꝛ
wedi . Adylyn ol cler ny wnaeth doli rec . y6
vireinllys dec o voꝛ enlli . llew gle6 gleif g6-
yar llwybyꝛ bar beri . lle lla6nda6n digard
bꝛifuard bꝛofi . lludyei enynnei yn ynni ga-
lon . lladꝛon deifyꝛ kaethyon dꝛ6y d6fyꝛ cothi.
lle g6na riein gein gynefodi . llaryeidaf ! 44
merch mam ae lla6 rodi . lleucu lle pꝛydu pꝛyt
a rieni ry6 . lli6 aryen ydi6 eiry ynodi . llvny-
af amolaf glot y6moli . llerwdoeth eur gloe-
wdoeth o argl6ydi . llwybyꝛ da aweda dy wedi
voꝛgan . llathꝛeit li6 huan ar wynllethꝛi . 5
Rat da aweda roet du6 idi vun. o vy6n g6yꝛd
aphali . llun tawel uchel lla6 ty6i . llawir
vy6 hir ef ahi . ~~~ **Idem madawc** .

Eſtyꝛyet bobloed yſtoꝛya deykyn ny
med akyꝛ odirda helem dꝛaſſur hy- 10
lam dꝛ6ſſa hil g6ꝛach nyt o dwyach da .
Gwedy kael gauael ar geva wennllys lle
ydoed winllat g6yꝛda . ae ſeigya6 deykyn
ſ6ga . ae barch gan gleꝛoed ae ba .
Oe gyt vot iſſot ar vꝛo aſſa ſant . lle yd 15
oed ſeint achyꝛchua . eithinoc revyꝛ aeth
yna . voly dwyn yn valch oeda . Luciffer y
gler gloꝛya ba6 dik6ſt vu deykyn oedꝛaha.
keillya6 g penn vꝛith grath c6lla . keivyn
bꝛan ydi6 ꝛ kevyn heb ra . Tꝛ6y barth 20
trevyn hirwarth tra vu n herwa byt . ar ol
bot ynwrda . b6yt vynghar oed v6yara a
phys aphipkneu aſſa . Tꝛuan y groeſſan
egroeſſa perthi naſpoꝛthei gardotta . triſt
vu ꝛ hyder oglera . trigwaeth noc ydaeth
yda . Pꝛofes aruer cler cloꝛya ireitlyt 26
ardyle med6 g6aſſa profes ae vꝛatt varch-
natta pꝛofi rei yny tei nyt ta . Pꝛofes van
dꝛottyan ledꝛatta yſcubeu oꝛ eſgoba6t yma
pꝛofes yn ogloff loſſa . pꝛyf ba6 bꝛeint ch6-
ifya6 bꝛ6nt chwa . Gwertha6d oed ana6d 31
odyna ꝛ g6ꝛthban g6ꝛthbenn ugeincach-
ua . g6erthu ꝛ tabar yꝛbara . ag6erthu ꝛ
baltoc du da . A cholli reiboc aeth y chy-
lla yn llud6 ll6ytwan withongyl rõgca 35
ae thymyꝛ tla6t ae thãma . ae cha6s dꝛ6c
y6 gna6s ae g6na . Sef a vynnei ꝛ llei-
dyꝛ ſwef awna g6ibya6 . acheiſſiſ acha6ſſa .
ſothach oe revyꝛ aſaetha . ſeithvryt ſathyꝛ 39
plegyt pla . Diuia6c leidyꝛ kipia6c co-
pa rech ch6ytua ae not y6 amot yma .
nyſ g6naeth ar kyfry6 nyſg6na . Syn-
y6ch ar deykyn aſenna pobloed piblyt 43
lyſſant goꝛerwa . durun catt yn lledꝛatta .
deurud oen dery6 yda.

Idem madawc dwygreic

CRift argl6yd didzift edzyt gyfya6nd'
tra6s aglander tros y gleindyt.
creir llywya6dyz kofya6dyz ankyfyt 4
dydbza6t kiwda6t ia6n vza6t kedoed vn
vzyt. Kymen gadeir nenn gedernyt difrec.
kein averthyz tec k6ynaf 6zthyt. diua os
dil6m duvyt areglyd. defnyd g6e newyd 8
g6ae aniwyt. G6naeth enaeth hiraeth
nyth wryt bzethyn. gwynn y gael y glyñ
yn gul aglyt. G6ilym g6yden g6elbzenn
gulbzyt heb ereidyz. g6zneidyz gozmeflei-
dyz gar6 amyflyt. Tingkyz greffdyn bze-
thyn bzithyt achwennych dwyen adeurych
du6 ny6 deiryt. Dihaedwlan dilan. del6
h6ydvzyt letpei. difdei g6adottei g6e adet-
tyt. Kafgyl gig̃leu chwedleu chwytlyt gozn-
ef6z. kr6ydyz6z gogan6z am gic ynyt. 18
Cas bzyf y6zthyf a6zthyt kyngreir kr6-
ydyzffeir kopzys dwy ffleir kipyz yftifflyt.
Cribin danhedgrin anhudgryt gynted. 21
krychwed k^y^6 nadzed cra6n aedzyt. Kyz-
bwyll ^h6nn^ awnn ennyt y crocker. croen ellyll
gwillmer dzic ver dzyc vyt. Canaf dy val-
af du va6lyt gid6m kerd y yftil6m hir- 25
ll6m hozllyt. Ki aeth arol bzein kythzeul-
bzyt fatan. k6thyz bzan galy garan agel g6-
zyt. Crimoga6c myffa6c maff6 gerbyt di-
vlas. krynwas kzych lli6las crach a lleulyt.
Cringrys traet efyzllys tradyfyzllyt tin-
bleth. kreth g6arac k^h^yfeth g6yz ae kyvyt.
Crea6dyz amera6dyz amwryt amen. 32
croc vagyl ydwyen agwyden gyt.
Gwys arna6 g6y6 y feirnyal. g6all ma6z
oed g6illmer eidil. g6ell gennyf gwyllya6c
annel. g6aha6d ki noz g6e^h^yd cul. **Madoc**

ANned golet oer annec nadolic. deleif
rukynn hyfrec. ar barth r6ng d6y 38
oewarthec d^y^at chwein heb dia6t chwec.
Heb gyhydz6yd med heb gyhydzec lles. na
mod llys dinozwec. hebroft nac erchi goftec.

heb ranneu llettyeu tec. Eithyz ynoch
z6m l6m wylamec lygeit. ae lewgerd ffi-
lozec. ac warr ar bentan karrec. aedin
ar hunyd grin grec. ~ **Idem mad'.**

GWrach dieiryach grach g6zych pyzth
eirin vzad6 gwrachachad6 g6zach 6
hychin. g6zach heuis megÿs megin. g6-
zach hyuagyl vle6 f6agyl vlin. g6zach ar-
uthur g6zach uthur g6zach eithin alaf. 9
g6zach arwaf g6zach erwin. g6zach egozet
gyffredin g6zach garth g6zach atharth oe
thin. G6rach du g6zach hirdu g6zach oz-
din dzafael. gwrach rywael g6zach rewin.
g6zach eir6t yfgr6t yfgrin. g6zach oeraf
la6nanaf lin. Gwrach yffyat oeffwat yf 15
yffwin anghynn6ys yz ynghennos wyzdin.
g6zach yfgithza6c difgethzin. g6zach ny
ochel trauel trin. G6zach gallawdyz gro-
enlla6dyz grauellin hoza6c. g6zach lecha-
6c gwrach lychwin. g6zach abzec ynyche-
gin. g6zach afylfur llywyadur llin. Gwrach
ettaeth g6zach gaeth. g6zach gethin letpei.
g6zach vlottei g6zach vlewtin. g6zach daer
g6zach maer mehin. g6zach hagyzdla6t 24
heb wira6t heb win. G6zach fach g6zach
malach g6zach melin odyn. g6zach robyn
reib dynin. g6zach nym da6z ua6z vur- 27
gin. g6zach vantach g6zach groenach grin.

Madawc dwygreic ae cant

AVallen bezen beth ath bozes a ÿm
peis am lla6 my6n lle kynnes. 31
merch dla6t r6yd waela6t ryweles y
mann. gael kynn g6yl ieuan gn6t
man mal mes. Malt verch dauyd ryd
oed yzes ma6z aduc neithwyz ll6yz y 35
llewes. Poeth vurfen vinwen o vyn-
nwes kae dzein putein din angkrein
nyt a ynangkres. Panoed vlyffic
honn hynn amfõmes p6yn^t^darogan
vu pandozroges. Pont da bot deincot 40
dinken g6zes gyfed ÿgkylch ydãned aedi-
dones.

Rei yn amrωt myωn kωt kat yny mȳ-
nωes . a llawer yngkud ympob llawes .
Rei ahaωd verwaωd verω aual trigωꝛes .
tan reib abo perllan rei abobes . 4

Avallen beren aboret ym plas y
chnωt clas o vlas o vlys merch-
et . ffrωytheu ȝyω gangeu rac ynget
arnei ffraeth y duc blottei gallei galet .
Teir avallen per poꝛet o anuod . ny
rodit o vod ac ny rodet . Vn ym paradω-
ys a anet ynggωyd rωng hen a newyd
yn eniwet . Eil yndωyn rydeil rodet 12
y vyꝛdin . buc(h)ed gyffredin werin wa-
ret . Tꝛyded hard ym gard amgerdet
goꝛmes . mul y dibobles malt biblet .
Rei yn amrωt myωn cωt kat yn my- 16
net dꝛaω . rei gωedy ygωydyaω gωyt
agodet . Rei a haωd verwaωd verwat
yſtlet ban . reib abo perllan rei abo-

Avallen beren beraf dan [bet.
deint . gωelwyf at(h)divwynaωd my-
ωn gωal trym(h)eint . Am gyhωꝛd goꝛmeil
a goueilyeint . achꝛωydyꝛ achlaſri ahi 23
aheint . Malt verch dd' hir vynyd ve-
int . merch dingrach dꝛyſſwrach o dꝛoſ-
wꝛeic neint . Arodet yneb rod gogȳ-
meint . ahωnn malt wael gωylffael
gelffeint . Seith gaſtyꝛ aeth yndi a 28
ſeith ugeint . olodꝛeu rieu ry anghyω-
ꝛeint . Pꝛif vuched merch wedω oed
wyꝛ medweint . plygei eu kalyeu am-
gylch plygeint . adengniaωl adynn
kωbyl oe dengneint . dyn ny wyꝛ ffrω-
ytheu ſallwyꝛeu ſeint 34

Avallen beren mae ffrωyth kang-
en gωae nyt ogymen kyn dy
gωymaω . Kyt goſtωng dy vꝛic ar coet-
vach helic o vaalt vꝛynnic lynyedic
laω . Over vu gywein y polyon ar
dꝛein rac maalt butein gythyꝛ vein 40
gωthyꝛuaω . Hyt pꝛyt pꝛenn llathpont.
holl davyngoll dyvyngont hydeich dꝛoſtā
vꝛont hy y doeth dꝛoſtaω . Kyt ryt rit kann
was . kevyn weinlevyn wanlas . cas oed y
chwmpaſ wedy y chωympyaω . Tynnv 2
aualeu toꝛri 2 kangenneu . oeruel yω
dyꝛneu . am yω darnaω

Yꝛ auallen a vu beren kyn dy boꝛi .
mae ffrωyth dy vꝛic oed di vnic o
daeoni . Hat avaleu ada bynneu oed heb
enni . pan doeth gevnel traωſgoet reſſel.
troſ gae dꝛyſſi . Ma(l)lt buttein llyna gele-
in llaωn o guli . Ardwy ganghen . oꝛ a vall-
en y gωnaeth volli . kael tromlatheu a-
chꝛyſlenneu echꝛyſlonni . tynnv yſgaω
lωyth dogyn y dylωyth dygyn adoli . ma-
ωꝛ adyſgeis kann ogeneis kynno geni .
Myꝛdin ymgωneir dyd y bo 2 ffeir yny
pheri . Med bugelyd o veiryonnyd over
ynni . Maωꝛ aſonyeu am gang(h)enneu y
gynghenni . Oer y kyweirywyt . kann
ehangwyt kynn noe hengi . Areith anbec
aeth yn vallec oethin uolli . Oꝛ gωyd oed
veu . tynnu tyꝛꝛeu ac eu toꝛri . Kylch y
harffet rac y dofynet oed yn deſni . Ar deil
gωyduit aele gωelit ol y gωeli .

Avallen beren abereis . y goſſot yn gall
ageiſſeis . Am kyllell y dyd y colleis .
ac oꝛd ovyωn gard y himpeiſ . Kyñ klybot
dyuot diueis vaω haelder . veheldyn āghωꝛ-
teis . agoſtωng gyſtal gωlattreis bꝛiga-
ωclωyn oed bꝛaω agogleis . Om irlωyn yd
aeth am oerleis . amaωꝛlωyth parth aglañ
marleiſ . meheldyn gylyn gelein henbeiſ
ledyꝛ aledei dan ekeis . gavyluedal gωn-
wal vgein weiſ geuel gel gulyon y hiry-
eis . govit pꝛit yꝛ pꝛyt aweleiſ . govyn hyñ
arhon ny phereis . gavar hyſvꝛam vaωt
gam vwyt geis . vonllωmach no llωman lañ
verreis . Mae yneidi wꝛyf mein eidyl
moel deꝛchwein maalt dyſyꝛchw oerchwyl.
achub dꝛycbarabyl uchel . a medω weithꝛet a
medωl . allωyt ffoll olωc llet ffol . ac yſtlomgωthyꝛ
gaſt lemgul.

Madaỽc dwygreic heuyt 1
Gwedy gruffud nud yn nyd gỽꝛthg
groch trin gỽnae oeingyl gỽaetlin
purgin purgoch. Py gadarn hoewvarn 4
hyvoch bennllyn. ac yſtỽy ellmyn hyt
gaſtellmoch. Byth weithon hoetron e-
hutroch crom beth adaỽ attom lynghes 7
dꝛom dꝛoch. Pỽy agleif aſeif olan ſoch
yngadyꝛ. ageidỽ ae baladyꝛ hyt goet 9
beloch. Gwedy yngglyñ egỽeſtyl gỽydyn
och gyfarwyd. allif am arglỽyd allef ma-
ỽꝛgloch. Gỽelygyꝛd trimyꝛd trom och oꝛ
gollet. gỽelet y darget ac lafyn durgoch.
Pob hyneif pennkerd paỽb ohonoch. am get
kwynet y gollet kyntagalloch. Betuei vyỽ
vy llyỽ llafyn oerueloch ſeis. bydei anniſle-
is bydin offloch. amach argamaỽn amoch
ỽꝛth gaſtell. afflamygeu pell afflamogoch.
agỽaſgỽin agỽꝛd gỽaſ gỽineugoch coeth 19
llaỽꝛec arwydgoeth lluric durgoch. Chỽithev
yſeinyeu ſynnyoch amdangnef. dy eur
bennaeth nef yt erbynnoch. yꝛ rengi bod 22
duỽ y ryngoch y byd. ryd kynn naỽ uettyd
y nef attoch ~ **Madaỽc heuyt ae cant**
Tꝛue loe lo leuaỽc y gynffon. affen y
gylyon yſſy n golyaỽc. Pꝛyf cloffdꝛoet
ym roet rat lỽynaỽc mirein. teneugoec elein
tin gagalaỽc. Eidyon y gelwynt oedaỽc ma-
rỽ dywen. nyt mỽy noꝛ chwannen ar erchỽ-
ynnaỽc. Ny welet gan wr newylaỽc gallon 30
anuon ryỽ eidyon yỽch rewedaỽc. Moel gra-
uangmyꝛ byꝛ bareuaỽc tindỽll. meint cỽ-
kyll trydỽll nythyꝛ troedaỽc. Malathꝛiſt y
roes meleithꝛaỽc eidyl mil tarỽ y gynnil ta-
rogennaỽc. Yn attethol plant vn teithyaỽc 35
henuon ynwell noꝛ eidyon callon keilyaỽc.
ynlleiaf vn rod yn lleuaỽc omach. yn llun cot-
owrach gra[ch] grauangaỽc. Kynnic ym vut-
red kinyaỽc dꝛewedic. gỽell ym ympadric kỹ
nic keinyaỽc. Raỽn gỽꝛcath mỽꝛchath nyt
marchaỽc tramwed ryued yꝛ bawed nabyd 41
bywyaỽc. Ganet yn gyt oes gynaỽc adeinyoel
ohil henuon voel goel gadebaỽc. Amgỹnic
ym bꝛyf em ginnyaỽc lawes ardef agolles
gandeit gellaỽc. Emelltith vab duỽ 1
diaỽc y dyꝛy. y dy ae veudy odei vadaỽc.
Tꝛue loe lo lom y gynffon.
penbꝛyt hyt hydyꝛ pil ohil hen-
uon. kam y gỽnaeth ath wnaeth vethy-
on byỽch diffeith py weith diwyt yeith 6
adaỽ eidyon. Deuthum ymkyngoꝛ a
gỽyꝛ doethon. detholeis keiſſyeis niuer
kyſſon. doeth vn yſgymun yſgymon 9
pobloed. llygru ꝛ adaỽ oed llygrei llygrei
rodyon. Edewis yn rod vnvod anuon.
ych dỽnn y vyꝛyỽn dan evoꝛyon. Roi 12
pꝛyf hỽyꝛ carnwyꝛ mal keirnyon pꝛyꝛ
beth. anverth nyt kywerth vnoꝛ kywyon.
Tuthyeis agỽillyeis ardꝛaỽs gỽyllyon. 15
y geiſſyaỽ yꝛ adaỽ gan gas arwydyon.
kael kymar dyfyꝛiar dỽy vꝛon anghyman
gỽann y ſſuryf allan ny phaỽꝛ veillyon.
Eres ym ſomes mynſein ſimon oer 19
oed gynnic dioer darỽ edynogyon. y va-
daỽc oedaỽc eidyon gỽaratwyd. dwy yſ-
gỽyd henwyd ardyd hinon. 22
Tꝛue loe lo leiaf owarthec ywer-
thu ny medꝛaf. pꝛit y dyn y dỽyn
hyt attaf. pꝛin arod ovod a vedaf. pỽyf 25
an roet enryded lleiaf. pꝛyt hoꝛllyt hỽ-
yꝛllo goꝛffennaf. piblyt ny chyvyt nychaf
dim yꝛdaỽ ymyꝛdyd kynhaeaf. mantach
bach bychan y gỽelaf. meint ffuret ny 29
phaỽꝛ wellt calaf. Mil eidil idaỽ ny phꝛy-
daf. moel ffỽlbert ar guert gaeaf. Mỽy
coꝛff gỽad yỽ llad nyſ lludyaf. yꝛcoc os
llỽdỽn kic ageiſſyaf. Mae ruat yꝛ rei y 33
tyſtaf. mae bꝛanoꝛ gyt ahoꝛ haf. mae
cloffi oꝛ cliffit bawaf. mae ꝛ beñdꝛo ar
y llo lleiaf. mae ꝛ dauaỽdỽſt gỽſt geſt ach-
laf oedaỽc. arneidyon debygaf. Gwr ae 37
roes gỽydyat voes vaỽaf goꝛuynyd geir
vanon pꝛinghaf. gegeilwas gogulwann
lleſgaf. gogalet gelyn kyfneſſaf. Gwerth 40
iſſel eidyon gỽarthuſſaf vn rod yn anrec
nyſ mynnaf. Pan golles llawes
lliwyon gỽyỽ gimỽch gogymeint coꝛn 43
ſebon. nyt aei ar dꝛei dꝛỽy auon. atwed adꝛef
dinref don.

Ny cheiſſywyt yꝛdaỽ na chyſſon ffeireu 1
na pheri daly lladꝛon . nathꝛa annoc ſỽydo-
gyon . na thꝛefi na ſi na ſon .
Digiaỽ am danaỽ a chỽilkeis . mal am
chwalkys ynggwimon . dimei nyc̦heit 5
yꝛ veidyon . delei yꝛ ffeir wyl veir von. ~~~

Madaỽc dwy greic ae cant .

Maỽꝛduỽ vy naf mi ac keiſſyaf rac 8
mỽy kaſſeu . Mab yſpꝛydaỽl y veir
dynyaỽl. o vaỽꝛ donyeu . Moꝛgat ỽꝛth reit
y bop eneit o bei boeneu. Pꝛynaỽd bumoes
ar yꝛ eurgroes . yꝛ yꝛ irgreu. Gwedy kyſtud glỽ
yſ achythꝛud. gleif achethꝛeu. Gwnaeth criſt
olỽng wyar teilỽng wi oꝛ taleu. Eurgroc 14
ieſſu lle y dyngu llỽ yt angeu . Pꝛenn o hy-
naf gweal adaf . gỽyl aodeu. Gwaet an pꝛyn-
aỽd aerbynnaỽd . ar y banneu. Criſt onaſred.
yn trugared an tri goꝛeu . Credu idaỽ y we-
liaỽ y welieu. Y vot ehun yndꝛi ac vn . heb
dꝛo ageu . Marỽ achladu. maỽꝛ a ieſſu. nyt
mwy ꝛ eiſſyeu. Yꝛ llewenyd yny trydyd. vn oꝛ
tridieu. Y gyfodi diwarth geli da . wyꝛth goleu.
Ac eurgroc lan . dwyllaỽ ſwdan. dall offodev.
yſpeilyaỽ plas uffern eirgas . y ffỽꝛn oer 24
geu . Goꝛeſgyn nef yꝛdiodef yꝛdiodeu. Trym
vedylyỽn . dꝛut yſtyꝛyỽn . dꝛỽy doſt eireu. Yn
dielwet yn taervynet yn teruyneu. March-
aỽc vrdaỽl . ny byd gỽꝛaỽl. ny byd goꝛeu .
yn ſeith dꝛoetued y bon oerved o bun aruev.
Nagleỽ gallon dan arwydon. dỽyn y radeu.
Na gleỽ garyat na glỽyſ ſangat myỽn glo- 31
es angeu. Nyt oes diwed nadedyf gỽyled. na
dyd goleu. Nahoedyl na byt . odoſt echꝛyt nyt
oes dechꝛeu. Nyt oes garyat nac vn dyat . nac
vn dieu. Eithyꝛ criſt ae delỽ. nyt oes ardelỽ . nyt
oes vꝛdeu. Athꝛỽy idaỽ yꝛ y hoelyaỽ yꝛ y hỽy-
lyeu. yꝛ y bꝛynu. yꝛ y werthu. yꝛ y wyꝛtheu.
yꝛ y ymlit yꝛ y rydit yꝛ yꝛadeu. Ac ymgyfot .
eurdꝛeif oꝛuot . ardꝛaỽs arueu . ynerbyñyaỽ 39
barth ar eidyaỽ . berth y radeu . . yꝛ y gythꝛud
yꝛ y dyud ar ydeeu. AmeN. **Mad' heuyt** 41
k yffeſſaf maỽꝛnaf ymeurner . kyffeſſaỽl
om haỽl ym holer . y ieſſu oeſſoed gyſlaỽnd'.

Ac y veir virein eglurder . abecheis beicheu
o wacder. y bechu myỽn buched ſymylder.
Ebychan dial abecher o bechaỽt heb o-
chel ffalſder . yngeiryeu camlyeu lawer.
yngweithꝛet galet ny geler . ynghywyt 5
anghywir aruer . ym medỽl a madeu
vy ner . am ſyꝛthyaỽ om ſerthed hyder ym-
hob vn ohonun henwer . a mab meir maỽꝛ
y gyfiaỽnder . am dyfu ediuar bꝛyder . ac ma-
deu mod namdialer. Om gallu am gollỽg
vy ner . kynn ymdynn yn amdo pꝛinder. 11
Agỽiſc derỽ dꝛachwerỽ edꝛycher . a daear
dyat o vyꝛder . am adaỽ ym mut gyfyngder.
yn oerued yn eruyn pader . yn arwyd an wreid
wander . yn araf yn aros vamſer. yn eres 15
mae nyꝛys valchder . a dyuot ny thyckya
diuer . diwyꝛnaỽt yꝛ vꝛaỽt a vꝛodyer. Yvynet
o vaenaỽl dyvynder . y vyny y vynyd oliuer.
Anholi ynheilỽng doethder . Ac atteb y griſt
yn gatter. Mihangel changet gaethder. yn
gallu yn gollỽng vchelder . O pheidyỽn . a
phedyꝛ ankymer. AmeN . 22
Oe vam duỽ arnam da eurnenn a doeth
ac ydaeth urdonen. euraf naf nef a phꝛeſ-
ſen urdaỽd abꝛeinyaỽd yỽ bꝛenn. T ~ 25
Pꝛenn agymyrth gỽyꝛth gwerth pobloed
owaet . nyt owyt yſpꝛydoed . croes dec yn
kynnal criſt oed . creu oe radeu ir ydoed.
Oed gỽaetlyt gỽerth byt rac bot ******. 29
kaethder pꝛin pꝛenn ydaeth diỽ gỽener. oꝛ
pꝛenn yꝛbed gỽed gwander. oꝛ bed aeth ef ar
nef ner. Ner aanet y gret grym nadolyc
rac tremyc trỽm . da vu ymaethlu methlem
duỽ eurvab adiweirvam . ~~~ 34

Llyma weithyon gerd Rifferdyn ~ [1288 l. 9]

Dagreu tros vadeu llyw traws vydin dzaw . daw enw dzeic eurllaw yndzagozllin . Dzut lut lavyn harddzavyn dozhirdzin tozuoed dewrboz gwawtlwyd oed durbar gwaetlin . Dedyf redyf rein oz vlaen dyd aervlin gymyſc . dewyzffyſc duc daerdyſc dwygat ozdin . Dyed yw diwed dewin ymladdyzyf . dzutlyzyf dal traffyzyf deu lit tryphin . O glywet mynet ym meinin argae. amneit gozwyllt wae ym neut gerwin . Arglwyd yzarwyd ozeurin lewych . ardwys gythzud gwych aer diſgethzin . Aryf lithᵃreu bzwytreu neut bzatrin kerdawz ynllawz roi haelwawz ari heilwin . Och kwympyw kanllaw ach keinllin gwelydyz . echel deuweiſc hydyz uwch ael derwin . Tzaws darw bzwydyz agarw bzadwz egin ffreingk. taer vedylffyzyf eingk. tozuoed elphin . Tzavyn llafyn llwybyz vzyt gryt . digrin baladyz . taradyz twz eurgadyz hyt tir ergin . Tzeulwed coſt anned cuſtennin vynut . tyzueu myfyz dzut tozyf ymevin . Tauawt vn arawt aneirin gwawtglaer . tec kyffrytywz aer tei kyffredin . Howel gaen vuel aryf gyntevin blawd . hawd y glutdel ffawd wyz gwlatoed olffin . Hael heilgoſt eurboſt erbin yſgwyt . hard arueu vwlch vur hyzdeiryf vylch vin . Hydyz aer vathyzn ae veithzin cleroed . hyder llawer oed hyt ozllewin . Hynt nym byd llonyd heb allwynin wed hepkoz dor dewred hywled hoewlin . kat cur rwyf arthur ry vawzthin deigyz dwyſc . kaf am vrdawl rwyſc coſeu myzdin . Cud pzidlawz gwawz gwerin bendevic clut y aros dic clo daeerin . Clwyf dyed atwed etwin digonyant . clyw cut mawzruffyant am ioz ieffin . Kein llwyz garyat rat yn rin ywchelbzaw . kanllaw nef idaw . eil naf eidin . ~ ~ ~ [Kyrch 1288, l. 12]

Unnyawn bill hirdawn o ball harded . Uennwawc valch vynawc o veilch voned . Annwylgein virein o vawzed didwyll vn ny wzw y phwyll ynovered . Mawl y hirwendoeth mil ae harwed . manon eur hoewdal mywn enryded . Meuanwy kywy oleuwed pziflwys mygyz hoewlamp bowys magwyz hywled . Govynei vawlgerd yngyvanned . gwennlwys eurſwllt bobyl gwin llys ozſed . Gwaſgawt inſeil wawt anſalwed aruer gymar hy ener gem rianed . llythyz ae dyſgawd vunllathzeid oſged . llunnyat tiozneir llin teyzned . lliw divzeiſc lluwch wiſc eiry llechwed maenawl . llwydei amot mawl llaw diomed . kerir y mawzdwf nyt yz cared . kadeir y vawleir ket ozuoled . Kymendawt tauawt etiued lwydyant . kwbyl iawnwaret cant keibyl ennwired . Cuvynawc wympwawz kyfyawn agwed . cludawd ewybyz dawn clot o diwed . Coeth y gwnaeth eu maeth amed . bueilſathyz . claer eur vzeiſc gozff llathyz cler ar vzwyſged. bit arhyffawd hoedyl byt ozhoffed bu vlaen nodet beird byw vlwynyded. Bwryat geir divzat bzyt geirw dyfred glut . bylcheim y golut balch amgeled . Digloff y molyant hyt wlat gogled . dec mozof mon di gymared . Dyat dyvyzdzwffyat divar dzoffed coeth. deall aelawdoeth diell wyled . Goludawc kymmar haelwar heulwed . gozonwy vychan gwzon vuched . Gwymp glot dawn hynot dianhuned deigyz . gwiw ryw groewdeigyz gwawr y gwzaged ~ **Rifferdyn ae cant**

Uy rwyf geyz conwy gozeu kanyat mydyz vy vn enwawc (eit) hydyz vy iawn ynat . Vynghet vynghiret vỹgharyat perffeith . vy meith vawz obeith vy Joz abat . Vy arglwyd modlwyd medlat wallaw gyzn . vynggwiw rodyon chwyzn vynggwaredyat . Vy mrawt ffyd kynnyd med keinyat gerdawz . vynghanozthwy mawz vyng

hein neirthyat . vynghartrefr6yd r6yd
vy rodyon diffael . vyng gwir gymo2th 2
hael . Vyngg6a62 geimyat . vyngholo-
vyn diovyn rac dyat lletpei . vynghyn-
nwys awnai gan vynhennat . Gwa62
lla62 maenanua62 my6n ia6n vy2yat 6
ha6l . g6edy heidya6 ma6l g6a6t ehet-
yat . G6eilging clot aruot g6a6l eur 8
vat heird dei . g6ylyei vud g6estei gan
rod g6astat . Bedaf y barnaf wyf beir-
nyat kyfya6n . barn ae trossada6n ber-
net tr6ssyat . Beuno b6yll did6yll dody-
at anryded . balched ber6 vudwled y ber-
uedwlat . Ryd ffyd ffa6t traetha6t nyt
truthyat gogan . r6yd ia6n llythy2 gan
ryd dianllat . Rec dec dal aryal . r6yf vy-
2yat ieith2ym . ry diengis ym rod oe oe
anghat . Jeuan 62 di van ar dyvyat can-
lla6 . ion abarchei d2a6 wyneb eirchyat.
Ener y6 n hyder yn hoewdat creuyd .
ar dwysganneit ffyd eur disgynnyat . 21
llaryeidwyn dillyn lla6n dullyat moeseu .
ll6ydei gyhoed lleu lla6 digaeat . lly6 by6
berth ma62nerth nyt murnyat y g6neir.
llathy2greir lles bartheir llia6s bo2thyat.
Mawred enryded vn redyat mach2eith .
meith myneich obeith m6yn achubyat .
My2d gy2d gael ryael med ruat beird do-
2yf . ma62go2ff mygy2 wynllo2yf . mag6y2
winllat. Kelvydgoel giryoel ego2et dyall.
kofyon dyv2ic call kyfya6ndisv2at . Kam-
peu kein h6ylyeu kynheilyat kiwda6t .
kymo2th y d2inda6t vo ymkeimyat . 33
Cat keimyat di v2at rit dyfrys eirch-
yeit eur eneit y2 ynys . r6yd wenlla6
ryd y winllys r6yf pab rywya6c doeth
uab rys . Ysbys hilrys heilywr rod . ys 37
boet vy6 barch esbyt vyd. aml6c y6 hoe
wly6 hywled . oe ganneit beis y gynnyd.
Kynnyd ae dyvyd kein daua6t bedaf .
amyl wybodus geuda6t kynnwys wy2 41

1283

kynnes wira6t kynnull ffyd kannwyll y
ffa6t . Kyfl6yd ffa6t salym dalym dy-
l6yth . karyatwa62 by2dua62 beirduaeth.
kedy2n dut kadarn adoeth . kar purffa-
6t . kywir perffeith . y abat aber con6y.

Bledyn tu agant y2 abadyl honn .

PReffwyla6d gyntaf adaf ada6t . 7
P2eff6yl gl6ys baradwys bara6t .
P2effwyly62 daear deon blana6t . P2yffur
g62 tra llafur tralla6t . p2effent digouent
katwent kiwda6t . P2effeb glythineb gl6th
a y chna6t . p2eff6yl glynn ob2yn eb2on
waela6t . P2yt ysomes byt b6yt a dia6t . 13
p2ud bo2thes adaf naf aneva6t . P2it y
bal wisc oval wafga6t . p2it vu ech2ys
velys o vlas taua6t . Yn eua vn oval geu-
da6t . p2yder6n fynny6n fynnwy2 vasta-
6t . Synnya6 rac p6ylla6 pell evylldа6t.
p2ydera6d argl6yd r6yd r6yf kymhen-
da6t . p2yder diwarner y diwarna6t . 20
p2oves eua pla plant vedyssya6t . p2of-
ant o2 lledwyd heb ffyd heb ffa6t . P2ofe-
dic aeron wydyon wedda6t . p2ifvard
6yf y du6 ar vola6t . p2ovad6y ardel6 y2
urdel6 v2da6t . P2if adwyth bymffr6yth
bymffr6t ffossa6t . P2ydervs vu grist kyn
p2it ara6t . kynn p2ynu o2p2enn ambecha-
6t . Gwal yn erchwyn arch ystylla6t . 28
g6eli du6 a g6ely tywa6t . Gwael y6 fybe-
rwyt dyn byt budy2dla6t . g6ala luciffer
lyf uffern dla6t . Rywnaeth luciffer heb
l6ys hoffa6t . ryuic tranghedic dic disbe-
ra6t . Rewinya6d k6ympya6d campeu
am na6t . ry6 angel teccaf g6plaf gap 34
pla6t . Ryueda6d gartref nef wyneba6t.
ary adef nef odef ryueda6t . Gwae geni
aelin heb lan gosba6t . g6aet irat y v2at
oe v2a6t . Gwacla6 naf wrthnaf nef a 38
duhunda6t . g6a62 a ffulla6d gwar-
naf g6ir na6t . Gwynvydus vab meir
traetheir tretha6t . g6ynvydic g6ledic g6-
lat bara6t . 42

1284

G6ynvydwyf caſſwyd kyffes l6ybꝛa6t. g6yn-
vyt naf nef yngharda6t. Gwynn y vyt criſ-
tya6n da6n damuna6t. agae vendith du6
aegyvunda6t. Kynn diwyll eſgyll eſgyꝛn
yn vla6t. kyn dubwll gafneit dibwyll
gyfna6t. Kynn dovyn daeren daerá6t. kyñ
diwed aelued aela6t. kynn diuud llwyꝛgud
lla6ꝛg6yd medꝛa6t. kynn di valchwed kalch
ymkylchna6t. Kynn dieu angeu yng
golyga6t. kynn dwyn ac ole6 gol6c dan
va6t. Kynndivant g6arant gwꝛyf ynyſ
gna6t. kynn dyuot ymdyuyt loga6t.
Archaf y geli vab trinda6t. archolleu g6-
erth ua6ꝛ g6a6ꝛ am g6ara6t. Archaf vod
vy r6yf r6ym keluyda6t. erchyll g6aetry-
al om g6i6dal g6a6t. arch gyfya6n yda-
6n y dyd yſgna6t. ervynffyd bedyd byt
a6durda6t. Eirchyat 6yf irat g6irdat
gwyꝛda6t. kynn erchwynnya6c bed ſeith
troetued tra6t. yꝛ ygreulyt wymp pymp
niwarna6t. yꝛ y greu anghen anghen
waſta6t. Yꝛ y gret waret wir vvudda6t.
Yꝛ ygrea6dyꝛ dat rac bꝛat dyd bꝛa6t. yꝛy
greir vab meir vꝛenhin pꝛia6t. Yꝛ y gro-
es vchaf naf nymdivꝛa6t. yꝛ ygroc ae
greu madeu vympecha6t. amen.

Iorwerth vab y kyryaẃc weithyon.

Bꝛenhin goꝛllewin g6ꝛ anllywya.
bꝛeid agoꝛthir bꝛic tir terra.
Benna6l nen d6ywa6l nandiua erom
yny benyttyom ia6nboen ettwa. Bꝛeiſc
ioꝛ doꝛ dwyꝛein kein am kana. bꝛ6yſced
aela6ed yn nali6a. Bꝛycheu eneidyeu
ion oeda kywyt. bꝛyt pa6p y6 grwthyt
ae g6archaea. Beirnyat byt yn tat kofy-
at kyſa. barnya6t amera6dyꝛ meir6
obeithua. Bernych pan rennych wyꝛ an-
na arnam. y kam rywnaetham na ry-
noetha. Barn trugar yn kar coꝛlew-
ychua. oed reit y weinyeit ar diwanua.
Berny y keffy coffa yꝛgallu. ydial ieſſu
nadilyſſa.

Bꝛ6yſc ovalon dall ang6ellycua. b6ꝛ6 dyſc
yn myſc ynuyt crynua. B6ꝛ6 vendith yn
plith pletha dwywolder. ner na ryſomer
rei yſſyma. B6ꝛyafi wedi ym aweda. b6ꝛ6-
yf y gennyf gennyt yda. Pan vo am-
ſer ner nertha 6ꝛth angeu. y ſynhwyꝛyeu
meu ma6ꝛ wella. vn 6yf ahan6yf o hen
eua. ynof na6t pecha6t pecheis dirdꝛa.
vn6yt ahan6yt dyhunaf am pleit. o
veir ras eneit va6ꝛ reſina. Yny varn
gadarn gyt gymynua. Yny vꝛa6t bara-
6t buredicua. Yny vꝛo y bo pob traha
yn goꝛffen. yny ven vy ren mae reit nod-
ua. Adꝛa6d dioer dir yna awneir. geyꝛ
bꝛonn creir croc caluaria. Edꝛych na
leſſych. o. ⁊ alpha vi. yꝛ dy bum weli geli
gwylya. vy argl6yd kyfl6yd a kyflea. vy
ergly6 .n. kyuyng yn yng awna. Vy eur-
gled ma6ꝛed maria ae g6naeth. am roes
hoedyl digaeth ffraeth ym ffr6ytha. Am
ryd vyn novyd nef oꝛffwyſua. am rodes
hoewles heul aluna. amrodwy obꝛ6y ebꝛea
va6ꝛed. am ro trugared adiwed da. ameN.
Diwed glan aedewis. dibenn r6yd da
panrodes. vy eneit ym oꝛym raſ. ynof
du6 onef deus. ~ ~ ~ **Idem Iorwerth.**

MJ abaraf ydyn araf. oꝛ agaraf r6yf
ogeryd. am veniwa6 wyf bꝛonn vꝛi6-
a6. am diliwa6 myn du6 lywyd. Mae dy warant
ma6ꝛ dy varant. m6yn veilch garant ma-
en veilch geyꝛyd. y lyuaſſu vy lli6 laſſu am
lleaſſu em lluoſſyd. Gwant vi n dꝛuan. g6-
ae6 nwyf buan. g6ynder huan. g6indei ri-
yd. Gwen advwynaf. g6yt dir6ynaf. g6ed-
gein g6ynnaf. g6ed g6a6n g6eunyd. G6nn
nam kery g6añ ympery. g6af ythery g6ys
ythyꝛyd. Gwa6t volyannus. g6eith ll6ydy-
annus. g6ae dygyãnus g6i6 dygynnyd.
Heeis eiryeu. heul cadeiryeu. haual creiry-
eu hyva6l croewryd. Hynn awnedy6. ytt y
dody6. geir ytt hedy6. goꝛwyt hoewdyd.

yt veidunet ỽyt damunet. eilwed lunet.
wyl wedỽ lonyd. Vthyꝛ doluryeis oth ſerch
curyeis. y llaſuryeis vy lleveryd. llywyaf
awen. llỽybyꝛ perawen. eua lawen yỽ veil
ewyd. lledyf ẽglynyon lliỽ ros gwynny-
on. lloeꝛ moꝛynyon llaỽꝛ meiryonyd. 6
Gwaỽꝛ dyd meiryonyd maỽꝛ anaỽd ym
nwyf gỽynnbꝛyt nyf kynndattaỽd. gwyt
agoual am talaỽd. gỽaỽn liỽ och hediỽ 9
oe chaỽd. ~ ~ ~ Riſſerdyn ae cant rac
Rygud llew aryfrud. llyỽ eur [llaỽ
vꝛo gỽingoſt yngkongyl gỽyngoꝛ 12
beuno. rỽyf clotnerth. ryuic clytno ry deỽꝛ
greir rud derỽ agro. Cud gro teilỽg
gymro tec. kyt denwr bꝛỽydyꝛ ket dinac.
kael annun yỽ n kelennic. callonnuſ is 16
kelynnoc. llaỽꝛ kelynnoc vaỽꝛ aved yoꝛch
ud gwae eirchyeit oꝛdiwed. llif greu aer 18
gỽaỽt glaer gỽaet gled llỽybyꝛ dar trafyn
bar is trevyn bed. Kaenved agud nud 20
nedeir. kynvyn eil neut kỽynvan oer. kyt
kam pꝛit trillit trallỽyꝛ. katcun oed lith
koet kỽn aer. Aer daer daradyꝛ kadyꝛ dell
dỽꝛ koedydwon annỽyldoeth uab gruffyd
advỽyn kynnoedỽyn yỽ dyd. oed eneit po-
byl eidyonyd. Eidyonyd loꝛyf koꝛyf karyat. 26
oed howel grym echel gryt. aneird yỽ y
veird oe vot. ynggraen ved ynggro yn-
vut. Os mvt lleỽ aerdꝛut llaỽ vꝛdꝛec 29
lithyꝛwaet. lathyꝛ walch pobyl wyndodec.
wyſc rỽyſc ryaỽt waỽt widec. yſ yỽch y gỽ-
yn nodwyn dec. Pob dec ae kỽyn advỽyn
oed. par dur vlaen paraỽt aervleid. pꝛif ru-
thyꝛ yng durvyng dewr uaed. pꝛidỽꝛ ſerch
paredur ſỽyd. Sỽyd rỽyd rodyat vat 35
ſudei vedelgyꝛyf. nyduc aryf na pheñſel.
aryſgwthyꝛ bꝛat cat nyt kel. ſaerhoewach
noſyꝛ howel. Vchel odwyn howel doc. a
chwyn gỽyllt ochein agwae. achadarn 39
oed dyꝛoed dei. achydwr bꝛỽydyꝛ yỽch adỽy.
Garỽy ar adwy gỽꝛaỽl redyat ffyꝛyf. taer 41

bꝛiwgyꝛyf tarỽ bꝛagat. gỽys gỽae oe varỽ 1
arỽ irat. gỽyſſỽꝛ kerd gỽaeỽ aſſaỽꝛ cat.
llithyꝛ am vd cat rat redec. llaỽn wylyaỽ
lleỽ vn olỽc. llyỽ ardadyl llaỽ vrdedic. llỽꝛỽf
chwalu trin lloꝛyf chwiloc. Chwiloc 5
benn ae nenn y ninneu. y roet. lle yredant
oe eiſſyeu. chỽyl garỽ clot vydindarỽ cleu
chwyꝛn dicruthyꝛ chwerwon dagreu.
Dagreu tros vadeu llyỽ traỽs vydin. 9
Keis yꝛ aỽdyl honno yny dalen neſſaf ytt ar y llaỽ aſſỽ [1281]. ~ Riſſerdyn heupt.
Alytno eidin glot ardwydꝛin. gleỽ 12
dỽꝛ detryt. kynlluc durgoꝛyf kein
llyỽ gỽendoꝛyf. kanllaỽ gỽyndyt. kỽyneu
hepkoꝛ. ar vn eloꝛ yꝛannwylyt. Kolofyn
gỽyned eur varanned. ar vyꝛr ennyt. 16
Koeth oed howel kynnoedirgel. kỹnyd
ergyt. Kadyꝛ vab gruffyd. gỽaỽꝛ eidionyd
gỽeiryd unyt. Kymro advỽyn. kaf oe dꝛe-
iſdwyn. cof o dꝛiſtyt. kynvyl garthan
rodwiỽ gỽaỽtlan. rudwaeỽ gỽaetlyt. 21
Kyfrỽyd galon. ochein tromvꝛonn achỽ-
yn trymvꝛyt. Clot vrdolyon. am y gofyō
ym agyfyt. Kolli kyꝛch va. honneit utua
hyt neut atvyt. Cartref digeird. doeth y
wann veird. deith di wynvyt. Keir oe 26
dꝛamgỽyd. cureit arỽyd. yꝛ aedeiryt.
Kynnỽꝛyf bꝛyneich. kynon hoewvꝛeich.
kỽyn anhyfryt. Kallon uchel oed y how-
el. vd dihewyt. Keith gyfymliỽ dur yſgỽ-
ydvꝛiỽ. dar eſgut vꝛyt. Criſt vn mab 31
meir. radeu nertheir. reit ynn wrthyt.
kynnỽys howel eurnaf uchel. ar nef iechyt.
Jachaet meir creir croewrad. eneit gỽalch
bỽꝛd valch beird vod. och vynet vchaf
voned. ioꝛ ym mincoꝛ. y myỽn cud.
Rygud lleỽ aryfrud. & cet! 37
Llyỽ glyỽ gleỽnaỽs traỽs trỽſſy-
at kerdoꝛyon lleon arwydyon
llaỽ iaỽn rodyat. lloꝛyf koꝛyf ket kiri- 40
et. karyat gỽyndodyd. llywyd meu hywlyd

ym mon hoewlat. llym rym redyf gynnedyf
gan gennat ieſſu. lles veird awenllu llyſvỽꝛd
winllat. llỽybyꝛ rỽy o ꝛonỽy eir ynat ieith
vydyꝛ. lleỽ ynhaeluab hydyꝛ llawen heilyat.
Tudyꝛ ynongyꝛ enyngat eingylgrỽydyꝛ 5
tryleỽ guryỽꝛ bꝛỽydyꝛ treul egoꝛyat.
Tꝛydar aer lauar. erlifiat gỽaetffreu.
treſneu clot oleu cleu adeilyat. teyꝛn gỽ-
allowgyꝛn allygat gỽyned taernur bꝛiỽ-
gyꝛff gled tyꝛvỽꝛ bꝛagat. Toꝛret wynt 10
luchynt tỽꝛyf dilechyat ffraỽd. troſtan
ynghyrch blaỽd. tryſtan anghat. Pelei-
dyꝛ gỽaet ryeidyꝛ. nyt gỽyt ruat ſerth
pꝛud wſt angwy nerth. pꝛeid oſtyngyat.
Par trydar bannyar erbynnyat pob 15
rei. parchei bell weſtei oe bwyll waſtat.
Pennaf naf trechyat trychyat eliſlu.
pꝛit ae leỽ leif vn pꝛyt elywlat. Poꝛ kỹg-
hoꝛ ragoꝛ parhau rỽygyat trin. pavn 19
gỽirotyon gỽin. penn gỽaredeat. Kadyꝛ
golovyn diovyn ynkadỽ dyat balch. kein
diwac ieith walch. kun diwygyat. Kyſy-
iaỽn gadarn varn divurnyat gyngoꝛ 23
cadeir glotryd ioꝛ. ket argleitrat. Keidỽ
vaꝛant llỽydyant. lleidyat ynghytrud cara-
ỽd ellỽng bud keir ydillat. Kynnedveu 26
llacheu lluchyat gỽyarllavyn. keindeỽꝛ
weiſc dꝛavyn. kaendur wiſgeat. Rec dec
dal ardal ryỽ eurdat perffeith. rethꝛen
aros keith. ruthyꝛ iaỽn irat. Rewin y
vydin gan veidyat yngaỽꝛ. rydaer 31
ar aeſſaỽꝛ ridiruſſyat. Rỽyſc bꝛỽyſc
bꝛeiſc *lut trut neut rat y vꝛagaỽt. re-
id agreinya raỽt rod djgronnyat. ! 34
Rỽyd ion kerdoꝛyon kaerdiriat didaryf
rud aer gãmaỽn aryf. rydewr geimyat.
Dar ymleidyat utlyꝛ dor ymladeu
dewreir y giwdaỽt dar argadeu. 38
Diagyꝛ oꝛonỽy geyꝛ deu aeſſaỽꝛ. dyꝛy rody-
on maỽꝛ dur y reidyeu. Da vꝛeiſc gedaỽl
goꝛyf divꝛỽyſc oedeu. dyſvꝛys adwyth llu.
dyvyꝛ oſſodeu. Daret angerdꝛuthyꝛ ỽꝛth
dyꝛeu goꝛllin. da ỽꝛth holyỽꝛ trin diwarth
heilyeu. llew acharyat myꝛd llyỽ iach oꝛy-
eu.

llaỽ achiriet mon llewych ciryeu. lluchynt. creu-
laỽn vꝛỽydyꝛ llacheugyhaval. llydan wraỽl dal 2
llit yn aereu. llathyꝛber eurgroewieith llithyꝛ
bar irgreu. llunyỽn vardeir naſ llawnyon vyꝛd-
eu. lliſeiryeſt gỽyar yỽ llauury[eu] keingk llaỽen 5
oꝛuot ffreingk. lleỽ ynarueu. kat wyỽ ſudaer
hydyꝛ keidỽ y ſỽydeu. kymen varwn doeth.
kamaỽn vereu. Kanon kywirdeb yỽ keneu 8
tudyꝛ. kadarn gỽympyỽꝛ gỽyꝛ. kedyꝛn gampev.
Carawd valched treis kaeroed vylcheu. cary-
at tewglot amyl kiriet hygleu. Kyvarwyd
y gwnaeth kyveiryeu dꝛagon. koetkỽn o
lỽythyon. katkaen latheu. Egyꝛ didlaỽt 11
laỽ nyt garỽ datleu. agỽꝛd atlam vaỽl
am gerdotleu. Anyan eidaỽl gynt vn an
nwydeu mael. araclỽydaỽd gael eur a- 16
gwledeu. O vỽꝛꝛ carchar gỽyt efraỽc kyꝛ-
cheu. y vaỽꝛ geryd gryt ef yỽꝛ goꝛeu. !
Ar vꝛat ruthyꝛ y gỽnaeth eirif vꝛỽydꝛeu
ymgnith. aer veryon lith ar voꝛeeu. 20
Ron ar dervyſc greit run aer dyꝛueu
rydglet aelaỽ lys rỽyd glot oleu. Ryuel
rudwr dꝛut ryỽ vaỽl radeu nud. rydewr
waỽt ffraỽd vd. reid arwaetffreu. Reit y 24
bydoed yỽ rat wybodeu. rydec emaỽc loꝛyf
ri di gameu. Ry garaỽd wiſgaỽ ragoꝛeu e-
glur. riſc odidaỽc dur rỽyſc ydeideu. Mu-
rel dilỽſyꝛ vu maỽꝛ elỽ daleu. mirein lew.
bꝛaff vꝛeich. moꝛyen lwybꝛeu. Moꝛdwyaỽd
yneiryf maerdyeu gỽinllat. mur aragỽꝛd 30
gat moꝛ yꝛ eigyeu. Maen arwyd yvot rỽg
manereu. maỽlỽꝛd advwyngoꝛff milỽꝛ ded-
veu. Mynnaỽd dꝛagoꝛuot hyt ym manneu
byt. maỽꝛed ragoꝛ bꝛyt muroed dꝛeigeu.
ARuot uthyꝛdꝛeic ỽꝛt. gaſtellgreic. aer 35
aryneic eur oꝛonỽy. Arueu kychw-
yꝛn eruei deyꝛn eryl gedyꝛn aryal gadwy.
Eryꝛ gỽyned aryf gyved. eirgraſ hoffed
irgreu ſaffỽy. Eneu digabyl. anant
vỽꝛddabyl. ynyỽl barabyl. yn ael berỽy. 40
Amlỽc dꝛỽydyet. amlyn weithꝛet ym
y yuet am yovỽy. Wythꝛif dꝛoffed. uthꝛaf
lymgled. aeth y vaỽꝛed ieith avarwy. An-
nwyl dudyꝛ. einyoes ryſgyꝛ. eurget eryꝛ. 41
argat aerỽy.

Jon kenetloed . ynyal wledoed . anaỽ lyf-
ſoed . enỽ alaſſwy. Hydyꝛ gaỻondit . hy-
daer dewrỻit . heilyeu dibꝛit . hylut obꝛỽy.
Heird y eſbyt. hirdaỽn gỽyndyt . hyder
diwyt hyt ardawy. helym diſegur. hy-
lym natur. hael bꝛif aỽdur . hỽyl bꝛova-
dwy. Hyꝛrwyd varchaỽc. hardlevyn du-
ryaỽc. hirwaeỽ trumaỽc . hỽyꝛwyt tram-
mwy. Koꝛyf trybelit . kaeroed gliffit.
caryat erlit . kiriet arlỽy. Camp oli-
ver . kỽympyei n yngỽer . cant oe lewdᶜ.
cun taladỽy. Keimyat gỽyned . kymoꝛth
goꝛſed . kyman dewred . kamaỽn dirỽy.
Croewles vedꝛ⁹. creu leif dirrus . ket
eurgoſtus kat argyſtỽy . ỻiwrud la-
vyn dur . ỻowrod eglur . ỻawen owdur
ỻew ynadwy. ỻuchynt melwas . ỻoỽch-
veird winblas ỻydan ſolas ỻyỽ dinſilwy ~
ỻunwigoꝛ vyd . ỻyꝛ pen mynyd . ỻe bỽꝛỽ
geryd ỻwybꝛeu garỽy . ỻym dan heyꝛn
ỻe bei utkyꝛn ỻudet erdyꝛn . ỻeidyeit oꝛd-
ỽy . ỻonn bendeuic . ỻinon yſſic . ỻun ffene-
dic . ỻin ffynnadỽy . ỻỽybyꝛ cat odeith . ỻa-
vur dꝛutleith . ỻỽꝛyf daỽn doethieith . ỻo-
ꝛyf dindaethỽy. ~ ~~~

Kiſſerdyn agant y teir awdyl uchot y vrenhin uab tudur.

Jollo goch weithyon agant y awdyl honn.

Costyaf y vadaỽc . kaſtyn vntroedy-
aỽc . koſtaỽc kynghauaỽc huuen
amkaff. kyſtuduab howel . coſtyei yochel .
coſtrel ael iſſel nyt eil aſſaff. Cuſtaỽs gỽ-
arthec cadỽ . caỽſtyeu achadỽ . kỽt rỽt bꝛỽt
bꝛadỽ. bꝛeudỽrch ry bꝛaff. Kjldỽꝛnel gỽann
ledyf kelỽꝛn bꝛamſachledyf . keil meil mi-
leindedyf . nyt kynnedyf kaff. Kỽlỽm yſgỽth-
yꝛ tỽnffet . caỻon mahumet . calet yꝛ byꝛ-
ret nywyꝛ barraff. Kalgrỽn bakỽn boc-
kys . kyflet. ffacket fflockys . kawldꝛỽm
hokys ỻaỽn rockys . crockys crocker ỽꝛth
raff. Kolwyt bugeil pedyꝛ . colereu wyſtyn
gledyꝛ . kelwyd vedyꝛ kỽffyl ỻedyꝛ . ỻỽdyn
myỽn yſgraff. Kymỽꝛn burym yſgei . kym-
mein adũnei . ygan y baỽei ny graffei ygraff . ~

Iollo heuyt.

Safyn egoꝛet yỽ ſafyn goꝛwyꝛ baỽki.
y biki gỽthyꝛ kannwyꝛ. ſafyn pibyd
ſwyſen pabwyꝛ . ſafyn ỻo gỽas ayſ yn ỻwyꝛ.
Safyn ỻydan ydiỽ ỻetwyꝛ chwidach . ſafyn
achwydaỽd neithyỽyꝛ . ſafyn ỻaỽn baỽ achỽ-
yt awyꝛ . ſafyn kavyn kaỽs byd haỽs hỽyꝛ .
Safyn dyſyꝛgi baỽki bakwyꝛ reiduſſyon man
ỻeithyon min ỻethwyꝛ. ſafyn gỽꝛab ſeſnic er-
wyꝛ . ſafyn yỽ ymſennu awyꝛ ~
Safyn kicvꝛan dꝛuan drawyꝛ y geneu . ſafyn
ny ganaỽd ſaỻwyꝛ. ſafyn dꝛỽc mal tỽỻ mỽc
magwyꝛ . ſafyn ffals nyſeif o vyỽn ffwyꝛ.
Safnoc digoꝛffoc daeoc oerffỽyꝛ ỻeibyꝛ. ky-
hoedgỽybyꝛ ki hydgỽyꝛ . ſennu paỽb yỽ y
ſynnwyꝛ . ſafyn geỻaſt varỽ . ſafyn garỽ gỽyꝛ.

Gruffud bychan vab gruffud uab edeneuet.

Ydwyf ami nyt oedes arglỽyd keinỻỽyd
deucanỻys idaỽ mal ydoed adaf vuyd yn
dyd ac yn nos ~

Ynos vat y kaat oꝛ kyt oꝛwed balch
oꝛonỽy aerwalch oꝛeu rinwed. Jon
amgylchyon mon mil vlỽynyded hyt . oe
diwreid gỽae ꝛbyt yny dewred. ahitheu
eiryeu dienwired daỽn y dibechaỽt iaỽn
da y buched. Weirvyl glot hynot hendihen-
ed vo . yny gỽiwlys vꝛo kaem amgeled . yſta
veir neut geir gỽirioned arnun ytyſaỽd
vdun eur etiued . aer digel howel hoewed
bennaeth lyỽ yndagarỽꝛ yỽ enỽ digared.
Oꝛ deheu vanaỽ ven glaỽdyfred not a gi-
gleu y glot hyt y gogled . O veirdyon kyſy-
on ych kyfed ach maeth . ach urdaỽl ach gỽ-
naeth yn ych ʰarded. a balch adivalch deivyꝛ
digaſſed vann . achadarn a gỽañ dibechoded.
yn cam yꝛ ytym kymroded andaỽ yn ry-
valch arnaỽ ac nyt ryued. Awn ni ynggỽ-
ed perffeithꝛec ydeledaỽc tec heb dyloded.
ar veir wyꝛ hoeweir wir hed bedydlu . em
moꝛynyon vu ae maranned . a chꝛiſt keli ri
rac wythloned gỽyt . ae naỽd a geidỽ byt
ynud gytwed. aradael yn hael oes heled
grychꝛud y bwyſſaỽ eur rud ar yn byſſed.
anant wir volyant oꝛvoled gỽyndyt . ion
bylcharyf ynggryt yn ynbalched . ynni

getych di rac dyed galon. yn ryuic veirdy-
on am yn reuved. yntrỽſſyaỽ ynheird 2
yn troſſed gỽinllat. anbyỽ ry garỽ mat
eb oꝛwaged. y barthu attam berthed golu-
daỽc. ᵃgỽiſgoed graaỽc da eu goſged. Jaỽn
waỽt aganỽn anwed yỽ ynny. am ener 6
kymry vn anmyned. adꝛuein lle keir at-
rywed rodi. ageimyeit eỽch chỽi ef nyỽ
gomed. Eref yỽ yn gỽelet oered andech-
ꝛyn. yno gỽelir hynn heb enỽ gỽyled. 10
anuanaỽl yrod vn voned adyfyꝛ. ynat
ganon lyfyꝛ eneit gwyned. achyfunya-
ỽl gerd achyuanned lys. ac ymyꝛrwyꝛ
bꝛys eur gymyꝛred. A neuad yn llaỽn 14
yndiwed kerdeu. a hỽyꝛ varant geu a-
hir uaỽꝛed. aeth y arnun gabyl athe-
yꝛned heird. achanto o veird yny chyn-
ted. a mod digrifỽch. amed goꝛchyfun. 18
ary anamyl hun a rianed. a gỽeilch yn
gỽare amgylch gỽyꝛed perſ. a mevyꝛyaỽ
wers am overed. a moeſſwymp deulu a-
maſſwed iaỽnda. athꝛacheinlwys ra a-
thꝛychannwled. yny veyn̄ afreit anned 23
beird glydỽꝛ. vn geirſon am wr enwaỽc
oꝛſed. Arglỽyd ny welet wedy eurgled nef
vn redyat ac ef oanryded. ~~~ 26
Anryded hywed hywel ri nefaỽl yꝛ vn
ofyn nyt ymgel. erchwyn kyuoeth doeth
lle del. iechyt yꝛ gallon uchel. 29
Vchel eir bennreithgreir bit. arglỽyd
awnai diuei dut. o bei aneird beird y
byt. ynheird digeird ymdygyat. yꝛ veñ
ybo penn clo clot. ar hỽnn treidyỽn yn
Tꝛỽydet kynhalet kyñ- [trỽydet.
heilyat canwled tir gỽyned taer guny-
at. tros anant neut traỽs ynat. tryf- 36
foꝛer cler mydyꝛner mat. Tỽꝛ gỽiỽdedyf
tralledyf alleidyat llỽybyꝛ iaỽn lle bei
reit digonyat. taruei eingyl. taeruyỽ 39
angat. traỽ pelleic kadyꝛ benn eic kat.
Teilỽng kyt oſtỽng ket waſtat gyflỽꝛ
mil glydỽꝛ maỽl gludyat. teuluoed dinac
uagyat. tỽyſc dꝛaỽ oe getlaỽ agat 43

Tꝛoſſet em giret ym garyat hyw om dihe- 1
ỽyt bꝛydyat. troſſes veird yn eu trỽſſyat.
traỽs ner yn treiſſyaỽ nyat. 3
Tebic y dyfric divꝛat archescob eurwych aeſ-
goꝛff gỽinllat. taer yn ryd teyꝛn rodyat try-
chanrec tec a vab tat. trefyn heil bỽꝛd vucil
beird vwat aerglo arglỽyd gỽyned wenwlat.
talym beunyd an ryd yn rat. taryn loegyꝛ
tiryon lygat. ~ 9
llygat gỽyned wlat agannwyf ymbyỽ. e
bieu abꝛyttỽyf. aphob peth alunyeithwyf.
ym cof mi ae rof ym rỽyf. Myỽn byt ar
vedyt kyt arueidwyf hoet. myn duỽ hyt y
gỽypỽyf. yſbys dioer nevin gỽys ot ỽyf 14
yd atwaen idaỽ dytỽyf.
Ydwyf ami nyt oedes ⁊ cetera.

Gruffud vychan he-vyt.

Anrec wladeid nyſtreid traet. ado
Aeth y anoeth eneit. ovỽyllỽꝛ nenn kaeth
bꝛenn koet. avallen eua uoellwyt. 19
Rythbla rufeua roes oval. yꝛ byt. gwaer
bydoed oꝛ dial. rannaỽd ac adaf aval.
ryỽ barch y ennill raỽ bal. 22
Pỽyll dꝛuan kỽynvan nyỽ kel. pallu bꝛyt
pum oesvyt pỽl. anuoeſchwant anavuſ
chwyl. oniuer yꝛvn aual. ~ 25
Gwedy gloes arbymoes byt. acovyn uſ-
fern gỽymp govit. geir gabꝛiel ãgel yngot.
ỽꝛth veir ar geir vur gỽaret 28
Pum oes byt y gyt ogeith yn rydyon an
kovyon yỽn kyfyeith. yrom y gỽnaeth duỽ
areith. yꝛ yndỽyn oꝛ anoeỽ deith. 31
Ys duỽ ae gyꝛraỽd oes daer. yſda gỽnaeth
llateiaeth llwyꝛ. ys aelaỽ y gỽnn pa faỽl
geir. an duc ogeithiwet oer ~ 34
Aue rac maỽꝛdꝛỽc aual. maria eua o
vul. geireu gobꝛỽyeu gabꝛiel. gracia
lles awna yn ol. 37
Plena vurhynt da pandoeth yꝛangel
y ryngu bod kyuoeth. gabꝛiel diargel
eirgoeth. gan vaỽꝛduỽ argein veirdoeth. 40
Dominus duỽ gỽedus yỽ agỽydoꝛ byt
bit tecỽin yn kyngoꝛ. benedicta benndoc-
toꝛ. tu yỽꝛ mab y tir ar moꝛ.
Jn bach adyly yn bỽyth mvlieribus 44

wedus weith. ⁊ eil bꝛif lythyꝛendoeth. benedictuſ
uoethus uaeth. 2
Fructus geir oveir ef weryt yn reit. o nerth
rat yꝛ yſpꝛyt. uvud vaỽꝛ waỽꝛ wyꝛy gym-
legyt. ventris aberis y byt. 5
Tui vn athꝛi athꝛat anerglyỽ. arglỽyd rañ
oth garyat. yn vab moꝛwyn vỽyn vagyat
yndec yn yſpꝛyt yn dat.
Jhesus vab aphab aphob kynnyd da. 9
vn mab duỽ ny deruyd. dir not kynn dy-
uot yn dyd. dỽc eir yndygerennyd.
Y mab rat ager yꝛangel arangaỽd bod y
veir. aryſ dwyſglot. araf diſgleir. eureit
greaduryeit greir. ~ 14
Ganet ef gỽñ nat ouer. ganedigaeth dec
ſegur. oveir ac vngeir gan gar. a glan
yſpꝛyt heb gyt gwr. †yn wedy.
Moꝛwyn vu ueir uwyn ovyỽn hundy 18
gỽydyꝛ. yngwyỽ dal mab duỽ vꝛy. moꝛw-
yn gynnohynn gein hy. mirein waỽt moꝛỽ†
Cri geni mab gogonet. kyflunbalch kyf- 21
lenwi byt. criſt keli kyvodi ynvut. claer
ſerenoneñ y not. kynnydu arannv yn
rat. koelueineu kael a vynnit.
Doeth teir anrec dec adwyn euhunein 25
gan vꝛenhined advỽyn. eur amyꝛr thuss
yꝛ mỽyn. yn haỽl vaỽꝛ ynhael vdwyn.
Nyt oed dꝛỽc pleit mab eidyon. arael
y cruteit hael hỽnn. nyt ont criſt oe 29
veithꝛin. neb y bꝛeſſeb yꝛ aſſen.
Yỽch y laỽ n. treiglaỽ arglỽyd tragỽlych
voꝛ yd oed veir an gỽledych. is ylaỽ ieſſu leỽ-
ych. Jeſſin goꝛff aſſen ac ych. 33
Oarch ieſſu barch berchen. ſaer oeſſoed y
ſaraſſin. erot gaeth ae raỽt o gỽn. eur-
wiſc amyl wr yſgymun. y vꝛadaỽc ãgeu
vꝛaỽdyn. a lvnyaỽd y elynyon. ~ 37
Deholet gỽaỽꝛ cret mab gỽꝛ cryf. oneſ a-
nef anafoed didꝛyf. dial pur deol peryf.
dofynbwyll dꝛos adꝛeiſ dyf. 40
Honnet na welet rac ffyd diffodes cret
haeach. henỽ dyn ual hỽnn aduỽ n vach.
hir yỽꝛ deigyꝛ herỽꝛ degach. ~~~ 43

Jeſſu ioꝛllu arllaỽꝛ yꝛ iſrael. vnben hael hylwyd
waỽꝛ. eureit enỽ aroet vn aỽꝛ yno ygỽnaeth
vabolaeth vaỽꝛ. Y pꝛif werthuaỽꝛ vein oꝛ pꝛid
agwlan y daear oꝛ gỽlyd. byỽ yn varỽ. buan o-
vered. a meirỽ yn vyỽ maỽꝛ iaỽn vud. Seith 5
rif llu gynif. lle y genynt y dꝛeis. dan y
dꝛaet y redynt. ſef rei oe adef oedynt. ſeirff
llewot gỽiberot gỽynt. Tꝛos angret tros 8
gret traỽs greir amyl ydiỽ ymlityỽyt vn mal
meir. troſſom y gỽnaeth bop traỽſeir. tri deu
vn kyfun y keir. Wedy anghyfreith wneu-
thur y vꝛat ef ovꝛyt over. cam oed y iudas 12
yn car. cuſſanu ieſſu oeſſỽꝛ. Yꝛdec arhuge-
int eur dat. o aryan bach aeron byt. anwſbon-
yaeth creinyaeth cret. vu ywerthu ae wrthot.
Goꝛchwyl iudaſ vu gỽarchae. gỽꝛ o hil doeth 16
balch noeth noe. gỽꝛthodes naf gỽerthadwy.
gỽarth hydyꝛ aegỽꝛthodei. Divlas vu ſudas
ſwdan. dyſgu dihenydyu dyn. dialaỽd duỽ ae
ulun. dial goꝛwyllt dal gwirion. Roet ỽꝛth 20
arol ſỽꝛth ſertheir. ryỽ vaenboſt maỽꝛgoſt
murgaer. roes duỽ raſ nan llas ynllwyꝛ.
rỽymỽyt karcharwyt kyꝛch oer. Yn llaỽ 23
bob vn dꝛỽy lun dꝛỽc. oeſ darnerth ieſſu dirmic
yſgỽꝛſ nyt edewis gic. na gỽaet yny coꝛff gỽ-
iỽdec. Daruvwyt yn dꝛycweith wneuthur. 26
bꝛat kenedyl vaỽꝛchwedyl verchyꝛ. byỽ dovyd
bu ediuar. bꝛedychwyt ef bꝛyt ucher. Kellweirỽ-
yt yncall waered. criſt oveir croes duỽ vaỽꝛỽd
kyfenỽ difieu rinyeu rad. kablỽyt ef kỽbyl yỽ
dovyd. Godefỽn ỽyſ gỽedỽ ovul. goved gar vydar
vedỽl. godefaỽd dꝛos gaỽd aval. gỽenergỽeith 32
gỽaeỽ anirgel. Aeth y gỽꝛ angỽnaeth ognaỽt
dyn heb les blys eua vu ꝛkyndyn. ar groc ffe-
ꝛyf oeloes dervyn. ohynt ny bu ieu na hyn. 35
Reidrud y dwylaỽ rydꝛỽc. ynrydaỽ cof onrydic.
roes eur y groes ar y groc. y bꝛynu dyn waet
bꝛonndec. Rodet nyt rod myget mygyꝛ. ym-
eurllyỽ griſt yꝛ maỽꝛllỽgyꝛ. duỽ tec gỽandiaỽt
llagyꝛ. gỽenỽyn abyſtyl a gỽinegyꝛ. Eſgyn-
naỽd dalluaỽd dỽyllvurn. oes diagyꝛ ieſſv de-
yꝛn. y gladedicweith veith varn. o ꝛaſ hydyꝛ 42
arſadỽꝛn. *Kyrch lle mae y groes draỽ gỽbyl*
oꝛ englynyon ⌗

Gruffud gryc ae kant. 1
IOꝛ nef aechꝛeir . ac euryn meir . ar gỽꝛ
anmed : athꝛoet allaỽ . ac aryf aelaỽ . a goꝛuo-
led . Gwarandaỽ heit . bechaduryeit ⁊ beich
o daered . a madeu ynn . yn llesc dꝛemyn ⁊ an 5
llusc dꝛymed . an camlyeu . an llit vꝛodyeu ⁊
anllet vꝛyded . ankasgyl olut . an cam ehut ⁊
an kymmỽed . An gỽac valchet . yn anwae-
ret ⁊ anennwired . Ti yỽ yn llywyaỽdyꝛ . 9
an ameraỽdyꝛ ⁊ yny maỽꝛed . Ti yỽ yn ioꝛ .
ti yỽ yntryssoꝛ ⁊ ti yỽ yn trossed . Ti an
bendic ⁊ ti yỽ yn ryuic ⁊ ti yỽ yn reuued . 12
Ti yỽꝛ goꝛeu . ti yggoleu . ti yggỽyled . ti
Destyon erchyll . ti yn hywyll ⁊ tiyỽyn hoew ed.
Ti yỽꝛ gỽꝛ hael . ti yn israel . ti yn azared . 15
Ti ympob pỽnc ⁊ yn ryymỽnc ⁊ nyn rỽy omed.
Ti yỽ yn gỽaỽꝛ . ti andidaỽꝛ ⁊ ti yỽ yn dewred .
Ti vab meir wenn . o vrdoneñ ⁊ a vꝛd wyned .
Yꝛdygythyꝛdꝛaet . yꝛdyraenwaet ⁊ yꝛdy rinwed.
Yꝛdy hoelyon ⁊ yꝛ dygoꝛon . wr digared . 20
Yꝛdy uedyant. yꝛ dyuỽynyant ⁊ yꝛdyuoned .
Yꝛ dy leindyt. yꝛ eurdỽf iechyt ⁊ yꝛdyuuched .
Yꝛdydechreu . yꝛdydwyweu . yꝛdydiwed . 23
Yꝛdygythyꝛlam . yꝛ dy lỽysuam ⁊ yꝛ dyloesued .
Yꝛ dy uaỽꝛdꝛanc . yꝛ dianc ⁊ wr didyed ~
Yꝛ dy uaỽꝛglot . yꝛdy gyuot ⁊ wr digyued . 26
Erbyn arglỽyd . erom gulỽyd ⁊ yꝛamgeled .
Y daearblant . eir dangnhouyant : yꝛdygnheued.
Reit gael gan bedyꝛ . rydit hyuedyꝛ ⁊ rat etiued.
Yrỽyf ancorof . yn ryt gantoꝛof ⁊ yn rỽyt gynted.
Ynraet cherubin . yn rol varthin ⁊ ynrỽyl uerth ed.
Ygkae maỽꝛblas . ygcoꝛ adas : yghymyꝛred .
Ymper greiuyeint . ympoꝛ eurseint : ymhiroꝛsed.

#Oebꝛid wely bꝛud waelaỽt . efo grist aovỽy
gret . arduỽ ful urdas olut . ar duỽ doeth 2
ar deeu dat. Duỽ llun gỽꝛ eidun y gw-
ꝛeidyaỽd y nef . naf daear amoꝛoed . dy eill
hynt y dieuoed . duỽ iessu duỽ vu duỽ vyd .
Dec vnpꝛyt duỽ spꝛyt vyt vedyd. duỽ 6
dat duỽ mab rodyat ryd . duỽ n varỽ duỽ
n . diuarỽ dovyd. Dwyỽeslathyꝛ yỽ n
dewisle . dyn bieu dewisseuda . dewissaỽd
nenn pꝛynaỽd ni . dewissỽn uab duỽ iessu.
Dewissaf vy naf awnaeth ioꝛ diuei . 11
win oꝛdwfyꝛ ewffraeth . duỽ ful di vul
dwywfolyaeth . duc cret ogeithiwet gaeth.
Dewissaf vy naf ỽyf vn ieith ac ef yn
govyn vy anghyfreith . delwyf obob ano-
obeith duỽ naf ymdiwaethaf weith . w.
Dewissaf vy naf awnaeth kỽmpas heul
yn hwyl awyꝛ glas . dioꝛneir y deyꝛnas. 18
duỽ cret dewisset y was. Dewissaf
vy naf vy naỽd rac dꝛycoed . duỽ mydꝛo-
ed da medꝛaỽd . dewisset ae dewissaỽd .
dyd y seif deu dewis haỽd . Ossit ym 22
dwyn kynn kynvyl. ar heilboen o arỽ
helbul . ar duỽ y rof vynggoval . ameir
n vydeir vedỽl . Yꝛ eneit noeth awnaeth
naf pꝛudgar . ar pꝛidgoꝛff gorff goꝛwac-
kaf . ar heilỽn nerth yꝛ hael naf . ar he- 27
lỽ duỽ yꝛwolaf . Mae yth was sulas
callon adolaỽl ban deler geyꝛ dy vꝛonn.
mab meir creir cristonogyon . madeu
hir vedylyeu honn. Y tafaỽt tỽfyn be-
chadur . an wiỽ o vedỽl ennwir . adyfaỽt 32
neut ediuar . dwyll abꝛat dall abꝛyder.
Y traet ffalsus not redec . o dwyll yth
erbyn am duc . mab meir eur greir
ar y groc . madeu kanys ti yỽꝛ medic. 36
Y dꝛem a vu o dꝛimod . warant y bop enỽi-
red . deissyfu maent dwys hoewvud . di-
grynỽꝛ dy gerennyd. Naf o iaỽnllin
nef wenllys . ner nef neñ perchen par- 40
chus . y dwylaỽ nythadoles . nadilit pan
vỽyf dulas. Clusteu anodeu anwiỽ
eidun dwyll . dillỽng duỽ credadun . deỽꝛ
dy hynt dyꝛo dy hun . donyeu dedyf dy 44
naỽd udun.

Du6 na at deuwat diwath. dyn bieu angeu
yngy2th. da l6yby2 y6 dyoleubarth. dyb2yt
wy2 ar deub2itwerth. Y2 archolleu dy deu
d2oet naat ynb2enin ni 6yt. ana6d y6 tra-
ethu reneit. uffern kelkerth werth dy 5
waet. Rac unfom kyth2eul rac anfa-
6d keth2n. rac uffern wern warthga6d.
du6 nenn o2 p2enn an p2yna6d. dyn 6yf
yn erchi dy na6d. T2inda6t eglur ffa6t 9
agla am llywyo. J. 4 o. 4 alpha. troet ym
lle ny6 treia. trugared adiwed da. ~
Kymynnaf ia6naf ener. kaf dyſtyon. ky-
va doſtur. vyngko2ff meu y mae daear.
am. amda men ymdamun62. Kymyn- 14
naf vy eneit nyt kam ennyt ym y dem-
myl griſt ae leindyt. ar lludo go2ff lle
da6 y gyt. y2 llvd6 arall lle deiryt. 17
Om pecha6t griſt triſt ymtreid. af yth
ras chwedyl adaſ oed. aro wann oer y6
ywaed. ynghardot eurglot argl6yd. 20
Argl6yd r6yd rywya6c netha6c neirth-
yat. ofna6c vyd digu ynky2chu kat.
erbyn vi g6eſti g6aſtat ucheldir y2 lle y
keiff kywir agwir agwat. Argl6yd mo2
athir wir waretyat. argl6yd g6yll a dof 25
med2ufgof mat. y uffern geuwern. ar
gawat diefyl afathan dywyl nym g6yl
nam gat. Rac tan llofgedic dic ymdygyat.
rac dirmyc ia6n blyc. rac iaen blat. 29
rac d2ewyant codyant kudyat pum fyn-
nwy2. rac keub6ll lletwy2 boen ll6y2 ben-
llat. P6yll6n yſty2y6n ynoes duryat. 32
pallu on camwed an reued rat. pobpeth
pob diveth dyfyat aderuyd. eithy2 keren-
nyd yn det6yd dat. P2idyn vyd pob dyn
dan ydillat. o2 p2id du6 ae gwnaeth hu-
dolyaeth hat. p2idved y gytwed geitwat
daeargna6t. periglus dyd b2a6t yna6t 38
ae nat. Pan ballo 2 deu d2oet hoet ehet-
yat. pan vo dolur peñ yn nenn yn yat.
pan del fel na fel yn ſeilyat angeu. p2it 41
y2tavodeu oe b2otyeu b2at. H6ylyeiſt a
llywyeiſt heul alleuat hael greir vn
mab meir o2 geir agat. h6nt y2 gwaet 44

y traet kynn treiat archoll. hynt argyfy2-
goll ni oll na at. Hanbum. kamweda6l r6-
yda6l redyat. hanb6yf b6yll c6mpas oth
2as ath rat. hanbych well lewych lywyat
tangnefed. hanbo vyndiwed yth wled ath 5
wlat. A M E N. Gruffud vychan

Rwyd y6 dauyd rod diuei. rugyl ia6n oelys
yda6n doe. reith oe gyfyieith ae gofwy.
rodyon en6 mon yno ymae. Ymae auo2y
ymoet yuynet lle mae veneit. ae triſt ym
lauurya6 2 traet. y2 lle bo mab dd' ll6yt. 11
llwyt vo tir allyd6 avaeth. lly2yf pleit lin
b2ehy2yeit lwyth. llywy62 da6n llawir adoeth
llo2yf llu aeſgo2yf lleafgeith. Keith ad6c eu
lleith ynllwy2. car hynot ei^{yf}glot aryfglaer. 15
caraf nyt ymdaeraf dioer. kytwed nud ketoed
nedeir. Nedeir eiryf ner kyweirvoes. naf dd'
detwyd datwys. not am glot tauot tiueis. 18
nud digã vd duc ymaes. Y maes o gywirdeb
mwyn. ad6c ef mev digofein. yngar yn reit
bleit o2 blaen. eingyl aros ãgel o2oen. Go2-
hoendec rud uud vueil. go2eu car agwir y62
coel. g6nelon avyñon vãn6yl. g62 y6 h6nn 23
ia6n gywir hael. Hael haeilgar kytbar
koetbaed hediw dyd geñyf ha6d oed. h6ylo
lle bo tro poet r6yd. hoewgu o2chwyl hygy2cheid.
Ky2ch6n lle g6el6n llywy gulwyd kat.
r6yt kar6 tryfr6yt yn kartrefr6yd. 28
ky2chei bob ia6nrei buanrwyd darmerth
kerth vard enillwerth. veirdyon allwyd.
Koeth uab dd' ll6yt bu rwyt rotwyd. kym6t
lliwan naf alaf eilwyd. kein dd' hoetryd ehut-
rwyd mo2daf. k6plaf hylith2af ehalaeth26yd.
Keitwat pym fyñwy2 l6y2 oleur6yd. kỹgo2 34
ket ego2 kywta6t og6yd. ko2ff kanwled tre-
ifgled tra6fgl6yd trafyn aeſtalch. ko2ff balch
dewr reitwalch diwaratwyd. Kaeth ym da6
hiraeth om diheur6yd. kytb6yf heb da6 can
lla6 keinllwyd. kynnif geir digrif garedic- 39
rwyd byt. kyt gefyn nof hyfryt gyfnellafr6yd.
Vymreifc weifc wafcdo2yf aeſgo2yf yſg6yd.
vymr6yfc r6yſc ryſgy2 wy2 waran rwyd. 42
vy mrys na6 dyfrys nyt afrwyd ad2od. vy
mod beunyd2od vn bẽneid2wyd. V yma6l men-

eirya6l mac y arwyd. vy mur dur dirat tromgat tramg6yd. vy myt aer wryt ar o2wyd erchlas. vymplas vy neitras vy eneitr6yd. vy nud vud vueil vy heil hylwyd. vy naf yalaf agaf ymgwyd. Vympenn vympercheñ ymho2ch6yd kama6n. vyngh6byl wahandawn yn lla6n am llwyd. Vymryt vyndiwyc vy vn awyd. vym reint nyt g6ir feint neut go2euſwyd. vymro vy eurglo vargl6yd gedymeith vymra6t am gobeith am peñ reith r6yd. R6yd y6 dd' ut s'

Llywelyn goch uab meuric hen ae kant 1
Achubaf duỽ naf diamnofyd. dynaỽd
ath gyuarch. ry barch rebyd. Vchel
ynawyꝛ dy uagỽyꝛyd. Jechyt marỽ abyỽ llyỽ
llewenyd. Brenhin adewin pob ryỽ dywyd ⁊
creaỽdyꝛ ameraỽdyꝛ creir maỽꝛ detwyd. 6
Yſpꝛyt gloewvꝛyt glan ⁊ daryan deryd ~ tat da-
ỽn annogyat mab di negyd. Panlithyꝛdel
ryuel rỽyf merỽeryd ⁊ ar tralliaỽs bobyl ar t[l] 9
lluyd. Arlethyꝛ oliuer uuner uynyd egylyon
werin dy vydin vyd. Gỽneuthum dadyl kynne-
lỽ gyt ar kelwyd ⁊ gỽneuthoſt voꝛ reydyꝛ hoen
gỽydyꝛ agỽyd. Gỽneuthum diffleis dꝛeis dꝛos
dygeryd ⁊ gỽneuthoſt nef allaỽꝛ dꝛamaỽꝛ dꝛu-
myd. Gỽneuthum di vꝛaỽt nef agỽyꝛ creuyd ⁊
gỽneuthoſt geluydyt byt abedyd. Gỽneuthũ
latteiaeth barn uedỽgaeth uyd ⁊ gỽneuthoſt
dỽfyꝛ athan glan aglennyd. Gỽneuthum 18
ygywir wir waratwyd ⁊ gỽneuthoſt hagyꝛ
athec ovec u vyd. Gỽneuthum ardꝛaethaỽt
geuwaỽt gywyd ⁊ lleucu yneilueir lliỽ caen
eluyd. Gwneuthum odineb nac ednebyd ⁊ gỽ-
neuthoſt lynn ebꝛonn ae auonyd. Kyffeſſaf
ỽꝛthyt byt wybodyd: kammeu awneuthum
kymmen ieithyd. Gỽꝛaỽlgadyꝛ waladyꝛ di 25
gewilyd ⁊ goꝛuchel bylgein ac aỽꝛechwyd.
Toꝛreis ogredeu bynneu beunyd ⁊ taered adyſge
is hydꝛeis hoedꝛyd. Toꝛreis y dengeir ffurueid
greir ffyd: dedyf eurỽꝛ diledyf yerdelyd. 29
Toꝛreiſt gỽaryeiſt hil gỽiỽ riyd ⁊ trumaỽcued
dayar loewar lywyd. Tỽꝛ dioꝛwacieith perffeith
purffyd ⁊ toꝛreiſt byꝛth uffern gỽlyb uigynwe-
rngỽlyd. Yꝛ dygoꝛon dꝛein yꝛdygeryd ⁊ yꝛdyga-
ryat clyỽ lyỽ vyeilewyd. Yꝛ dygethꝛaỽl dꝛaet ae
rudwaet ryd. yꝛ dyglỽyf oual ar gleif evyd.
Yꝛ dy lỽyꝛwir uarỽ ardeloꝛỽ[d]: ar tradoeth gy-
uot y pꝛyt trydyd. Erbyn uy marỽaỽl diwe-
daỽl dyd ⁊ eurdat digronnyat dy gerennyd. 38
Henpych well haelwych ynhwylwaỽt pꝛydyd
hard dy veduard vyd: wiwryd wiraỽt. Huaỽ-
dyl greir pureir paraỽt wrhydꝛi hoedỽꝛ dayoni
hyder dunaỽt. Hael hỽwrys diwael dywaỽt 42
peir awen ⁊ y rỽy vydut benn nyt ryuedaỽt.
Hil coeth rys durnoeth roes dyꝛnaỽt yngꝛei ⁊
hil ruffud eruei windei wyndaỽt. Hyder bꝛyw
yſgler bꝛiỽ aſglaỽt belydyꝛ ⁊ ael gỽyar reydyꝛ
eilgỽiỽ ryeaỽt. Hyꝛdaỽt tre bergaỽ bargaỽt 3
peithynnvein ⁊ awnaeth dy gicwein kynnreit
kannraỽt. Gỽynn y vyt ygyt dy giwtaỽt tele-
it:gỽynnyon uryttanyeit gỽeinyeit gỽiỽnaỽt.
Gỽynn yuyt ueird byt bedwaỽt aganant ⁊ 7
gỽynn y uyt anant gỽyllt ffynnyant ffaỽt.
Gỽynn yuyt yỽch ryt aỽch raỽt ny chyꝛchych ⁊
gỽynn y uyt lle y bych owein vꝛych vꝛaỽt.
Gỽynndeyꝛn erdyꝛn gỽennỽyn oꝛdaỽt keith ⁊
gỽnaf yth wiỽaf ỽeith milieith molaỽt ~ 12
Gỽꝛdyoꝛ llaỽ egoꝛ llogaỽt uerneiſſwin ⁊ gỽaỽꝛ
trywanuaỽꝛ trin ⁊ elphin eilphaỽt ~
Gỽiſgeiſt ymdanat gỽaſcaỽt llurucdeỽ ⁊ gỽꝛe-
id auael lleỽ gỽeiryd deuaỽt ~ 16
Teyꝛn hilkedyꝛn keudaỽt gỽyꝛennic ⁊ trum
di uethedic ſauedic ſaỽt.
Tefleiſt yỽꝛthyt taflaỽt ymwangeis ⁊ tra-
vyn aber marleis trilleis trallaỽt. 20
Tyuir itt volyant om tauaỽt y keir ⁊ nyt o aghyw-
eir dꝛutheir dꝛaethaỽt. Terwyn vyd dy rynn
vuddꝛaỽt gelyngaỽd ⁊ yghymmỽy anaỽd yghym-
minaỽt. Tyꝛual tirjondal trindaỽt yth adu ⁊ t[l]
ac vn ieſſu tu teilyngdaỽt. Tec yỽ dy hynt lyỽ
hynn nyt tlaỽt gynnyd. trugared ath uyd vꝛeiſc
dyd y vꝛaỽt. ~~~ 27
Jaỽn vꝛaỽt rolant faỽt ffyd yỽ arglỽydrys eryꝛ
gloeỽdꝛem dedwyd ⁊ ergytwaeỽ aer daer deryd ioꝛ
du gỽynn eur yn aryd. 30
Byd ygler bedyd glaỽꝛbyt ryderch eil rỽyd arch
olut ⁊ ri yn ynagen y ret rys dewr mal y roes ydat.
Y tat o nef wlat oleudỽf llỽydyant lludyet rys
dy oſtỽng: aruthur yỽ dy uleidꝛuthur vlỽng.
ardelỽ talym urdaỽl teilỽng. 35
Teilỽng di vꝛeudỽng dy vꝛyt teỽbar glas ti
bieur glot ⁊ taer ynaeſgalch tỽꝛn eſcut. teyꝛn
di wallgyꝛn dullgat. 38
Cat oꝛeſgynnyat aroes gỽiỽnaf hael y hely ffre-
inc areithaf: karỽ trin cỽꝛr olin lanaf cnifget
Naf yỽ rys gỽinllys agỽyꝛd. ſetnyuet naf.
nethaỽc erdyꝛn uarchaỽc urd ⁊ nyt dielỽ lun. neut
hael ỽꝛd ⁊ nyt taeaỽc hen neut tec hard. 43
Hard barut hoewuard bert euell gereint ⁊ gurỽꝛ

Pan vy ri geli golovyn reldyeu. ath va6l heb dim ta6l talym gerdodleu.

frenghic kaſtell : huryeiſt glot ovꝛo hiriell . 2
henpych 6ych 6ymp wi6dymp well ~~~~
Davyd y koet agant yꝛodleu hynn ~ 4
Mynaoc g6aredawc y g6i6 radeu : m6yna6l
ha6l nefa6l keffyꝛ ma6l meu . Mod rod
reena6en awyd g6yꝛtheu . meint bꝛeint gwyꝛth
y ſeint ſeilym y gradeu . ma6ꝛ g6a6ꝛ uab g6yꝛy ue-
ir creir cre*goleu. Ytt y adolaf ti vd del6eu :
***eur vyggloewner 6yt ar vygglinyeu . Om 10
pedeiryeith dyſc am padereu . am cu 6ꝛd ſeilma6l
am kerd ſalmeu . Ytt y kyuarchaf danaf diheu di
hagyꝛ vargl6yd griſt odeheu . Ti awnaeth vynn
tat bob hat yw heu : ti awnaeth yn ffraeth yꝛ holl
ffr6ytheu . A moꝛ adayar m6y ard6yeu : hoffla6n
hoew(d)ec wyꝛth a phlannhedeu . Gadyꝛ ieſſu wi6gna6t
gyt ar ſygneu. argl6yd penndeuic ryuic riuieu .
da6n dynyoneu .
Argl6yd kyfya6n ia(6)h **g6yꝛtheu : agl6yd du6 18
dovyd ſyd kynnyd kanneu .
kulwyd r6yd y reiddyeu . arglwyd nef alla6ꝛ g6a-
6ꝛ yg6yꝛtheu : agl6yd (dat) *mat rat caryat coꝛeu .
argl6yd llawen ren llen allyfreu . dyꝛo ym uargl6-
yd rac arwyd geu kynnar yghyꝛth loes kynn 22
yꝛ agheu . Kyffes achymun gyuunn gouyeu . ath
na6d rac uffern billwern bylleu. Yꝛdygoꝛon dꝛein
wirdec athꝛo nef yꝛ dy (g)etheu .
wrda goꝛe(n) : g6a6ꝛ diwael edyl yꝛ dywledeu . Yꝛ dei-
lyadaeth nef . yꝛ dylytweu : eurdal ydwyt heul yꝛ-
d(y)aelodeu . Yꝛdy uyſſed heird yꝛ dy uoeſſeu : yꝛ dy-
ewined llathyꝛ wr di wineu . Yꝛdyol6c criſt yꝛ dy-
aeleu : yꝛ dy aela6 ſeint yꝛ dy wyleu . Yꝛ dy eily6 29
tec yꝛdy oleu : yꝛ dy wyneb gloe6 yꝛ dy eneu . Yꝛ dy
yꝛ dy digrif nef yꝛ dy dagreu :
hoelyon dur yꝛ dyheilyeu . Yꝛ dy yng alar yꝛ dy
egylyeu . Yꝛ gwaet dy gallon hygron donn deu :
vyg6ythꝛyder gam vygg6eithꝛeteu . amg6yll 33
aruthyꝛ lit
ar6ydlit amg6all eireu : am eidil6ch oll am medyl-
yeu . Tꝛ6y Ja6ndud modyant trinda6t madeu ~
Kadyꝛ nenn ſyꝛ em g6yꝛ am g6ylch. omdꝛygeu
dꝛeic rac amyl becha6t vylch : kerd gennyfi ae
diylch kaf na6d ydꝛinda6t ymkylch . 38
Yth wennwlat wirdat eurdo gras diſgleir . griſt
oeſglot lathyꝛ loewvꝛo : ener gytathi yno vy nat
benn yſi(rf)eneit bo . Bokyfygaf* naf nefa6l 41
vꝛyt gein du6 vogan dyn anhyfryt : ehagaf
vyd benn ffyd byt o gynn6ll ieſſu gennyt . Gennyt
ri keli kulwyd kywir ma6ꝛ amhera6dyꝛ moꝛ athir :
caff6yf nef lle ytangnheuir dꝛ6y nerth geir ywy-
[ꝛy ueir wir ~

1303

Wirglot cret waret dyar6yd amaf a wyꝛnenn . rac tram
g6yd erglyd vi ren geli r6yd eurgled nef a byt argl6yd .

argl6yd ieſſu griſt argl6yd aſſya ma6ꝛ : ar- 3
gl6yd mur affrica : argl6yd r6yd rod europa
argl6yd bud werth hyl6yd ba.
Argl6yd eglur du6 argl6yd agla naf : argl6-
yd nef atherra : argl6yd ri vab maria : tru- 7
gared adiwed da . ~~~
TRinda6t g6a6t g6alch ygkar6 tra valch :
ygkar trefya6dyꝛ. Ro ym rat mat . tr6y
loy6 garyat geir rybudya6dyꝛ . Tꝛauyn g6yꝛth
hoywry6 . tra v6yf yn vy6 vy llyw llywya6dyꝛ . 12
Tec 6yt geli : tra6s haelyoni ri ragoꝛa6dyꝛ .
Tꝛyſoꝛ molyant - traſy6 ffynnyant . fa6t ar6edya6dy(ꝛ) .
Tꝛoſſeiſt wyꝛth nyꝛth : traſytheurbyꝛth boꝛth
oleua6dyꝛ . Tꝛabei pumoes : ath wnaeth gar6loes
argroes grogya6dyꝛ . Hoelyet nyt geu dy aelo- 17
deu . diwyl oeta6dyꝛ . Yꝛ ynpꝛynu eurwyꝛth
uedu uud waredya6dyꝛ . O wart uffern : ha-
gyꝛ vigynwern . gethern gaetha6dyꝛ .
Wyt vn athꝛi : yn argl6yd ni nef gynhalya6d(y)ꝛ .
Car bꝛydyd r6yd : ae hael ar6yd . o hil ara6dyꝛ . 22
G6neuthoſt uoꝛ ta6ch : athir ffr6ythla6ch . a6ch
uchela6dyꝛ . ag6ellt ag6yd : achret affyd .
ffyꝛyf gyghoꝛa6dyꝛ . A g6yllt adof : ag6ir
hoewgof . hygadyꝛ dyſga6dyꝛ . Ar holl ffr6ytheu :
arholl radeu . reit waredya6dyꝛ . Yꝛdy gethꝛeu : 27
ath amyl wyꝛtheu . wyꝛth edꝛychya6dyꝛ .
Naat vi yndꝛiſt : my6n uffern giſt . hael griſt
grea6dyꝛ . C~~ ~~~
Criſt grea6dyꝛ llywya6dyꝛ lla6er . creulyt geli
g6i6ri g6yꝛ : creir nef di gae adayar . craff 32
yth uolaf teckaf (162) cryf argl6yd g6aranr6yd
g6yꝛ . croe6 hoy6 hynot ua6ꝛglot uur . credaf
it ia6n *hyvꝛyt ioꝛ .
Hyfryt a ioꝛ 6yt boꝛ balch . hoew vꝛeiſc pabyl 36
di barab(rl)v6lch . yꝛ cur wa6ꝛ dy vꝛonn va6ꝛ volch :
ro dy na6d nyt ka6d ymkylch . dy nerth ieſſu
cu y6ꝛ coel . dy na6d g6nn nat ka6d y kael ~
naf nef eurwlat diatueil . na6ꝛthot vi geli 40
g6yl . Keli g6yl ann6yl ennyt . kael ym
rym rann oth garyat . k6l6m k6byl ſynn6yꝛ
heb l6yꝛ lit coel da gl6ys nyt cul dy glot .
callongur uuoſt coſt ket . yꝛ pꝛynu pumoes 44
loes lut .

1304

Mab ieuan llỽyt eiryan lleỽ dewred ynggỽin
llys oe emys ny omed. Bꝛyt uthurdꝛut 2
em golut amgeled. baed bꝛỽydyꝛchwant balch
vỽynyant beilch voned. bꝛeiſc hirleiſ bꝛonn hy-
neiſ bꝛenhined. Rull garỽy reit goſỽy rat gyved.
rỽyll arthur rỽyd lỽyſuud rod laſued. Heil vyꝛd-
get. haỽl gỽaret hỽyl gỽired. hard garyat. kei
oeſgat kaỽ oſged. Hil einyaỽn. glut unyaỽn 8
glot anned. vab gỽallter. ny vylcher y val-
ched. Croeỽ ryderch pab geirſerch pob goꝛſed
cryf ſelyf gỽiỽ hoewdyſ gyhyded. Creir geirgall
da dyall didyed. Credigyaỽn eil meiryaỽn elỽ maỽ-
ꝛed. Enỽ clotuaỽꝛ vn aeſſaỽꝛ ynyſſed. dilaeſdoſ
da lỽyſgoſ dileſged. dꝛut dyꝛnaỽt mael di gnaỽt
maỽl dogyned. Dꝛaſyn amylbleit. maỽꝛ eneit 15
maraned. dꝛaỽs gyngreir anghabyleir ynghỽ-
bled. Dur vꝛiỽ vꝛoñ anhiryon ynhaered. dull
bedwyꝛ dec eryꝛ digared. Dỽſ rolant enỽ mỽyn-
yant anmyned. deỽꝛ gynnỽꝛyſ. kat ymlỽꝛyt. ket
amled. Di ruthyꝛdaryſ. mur duraryſ. maỽꝛ dire[d]
vd gampeu. ion radeu. enryded. annỽytlyꝛ ang-
hyſſyꝛ yngkaſſed. Gỽaỽꝛ uaelỽꝛ. gỽir vilỽꝛ. goꝛ 22
uoled. Glan eryꝛ. eur clerwyꝛ. wr claerwed. glyñ
aeron da dꝛagon didꝛyged. Gỽyꝛ ryderch. eneit
ſerch. annwytſed. Ynheuraỽ anhurdaỽ. enỽ har
ded. andyſcu. nyt yſgyt. oe dꝛoſſed. an puraỽ 26
an bꝛeiſcaỽ yn bꝛỽyſced. Eic eurbarch. ac arbet
pob ſalwed. Oegiriet. ac euraỽ trychanwed.
ac ſiryach ry garu dim ſerthed. oe gyꝛbỽyll ac
erbyn cler wyned. ac areil. y geireu kymroded.
ac aros mal gereint ynggỽned. agoꝛuot. ac aer-
uin ffiamdurgled. ~~~ 32

Llywelyn goch uab Meuric hen ae kant. 1
llary wyned llaỽer ynot lleſ uchel. lliſaỽ iech-
yt ; llithꝛaỽd oth wyndir llỽythꝛat. lleỽ agwaỽꝛ
llaỽ egoꝛet. Egoꝛet vꝛys lys ny laeſſo y hil. 4
hael uoneduaỽꝛ gymro ; gronỽy gymhenyeith
gryno. gỽiwrỽyd vu. gỽꝛ oed euo. Euo hep-
koꝛus y vud. y veird ymbilyeit oe vod ; y vot
yngkyſſegyꝛgalch ved. y von angkyſlyꝛyus 8
vyd. Byd gwae acheryd ac och irat vaỽꝛ.
varỽ baglur pymthengwlat ; bu deỽꝛ neſ bieu
y dat. bydingarỽ baed eidungat. Kat aryneic 11
ket ꝛonỽy. keſeiſ oe laỽ dꝛaỽ heb dꝛei ; kyhaſyl
bꝛỽyn oedỽyn doe. kyſludywyt gỽen men y mae.
Y mae heb charae nachweiryaỽ y wyꝛ. och wir
duỽ am danaỽ ; gỽae ni gandꝛueni dꝛaỽ. gỽaỽꝛ
penn mynyd laỽꝛ nudlaỽ. llaw ronỽy llyỽ ar 16
wyned. llaỽ n amlaen llu yn ymlad ; llaỽ yn
kynnal llin kannud. llaſyn aỽchꝛym llaỽ vy-
nychꝛod. Mynychꝛod oe vod a vedeis oe eur. aỽꝛ
neith wyꝛ ny chyſgeis : mal chwedyl goual a ge-
veis. marỽ vy ioꝛ dꝛut maỽꝛ vu ꝛ dꝛeis. Tꝛeiſ-
ſywyt ni am yn tryſſoꝛ. trỽſſyat traỽs y 22
dat dudyꝛ ; taer dyſgaỽd teryd eſgar. teyꝛn
bꝛyt tỽꝛn beredur. Peredur gyſtal paraỽtoch
gyngerth. rac angeu ae voloch ; ymboly tỽꝛ 25
kalchgoly kylchgoch. ymbꝛynn aer am ronỽy och.
Och heno naỽoch yn niwed berth vyt
an hyfryt ym bꝛyt am baroded. aeth
gỽaỽꝛ aphennaeth goꝛhoff anned myꝛd ym 29
a vỽꝛyaỽd gỽyꝛd am overed. Jon trychantref
mon amyned ny chaỽn iaỽn aryal wgaỽn ury-
el agwed. aruaeth ehalaeth hywled bennyad.
eryꝛuab tudur goleudur gled. Gwae vyth gỽꝛ 33
geirſyth gỽyꝛ goꝛſed y wlat. gronỽy oe dygyat
gwae rianned. Gỽae bybyꝛ aerwyꝛ oꝛwed eu chỽ-
arae gỽae abot lle mae eu llyỽ ym med. Kym-
myꝛth duỽ yỽ byꝛth berthed gogonyant. kymro
diruſſyant kymry dꝛoſſed. Tat oꝛ kymeryat yꝛ 38
kymared ioꝛ. ny byd ynn eſcoꝛ baed vn oſged.
achỽyn gỽnn ual bꝛỽyn bꝛenhined voloch. och
loegyꝛ wineugoch wenỽyn agỽed. Ythivꝛaỽt ar-
nam athdyſred athwc. ath dyhunaỽ dꝛỽc ath 42
dihined. Pan ymken amlan naỽ mlyned dꝛoſ-
ſoſ. ynoſ ydaỽ koſ ar dec kyued. Ytty ỽyſ a ny ovo
ned

a phleit hỽyl gronỽy veneit haỽl gỽirioned. 1
Gỽꝛ oed hỽnn ỽꝛth dỽꝛ arth odaered gleỽ lleỽ
ymronn kaer deỽ kynn cur diwed. Gỽꝛ gỽꝛd 3
hydyꝛ hoedylwydyꝛ huawdylwed garỽy goꝛonỽy
loeỽ faffỽy liaỽſhoffed. aphenn y rethꝛen aruth-
red awnaeth dꝛaỽ agelynyaeth dꝛỽy galaned.
Yngheyꝛyd ffrengyc ynghared bꝛỽydyꝛlwybyꝛ
ynghameu ewybyꝛ ynghymwed. Peris ym- 8
haris amhured riduan gỽaed yn narogan gỽ-
edwon wraged. Pỽy ỽꝛ ar adỽy myỽn paroded
dỽyn par kynyd gar kỽyn gỽenỽyn gỽned.
Diengis rac kis na rỽyf kaffed keith. a ph- 12
ob anghyfyeith gỽeith gỽythloned. Doeth
y von wiỽdoeth ovynyded freinc. dewis ar ieu-
einc hoewgeink agwed. Mynetyat rifiat nyt
ryued hyt went. vynggoſſymeithꝛent y gent 16
gynted. Bu alar yỽ veird heb wyled aewyꝛ.
allit yỽ vꝛodyꝛ alletvꝛyded. Parchuſweith
bumweith heb ommed a mỽy ymrodes goꝛo-
nỽy goꝛdỽy gyꝛded. Pennadurwaỽꝛ maỽꝛ 20
maranned gynnal penn mynyd ardal eur
mal ar med. Mab tat yſpꝛyt rat anryded rac
poen yỽ y loeỽ oꝛoen y laỽered. Maỽꝛwnaeth
ynn hiraeth ynhaered gellmyn pan las llyỽ-
elyn nybu hynn hed. Gwedy gỽae vyui 25
am veu ved a gỽin. ac ymgoelyaỽ rin acam-
geled. Meu vnyaỽn heinyeu anhuned oꝛdỽy
mỽy mỽy duc ronỽy dager wyned.
llary wyned llaỽ erynot. vt pꝛius.

llywel' goch ae cant y hopkyn uab thomas. 30

Gogyfarchaf naf ynni arodet. ynllaỽ e-
goꝛet weiſget wiſgi. Gwaỽꝛ yſtrat tiwat
tywi oe dechꝛeu gwrd voeſſeu llacheu yn yn
llochi. Goꝛoffgadyꝛ baladyꝛ beli vnofgryn. gwell
ynnyaỽc hopkyn waeỽꝛyn wiỽri. llin domas 35
diuas llawen dofi cler. llin einyaỽn ener llew
vn ynni. Nyt reit y eirchyeit erchi ymkanllaỽ.
ylaỽ oꝛeidyaỽ awyꝛ rodi. Gwyꝛdlas oꝛdinas daeoni
goleu. gỽin offiolleu gỽynn aphali. Eryꝛ glewdeỽꝛ
iaỽn arglỽydi gyt uaeth. yỽch goꝛoꝛ hoewdꝛaeth
aỽch gỽꝛhydꝛi. Eovynllwyꝛ ygwyꝛ egoꝛi yt vꝛaỽt.
adywaỽt praffaỽt ypꝛoffwydi. Nyt ryuedwael ka-
el keli ac berthwnaeth. ogampeu lunyaeth gỽ-
ymp haelyoni. Diodyd ynryd ynni ryderchna-
ỽs.
o varil gynghaỽs ry dꝛaỽs rodꝛi. hỽylaf adefaf
odyvi ardal. trỽy ochel pennyal tryfal trefi.
Dieres goethynt dꝛos gothi dulas y vedyſnych
blas heb vod ofni. Trỽy lychỽꝛ at wr. ny at
toꝛri ffyd. athꝛaỽ y geyryd ny thꝛy gỽyꝛi. he-
baỽc goludaỽc galedi ỽꝛthꝛyn. hopkyn goꝛeu
ynn gỽꝛ y eni. lle mae dꝛaỽ idaỽ dꝛỽy wedi fac
laỽꝛ croeſtei neuadaỽꝛ criſt yỽ nodi. alliaỽf 8
dꝛeul med alleſtri aryant. a hir o gonyant
ahỽyꝛ gyni. Gwyꝛ ogỽbyl y gerth ogaer
gybi fant. aheut vỽynyant hyt evenni. 11
Gwaỽꝛ gỽyꝛ hoewlaỽꝛ geyꝛ heli amrỽyf.
glywet y vaỽꝛ rỽyf yỽ glotuoꝛi. gael goꝛoff
einyoes gilgwri vwyalch. valch ym eryꝛ-
walch yỽch maỽꝛerwi. adiwed hywled yn
holi awneir. un gredadun greir uthur eir a 16

Tri ac vn tro ym gun gael. y [thꝛi.
lunyaỽ kerd aelaỽ wyl. ỽꝛth yrym
wiỽ arthur eil. yeryꝛ gwyꝛ gwiỽ hael. 19
Haelach noneb or hoewlu. heilyaỽd ym
win yỽch heli. hỽnn aoꝛdyfnaỽd hynny.
hopkyn gyttyn lygattu. llygatgall diball
debic. lle mae geir oth naỽd greir groc.
lleỽ durwaeỽ llyỽ dioꝛwac. llywy rỽyddal
llaryeid dec. Tec yỽ **** oꝛeulyỽ ar- 25
larch vnlliỽ wahenlliỽ palffreivarch. a
hael megys mael am arch. ac vuud
vynggogyfarch ~ Gogyfarchaf naf. ɫ. ce.

llywelyn goch ae cant 29

Henynt ole ny hunir. heol y glynn
heil ygler hed haỽd diõmed ãmoꝛ hir
da vaỽl heird deu vilỽꝛ. Milỽꝛyeid goꝛff mal
vryen. mygyꝛ ryderch gaethferch goeth fon.
meinleỽ eil mỽyn lywelyn. med gell divachell
vychan. Bychan yỽ vy rann oꝛ rat ar ech-
wyn ar uchel yſgarlat. hyt pan dycko kyffro
kat. duỽ oleogyꝛ yn deu lygat. llygat y 37
haelwlat yỽ hỽnn. llaryeid ryderch lunyeid
lonn. eil llygat y winwlat wenn. yỽ vy llywiỽ
lyỽ welyn. llywelyn uwch y glynn glỽys.
Ryderch gỽꝛverch hygaruoes. deu wr yn
arwein dwyaeſ. deu gyfeillt dec agefeis. 42
Kefeis iaỽn redeis yn wirodeu gwin yn
gaenet yndlyſſeu. yn rudyon veirch yn reidy-
eu. yn ra rañ oda ydeu.

Deu ogennadeu gỽynnyon ydynt dir kaeth
lloegyꝛ aaeth boet ffraeth ffrỽythynt . diwaſſe-
it yngkerd ymdewiſſynt . dewiſſaỽ gỽiỽdyn 3
dỽyſ y gỽydynt. Riedaỽc varchaỽc a gyſerch
ynt. Ruthyꝛ milỽꝛyeidvꝛeiſc maỽꝛweiſc moꝛw-
ynt . Ryderch ỽꝛth hirverch digynghoꝛuynt.
Ri deu tu aeron yn reit yttynt . Rwyd rac llyw-
elyn vo hynn ohynt. Vychan di ymgel echel
vchynt . Rei o dꝛuuyd lloegyꝛ bop ryỽ drem-
ynt . Roet yffaỽt y hỽnn rytyeu a phynt. 10
Goſſymyl y barnỽn oꝛ ageiſſynt . Rei ac gom-
medei gẽmeu oedynt. Gwerin genevin gỽ-
in ayſynt. gỽyꝛ dꝛythyll eu byt gỽir adꝛey-
thynt . Bꝛeiſc eu kyꝛff a gỽeiſc gỽedy gỽiſ-
gynt . bꝛenhined y ſerch byꝛr iaỽn hunynt.
Bꝛeinyeu negeſſeu adangoſſynt . agỽin y 16
bꝛenhin aobꝛynynt. Y niuer o gler aeglu-
rynt . awen yn llawen iaỽn y llywynt . Y
dlodyon dynyon aeidunynt . gael eu lles 19
gan hael llaes gynhelynt . Deallu bardlyſyꝛ
da aellynt . Dillynyon kyſſon nym atkeſſynt.
Dechꝛeu achanaỽl haỽl aholynt . na diwed
kyfreith nyt edewynt . Rwyd bererinyon rud
abꝛynynt. Meirch arol dwyſgeirch wedy dyſ-
gynt . Arueu oꝛ goꝛeu aer agurynt . gỽyꝛd 25
a rudeur coeth gỽꝛd y rodynt . Pybyꝛ lywe-
lyn hynn ahonnynt . Pabyl ryderch loeỽ
ſerch nyn dilyſſynt . Par ieſſu uab meir 28
rac pur ryſſynt . pob un ohonun yꝛ lle yꝛ
henynt . Henynt o le ny hunir . vt s̃.

Credaf ytt ieſſu uab y croewdat . creaỽ-
dyꝛ hael llywyaỽdyꝛ heul alleuat.
credadun nef gun naf ac ynat . creir o 33
dilif veir deules vwryat . canweit^{h} ragoꝛie-
ith pob ryỽ garyat . kanhoꝛthwyeiſt vi geli
gỽylyat . ar aỽꝛhonn etton duỽ ren attat. 36
Redỽn oꝛdiwed yth wled ath wlat . y nerth-
eiſt vyuy megys neirthyat . am arglỽydlyỽ
ym amur gỽledwlat . am wr eref dꝛefyn 39
am waỽꝛ yſtrat . fflur ae phennyadur ac mo-
dur mat . llywelyn wiỽbarch llunyeid abat
vychan gỽꝛ di van garwy dyſyat . llin llyỽ
kenevin lleỽ kyneiſyat . llywelyn arall 43
detwydgall dat. Heilyeiſt doſyd gỽynn hỽyl
bꝛynn abꝛat . heint ae arwydyon hynt da rod
yat. an obeith vuam am iaỽn abat . ath nerth
andiffyꝛth ath wyꝛth wyꝛthyat . Clywet aw-
neuthoſt doſt dyſtunyat . vy lleſ hyt yneſ 4
chut noſyat . ac eſtynnu hoedyl heb gas dyn-
nyat ym llaryeid obeith llawrod abat.

Madaỽc dỽy greic a cant ~

Haỽd amoꝛ tryſoꝛ trỽſſyat uchelvꝛeint. 8
hard veint hỽyl gereint haỽl egoꝛyat.
hediỽ owyned y wahodyat beird . hyn heird gleỽ
digeird gloeỽ diwygyat . Hopkyn wiraỽtlyn
reitwlat hard golovyn llywyeid ac coſyn llaỽ 12
digaeat. vab thomas digas ymdygyat kyſy-
aỽn vyꝛdlaỽn uab einyaỽn veird erbynnyat.
Tỽꝛ gỽiỽ mỽyn ydiỽ mynutyat y ryt teỽ aeſ-
trom ynggryt tywi yſtrat . Koethwybot keiſ- 16
glot kaſglat doethineb . kyſlaỽn ywyneb koſ
lan ynat . Kynnedueu ſelyf kein vod ſeilyat
daỽn . kyſyaỽn ac unyaỽn y digonyat . Koꝛof
deheubarthdir ae karyat barngoeth . kyſoeth 20
hir wiỽdoeth aeharwedyat . Kyſtal kof eidyal
kyſotyat kerdeu . kampeu y deeu aeardwyat.
Keſeis ioꝛ ragoꝛ rỽygyat ar dꝛamwy . kadarn a-
varỽy kedyꝛn vwryat . Kein allaỽꝛ yngherd 24
kynnullyat clotueith . kyfreith mydyꝛ rwydie-
ith ymadꝛodyat. Koeth huſtyng ỽꝛth ieirll
keith oſtyngyat gryt. kelvydyt y byt ac 27
wybotyat . kynhelyd clotryd clutrat gỹnydu
keindu dei poꝛthlu deheuparth wlat. Karỽ fflam-
dur amvr maer ffyſgyat gỽinuaeth . kynnys e-
halaeth kein nud heilyat. Kymry benn ae neñ
ae neirthyat ae poꝛth . kywiỽbleit hyboꝛth kỽbỽl
attebyat . Kledlym eil edlym litlavyn kat ym- 33
ỽꝛd kalet vin agỽꝛd clot vanagyat . Ny bu gan
deulu geindalyat y gwyꝛ glywet maỽꝛ yſtyꝛ glot
moꝛ waſtat . Na nud o gallon naỽd digaeat llw-
yꝛ . neu gadỽ oſynnwyꝛ iaỽn gytſynnyat . Nac 37
Juoꝛ lỽydioꝛ leidyat gwaeỽ aergryn . na neb a
hopkyn ioꝛ medlyn mat . Ny weleis eiryoet yny
wiỽlat ef . newydeur adef nedeir rodyat . Nyt 40
llei da y haedyei dyhudyat pellgerd ygỽnaf y
vaỽꝛgerd gynniſ aergat . Noꝛ beird awna yn
heird hyꝛdyat kaer ehoſyn . yſgeirloeỽ golo- 43
ſyn oe yſgarlat. Neut wyf pan allwyf pann en

ennillyat maỽl . cryꝛ yỽ vaĥaỽl arovunyat .
yỽ lyſ hopkyn wynn wynnyat aegalchuvꝛ
ioꝛ annyan arthur vnyaỽn neirthyat . ~~~
Ypꝛoll a gant gꝛabdyl hon̄ y domas ap hopkyn
HOeỽlyỽ ryỽ ras ryſſed edlym odḷeu kyflym
koflythꝛ hylỽyd ∵ Koeth doeth domas dȳ-
myꝛ erdꝛym . yꝛdꝛat grym llym llaỽ duỽ ae
llỽyd : kyflỽꝛ gỽꝛ gỽych gỽled med mynych gỽin
hoeỽ edꝛych gỽynn ehutrỽyd∵ kannaỽd kēnych
arnaỽ llaỽ llych nodyeu cleu clych eurwych a-
rỽyd . Arỽydon ion iaỽn ener diball dỽbl kỽbl cu-
all Kyhoed benſel∵ abl digabl daỽn donyaỽc
deall deongl arall eryꝛ digel ∵ yỽ ar bobloed ac
arluoed a niueroed wiỽ nỽyf uryel ∵ Joꝛ kenedloed
agoludoed iaỽn ri toꝛuoed un rat teruel .
Deruel ſel ſant ſeint ogyuarch gaſel maỽꝛ
barch alarch ciliỽ ∵ gỽaỽl maỽl molyant mal di-
hauarch hoeỽuod aruarch wed llywarch wiỽ . hil
matuil maỽꝛ hopkyn wyn̄ waỽꝛ hael ỽꝛth gerd-
aỽꝛ ffraeth ffaglaỽꝛ ffriỽ ∵ wyꝛ beird euraỽꝛ tō̄s
blaſlaỽꝛ yſſic aeſſaỽꝛ vꝛỽydꝛ gatkaỽꝛ vꝛiỽ .
Gꝛiỽ gat rat rỽyſc ryſgyꝛ moꝛdaſ maỽꝛdec
adaſ ydiỽ tomas ∵ beirduyt bꝛyt bꝛỽyſc bꝛeiſc
rod alaf eilun adaf adyſc melwaſ ∵ goꝛỽyꝛ geir-
wir einaỽn daỽn dir maỽꝛ agerir mur gywiỽ-
ras ∵ cleu y clywir clot hynot hir clutnaỽt waỽt
wir kenir nytkas ∵ Nyt kas vas uod vud
ardunyant danyel rymyant rỽymat kyſreith ∵
nud ffyd ryd rod rỽyd ogonyant y gynnal cant
kynted llys ueith ∵ ergylỽ argỽyd neſ treſ
traỽſglỽyd ymyꝛ matrỽyd am wr mydꝛieith ∵
ehut ſyut ſỽyd eureit arỽyd hael ahylỽyd pꝛun
rỽyd penn reith ∵ Pen̄ reith gỽeith gỽꝛd gỽyꝛd
y rodyon̄ rỽydaf callon̄ keli ae naỽd ∵ pen̄ llat
vat vỽꝛd veird wahodyon hoewda dynyon
donyaỽc anſaỽd . lliỽ lafn trafn traỽs lluoed
lliaỽs llyꝛ hoff unnaỽs llỽyꝛ y ffynnaỽd ∵ bo
hoeỽdꝛo haỽs bellnot glot glaỽs lle ny byd a-
naỽs llynn bydinaỽd ∵ Gydin dꝛin dꝛeul dꝛy-
lỽyn kateu kedyꝛn . bleideu blodeuyn ryỽ ∵
dyn hy dan heul hylỽyd gerdeu gyꝛdaſ gamp-
eu gỽympaſ gỽꝛ yỽ ∵ molaỽt ffaỽt ffyd myỽn
rỽyl maen ryd maỽl ae kynnyd mal y kennyỽ ∵
Jtloes voes vyd ion awenyd huaỽdl mal hyd
helyd hoewlyỽ . Hoeỽlyỽ ryỽ ras . Mal y dechꝛeu .

Kafgyl allu kywir o dir d6lffin : kyzch ros
a phen vzo hyt vzo vzeidin. Keis dȳnu
dylu custennin aessa6z o gaer fili ga6z ga-
er ua6z vyzdin. keffych dza6 ger ffra6 5
yng6alla6 g6in : hoedyl hir r6g bzandir
a bzynn derwin. Keneu pzit y lit o lin te-
yzned : kanon beird g6yned ved vuelin. 8
Kann wyt vleid a dzeid dz6y deifyz werin :
ath ga6at vzagat vzi6goch egin. Kann 10
6yt diarf6yt deheu ozfin ^yr^ gryt : ath vyd
6zth dy vzyt vz6ydyz geneuin. Kereist 12
gynt yth blas ath las lafynvin. Kri ru-
thyz mozgymla6d adza6d edzin. Kar6
eurgyzyf trafyzyf tryffin beleidyz gr6y- 15
dyz : dewr gyvyl6z bz6ydyz dur geuelin.
Kur dyzeu g6yngalch gaer valch valdwin :
kur a dur yndaer gaer ^hyt^ gyffin. Kyfr6yd 18
vo ragot kyfrin coelueinch6edyl : r6ydhau
yn kenedyl rodyon kunin. Kyzch lundein
ywein awyd elffin : kerda o dyna dinas 21
edwin. G6na vargl6yd g6a6tl6yd g6aetlin
g6yarwlych : a g6edy delych g6aet hyt deulin.
G6na faesson trychyon trychan mydin : g6na
deifyz is glassar g6eith blaengar blin. G6na
loegyz hir aethir o wytherin veith : hyt dofyz
yn diffeith aerlleith ozllin. G6na a melyn dzaet
irwaet erwin : creu ageu eigylblant : creir
ffynnyant ffin. G6na dyzein llefein allafyn 29
deinueich : kymra6 ar vzyneich kymry vzenh.
Dzut wyllt helymde6 le6 dz6y ly6 rinwed rinwed nef :
daroganaf ef ydir g6yned. 3
1 ly6 gly6 gle6 ffr6ythla6n. llyz dedyf gredyf greula6n.
llozyf tozyf kozyf kama6n lla6n ^d6zyt^ dawn damwein. llit nur
dur deifyzgryt llym grym greif : llas yn ry6 vz6ydyz gr6- 6
ydyz gryt vy myt matyein. llewenyd kymry lloegyzwys a
gyffry : oz llin adyly daly kedewein. llath bzeifc weifc waewa6z
lla6ngamp lleon ga6z : llunyei dzin a ga6z geyz lla6z llunde-
in. llacheu un weithzet. lloch6z beird giwet : llucheden gyf-
ret get gyf6yrein. lla6 hael vael valchder. ll6yzglot a dirper :
llu ner llun hoewder llan y hadein. Ry vyd dyd dieu ry va6z
ga6z gadeu : ryuel gozdineu ir greu aer grein. Reid rudyon
deutu. ry da6 oe nerthu : riallu lla6chlu llychlyn ydein. 14
R6yfc bz6yfc bzeifc ann6yt. ruthyzna6s t6zch tra6s gr6yt :
r6ym trin blin blyml6yt yfg6yt yfgein. Rot glot gled di-
deich : ry6 gl6yf gleif waedueich : roet ae wae6 ll6yth veich :
vzyneich y vzein. Ry dza6s va6s voned. rif beilch g6eilch 18
g6yned : rodzi etiued ma6zed mirein. R6ydbar karkad6z.
r6ydgozyf tozyf tewdwr : r6yf diargyffwr g6z goza dein
Pefyz boz Joz Jeuangk. p6yll Ja6n da6n diagk : nur vz6ydyz
blangk aerdzagk eurdzafyn pzydein. Parth ha6l hoewlut
vab hydyz clot vydyzclut : penn kynut dzut g6yndut g6- 23
yndir mechein. Poz koz ket aml6c : parch du6 ythol6c : wyz
ffwc rac pob dz6c dzeic abeir kein. Pob tir hir hylwyd. pob
teith veith vargl6yd : poet r6yd rac tramgwyd awyd ywein.
Bz6yfc wyfc aer vuel. bzeifc weifc waet uchel. ban del ae
ryuel yar ruuein. a thaer aer ymwrd. a theruyfc ag6zd : 28
a thew ymgyh6zd n6zd a nozdmein. Yna da6 dyd. y bobyl
wyndodyd : yn llawn wyndodyd. keluyd kocluein.
A theyzn bzeinya6c. clotua6z dyleda6c : yna6z dalei-
tha6c. kenedla6c kein. 32

1 za6s deyzn kymry tros dued yd a : awna y loegyz
dzoua l6gyzdiryued. a v6z6 ia6n nyt overed vzeich a beir
y vzyneich vzanes dachwed. a bza6 ymdara6 am diroed
tegeingyl : ac anregu eīgyl ogynryged. a rth yn trydar
vz6ydyz 6zth enryded ^v^yt : r6yf ennillweith vyt ru-
uein allwed. Ydel eil echel lacheu gytwed deith : y holi z
daleith g6eith g6ythl^o^ed. Y gynnif ȳgnif ȳgna6s 37
dycued dal : y gȳnal ardal eurdozyf gyued. O h6yl
Joz ān6yl a6z āned gēmeis : y kyll feis y leis loes 39
edzywed. Didzo ytyfo etiued roduab : rodzi vab gruf-
fud. dewrud dewred. Dofwr amyl beird heird hard-
ed hu yfg6z : dyfyz vn gyfl6z g6z gar6 teyzned. Doz 42
koz kant bozthyant berthed arderchaóc : dar kar
kenedla6c vyna6c voned. Dyfc ffyfc ffyzyf ȳghyzyf
nyt yghared weith dawn ia6n ieith aerlleith ieirll 45
yfllyned.

Gruffud uab maredud ae cant.

Kyuarchaf ym naf nefaỽl rinwed. kyuarch
parch paraỽt ffawt fydlaỽnwed. kanma-
ỽl vy rieu mod wledeu med. keinmic rodvud
rud run gymroded. Kyvun oꝛonwy rwy rwyſc
maỽꝛed. covyawdyꝛ frwythlaỽn daỽn dinam
valched. kyuaryf aryf eurgreir geir goꝛvoled.
kyvyaỽn vꝛaỽt tavaỽt deivyꝛ gyvꝛyſſed. Ka-
darn varn veirnyat gwenwlat gwinwled.
kedernyt gwrleis aergleis eurgled. Kedyꝛn
wyſc gyꝛdvꝛwyſc gwrd vꝛwydyꝛ dachwed. ka-
darnvab tudur mur maranned. Kyſtal nud
anivud vod goꝛoffed. kyſtegwr bydin dꝛin
dꝛachywed. Kaſtellgaỽꝛ clotuaỽꝛ clut ualch
uoned. kyſtwy bꝛwydyꝛ aergrwydyꝛ eurgreir
goꝛſed. Kannwyll pỽyll didwyll amdadyl
gwyled. kanllaỽ lluoſſyd mywndyd dygned.
Kannrwyſc tonn eruit llit llawvꝛoded.
kynnrein bꝛein breiduawr gaỽꝛ goꝛuthꝛed.
Kedawl yỽ vy llyw llawdiomed. kadyꝛ wryt gỽ-
yndyt gỽenndoꝛyf gyued. kyt vꝛyt vrwydyꝛ
glwyf rwyf ruon dewred. kiwdawt ffawt ffyn-
nyant varant vawred. Kiriet ket kadyꝛblas
gwanaf gỽned. Koꝛ doꝛ yoꝛ eurwyꝛd kyꝛd kyn
nadled. Kar dar dewrvꝛyt gryt greidyal dewred.
koꝛyf toꝛyf lloꝛyf lliaỽs odꝛaws dꝛoffed. kyn-
nadylua anant boꝛthyant berthed. Kenedyl-
vaỽꝛ eryꝛ gỽyꝛ gỽirioned. kolovyn llwyth
kynnwric ryuic reuued. Koelvein byt eſbyt
yſb gynadled. Kytles pleit kynneit reit anry-
ded. koethlwybyꝛ kat vꝛagat vꝛiwgur gochw-
ed. Kynnyd eur roſſwyd kein y ryſſed. kannỽ-
yll kerdoꝛyon klot von aved :. Parch med-
vaỽꝛ aerwaỽꝛ eurwalch kenedled. kein
atlam kaer wengalch. paraỽt loꝛyf toꝛyf
taryandalch. peir gwaetdavyn par bylchla-
vyn balch.

Rwydwalch aryf kynaryf koveu beird
pꝛydein. ryd arwyrein kein kei deuodeu.
Rod ehovyn diovyn deheukiwdodoed regoed ke-
nedloed ae kynnadleu. Ryderch ganmaỽl
haỽl rwylyeu ymgywrd. run agỽrd ymỽꝛd
amyl laduaeu. Ryuic vꝛdedic ardadleu mil
cant rolant vnffynnyant barant beiryeu.
Ry vaỽꝛ giryet kadeu yſtyngyat. ryuic ka-
ꝛyat mat modur gwledeu. Ry valch aerwa-
ỽꝛ gaỽꝛ goꝛeu yth vernir. ri kywir llawir
llyw bꝛynn byꝛdeu. Ruaỽn hynt lluchynt
rwyſc llacheu vilwr. ryſſwr rwyſc tewdỽꝛ
tydi bieu. Ryſua clot oꝛuot. arueu danllachar
ryſſed vlkaſſar par perygleu. Ragoꝛeiſt ro-
nwy ragoꝛeu amylder. rac balchder niuer
vy naf hyglev. Ragoꝛ rugyl aeruoꝛ. eiryf do-
nyeu llathyꝛvꝛwyſc. rac llif llavurdwyſc
ywch rwyſc rydyeu. Rwydwaỽꝛ kynyduaỽꝛ
kynedueu diwac. rwyf kyꝛd vyꝛd veirdvac
dinac donyeu. Ryhael aerllew glew gleifyev
kannweli. ruthyꝛ ynni beli. beidyꝛ gwa-
etffreu. Ryhydyꝛ ffyꝛyfdeꝛ ner nerth gw-
ydneu yngaỽꝛ. rwol goſgoꝛd vaỽr
gỽaỽꝛ gỽirodeu. Rwyl giwaỽt. paraỽt
pareu llychlyndur. rỽyf natur aeruvꝛ
eruit bꝛwydꝛev. Ryvelgat nerthyat
nertheu katwaladyꝛ. rudbaladyꝛ o
eſgatyꝛ yſgwyd dꝛyllyeu. Rygul ffoſſaỽt
raỽt riederchaỽt. rywyaỽc digwympaỽc
gampeu. Ruthyꝛ dechꝛyn gelyn. goleu
gyhydꝛec. ryſgyꝛ moꝛwanec dec yoꝛteu..
Tev voned o veint kenedyloed twr kadoed
kadyꝛ ythwneint. kymryt gwr kymraỽt
gereint. kymro bꝛeiſc kymry ae bꝛeint.

Breinyaỽl oꝛonwy bꝛyt. kyt kat
ardwy. bꝛys lys les ovwy. rwy
rwyſc eudaf. Bꝛaỽt eurwaỽt aerwaỽꝛ.
bꝛyt gryt gwryt gaỽꝛ. bꝛat kat ket wae-
waỽꝛ. dꝛamaỽꝛ dꝛomaf. Bꝛwydyꝛloꝛyf koꝛyf
kat ffyꝛd. bꝛeiſc gwaeiſc gwiſgaỽcwyꝛd.
bꝛwyſc wyſc rwyf myꝛd. kyꝛd kerd waeſ-
ſaf. Beird heird hard datkann. bud rud
ruthyꝛ oſbꝛann. bod rod rot fflamdan
daryan dayꝛaf. Dadyein gein gyngoꝛ.
didaryf aryf ectoꝛ. dirvꝛec rec ragoꝛ. doꝛ
derwynnaf. Didaỽl vaỽl volyant. dadyl
vꝛwyſc rwyſc rolant. detwyd kynnyd
kant. gwarant gwraf. Daỽn llaỽn
llaỽch medgyꝛn doeth boſt koſt kedyꝛn
dedyf chwec dec deyꝛn. gwiỽchwyꝛn gwy-
chaf. Dewr wr twr toꝛuoed. dar kar ke-
nedloed.

doz koz kiwdodoed. achoed uchaf. Aerlut drut
dzagon. erbit llit lleon. eryz mwynwyz mon
rodyon rwydaf. Eilnerth gerth geda6l. eur
dzeic meic meidza6l. erdrym grym gred
va6l. ha6l hael adaf. Eur eir peir pennre-
ith. aerwymp twymp pob teith. aergozyf
llozyf lloegyz leith. gweith gwythlonaf.
Eurgled ryued rat. arglwyd rwyd rodyat.
aergleis treis tromgat. mat modzydaf.
Creir geir gozwyzein. creudavyn llavyn
llith vzein. ket lozyf kozyf kynnrein. kein
kyfyawnaf. kyvarch parch parthzyw. kyf-
aryf gloewaryf glyw. kolovyn ehovyn y6.
llyw llawenaf. Keda6l ha6l heilya6. koſt
win dzin dzeidya6. kant anant ana6. aela6
alaf. Kiriet oeſget wyſt. kozyf tozyf llo-
zyf lliſdwyſt. car par para6trwyſt. rwyſc
rywyockaf. Not clot kledyfal. na6s ma6s
moes dyvynwal. ner ffer ffyzyf aryal. ma-
wrdal mozdaf. nawt ffa6t ffydla6nrwyd.
nud bud boet kanmlwyd. nerth berth
kerth ketrwyd. hylwyd haelaf. Neut mael
hael hynot. anud pzud pzifnot. anenn
penn pob clot. ozuot arvaf. Nys arwed
gwed gwa6t. angerd kerd keuda6t. nys
traeth maeth meithvza6t. taua6t hyt taf.
Gwr twr tozmenna6c vnr6yſc br6yſc bzeinya6c.
amlly6 ry6 rywya6c niuera6c naf.
Naf awirvolaf ozvoled keudawt. ny char
kad6 na gomed. ner nerth clotffraeth
modvaeth med. nenn vzdas g6anas gwy
G6yned amgeled [g6yned ..~
ved veneſtri. g6anas kiwdodoed
r6yd wiſgoed ri. G6z adwyn terwyn yn
tozri aergat. ga6z vleinyat veidyat waſ-
tat weſti. Gozeu y6 vy llyw llavyn. rudw-
eli. g6arant ha6d anant ohaelyoni. Go
ruthyz vzyt ennyt ynni llawrodet. g6-
a6z clotret llawget. lloegyz volochi. Gw-
ar 6zth war hygar. hoewgerd hoffi. g6zd
6zth 6zd ymwrd amyl dayoni. G6z 6zth
6z mil6z mal eilivzi le6gozyf. helymde6
gle6 gleifyeu gochi. Gwir vyd ida6 glot
hynot henwi. g6zd digra6n oeda6n acdae-
oni

Gozwynn ffa6t tauawt ger teiui gylchwy.
gozon6y ardwy aerdozyf ſenghi. Gwryt bzyt
gryt gredyf diledyf doli. gwra6l ha6l hwyl nud
vud rud rodi. G6zd ffynnyant rolant ynreoli
kat. gwyzd ffliſgiat rodyat rud aphali. Gwae-
wdur bar aeſbar eſbyt lochi. g6iwdoeth varn
kadarn kedyzn dovi. Gwaet raeadyz baladyz
g6iwder beli hir. gwalch kywir llawir llawer
bozthi. Gzymus diwael hael hwyl didzoſſi gre-
ir. tozyf kozyf kywda6t gwaſga6t gwiſgi.
G6z gredva6l gwra6l ynegozi gryt. val ry-
uelvzyt gwyt gwynt arderi. Gweith vynaf bal-
chaf rywyockaf ri. gwneuthur bz6ydy doſtur.
bzatwyz doſti. Gwychyz dyſc val tervyſc taer
voz gweilgi gann. gwenic vann amlann
yn ymlennwi. Gwaſgara6d alaf bzeint. uchaf *vri*
vwri. g6aſga6t kyzd y vyzd ovardoni. Gwaſga-
wt bzeiſc kyt weiſc kytwed bennlli ga6z. g6z
clotva6zynga6z yngwrhydzi. Goſgozd valch
eurwalch aerwyz goſbi. goſgozdyon kynon
yngredyf kyni. Gweiſc arglwyd kulwyd keli
kynn adef gwaeſaf eurdangnef nef oe nodi.
Na6d criſt arglwyd r6yd rwyſc gwyz hael advwyn
arhylwydvab tudyz. neirthyat ffa6t llwyz
gymra6t llyz. nertha6l arwra6l eryz.

gruffud uab Maredud uab dd' ae cant.

Hevl wyned neut bed nyt by6 vnbennes
heb ennill ychyfryw. hen6 gozhoffter a
dery6. hoen lloer hvn oer heno y6. Dygyn
ymyzraed gwaed bu gwael ymylchlawr roi
m6yalchliw dwyael. dyn eur avu yndwyn
vzael. deune heul wed. heilved hael. Gwiſga6d
llun kain main maendo. gwaſgr6m lla6z ar
ol g6iſgra. gwar deurud hoen gwa6z dwyze.
gwydyn oed ym hir vyw gwedy. Adeilywyt
bed gwed gwiwder. veneit yth gylch o vynoz.
adeilya6d cof dy alar. ymkallon dilonn dolur
Tzeigyl yz gallon honn. hoen geir6 kreicneint
glwys. gloes alar oveilyeint. tros ozrwyz dec
tra6s ereint. triſtyt bzyt bzwyn mwyno meint.
Gweith bl6ng oed echwng. och wenhwyvar
dec. dygyn ynof dy alar. glwyſſaf cozff dan bzid
glaſſar. gloeſ uawr llawr llann. dwf gwann
gwar. Gwnn ueinwaſ alas oloes hiraethueir

var6 eurgannwyll benntraeth . gwann yn ol
g6enwyn alaeth . g6a6n wed g6in amed ae
maeth . Ny roet ymyt bꝛyt bꝛonnllech . oer
lla6ꝛdygyn eurlloer deg6ch . areilk6yn ar 4
ol kannoch . erdꝛym deigyꝛ ardꝛem degach .
Tꝛiſtyt amkyuyt kovyon llef adeigyꝛ . am
deg6ch trychantref . kan aeth y wlat tat
tangnhef . amkurya6d ar na6d ioꝛ nef . 8
Echwng g6enlloer oed oer doe ymaengiſt va-
6ꝛdꝛiſt varwdꝛei . amyl gwed yn emyleu gw-
ae . am dyn doeth emdjndaethwy . llawer dyn
hydyꝛ elyn hoet . lliw baſ ewinblas wennble-
it . amvun dawel uchelwaet . odꝛeiſdu6 a 13
driſtawyt . lle bu ra ag6yꝛd . lle bu rud
aglas . neut gloes angheu gyſtud . lle bu e-
ur am ydeurud . lle bu boꝛffoꝛ koꝛ ae-
kud . Gwiſg6yt heul g6indꝛeul ger gw-
ynndꝛaeth kyꝛchell . my6n karchar glaſ- 18
ved kaeth . gwae ef y gein nef gan aeth .
ae kara6d rac dic hiraeth . Gwae vi lwyſgr^e
ir meir ma6ꝛ ymkyffry deigyꝛ ameur de-
g6ch kymry . mynet mywn argel wely .
meinir d6f is mynoꝛ dy . ~~~ ... 23
An athꝛi kyvun uthur y kyuyt . gwa-
ew . trwyꝛ alarvꝛonn honn ar y hyt .
Ym achlud hoen grud hun gryt amdechꝛyn .
amvalchliw ewyn glaſ d6fyꝛ rynn ryt . 27
Och hir dir diffwys rac pwys penyt . oe
dyvꝛys verr hoedyl aediofryt . och aros
vnnos ennyt ac madeu . angeu bun oleu
bu annwylyt . Och ffer ner na6rad neum 31
llad lletvꝛyt . galar g6ennwyvar g6nn g6-
yn hevyt . achos gogleis treis o varwdyd
triſtyt . vy chwaer glaer glotryd nym byd 34
bywyt . Pan aeth meu hiraeth herwyd trym-
ryt . y glaer gaer gybi vꝛo ri rodglyt . llun
divꝛec pꝛiſdec yn ol pꝛyt gwennwa6ꝛ . lla6er
llef aga6ꝛ ywch llawr lleyꝛyt . llawer och 38
ymoch amyl dihewyt . llawer deigyꝛ y6ch
grann ger glann glaſryt . llawer arraed
gwaed nyt g6yt ychwyna6 allavur wyla6 41
llif oꝛeilyt . Nymda6ꝛ ohoeng6awr ynhun
g6eryt . iſ glaſgoꝛ mynoꝛ manon y phꝛyt .
Kwyn y6 kan dery6 nym deiryt goꝛtho . kann-

1319

lli6 eiry g6envꝛo kanybo byt . Parthwyt 1
vynyn llwyt my6n llawr angklyt . poꝛth idi
vo meir diweir diwyt . Poendoſt pefyꝛ
eurgoſt ergyt galarchwer6^r roi yn rwym
irder6 . lliw ber6 baſryt . Palla6d ymdif- 5
g6yl amhwyl hyfryt . p6yll nyt mev oe
d6yn . gwyn gymlegyt . Pall vꝛael ydoed
kynn pell wryt gro . dan rudglomaendo .
meind6f kerdglyt . Gwedy lloer gymry 9
lliw eiry gymryt . bot bun yn hun hir g6ir
namg6eryt . Ryuel diargel aergyt ym y6
ryued gan amcly6 vy my6 vy myt . Yꝛ 12
dy goꝛon dꝛein gein gedernyt . athdolur uab
meir y6ch creir creulyt . Erbyn gymenn
wenn wynvyt enryded . yꝛ wled ar vuched
diafyechyt . ~~~ ~~~ ... 16
Neut afyechyt bꝛyt abꝛyderir . neut
6yf achul hoen poen am perchir ~ 18
Neu^t avar galar ny ry gelir . neut over hy-
der am hoedyl dꝛahir . Nymdoeth llewenyd
eithyꝛ dyd dyhir . am vun dec y llun lliw
nyf goꝛthir . Neut tr6m var6 riein gein
ag6ynir . neut trom anreith veith vyth 23
naſg6elir . Tec oed kynn diwed^d ayarued
dir . y tal dan eur mal am ael veinir .
llunyeid ag6edeid g6iwdyn lla6ir . oed 26
hoen blaen g6el6gaen gweilging ſaffir .
Diweir oed adoeth dedyf goeth gywir .
hael o vy6n vrael yn eura6 gwir . Tꝛefna-
6d honn arna6d ka6d nywkudijr . troꝛyꝛ- 30
chell ymhell agymh6yllir . Tꝛavynidyꝛ toſt
g6ingoſt gwengaer bapir . trevynat oed
irat adidorir . Tꝛuan y6 g6elet tr6ydet
trahir . trevynadeu . angheu ãghennyſtir .
lle bu kynn pallu p6yll ahoffir . fyꝛic a- 35
fyndal mal y molir . lle bu ffl6ch deg6ch degyꝛ a-
wylir . aphoꝛffoꝛ a rud neut grud grodir .
Ryued y6 omby6 my6n byt ennwir .
ryuel dygyn argam pam ym poenir . 39
Ar ol dirwyol ymdirwyir . adirua6ꝛ gereis
gwenwyndꝛeis gwir . Gwae dic boenedic a
benydir . gwae angall val dall arydwyllir .
gwenhwyvar wylwar aelwir . y dꝛugared 43
du6 dꝛa6 agerir . Minneu hyt tra v6yf cl6yf

1320

am klywir . yn ryuadeu honn ∗ny ryuedir .
Hitheu hoen gwenndon lonn donn amdir
y gloewdỽf eureit aglotuoꝛir ... ~~~
Acheneit vann gelein deirran galoñ
doꝛri. Am wenhwyvar gỽnn dꝛeis
galar . gan dꝛaỽs geli . Amdec y gwed aheul
wyned . ahaelyoni . amdiweirdeb . am loer
wyneb . amyl rieni. Bard hard hirdyſc . eur-
glyt adyſc arglot idi . Bum oe chanmaỽl .
vynetwyd hawl . veneit oed hi . Gwac ef
ymyt . o vywn penyt avei ynpoeni. Ynol
bun dec. hoen moꝛwanec . henỽ maỽꝛweini.
Mygyꝛ windeveirn . milioed aveirn . mal
ydwyf .i. Oed grud gwrel . kein a thaỽel
kynnoethewi. Oed dꝛem deckaf.˙ kanneit a-
daf. kynnoe dodi . Ymhell dyvynved . y dꝛeiaỽ
gwed . odꝛagweidi. Nyt oed bwyllvas . idihun
was doe oe henwi. Nyt oed anwiỽ . vath
em eilyỽ . vyth y moli . Nyt oed ryued . achlu[c]
vaỽꝛed ychlot voꝛi . Och oꝛ gyfrangk . gỽelet
oerdꝛangk . gỽiliw der dꝛi. Och oꝛ kollet . am-
cil lunet . em oleuni . Och oꝛ trymvꝛyt . a-
llwyꝛ driſtyt. vot llaỽꝛ dꝛoſti. Gwneuthoſt
ath was. vaỽꝛ alanaf. veir oleuni . Gwiſgaỽ
riein. iſglaſwe vein . ys gloeſwae vi. Goꝛch-
ud hoen blaen . goꝛlliw gỽelwgaen . ger llaỽ
gweilgi. Gwanec loewder . gỽynnvꝛic aber.
gwenvꝛo gybi . Gwae arodes . ac aekolles .
bꝛyt eiry kelli . Arnei garyat . odꝛo girat .
meudꝛagewri. Maỽꝛduỽ dỽyvaỽl. meir yth-
eiryaỽl . ar merthyꝛi. Yꝛ dy gyſtud . ath hir
gythꝛud. athur gethꝛi. Areil bꝛyt nyf . eur
eirgledyf. yoꝛ arglwydi . Dỽc honn yth wlat.
etonn othꝛat . wyt vn athꝛi. ...
Ac velly y tervyna odleu gwen[h]wyuaʀ .

Nychlyw nachallon nachluſt. ny thꝛaeth
tavaỽt tromvꝛaỽt triſt . mvꝛn dic a mab
meir yndyſt . maỽꝛ var no marỽ dar moꝛdoſt .
llawer oniuer anavu gwyned . oe dirved adaruv
ae arueu ymrwydyꝛ aoꝛuv . awyꝛdꝛỽc llwyr am
dꝛeic llu . Bu dygyn bit ogylch dolur . am vleiny-
at gwengat gwingar . bodidꝛeic beidyat ragoꝛ
baed yn aer bydin eryꝛ. llawer och yoꝛ llawir
oed . llwrỽ galar amvlaengar vleid . agỽac a-
thꝛymgwyn agwaed. ahidyl deigyꝛ oc hoedyl
dygwyd . Ryued ym vyw[llyỽ] llawget. gan gyvar
ogwyn go vit . yn aros chwedyl yaỽn irat . yn
ol yoꝛ ynywl wryt . Echaỽs bot clot clo mar
moꝛ . ochyl bꝛwydyꝛweith eil beredur . echwng
dan eis treis trahir . ochꝛoc helym och rac ga-
lar . Chwedyl meith geith gyfrangc tranc
trei . chwerỽ triſt ymaengiſt ymae . yoꝛ toꝛyf
koꝛyf koeth adoeth doe . arwyned am oꝛonwy.
Tꝛiſtawyt beird trof dayar . ovarỽ ffrỽythlo-
naf eryꝛ . tromgat vugeil eil ectoꝛ . tramgỽyd
bꝛwydyꝛ trymgaỽd bꝛyder . Tꝛevynaỽd ynof cof
kovyl dꝛac irat dic abeir deigyꝛ arlygat . tra-
vyn aerdoꝛyf trevyn y eurdat . trahiraeth va-
rỽ kytvaeth kat . Kawd am goꝛthꝛymaỽd
no thꝛamwy galar am golovyn dindaethỽy.
meu govyon amoꝛonwy. mab meir ny wna-
eth hiraeth hwy . Penyt oer poeneu a dic .
pleit genedyl gymry vur plyc . pell griſt varn
dꝛiſt avu[n]n dꝛỽc . pallu oꝛpỽll du pwyll dec .
Pan doeth poendethol ovit . tramgỽyd am
arglwyd mawrglot . yſ amyl oꝛbobyl aſomet.
yn lloegyꝛ am eu hun llygat . Doeth am dꝛeic
mil hil hiryell . dygyn dꝛamgỽyd deugwyn
dꝛymgoll . dỽbỽl y goꝛuc y dubỽll . am oꝛchud
llew ymerchyll. Nym try hoen rac poen peu-
nyd moꝛirat . marỽ eryꝛ penn mynyd . nym
treigyl gwen olewenyd . neumtric naỽs dic
nos adyd . Keiff ef ynef naf oſgoꝛd . llewenyd
eglur mur myꝛd . ahiraeth gỽꝛ medvaeth
gwrd . avyd oe varỽdyd oe vard ...
Gweleis yngwyngoꝛ gwiwlethyꝛ . eruei
helym arueu boewlathyꝛ . gronỽy
didaryf aryf aruthur . gryt gyꝛchyat oeſgat yſ-
gỽthyꝛ . aerllavyn deuvinyawc eurllythyꝛ . irllaỽn
vyneigyꝛ oe oerllithyꝛ .

Roet ynael rodywn alar. menei myỽn rwym
bed mynoꝛ. gwas glwys dewr mywn gỽiſc laſdur.
gweiſc yỽch goꝛwyd bꝛeiſc bꝛeichir. gwiỽ y la-
vyn gwaeỽ oliuer. gwawt hydyꝛ olin gwaet
tewdỽꝛ. Dygyn oed roi poſt koſt kanrod. di-
riei ffreinc mywn derỽ aphꝛid. karglyỽ llyw
llys bennmynyd. koꝛ bꝛodur troetnoeth aekud.
koꝛyf ket eurlloꝛyf kat aerllad. kwyn treis
wenwyn tros wyned. Dot vab meir lle ny w-
neir nac. oblas ny del arnaỽ blyc. hwyl oth w-
lat hoewlwyth wledic. helywr gryt hael yoꝛ
ygroc. hwyl doeth aroi heil aduc. helymdur
hil ydudur dec. Dꝛut vu dawl ruthyꝛ maỽl
maelgỽn. nedeir dyvyꝛr yꝛ anodun. aruthyꝛ
gedernyt aron. aryal milỽꝛ goꝛff vryen. ar
llwybyꝛ ryuelvꝛwydyꝛ oꝛllin. arllewdewr eur-
lliw daryan. Dioer buoer yaỽn allaỽn llit.
diwreid dꝛeic mywn dewn dewred dꝛut. dieid
greic da oed y gret. dewr agrym yndiriaỽ
gryt. duryaỽl gled dirwol glot. dar ymlaen-
gar ymlyngat. Ac velly y tuyna englynyon
marwnat gronwy vychan ...

Oth hireint eurureint aeryzat aꝛyne-
ic oꝛonwy vꝛwydyꝛ gychyat. nyt oes
naberth nerth neirthyat. nahydyꝛvud na-
rud yn rat. Nanenn napherchen. na phar-
chyat ar vard. roiſt y veird dy dillat. na chyg-
aws bwyll echyngyat. nachyngoꝛ mydyꝛ
ragoꝛ mat. Tꝛavych naf yn glaf gloewgu-
nyat hoewloꝛyf. hywlych grud a llygat. traỽs
yn gaỽꝛ gỽynllaỽꝛ gỽinllat. troſſed gwledic
oꝛſed gwlat. Ochvi eryꝛ gwyꝛ gỽryat pena-
dur vot poen edyꝛn arnat. yechyt ahyt hoe-
dyl garyat. athꝛo nefaỽlgoeth doeth dat ~
Och wael dꝛym glwyf rwyf rodyat bud
vawred bydaf varw amdanat. oth wiſgoed gỽ-
ymp ath wiſgyat. ath waſgaỽt ny vu wawt
wat. Dyvot dewr aruot aeruaỽꝛ ffyſgyat
trin myỽn triſt oval gwaſtat : mvꝛ dur deỽꝛ
darpar kar kat. meir awyꝛ mawr airat.

Oth hireint hoewvꝛeint nyt hyfryt vn
oꝛonwy lavyn creulyt. oth eir ath
aryf gedernyt. ath glot veith nythdaỽ gwe-
ith gwyt. Oth wengret giriet gwryt anirgel
yn eurgat dihewyt. ath daỽn athdinam
leindyt. athovec athbꝛifdec bꝛyt. Och ner
vot gwander. ochel gỽyndyt traws. nym
gwnel treis diofryt. erglyw grift vy maỽꝛ
dꝛiſtyt. arglwyd grym ameurgled gryt.
Ren rỽy volaf naf. nefaỽl wryt gwir gỽ-
aret boen achlevyt. irat yſbys bud reit eſ-
byt. rud baladyꝛ ger raedyꝛ ryt. Ry-
ued yw vymyw vy myt amarglwyd. a-
mawrglwyf yth blegyt. reith ruthyꝛ vꝛw-
ydyꝛ oergrwydyꝛ ergryt. rywyaỽc di vꝛa-
dawc dy vꝛyt. Ry hael eurgreir meir. maỽ-
ꝛed leindyt hydyꝛ. ath ro hoedyl ac yechyt
ri reuued rudgled rodglyt. ri rwyſc he-
ird reuved beird byt. ~~~

Os claf modur mur mawred ga-
ranaỽc goꝛonwy greir goꝛſed.
gwiỽ eneit beird gỽae wyned. gwaỽꝛ
gwindei ny haedei hed. Nawna dic
tremic trỽm let vꝛyded veir yꝛdy uaỽꝛ
dꝛugared. am gar am giriet reuved.
amgein etmic wledic wled. Vcheneidyeu
meu ochwna med vymryt. heint vymra-
ỽt kyuanned. vchel dar echel dewred. yechyt
oe wedeidbꝛyt wed. An hyfryt yꝛbyt bot
anhuned clwyf ar vy Rwyf nyt ryued.
aryf golovyn eryf ymgeled. eryꝛ teyꝛn
medwgyꝛn med. Oer yw hirvot clot
clo ryſſed gwenndoꝛyf mywn gwander
yn goꝛwed. eurllyw oe haelyon voned.
aerllew balch glew bỽlch ygled ~~~

Gwae vi vot aruot aruaeth godi
par myỽn heint perigyl boꝛthi.
gwae vyꝛd gwae gyꝛd gerd lochi. gw-
ae aneird gwae veird gwae vi. Dot
waret lyw cret kreir pvm weli nef y
naf clot haelyoni. eur goleu oꝛeu geli.
arderchaỽc dꝛugaraỽc dꝛi. Arymes vn
rodꝛes rodꝛi arwyned. oꝛonwy gat goſbi
arwymp y vud rud rodi. eryꝛ gweiſc
aruthur vꝛeiſc vꝛi. aros trymglwyf
rwyf ryuic bennlli gaỽꝛ. eurwaỽꝛ
maỽꝛ mvꝛ kyni. aer baladyꝛ arueu
beli. aryf gwinwled gwyned gwae ni.

Os gwann glew anyan gloew ynni ryderch
rodyat gwyꝛd aphali. mur dur dar dewr vꝛw-
yſc rwyſc ri. mirein nud meir oe nodi.
Claf yỽ ner niuer niuer nefaỽleur a
naỽ o ronỽy rỽyſc greidyaỽl. kar ar
aer. kar arwraỽl. kedyꝛn oſtỽng deilỽng daỽl.
Kadỽ hyfryt iechyt echel gred vaỽl kat. uch-
eldat mat meidꝛaỽl ⁊ yꝛ dy donn vꝛonn vꝛenhi-
naỽl. ath boen gulỽyd hylwyd haỽl. Ath greu-
loes ath groes ath groc vꝛeinyaỽl rat. yſtyꝛ
reit ath ganmaỽl ⁊ kanhoꝛthỽy veir vy eiry-
aỽl. kannwyll hard ath vard ath vaỽl. Kadarn
uchaf naf kadyꝛ nefaỽl arglỽyd. erglyỽ lef
negeſſaỽl ⁊ am loꝛyf koꝛyf kiwdaỽt gỽaỽt gỽ-
aỽl. am leỽ gaỽꝛ am lyỽ gỽꝛaỽl.
Boet hiroedyl vꝛeiſc gỽeiſt gỽaſgaỽt
kenedloed. kein atlam noeth athla-
ỽt ⁊ aryf deuvin araf defaỽt. eil rolant uthyꝛ
ffynnyant ffaỽt. Os claf ner dewrder. aỽdur-
daỽt moꝛdaf. maỽꝛdec bỽyll gymendaỽt ⁊ och
rac goual mal molaỽt. am eryꝛ maỽꝛvud
nud naỽt. Vchaf geli tri ỽyt trindaỽt ar-
glỽyd. erglyỽ veird bydyſſyaỽt ⁊ am achub
clỽyf nỽyf nychdaỽt. am iechyt ym bꝛyt
am bꝛaỽt. Eurwaỽꝛ kywir gỽir. gỽaraỽt
oꝛonỽy eur eneit y giwdaỽt ⁊ argae gaỽꝛ
ergyt gỽaỽꝛ gỽaỽt aergat beir. eur get
Hoew gyuarch eur bar^ch^ baraỽt
aer bar goꝛonỽy garannaỽc gleỽ
digar: hylithyꝛ y wyꝛd kyꝛd kerdgar. haỽl
vynaỽc dỽyredaỽc dar. Hoedyl haỽſder ym
ner yn aer eſgar dꝛom. vn dꝛemyn ulkaſſar:
hydyꝛ neidyat gwengat gỽin gar. hoewdec
waỽꝛ. hygoſt vaỽꝛ var. Hir yn kyuyt bꝛyt
bꝛỽydyꝛgar echwynnỽꝛ. ucheneit angklaear ⁊
herwyd goual anhalar. hireint hỽyl gereint
hael gar.
Och vi arglỽyd rỽyd rwyſc natur ow-
ein. awyd dewrder arthur ⁊ nat yſtyꝛ
meir dy doſtur. ath glevyt vꝛwydyꝛ uaỽꝛ vꝛyt
vur. Jechyt ỽꝛth vy mryt vy mraỽt eglur
daỽn. y gan duỽ pennyadur. ath el otheint
atholur. athdiledyf anaỽd gaỽd gur. Arwyꝛe
in madyein modur eur anaỽ ⁊ oꝛonỽy uab
tudur ⁊ aruoc eir peir paredur. aryf yn yng
aerduruyng dur
Hoew oꝛonỽy rỽy rywyaỽc vard eir beilch
bỽlch greulyt wyar beir: oe gedaỽl vud
ae gadeir. ae get oe giriet ageir. Heint ath glỽ-
yf vy rỽyf eil rỽyſc gỽeir uab gỽeſtyl. gỽaſtat
dꝛin di gyngreir ⁊ gwaret gỽir lawgret loew
greir. gỽyꝛy eur waỽꝛ gỽirion vaỽꝛ uaỽꝛ ueir
Dot ym bꝛỽydyꝛ waỽꝛ gaỽꝛ gỽꝛaf. oꝛonỽy
aer adỽy eur adaf: gỽir iechyt griſt go-
ꝛuchaf. gỽar yſpꝛydaỽl nefaỽl naf. Mael hael
heil vucil oe vỽyaf doſtur ae dolur ydwylaf ⁊
medgyꝛn maỽꝛ deyꝛn moꝛdaf. meith yỽ vot mur
glot moꝛ glaf.

Gruffud uab maredud' aecant

Meu dogyngur arthur o oꝛthir pꝛydein.
yꝛ dyn pꝛifdec llaỽir ⁊ arwyd y chlot a
eurir. eiry hoen am verch arwy hir.
Eillyaf om ieith gỽeith gwenglot. yliỽ geirỽ
o loeỽ garyat ⁊ oleune dyfyꝛ neu lunet. elynes
gỽed eil enit. Rodeis garyat gỽat gwydyn
ymdoeth hirglwyf. ardyn hỽyꝛglaer bỽylldoeth ⁊
oleu boen ^a^laỽ beunoeth eil fflur a dyf cur
dỽf koeth. Kereis dꝛem gỽalch valch van-
nỽyl. myn ſaerym ſant a ſeiryoel ⁊ ynghaer
dec angharat eil. liỽ eiry kaen laỽ euraỽc
hael. Ryuedaỽt keudaỽt kadarn yỽ llifyant
ym nỽyfyant glwyfyant glyỽ: gloewdꝛem
riein arglỽydꝛyỽ. glut hut hun am vun ym
vyỽ. O garyat eigyꝛ dec ciryan. acharyat
glwyfuerch uryen ⁊ echwynaỽd bard ar hard
lun. vcheneit uthur a chynon. Hylithyꝛ
nỽyfyant oe haỽlỽꝛ. heul y geilỽ hael y gỽ-
ylwar ⁊ o bowys gyuoeth bywyꝛ. agỽyned
ny ogenir. Nyt oes liỽ hediỽ heydent gam-
peu dyfyꝛ diuei bỽyll deuodeu ⁊ kymryt ar taỽ-
el bꝛyt teu. kymaỽt eigyꝛ kamedegeu.
Eigyꝛ eur r voes einyoes annwyt dihcu
rwyd dihaereb adꝛaethwyt. na rodir verch
lawir lwyt ⁊ gwlat y vut gloew dỽf ydwyt.
Megeiſt boen ym hoen henỽ merch amdi
hun. yeirll annun eiry llannerch: meu
dꝛennyd medꝛu annerch. madỽs oed
bum mut oſerch. lliỽ geirỽ ryt obꝛyt

awnaeth bꝛat ym gne gnaỽt ſerchaỽc ymlynyat. llad gwr ydiw lledyf garyat ⁊ lloer y glot. heul llaỽꝛ y gwlat. Ny chỽſc dꝛem hoen gem gyvỽlch. am waỽꝛ gein tỽꝛ mein manvylch ⁊ ny chaf hun am vun em valch. ny cheir y vun oe chaer volch ~ Tꝛaỽſtaer ſerchaỽl vꝛyt tryſtan. ar eſſyllt wed a roeſſỽn. pꝛiaỽt olỽc pꝛyt elen. luydaỽc verch loeỽ eidun. Magaỽd ym hỽyꝛ naỽd hirnỽyf dy garyat dec oꝛoen tonn am rỽyf ⁊ megeiſt ym boen hoen hunglỽyf. megeis gwaeỽ dan eis gỽydyn wyf. Hael di daer wennglaer heul y winglaỽꝛ mon. hoew liỽ manot ionaỽꝛ ⁊ hun am llud deỽꝛuvd dyꝛaỽꝛ. hoen tonn ogled wyned waỽꝛ ...

Gruffud uab maredud ae cant y syr howel.

Gwiſgaỽd bed eurglod || uab gronỽ uab aerglo lluryclas. yn llaỽꝛ e || tuduꝛ glỽys ueuno : gỽꝛ duryaỽl rot clot clytno. gỽae yryỽ na bei vyỽ euo. Jrllaỽn oed uarỽ dꝛỽy oerllit. oꝛllỽyn deigyꝛ oꝛllin dỽygat ⁊ aerdar gleỽ eurdoꝛ y glot. urdaỽl eil greidyaỽl ael gryt. Mab amgỽnaeth alaeth dolur. meir uaỽꝛgoeth os marỽ veurgar ⁊ meu leuein am oliuer. yn rỽygaỽ bꝛỽydyꝛ vn ragoꝛ ~ Llywyỽn hyfrydỽch llaỽen. bey byỽ llyw llit mab alun : dꝛut y dial ar alon. dꝛeic bꝛỽydyꝛ rac dꝛỽc o bꝛydyn. Amyl ameryꝛ gỽyꝛ gỽaewrud. ar dꝛomgat o dramgỽyd mab gruffud ⁊ uchel goſt achul gyſtud. och allef groch a llif grud. Cat arnam oerwall kedernit kymry. uarỽ kymro hael kerdglyt ⁊ treiſtỽyn ioꝛ tryſtan ỽꝛyt. traỽs ynggaỽꝛ treis uaỽꝛ tros vyt. Achaỽs dỽyn lloꝛyf koꝛyf kan mil. yꝛ daear gynt ar deol ⁊ echỽng is vymronn achul. och hywyll amwych howel. Gwae vi varỽ ri run oſgoꝛd. gỽeringarỽ gweir o angerd : gỽaỽꝛ trin a roes gỽin agỽyꝛd. gwalch urdaỽl valch ardelỽ vard ~ Neut hiraeth oergaeth y argel mynoꝛ mynet balchdꝛut howel. natur un gallon ottuel. naf oed deỽꝛ y nef ydel.

Ny bu valch haelwalch heilwin aỽdurdaỽt. no marỽ deỽꝛder elphin ⁊ na thꝛeis na gwaed baed bydin. na thꝛangk aer dꝛeic bꝛỽydyꝛ athꝛin. Gwae vi howel nath welaf. yn vyỽ llyỽ llew kadarngryf ⁊ gỽnaet criſt triſt treiſtỽyn kỽyn kof. gỽaỽꝛ nerth ymplith gỽerin nef. Clỽyf trymgwyn treiſtwyn triſtet vucheneit. och wyned oꝛ gollet ⁊ trin kynevin kynyuet. clot uaỽꝛ ynyd gaỽꝛ nud get ~ Och varỽ ryỽ uaỽlgarỽ ryuelgaer aefſaỽꝛ. echeidỽ llaỽꝛ gwaỽꝛ gỽaewdaer. eurdỽꝛn rif myꝛd kyꝛd kerdglaer. urdaỽl arthuryaỽl ỽꝛth aer. Kỽbyl vn kain deulu kynn di loew daear. pꝛud yſgar pꝛid oſgoew : clo kadeu aergreu irgroeỽ. clo clot Ryuel howel hoew. Koꝛyf gỽyned kynn bed kein beingk oꝛchaeat. enyngat unyaỽngeingk : bꝛỽyſclym lavyn eurdꝛavyn. aerdꝛeingk. bꝛỽydyꝛ dꝛom awnaeth ar ffraeth ffreingk. Lloꝛyf di dwyll llyꝛ bỽyll llaỽꝛ bed ae kynnỽys. kannỽyll gỽlat a goꝛfed ⁊ llyỽ yn reit llaỽ anryded. llew oed deỽꝛ gleỽ ae dur gled.

Gruffud uab maredud heuyt

Molaf gein riein oryỽ arglỽydi arglỽydes vy hoedyl yỽ. maỽl hirglot mil aeherglyỽ. meu hoen anỽyf tra vỽyf vyỽ. Yth voli vꝛeiſc weiſc wandỽf athywyn heul ny thawaf tra vo hoen ewyn llynn llif. vy eneit yn vyỽ ynof. Nywnaf kyt bỽyf nỽyf naỽtal. tewi achlot dyn taỽel. ny madeu bꝛyt na medỽl. ganmaỽl gỽaỽꝛ ỽythugeinmil. Molaf verch valchdoeth goeth gein. tra vỽynt y gyt treulbꝛyt bꝛỽyn. yꝛeneit ucheneit chwaen. arcoꝛff oer myỽn cur aphoen. Aelaỽ an vn hun hir yỽ oe gỽanvard aros gỽenvn lawir. ologaỽt ſerch verch veinir. eil eigyꝛ dỽf oloegyꝛ dir. Tec om pỽyll ovec ym pall auael hun oed wenvun hoewlun hael. agereis dan vꝛic vꝛael. ac eur mal yỽch ygỽꝛỽm ael. Gweleis agereis yn ragoꝛi pꝛyt o vyỽn pꝛiſdec ſendꝛi. aphall ſyndal a

phali . a phỽyll oed y hirdwyll hi . Gweleis ſymut 1
ſut ſidan ac awmael ac vꝛael ac aryan . ac aſſur
dꝛỽc aguſſan . ac eur mal am hoen geirỽ man. 3
Goꝛheỽc amdỽc dec oꝛſedua gaỽ gywirvarch ny-
phalla. eil y kethin ny blinha. kyflym yꝛllun grym
llaỽn gra. Bꝛynn kaỽ bꝛỽynhunaỽ bꝛenhineid 6
vꝛoyd . eil rudvꝛeon duth vleid . bꝛyt eur wryt arwre-
id bꝛondoꝛyf varch tref lywarch treid. Kyꝛch yꝛ
bun wanllun wenllaỽ anryded . vn redyat karn 9
aflaỽ . bꝛyſc gỽyl yꝛ hoen bꝛeiſc alaỽ . bꝛỽyſc rỽyſc
rydein bꝛynn kein kaỽ. Keirch oꝛdyvyn archly-
vyn kyꝛcherchlas doſſaỽc . deiſſyf neityaỽ fferlas.
car varwein karỽ mein myngvꝛas . kaer veinir 13
glaer vynoꝛ ᵍlas . Meu dꝛymglỽyf am wenhỽy-
uar . moꝛwyn loeỽ mirein leuver . maỽꝛeir am-
erdꝛym oꝛoꝛ . mwroc dyledaỽc loewdir . 16
Wyꝛyardur wrgỽaewrud gỽych . am gỽnaeth
gaeth gwyn vꝛỽyn vꝛonnllech . ac wyꝛ Jthel uchel
ach . gam odegeingyl . gem degỽch . 19

TEir llythyꝛen wenn windut. anduc ynghyvyꝛgoll
gollet atheir veir o vaỽꝛ garyat . anduc nef on
dygyn ovit. Teir veir o leugreir a vaỽꝛlygraỽd
byt . o lythyꝛ bꝛyt wyt wahaỽd. Atheir o nef uthur
y naỽd oe gỽiỽ rat an gỽaredaỽd . E.v . a. bu pla ym
pob plas ynbỽꝛỽ y berigyl gyweithyas. A . v. e. urdedic
urdas . anduc yn veith ogeith gas . Goleu vyd veir
vam geli . golỽc ratlaỽn heb gelu . gofỽy nef oed dec
ave . goual vu aual eua. Da y gỽnaeth ryd o 29
gaeth dꝛỽy goeth gannỽyll wyꝛy . wirionheul y do-
eth bỽyll. oual amyl . aual amhwyll. aue dec rac
eua dỽyll. 32

Gỽynt tan awyꝛ llỽyꝛ llaỽꝛ daearva 1
mỽyn. gỽnaeth vn mab maria : lleuat dỽ-
fyꝛ heul ny thꝛeula : gỽyllt gwar. gỽellt
gỽyd. nos dyd da. 4

Ry vychan grift loeỽlan lyỽ. dꝛos gur
hoelyon loeſſyon liỽ. abꝛath bꝛongneif a
gleif gleỽ ner eurdoeth awneir yꝛdaỽ. 8
Yꝛdaỽ dylyem dꝛem dꝛut odef mab duỽ
awydyat . efo an pꝛynaỽd naỽd not. o uffern
rew vigynwern rỽt ᵃᶜangỽnaeth fraeth frỽ-
ythlaỽnget . o geith yn rydyon ygyt . 12
Ygyt bobyl y byt anwybodus ym am na
charỽn iefus . athec urdas ygraſſius athat
eur a myꝛr a thus .
Kadymenn fyꝛ em gỽyꝛ am gỽylch om dꝛy- 16
geu dꝛeic rac amyl bechaỽt vylch . kerd gen-
nyf i aediylch. kaf naỽd y dꝛindaỽt ymkylch.
Llyma englynyon y duỽ a gant gruffud vab mareduᵈ.
n yt arglỽyd kyfrỽyd kyfrỽng nef a llawr. 20
namyn duỽ maỽꝛ maỽl dãgnef : nyt dogyn ga-
darn varn vardlef : nyt hael uthyꝛ auael eithyꝛ
ef. Nyt hylỽyd arglỽyd eurglot kỹgreir nef 23
naf allyỽ pob kyueir : uthyꝛ rat laỽn gret ket
kadeir : athro pebyꝛ bab eithyꝛ mab meir. Nyt
hael herwyd pỽyll am tyf. nyt tec o aduỽynbꝛyt
tỽf : nyt kedaỽl uthyꝛ nefaỽl naf. nyt kadarn 27
neb kadeir nef. Nyt naf nef yꝛ engylyon. nyt
ioꝛ moꝛ maỽꝛdoeth vꝛenhin : dyt arglỽyd wybyꝛ
llỽybyꝛ llawen. nyt llyỽ tros vyt onyt vn. 30
Amlaf llewenyd amlỽc . yꝛ rei ath gar dar di-
nac : heb na diwed wled wledic : na dechꝛeu yỽꝛ
teu ioꝛ tec. Gỽnaeth wled hed diwed duỽ byỽ
goꝛuchaf. gỽir gỽplaf loewaf lyỽ : heb dꝛangk
heb dꝛo clo clot ryỽ . heb oꝛffenn a nenn ynn 35
yỽ . Credaf eni ri reidun . o veir gloew deyꝛn
greir glan : abot oeſſoed glot yeſſin. meir 37
yn wyꝛy moꝛỽyn wiryon. Credaf eni ri rod-
yat . oth vꝛu veir oꝛ geir heb gyt : credaf diweir
veir dy vot . yn wyꝛy pan doeth ynn waret . 40
Credỽn vot Joꝛ poꝛ peryf. yn vab gwyꝛy doeth
goeth gỹnif : yn daỽn eur yndeeu naf. yn 42
dyn o eir yn duỽ nef. Vn athꝛi kyvun athꝛo
kyfyaỽn nef

6yt naf wyby2 ac eigya6n. eur wirion gna6t ffa6t
ffydla6n. o2 wy2y dec ar waret ia6n. Ny bu nyt oes
groes greulif. ny byd bod vuyd beryf b2einya6l
y dydyn kynn kof : b2on athraet b2enhin eithy2
ef. Dydb2a6t blas v2das eurdar b2onn hyn6yf .
b2enhined y daear : a ostȳgant blant blaengar.
ytt io2 irdrem go2on gar. Du6 an p2yna6d 7
na6d yn nyd aruoll rat y2 redyat pumharcholl :
da6n oe v2o rac tro trymgoll : du6 o nef bieu n
d6yn oll. Nyt kam kael o haeldyd ydholer dyn
y2 d6yn k6byl oe amser : du6 ae roes eurvoes ar-
uer. du6 bieu ef doeth nef ner. Nyt teil6g̃ ar- 12
gl6yd teleit. tr6y waravun tri vn 6yt : do2ynef
dy2o ynn oet. dar nenn beñ berth werth dy waet.
Govul y dyn ac ouer. g6aravun destun dostur :
y dued nef a daear. y b2itwerth argl6yd b2a6twir.
Dyb2yt oed yvyt avaeth g6aravun oe g6ir 17
vuyd bēnaeth : dinam vab geir veir vamaeth. d6
yn y nef dynyon awnaeth Jo2 co2 coeth wr
doeth y2 d6yn. a b2yna6d argl6yd b2ennya6l ad-
v6yn : neut travyn bedy2 bab mab mo26yn. nyt
reit vcheneit na ch6yn. **Llyma ēglynyon g6yned.**
n a wna Jo2 nenn wenn wyned. daear fraeth 23
ynduoer ffrid : deon awr deu na6 2ad. du6 o nef
dewin vuyd. Na wna greir meir mireinglot.
wyned windytwed wendut : vn athri 6yt ynn oth
rat. ra6nder seint yn dir asset. Nawna dat 27
lly6 mat lle mae geird kanwled lla62 g6yned har-
ded heird : o bla dygyn am bl6y digeird : yn blas
o d2aeth bas d2eth beird. Na wna wyned vonhe-
dic. ynwaeth no newitl6g̃ wac g6ar greir a 31
gymerth g6ir groc. g6iryon dat oe g6erin dec.
Y diffryt h6y2wyt hirwy2th. mur nef gyt ameir
vy nerth : g6a62 ffyd ony byd dy bo2th. g6ae ni du6
g6yned diwarth. Na6d y2 an p2yna6d o2 p2enn
diodef a thāgnef io2 nef nenn : o2 geir heb gyt byt
berchen. y g62 a ved wyned wenn. **Llyma ēglynyō**
bit du6 vy lly6 by6 bed6ar. **y pedwar āgel ystor.**
kystec euangelysto2 : y gȳnal mal y molir. byt a
nef bit anouer. Ery2 vu Jeuan erot. aruchaf 40
gvis ar iechyt : y dangos vab meir da6nget.
anhelder dy wych haeldat. Marcus vu Jessu yes
sin v2edym ly6 ar weith lle6 yth deeu y2 g6y-
bot hoe6 glot hycleu. kedernyt rat y tat teu. 44

Ych vu lucas urdas rem. ar assu eur dinam : 1
am aberthu bu tru tr6m. vn mab meir tra6seir
trossom. Roet matheu donyeu dinac : dan d2aet
mab meir ar greir groc : am dyuot nef bendeuic. 4
yn rith dyn vn anreith dec. **Gruffud vab maredᵈ. heugt**
1 li6 lla62 llathy2d2ef nef naf ydiuei wled **ac cant**
heb diwed du6 arnei : llunyaeth eiryf llawn yeith **gdub**
eruei. lle ny th2eingk io2 llan6 ath2ei. Mab 6yt
ffydla6n b2off6yt ffyd. a that o2 wenn wlat win
wled : ac ysp2yt g6ledic oesb2ud. ac vn io2 ogein 10
nawrad. G6irdoeth dat o2 wlat ar wled ny deruyd
odirua62 anryded : go2eu mab mam digared. geir
ov2u meir v2y ae med. Ma62 bann 6yt meir ben-
nadur. adu6 ly6 nef a daear : mab y2 wy2y am
wyby2 o2o2. heb dat eithy2 rat uthy2 hoewder. 15
Kadarn varn va62nerth gleindyt. ac argl6yd
pob rago2glot : trugara6c tr6y y giryet. hael y6
lly6 heul a lleuat. Tec y6 dy2ann wy2 āna.
ternassoed tey2n iessu : tir wyby2 mo2 hoewl6y- 19
by2 heli. naf adaf nef a vedy. llin hynot llawn
glot llun claer lly6 nefa6l lla6n auael ll6yby2
weith saer : llethy2 dyfy2d6y mo2d6y ma62daer. 22
llith2a6d mo2 llathy2greir ko2 kaer. Adolet pa6b
pob amser. y del6 adyly rago2 : del6 2 mab rat g6irdat
g6ar. llyna del6 lla6n o dolur. **Llyma ebdyl y gyffes**
c Reir kᵉt ket kynnyd : **agant gr. vab Maredᵈ.**
crea6dy2 llu bedyd : crist vab du6 do- **vab dd'.**
vyd kynn dyd dyed. Kanny wnn pa b2yt. pa a62 pa ēnyt
ymdygych o2 byt. diwyt diwed. Argl6yddat mat ma62.
eurglo nef a lla62 : ergly6 vi bop awr. g6a62 g6irio-
ned. Ytt y kyffessaf. ac yd adefaf. kann 6yt pēnaf naf
na6d dāgneued. a becheis yn ll6y2 o bob ry6 sȳnwy2:
r6ng lla62 ac awy2 ll6y2 argywed. Seith b2iwyt pe-
cha6t rythni a medda6t : chwant kna6t cas geu- 34
da6t cadarn ch6erwed. Methyant glythineb. m6th
vurn godineb : mythineb kideb kad6 vysyl6ed.
Balchder syberwyt to2ri diov2yt : kymryt b6yt
amryt amry6 vaswed. Goganu tybya6. llesgu da- 38
muna6 : llidya6 a digya6 dogyn wythloned. Colli
p2egetheu. ac efferenneu : madeu vy sulyeu y2 med6
salwed. Geir med6l āgkret. gol6c kamgerdet : g6e-
ith2et anwaret. g6ch enwired. Kyhuda6 g6iryon. 42
cam dychymygyon : keissa6 treis holyon. hylithy2
daered. Gochel madeueint. digya6 rac hirheint : sath2u
ha6ddir seint. bᵉint b2enhined.

Tyngu ygreireu . gwyzth anudoneu:twnn gredeu llyeu geireu gwyzed. Tzeis twyll bzat kyngen. murn ledzat absen: llit keneuigen ren pob rinwed. Gwar gỹnwys glwys glyw . gwawz mawz marw abyw : gwiryondat rat ryw llyw llawered. Dyrat ageissyaf dy nerth aarchaf: dy nawd aalwaf naf nefawlwled. Rac kwyn diaflic . rac kwn gwenwynic . rac kynygyn dzemic . dic digassed. Rac dzwc mwc migynwern . dzwy weith geith gethern: dzewyant kern vffern asseith dygned. Rac treis tragywydawl. tan trwch kyllestrawl : tanawl uffernawl ffyznic dachwed. Rac tanllyt fybwll. tinllwyth flam gỹnwll: tinllwch trwch trwydwll trydar losged. Rac lleith llwyth kein. llys uffern wyzein: llin adaf vydin gozdin gyzded. Rac poen athzugar. poeth verw dan llachar: pwll bydar . daear duoer vigned. Bzenhineid vab meir: bzeinyawl oleugreir: bzenhin nef yth wneir geir gozuoled. Ti avadeueist tec ymedylyeist : ydyd yn pzyneist oz pzenn crocwed . Dyboen ath alaeth ath verthyzolyaeth: yzaegwnaeth aruaeth aruawc dzossed. Wrth hỹny arglwyd kadarn didzamgwyd . ketrwyd kyuarwyd cof overed. Gwna dovyd vadeu . vy holl bechodeu : am dwyn ythdeheu oleu wyled. Maly madeuwyf awnaethpwyt wzthwyf: ym hollgnawt o glwyf glew dic lloned. Odzeis o gollet o gawd o godet . obop gwarthaet giryet gared. Yth deeu dewin y bwyf geneuin : kynn rwym daeerin erwin ozwed. lle mae lludi vzat ar llaw llathyz gwenwlat : lle mae goleuat rat anryded. lle mae digrifwch a phob ryw degwch: lle mae dadolwch deilwng ryssed. lle mae kywirdeb. lle mae diweirdeb : lle dibechawt neb lle da buched. lle mae gozffowys vch law paradwys : lle mae mirein lwys lle mae mawzed. lle mae nefolyon lliaws vzdolyon : lle mae egylyon gwiryon gwared. lle mae eglurder . lle mae dwywolder : lle mae ner niuer nefawl ozfed. aryf kret ket cadeir . arglwy[d] pob kỹgreir: erglyw vi vab meir boztheir berthed. kan wyf pechadur cozfozawl natur : rac tostur dol[u] adialed. Kan wyt gwir vzenhin. ozdeeu dewin : hyt y gozllewin llywawdyz nafred. Kan wyf kyffessawl a meir ym eiryawl: ac edi ueiryawl oet ouered. Kan wyt bzeinyoccaf adyledoccaf : kan wyt ozuchaf naf nam gomed. Yzdydiwed loes . yzdy greulet groes: rac poeneu pumoes pumystyl egyzwed. Yzygwaew euyd. a want yz efryd : dan dyvzonn

douyd dwywawl agwed. Yzdyvawz loesson gan durya[...] hoelon : yz dydzein gozon dy dzugared. Yzdygyuodi gw[...] dyzpumweli : crist keli vyri o rwym maenved. Ac y[...] gozesgyn vffernawl deruyn : tydyn pob gelyn diamg[...] led. ath valch dissgynnyat ardydeeudat : vot ymgy[...] rannyat othwlat athwled. ameN.

Llyma awdyl a gant gruffud y ronw vychan vab tud' vab

[N]eut trist ym gwnaethcrist croes dagneued . neut gron[...] tros ovit llit a lleturyded : neut ryuawz gollet nyt ryued a[...] clwyf neumtry ynhynwyf traanhuned. Neut trymvzy[...] penyt poen diuaed . a gyfrangk trangk travyn llavyn lla[...] vzoded . neut trom vzawt tauawt ametiued llew eruei Kyc[...] wyzn glew arueu cochwed. Neut truan ymgwan gwa[...] ew irlloned . net trahir madeu glew lacheu gled : neut amlwc ymdwc dygned galarvzwyn : a veirw ozwyllt g[...] yn oe varw ozwed. Neut trwm hepcoz Jozdoz ydewr[...] neut trom anreith veith gweith gwythloned. neut tra[...] trawslozyf kozyf tozyf eil tired meic . mynet eurval[...] dzeic mywn daearved. Neut bzeid yw ym vyw oe varw dy[...] wed. neut bzaw yn treissyaw am yn trosed. neut bzonn donn yw hon oehāned adzy . amgolovyn kymry aehyn[...] geled. Neut bzenawl chwedyl tost varw kost kañwle[...] neut bzwyn kwynkanmyzd am gyzd gyued. Neut bze[...] dwyt arswyt ozfed gynheilyat : am lawwir ynat loew wiry[...] oned . Nymdoeth nagwyngen nagwen nagwed . oedyvz[...] agheu dan lifdyfred. nymdaw eithyz wylaw uthyzdial[...] chwedyl . dzofvirein genedyl amdzaws vawzed . Neut hi[...] aeth amgwnaeth gaeth gynryged. neut herwyd tram[...] gwyd tromgat gytwed : neut traedzu chwyzn chwerwe[...] gwenwynic : afreolus dic oe varw oled. Ny bu am nat byw llyw llawered . gollet vn dostur mur maranned : [...] pan las gwanas gwyned beruednot . hydyz deyzn aegl[...] hyt ardued. Kynhebyc vydei ny haedei hed . twzyf tozr[...] wynt graen am gaen gogled: kymrwt mawzeirglot kymrawt mwred daer ỹghynat aer ỹghymined.

Kwyn goleu ywzmeu mi aeharwed . treiaw gozonwy travyn mozdwy med . cof garw oelwyz varw yalarued oed : abeir vilyo[...] heb ozuoled. Kỹnyd ewybyz oed kynnoedyed . kolovyn osgozd va[...] llawz arllechwed. kat vleid teyzneid teyzned ener . eurlliw y van o ieirll voned . Compot clot clut veird oheird harded . kwympei[...] greu āgheu eigỹl galaned . kein duryawl y bar ywch kyndared gryt : yggwyth gerwin vzyt yggweith garwed. kozyf iot doz d[...] grwydyz vzwydyz divzoded. kozyf tozyf llozyf lleidyat ozwlat [...] wled: kun reget vnllit mywn kynryged blin . karyat ryuel trin kiryet reuued . kywreint oed y vzeint vzeisc anmyu d kyweir oed y eir eur gymyzred: kywir oed y wir o wiw ryssed beilch o ge[...] hedlawc weilch oegynnadled. Keueis alaeth hir enwir anwed . galar dar doeth koeth kyuanned : ac vtwaed dan vzonn ac atw[...] tristyt . a bylchu vymryt o varw balched . kauas gras vzdas eurd[...] wn vuched . kennyw dewin nef kynnoediwed . keffo garyat rat anr[...] ded allu vuragozawl vu yntrugared . A M E N .

Gruffud uab maredud uab dauyd ae cant

ROet my6n carnbeñ benn bon g6ꝛychy-
ronyn deif dauyd leidyꝛ t6ꝛ kelyn an-
reith dꝛom ynrith dꝛemyn . anrec wyꝛ o he-
int ll6yꝛ llynn. llygat cul irat lli6 coloꝛyn
bꝛ6t llygat bꝛad6 verdudyn. llygat lluſgyat
kynllyſgyn. llygat glein re6 gle6 my6n 7
glyn. llygat ymrein glein llygat gronyn
pys . ynpiſſa6 kynronyn. llygat g6yl llygat
gelyn . llygat bon deint heint y hyn. 10
llygat defnyd hoel . llygat deſnyn g6er yn
g6are 6ꝛth vlewyn. llygat amgarnyat ger-
nyn . llygat g6ydyn ymlynyat g6yn . 13
llygat bugiliat bogelyn yſtaen ynyſtym
creiſſyonyn . llygat g6yꝛllygat goꝛyn 15
llygat ym diuat ydyn ~ ~~~ **Gruff' heuyt.**

Mae mab boꝛſgra6n ia6n ann wych mei-
lyꝛ boly koly koludwich yn da6d avyl yn
de6 dwyvoch yndaea6c kabyl ad6y6c[h] yn
dwrra tr6ſſa treiſſach yn doꝛra6c o bede-
ir rech . Gweleis i tarangi tom o der6 21
ffl6ch odur a phl6m. ac elytyn egyꝛ dꝛa-
gwytyn dꝛ6m . achyꝛryn hydgant dꝛewy-
ant dꝛem yn rra oet nyt yn roi ym̄ . yn 24
ros dec vn ny roes dim. Svr ieuan di-
lan dyle . ſoꝛel llan6 ka6del keudy . ſych ba-
na6ꝛ keillgla6ꝛ kellglo . ſein cot vꝛot vꝛech
rech r6ngka . ſacheit y6 o beſſychu. ſaſyn 28
kelyn gavyn callongi. ~~~ **gruff' heuyt .**

Ll6ybyꝛ kr6byꝛ kynyon mon mynych
fflam adeivyl oe chadaflen vingam .
ll6yd etlit lluoed atlam lleiaſ ſerch o vy6n
merch mam. lleſtyꝛ lla6nwreint llaeſvꝛe-
int lleiſvꝛam lleith hamr6n. llymric v6n-
g6n gytkam . llit rit r6yt waela6t lam 35
lla6dyꝛ dꝛes dꝛaeth gerngaeth goꝛngam .
Kovyl ovyl avyl ſigylgur fur ſ6m. ka-
vyn traet waet wem grem nyt grym. 38
croth loth roth res lȳmes l6m . creith
leith lepei g6nei gam. kedoꝛ daen kaat
ar y dom . keudy dꝛoeth kaeat y dꝛem. 41
Hydwyll avyl daenavyl dinac. h6nn ny
at riduic redec. havyn lleith ymreingre-
ith reyngrec . hvn argaly hanner gol6c. 44
mayl rem wem wern gern gaduc. huiuſ
elaſt henaſt lodic.

Gruff. heuyt

Llech rech r6t tank6t tingkyꝛ gwarth tlodi
gwyꝛ g6ir vu yꝛ g6ynt dy grogi . ac 6ꝛth
gynffonn dy gronni . tri phꝛenn a raff craff 3
y6ꝛ cri. lleidyꝛ dꝛut g6arth mynut g6ꝛth
muni cleroed. gloꝛya lla6dyꝛ bl6c heli . lleſa-
6ꝛ y byꝛllvyt llyvi . lleſeu keul ac vn lleſein
ki. llaſur diwedar llwvyꝛ dywedi wedu
g6ae wada6t otheni. llycli6 dy vle6 yn 8
dꝛewi . lleſ cloch tom moch ta6 a mi. ~~~
Penn efryd dauyd a wnaeth dyvyn oer
penn yn wyꝛ oꝛ neilltu peñ baed yn ym-
dihaedu penn6 ba6 ymy6n poen y bu . 12
Penn eidyon lliſyon yn llyuv y gevyn
peñ mab gavyꝛ yntagu. peñ hobel yn
ymchoelu . a blaen y yluin y blu . 15
Penn hoc peñ camoc peñ yn camu n
va6ꝛ . penn ynvar6 o gyſgu . peñ lle
dꝛos v6c pyñvarch llu . penn lleic oſ-
gyl penn lleu gaſglu . ~~~ ~ 19

Howel ystorym ae cant . y adaf eurych . . . 1
KYfuarchaf ym naf nefa6l oestric h6yl : hael
v2enhin g6y2ennic . kyfran rann rinwed ga-
tholic . kyfaryf aryf eurwa62 arbennic . 4
Kyfya6n arglwyd r6yd r6ymedic b2eidga2d : o
b2udgerd ennwedic . yadaf adeil g6ywedic . ada6t
na6t newyn heb diffic . Adyfc myfc ymyfg6fyl
ffy2nic . adurn murn ym marn crogyedic . adoet 8
gynuyl chwyl chwaledic y byd budel6 tan kyllef-
dric : eurych b2ych b2eichgul llofgyedic . afr6yd
f6yd yffyd annelwic . Afreit neit nyt y2gerd r6yf
tredic . afr6ch tr6ch trychwibyl roftyedic . efryd 12
dall kebyd keiby2 p2ynic r6yllgrin : rullgru6 cled2
yfgy2nic . Car annwar ennwir tri dyblic . ka62 tri
lla62 : trall6ng reibyedic . Co2of b2eithlo2of b2ith
leidy2 g6enn6ynic : ky2yf anffy2yf anffa6t kat- 16
wedic . Ky2uyll hyll whed2yll whytreuy2 pennic
meirch : march glermwnt b2emyenic . Chwer6
lys vlys heb ulas dewiffic : chwy2n efgy2n efgyll
lliwyedic . Chwefris mis myffein diennic : chw-
er6 d2aber6 oe d2abudur fefnic . Chware nyt
dy2e teir6 p6yedic pla : plant adaf grynyedic . 22
LLys dyfrys div2a6t heiryedic : lles armes ermein
anod2ic . ll6s myn6s menefty2 anheilic : lleiftreu
lleu chwannenneu chwein6ic. lleifcla62 ynhym-
ma62 anhymmic . v2yffwlyd : heb v2affwed nadolic.
llwyby2 kyfl6yby2 kyfle div6ydic : ll62o pafceat 27
nyt pefgych feyfnic. llo2yeit reit reuduffyon debic :
llonckler fer farffot b6ytteic . llyngeit reit yffeit
r6t yffic : reithgun : rythg6n kyneuodic . lle diflan
kalan kelennic : lle diflith difl6ng god2oic . lle diflo-
ed difla6t enderic . lledivlas te leuwas talmic . 32
LLe direuued g6ed gaededic h6nggy2 na6f heb hen-
ga6s heb hengic : lle llauar glas adar gloeffic. lle-
uein b2ein b2anes uodyedic . LLe rywann garan
wyl giric : lle rewyd heul ma62thyd marthic . 36
LLe re6yd kethlyd kathlodic herthlom . hiraeth-
la6n div6ydic . lle yg6neir dadleu y2d2yd6 llud6
llettollic. LLe byd uchedyd arychydic. lle mae tyll
euan g62ach v6gy2wan vic : ll6ytpen anllatwen 40
yny lletwic . LLe ardiwanne ardywynnic bot bet
myn tla6t fychyedic : lle anard lle an amyl felfic.
lle anoew lle anofgeidic. lle aela6 eilwyd pellennic.
lle dile di la6c atuydic . lle dioluda6c deoledic nyth.

noeth h6nggy2dla6t rynnyedic . lle dine dyna6l vlot- 1
teic : lle dena6l dynyon hir v2ydic . lle dire dirr6yd a-
d2eiffic . lle dirrod dirr6d g62thnyffic . lle di vennw-
ant plant plennic lluciffer : llys uffern wennwynic . 4
lle y b2yffir b2effych wyl bad2ic : lle berwir baryf e6ch
kerric . lle diuud y daua6t blyffic : lle diffeith llediffody-
edic . lle div2a6t r6yfwa6t ryuic nyf dalyant : noes 7
dylwyth tranghyedic . llediwen pob unbenn p6yllic : lle
diwe. lle diweftyl mennic . lle diheird p2ifveird p2ofyedic .
lle dihard gerwinard gerric . lle dyhir poenir pennde- 10
uic clytt62 : clyttw2 pedyll bennffic . lle heb uoes llom
oorloes lleithic : namynut na menefty2 reftric .
lle heb win kenneuin keinmic : na med ymmadull 13
g6aedyedic . lle heb g62of na thwr6f natho2of di yffic
rygul : rac newyn bob o2ic . lleas oer farwyl g6einyedic :
o2 kyfl6yby2 nyt kyfl6ydyedic . ar marn gyl meryd 16
llygredic : a e med g6ed g6ydan gynhebic . Med6 gr6p
ban lloppan lleipy2 t6ll vy2ki : t6yll uarkut yftyfnic .
lle agcryf pob p2yf p2yt anelwic : lle agcredadun 19
bun benn gy2nic . lle ymae d2yc eurych b2ych b2iwye-
dic : d2yc of d2yc kynny2ch llemffy2ch llymffic . LLif
darady2 palady2 plygyedic key2nyon lliuion b2i6yffon
nyt b2owyffic . adaf grin gribin g62bach dic : adaf 23
glaf . gleiryach troedic . Adaf dinky2 dank6t h6ydye-
dic : odof daua6t nyt auan vy2dic . adaf g6yn anaf
g6ennwynic yb62s : b6s lyngeul adwythic . adaf 26
leidy2 lwyded p2enn gellic : adaf gr6m grymann pluc
kyedic. adaf cnaf cnifdelff pyfgodic : adaf d2ych dall
grych dullyedic . adaf rafgyl t6yllgafgyl tyllgo2n 29
p2yuic : lledy2 lleidy2 aryan clippiedic : adaf del6 dili62
plygyedic : adaf b2yf crinwryf croen chwyffic . adaf
hyll pebyll pobyedic : adafgul gallon wafgyedic . 32
adaf geu nytheu ieith enic v2ithgy2d ae ureith
gerd d2ewyedic . Kany theu garreu go2yedic . kany phe-
it tar6 dirreit terric. Kany mynn emennyd yffic : 35
ymada6 ae ffroft llenngylboft ffic . Bo2e oer keil-
yoer clo kaedic gyff . ambenn adaf dyff ryff r6ygyedic .
Goganaf adaf wdyf gieu lledy2 . lleidy2 aryan carec-
leu : gogul arch gogy2kywar keu . gaga6c craff
daea6c creffdeu . . . 40
DA y go2uc du6 dial yndiua : arbla blys eua rac
blas aual . Ar eilpladiua dyualagwyn6n : rac
h6nn eil ed26nn lod2eit gagal . Refreit lla62 maela62
nyt mal maruynnya6n : rac balchder einyawn ae gra- 44
[6n gr6ynyal.

ꝥGꝛaen dỽꝛſtan bonraũ bonrech ffoꝛſtal dyff. bonryff boꝛỽs kyff kyffeith vn mal.

kyt gwedei kicſei cocſal. yꝛbaỽet ⁊ dudet neu biſſet.
bỽyſſyỽr gỽeniral. Nywedei idaỽ newydal vỽꝛy-
iỽrch: groenen eiſſindỽꝛch gra naſyndal. Cỽỻ 3
kimỽch moꝛỻỽch maỽꝛỻanỽ hoewal chwyt ⁊ mer-
ỻyt yꝛ ynyt y eirinyal. Keiỻiagỽt uoꝛſgỽt uaſ-
gal kicydyon ⁊ keỻ drochyon ſebon anſyberw wal.
Keỻ bỽyſchỽant aryant aryal dwſꝛellach ⁊ eryꝛ
claỽꝛgleiryach cler bytrual. Greoed y achoed 8
yỽch ardal dinbych ⁊ graỽal bꝛych bꝛeſſych breſ-
ſcb garnyal. Gꝛonyanỽꝛ tỽyỻỽꝛ tỽỻ tal y waedaỽc ⁊
baỽei anuodaỽc biỽ iaỽn uedal. ꝥGꝛuel a archei
greal cỽꝛogeu ⁊ greaỽꝛ claſdyeu meilyeidyeu mal.
Gỽꝛỽ vꝛyntlaỽn cinyaỽn ynyal mehindꝛyỻ ⁊ nyt
gỽꝛ par ſeuyỻ malpyꝛſ hyual. Gỽꝛ goueneic 14
ſeic ſoec *al bỽmares ⁊ nyt gỽꝛ arodyeſ gỽyꝛ
yꝛeidyal. Gỽꝛ achaỽl nyth haỽl ac ny thal y vaỽ ⁊
gỽedy ry diryaỽ yn ryt wryal. Gỽꝛ hyuỽs yuod
gỽꝛ haual ioſſed ⁊ gỽꝛ ny roes berthed ar barthe-
v yal. Gỽꝛyein eir milein eur mal adolỽc ⁊ 19
goꝛ heuỽc tradꝛỽc tratrỽym dỽnkyal. Gꝛaỽn-
gỽt vs magnus mogyal ki kỽtta ⁊ yn roch diotta
rech diattal. Gꝛoec loeỽ dỽyſec dỽſſel mal mym-
lỽſ ⁊ grud lỽyt bonỽs mỽs myſſein wemral.
A l ỽar kic pennic pynnyal ỻỽytỻ murmur ⁊ 24
eri greadur hỽrſur hoꝛſal. Halaaỽc voꝛſgaỽc
varſgal hudolyon : alaon ruchyon rech yſpꝛin-
gal. Elein keiỻdaer maer morchhỽyal bꝛam 27
hỽyd ⁊ alỽyd ỻaỽ dywyd nyt ỻeỽ dywal. Olgach
pꝛiſ uonſach pꝛouinſal refreu ⁊ eſ bieu madeu
med o uual. Aelgippiaỽc coſtaỽc kyſtal pilatus ⁊
iaỽn wydyus ỻỽygus ỻeyc annwadal. Oleỽ da 31
nyt a yỽch y dal rac ỻaỽ ⁊ aelaỽ ynkeiſſyaỽ
caỽs dol gynnwal. Elỽ yỽ eneit reit rỽt chwytal
arffet ⁊ y greſt ny tholyet y griſt nythal.

35
Gwae aglyỽ bledyn. gỽaeduaỽꝛ loſtrudyn ⁊
gỽelydyn eruyn. aruot kankeỻ. Gỽaeluab
y gỽlloc. gỽilershen alſbꝛoc. gỽliſ hoc *ỽdengroc.
dingrach eueỻ. Gỽydel tinvleỽoc gỽidon loſgyꝛ-
nyaỽc : gỽadaỽl kaỽl colyaỽc. cneckyaỽc cnockeỻ.
Gỽydaſyꝛ neithyoꝛeu. gỽadaỽt wirodeu ⁊ gỽe-
dieu refreu. ry vꝛas iſgeỻ. Gwedweid lỽnc aing-
nier. gỽediỻ almỽner ⁊ gỽiber agymer. gỽer heb
gymheỻ ⁊ Gỽydavyꝛ baỽ everwic. gỽydyat ỽꝛth ſel

ſic : gỽdyſ hir yſgyꝛnic. eſgyc aſgeỻ. Golygoꝛd 1
cachdei (gỽlygach kickei) : gỽyw lugꝛn yſgei. eſgyꝛn ſadeỻ. Gỽeſdei
chwei chwytlyt. gwarſdur eireitlyt ⁊ gỽas
nydyt y vꝛyt : ar vꝛỽdyꝛ caſteỻ. Gỽaelaỽt bonroſ-
ſyỽꝛ. gỽalyeu anghyflỽꝛ ⁊ gỽylyỽꝛ ſom bydyỽꝛ ⁊ 5
ſem obadeỻ. Gỽarac yſpꝛingal. gỽar carr cỽꝛr
pꝛennyal ⁊ gỽamal bỽyt gawal. budyꝛ y gaỽeỻ.
Gỽyꝛ gul ffiſtolỽyn : goꝛgeuyn an advỽyn ⁊ geir
gỽyn yſtivỽyn. myỽn yſtaueỻ. Gỽaryyd rechyaỽc.
gỽerin vlonegaỽc ⁊ gỽeraỽc moel hoꝛaỽc. nyt mal
hiryeỻ. Gỽaradwyd gytkam. gỽꝛab merchdan 11
fflam ⁊ gỽarac crocvam lam. lom yſtinkeỻ.
Gỽerſyỻ bꝛiỽ vara. gỽers ters toꝛſ reſvꝛa ⁊
goꝛſedua trippa trỽp achyỻeỻ. Gogulaf lin-
dac. gỽegiluan uadac ⁊ gỽac nac coec uantac.
kicaỽc uanteỻ. Gỽann vngorſ coes reul. 16
gỽyn angerdkicdꝛeul ⁊ gỽenỽyngeul kythꝛeul.
kỽthyꝛ yſcraueỻ. Gỽꝛthmungaſgyl offrỽm.
gỽꝛtheu baỽ gickỽm ⁊ goꝛthuolglỽm kidỽm.
nyt malcadeỻ. Gỽar gauas nyt kadyꝛ. gỽaha-
neint ſein*ladyꝛ ⁊ gỽar ffradyꝛ. mul aghadyꝛ 21
myn mel agheỻ. Gogan ymadꝛaỽd. gogleis
mehindaỽd ⁊ goglaỽd adynnaỽd. gic o dunneỻ.
Gỽir haedu crocpꝛenn. gỽaratwyd garnbenn ⁊
gỽydyn letpenn perchen. gỽaedaỽc poꝛcheỻ.
Gỽir gaſglaỽd med mon ⁊ gỽerth march ac 26
eidyon ⁊ garỽ ſon o rynnyon. myn aryanneỻ.
Gỽlat uaelaỽꝛ adꝛeid. glut grỽytrat hat heid.
glỽth dꝛa gỽladeid vleid. vloed aghyſpeỻ.
Gochꝛymed garan. gochỽe ymdidan ⁊ gochwi-
ban gerran. garreu iyꝛcheỻ. ~ 31
Nedaỽc yghenaỽc myn aghyneỻ hael ahelya-
ỽd gan mhackꝛeỻ ⁊ not rot rỽt weren dꝛoeỻ.
neidyꝛ wyduit. kyỻit pob keỻ. 34
Neit tỽꝛſtan cryman crimoc crafneỻ vlỽyd ⁊
aryd lef uchelbeỻ ⁊ ny byd nyt bod trachyꝛ-
cheỻ. ny bu on ſyỽdas was weỻ.

38
Yggỽyd wyth tylwyth talar kas eilgnyỽ
keſſeilgnỽt gomedgar ⁊ nyt hard annoc
bard bannyar. ar vꝛyntyn doꝛrogyn dar. 41
Nyt unwerth kywerth kyỽ iar ac eryꝛ ⁊ gw-
ꝛaỽl vꝛenhin adar. nyt kyſreſtyꝛ gỽann be-
deſtyꝛ gỽar. amarchaỽc aruaỽc aeruar. 44

Mal nat un penn cun kynnar obꝛydyd a-
bꝛatwr kerd wattwar : trauo ffrỽythlaỽn
daỽn dayar . treul rat arglaỽꝛ gloewla[t] glar.
Ar dir moꝛgannỽc maỽꝛ gynnyd myget lle y
megir llewenyd : nyt gnaỽt o deuat douyd .
na chattwer ffydlonder ffyd .
O varn bꝛỽytyꝛweilch beilch balch eluyd me-
yſgyn a maeſgadyꝛ ſeinghenyd : awen arỽ-
ieith uarỽ veryd : aỽꝛdỽl gỽyc uedwl gỽac vyd .
Canmaỽl nyt deduaỽl ynoet dyd pꝛif vard lle
ypꝛouer awenyd : bꝛeimyat hyt gwlat rodyat
ryd . bꝛeint hoen bꝛadwy . bꝛyntyn bꝛydyd .
Bꝛyntyn wrthlys dyn dielwbeth o gerd ac urd
waỽt nyt unbleth : ki ffiſſel trutheingerd treth .
kyffeſſet ef keiff aſſeth ~
Kytpar ſaeth eſgar ſyth aſſeth hobel . coſt ettel
keſt atteth : kyỽ dꝛyỽ dꝛewedic bꝛegeth . cot gỽ-
ynnus . coꝛr moethus meth .
Begyꝛ golỽyn gỽad dꝛỽyn gỽaed dꝛyỽ ar hel-
cut : oꝛ halcỽt pan hanyỽ . barf. catno gỽal
gno gỽ[e]lgnyỽ . barn waethwaeth . rewinuaeth ryỽ .
Billỽc yng olỽc anghelyỽ gwallt uaſgyl vin-
oꝛngaſtyl anergryỽ : breint un gyfreith keith
kernyỽ . bꝛyntyn bꝛechewyn bꝛoch yỽ .
Tarỽ gỽanar tir clar claỽꝛ digrif vỽch byt bit
amharchus gennỽch : mangaſgyl gnyỽ peiſgyỽ
paſgỽch . mingarn trachelwyduarn trỽch .
Diadurn ſeicuurn ſoecvỽch yỽ bꝛyntyn is bech-
gyn eiſ bachgỽch : diaſgen ſoꝛr goꝛr garrỽch .
dỽy yſgỽyd dꝛyỽ blỽyd dꝛỽyꝛ blỽch .
Nyſcanmaỽl dedyfuaỽl daỽn ryuic vy llyỽ llyw-
elyn uab kynnwric : llavyn angaỽ bꝛaỽ bꝛo gyn-
ffic . llyỽ lleidyat gwlat magyat myc .
Ny char daỽn daffar dyn diffyc anlloeth pꝛaỽf
anoeth pꝛyf unic : pegoꝛ ny haed gỽaeluaed
gỽyc . rỽyd naỽt elw . rod nadolyc .
Bỽch bachdlaỽt kardwawt kerdwyc achwen-
nych gỽarth mynych gỽerth menyc : bꝛyntyn
moꝛgrugyn marỽgryc . bꝛeint racdoꝛ yỽꝛpego[ꝛ] pyc .
Ath ffalſtwaỽt baſdlaỽt byſtlach noꝛgeri is
kelui us kiluach : keiſ rac llaỽ bỽyllyaỽ bellach .
kaſnodyn kaſtyꝛ gỽꝛeinyn gỽꝛach .
Mae arnat nyt gwat gỽyt dochnach heb ffrỽyth
na chyꝛch ffraeth gyfue dach : enỽ bỽch
muntur trỽch mantach . oen mingarn anadyl ſarn [ſach.]
Os ymliỽ awnaỽn ys amlach vꝛyntyn nyt oes
vꝛeint yth uocſach : achỽyt am dygerd chwidach .
noc achward ỽꝛthlys bard bach .
Bꝛeicheu gỽꝛab ab ebwyt llo coꝛres lle kyrrith
yth wnaethpỽyt : bꝛeint gogymeint gỽc amỽyt .
bꝛyntyn llygodyn lloc wyt .
O lledir ennwir anuat weſtei dꝛyỽ kyỽ kaethryỽ
knyỽ kneuei . [h]ogel hobel attel yttei . bugeil ke-
ith . ny bu leith lei .
Kellweir ki bꝛitheir car kipꝛothei meth truth
lletueth tro llattei : kas mandwyll car caỽs
mandei . congleu keluieu kiluei .
Och yꝛwinwlat gat get ganlyn gywir lle gedir
llygodyn : coꝛr dur clo hur kleheryn . kyꝛrith
ynrith daỽnwith dyn .
Balchỽaỽt rỽyc araỽt ragoꝛeu myuyꝛ nyt
yſtyꝛ diſtein geu : barnet weilch cret ket kerd-
eu . bathweith eur mỽynweith yỽꝛ meu .
Bꝛyntyn wyꝛ anyn oer eneu truthein gỽꝛd
aỽſein gerd eiſſeu : paes bꝛiclaes pyſſỽꝛn bꝛoc-
leu . peiſ coꝛgi piſſer ffir ffeu ~
Pꝛyf waeth waeth y uaeth o vytheu kiluei
paſgỽch tei taeogeu : pỽl cỽtta palaf hocketteu .
pilcottyn cleheryn cleu .
Nythyckya gnỽt chwa chwiỽeit [y] vꝛyntyn ae
berthȳ ae boꝛtheit : killyn yn redyn ynreit .
rỽt gyꝛrith raỽt ogoꝛreit ~

GRaſſa6 6ꝛthyt pꝛyt pꝛenn ſarn ᵹ̊eſt galla-
6ꝛ roch goeda6ꝛ rech gadarn ∶ ryſſerth
di va6ꝛnerth dy uarn . rus dꝛahaus dꝛahaearn.
Bꝛamry6 d6yſgemy6 diſc ymmarn rwol brwyſc
goffol bꝛeiſc uffarn ∶ bꝛeuleſtyꝛgwada6t dyꝛna-
6t dan. bꝛonn aual bꝛenhinauarn.
Rywyach it ymlit aml6c warn geidya6c du vyſ-
ſa6c di vaſſarn ∶ med6 di barch tewuarch tauarn.
meid o geul no med o garn.
Eigwir ybyd dir dꝛahaearn 6ꝛ blin pandel
blaenlloer gadarn ∶ athꝛo anffa6t vedda6t varn.
yth attal hual hayarn ~ ~
Gꝛaeſſa6 arth buarth nyt bueil walla6 meid gin-
nya6 mod gynneil ∶ t6ꝛ ma6nv6c taer ſal6dꝛ6c
ſeil. tar6 keu ſur ar6 ka6s areil.
B6lyan llychwelan nyt lla6ch wedeil g6ꝛd g6yc
od6ꝛd g6ac adeil ∶ boly coly keuff6ꝛn kel6ꝛn keil.
b6lmant carth oeſbarth yſpeil.
Carn g6ernvꝛas croendas crindeil diwaſſarn
dꝛahaearn dꝛa hueil ∶ ka6ꝛ trilla6ꝛ utua6ꝛ at-
ueil. coꝛof g6ladeid kyꝛyf meid carr meil.
Kyſtec y6 dy vy6 uarch geueil tinr6th oet vy
g6th atuugeil : coſta6c uab taer 6ꝛab teil. keſt
va6ꝛ b6yſſweſt vaer biſſweil.
Gꝛaeſſa6 d6lban g6lan g6lat eryri ueint keuyn
dyſyneit kaſyn deſni∶ croeſſanuarch keil cribdeil
cri. crys arueu g6aelgeu g6eilgi.
Tꝛahaearn tauarn aeth teiui yth g6m̄ bꝛyt bon-
ll6m bꝛat benlli ∶ vab gron6y oed m6y no mi.
voel vaer6ꝛ ber6ꝛ b6ꝛi.
Mab gronwy min ll6y llit bꝛicni daea6c ll6yth
bertha6c llaeth boꝛthi ∶ uab rotpert kuert ki.
uab bloedl6th bleitr6th bledꝛi
Gꝛoeſſa6 uaer6ꝛ t6ꝛ taeruarch ys awen yſgawen
ys gywarch ∶ palamdꝛ6m uleid oꝛchwydueid arch.
p6l penn myd6l pwnn madarch.
Cammel min uchel mynycharch gribdeil c6m
geueil cam̄ gyuarch ∶ ka6ꝛ a ſyꝛr kar6 byꝛr y
barch. keu eidyon keuluon ca6luarch.
Gꝛoeſſya6 d6lyan ba6 rac ynbot ynchwer6.
gof oeruer6 gyuaruot ∶ t6ꝛ6f maſſ6 toꝛof ym
moſſot. toꝛch ll6yf teu gl6yf nyt te6 glot.
Caſt6ꝛcʰ ryc g6yc gwac awen ∶ coſta6c bolya6c
ob6lyan. kiſt amharch moꝛuarch ma6ꝛvin. keſte-
it blumynneit blewmon
Ble6mon oer eityon eiryoet. bloed arth bleid
llwydwarth lladwaet ∶ triſt aerua noethbla
nothbleit. tyꝛſtan gl6yf trech wyf tr6ch wyt.
Tꝛ6ch 6yt t6ꝛch tryſrwyt tr6yt triſt. trahae-
arn waetuarn wa6td6ſt ∶ tric ythwlat uaed
gat ueidgeſt. tro uoeldin dar6 trauaeldoſt.
Tꝛavaeldoſt oerffroſt arwffri6. trahaearn
vnſarnn anſy6 ∶ teu gabyl tywyllbarabyl te6.
dinkyꝛ ta6l dibennkerd ta6.
Tewi a ma6ꝛgi ma6ꝛgaeth. tat ſymled nyt
g6ed nyt gweith ∶ kyſſanuarch collbarch keill
boeth. tom t6ꝛ duffrom taerdiffr6yth.
lFr6yth nyt oes anuoes ynuyt. oth v6inlan
v6lyan g6lan g6lat ∶ vthur bacſ6s bꝛ6nt am6s
bꝛ6t. eithyꝛ bocſach ulltach alldut
alltud y6 kardꝛy6 kerdꝛis. vlldach g6lat an-
llat enllys ∶ wyll utva6ꝛ tra ma6ꝛ trim6s. eill
boly heidgoly haedgas.
Daramretwas bꝛas broyd. llawenffraeth ∶ llo
Ja6nffrom havodyd ∶ derwleſtyꝛ triſeſtyꝛ tr6ſt
g6eilyd. trahaearn tar6 ſarnʸſyd.
March mallvꝛas keugas kigyd bogelſur bu-
geilſon ar vynyd ∶ mab odyſc doethyon ffyſc
ffyd. mon ac aruon ae goꝛuyd.
Eidya6c ewyna6c nyt awenyd coeth wyꝛ y ka-
eth warthegyd : palueu pꝛyf keu cryf ki kryd.
p6l du u6d6l di uedyd.
Per6ch deol ffol ffael agheluyd wa6t. gerd odla-
6t gard odlyd : bongeul reul reſtyꝛ ueiddꝛeul
vyd. bi6 boluudyꝛ obob eluyd.
B6lyan ba6 drigya6 dꝛagywyd argrei. agarei
heb geyꝛyd ∶ lle bu vledꝛi du nydyd. ary6 uu-
dyꝛ oꝛ hafuodyd.
S6ynnyat pꝛeid ydat. pei dedwyd vle6mon go-
dꝛeon godꝛoyd ∶ bacc lla6n owell ma6n mynyd.
b6cc melin cla6d ar ua6d vyd.
Bolychwyt ki bawlyt kebelyd d6lban llachwe-
than lly6 chweithyd ∶ bydei ryc ba6ei plyc plyd.
badac meidna6n lla6n llonyd.
Tar6 ſarn dꝛahaearn. dꝛahir ffol oergeu ffiloꝛ
gerd aghywir ∶ lluſt y teil lleſc y telir. ythblant
adoꝛrant o dir. Tar6 y6 h6nn te6 v6n tabar
du bꝛada6c dibꝛyd yeſgar. tat eirdyeit bꝛonny-

eit bꝛynar. tegach noe voꝛach y uar ~ 1
Tarỽ maerdei kylch crei nyt creir kynnhebic ~
tỽꝛ mỽsgylgryc gỽyc gỽac eir: llỽyꝛ annaỽn llaw-
er anneir. oth ryỽ yn gỽir diſtriỽ gỽeir ~ 4
Myỽn kae ymaer maerỽꝛ: plant adeilant y dalar:
mab a ard carnhard carnhir. amerch ffloch
wylltgoch welltgur ~ ~ ~ 7

OR aff y heirch y cleirch clerſwm mỽn geill-
yeu mangylleill ac offrỽm: kefynrỽt ri-
bỽt crỽydyꝛgỽt crỽm. caſynrỽth grỽth gỽyꝛ
glỽth garwglỽm ~ 12
Tabỽꝛd malgodỽꝛd moelgidỽm bꝛattaỽc my-
ỽn bꝛyttys ouergỽm: ſarffeid roch bloed hen-
gloch blỽm. fauyn baed myỽn ẽnein badỽm.
Coꝛ keỽri bleidgi bloedgỽm car clergrỽth. 16
caỽꝛ claỽꝛgrach tom barlỽm: coꝛff panoꝛ car
tramaỽꝛ trỽm. kur canfeſtyꝛ iytleſtyꝛ iatlỽm.
Gỽꝛd ribỽt yſcrỽt eis greyꝛ aelgrỽm baỽ geu-
gỽm bygegyꝛ: garỽ gattarỽ goet hỽch milwyꝛ.
gỽꝛhyt kei nyt llei no llyꝛ. 21
Caſyngeu uaed codeu kadyꝛ ebyꝛ ambaỽꝛ. ae
ymbil nyỽ hepkyꝛ: kartt lleỽpartt lloppan lyth-
myꝛ. carr gỽydyon ae ſon yỽch ſyꝛ. 24
Ryvaỽꝛ yỽꝛ crythaỽꝛ crỽth eryꝛ yſgaỽ eſgyrn
march digehyꝛ: rochdew reuyꝛdꝛeỽ gleỽ glegyꝛ.
rechdard kard kerdgarth gwarth gỽyꝛ ~ 27
Rac dy ueint gwyꝛth ſeint gỽarth ſenghi tri-
llaỽꝛ. trallaỽt yỽ dy boꝛthi: kerbyt nac carỽ
gỽac gỽae di. coꝛ diuỽyn kerỽyn kewri ~ 30
Yſgerbỽt ribỽt rabi goſgeidic yſgỽydeu pilỽ-
ꝛi: mynỽgyl hen dỽꝛd crinvỽꝛd cri ~ maen
bonllỽm mỽy no bennlli ~ [†thaerach no thi.
Ny anet o gret grefft eri grythaỽꝛ en bloedgaỽꝛ
vnbleidgi: athꝛo cler ſỽmmer ſommi. uthꝛach na†
llymma grythaỽꝛ maỽꝛ vy mar ac goꝛuyd. goꝛ-
ueu hendỽꝛd bydar: duryn dard oeſgard eſgar.
daỽn nyſkeiff aduỽ nys car. 38
Sef yỽ ſafyn kemmyỽ kymmar lỽyth leſyꝛ chan
eith yr leuan uthur lauar: bloedleidyꝛ twr ereidyꝛ
tir ar: bliſ bleidyeu rochgeu rech gar. 41
Blin yỽ meint y uin anuanyar ribỽt ryỽ bydeỽ
kerd wattwar: dỽꝛd dyſỽn dabỽꝛd dandabaꝛ
dyꝛdan llanỽ odan myỽndar ~ 44

Keu yỽꝛ crythaỽꝛ maỽꝛ myggraff raff marchgeul
car gỽeſtreul. caỽꝛ gỽaſtraff: cur oervꝛỽydyꝛ oeſ
grỽydyꝛ yſcraff. coſſyn grenn caſſec bꝛenn bꝛaff ~
4
FRom yỽ ieuan uan uinllyth ffroeneu mab ga-
ſyꝛ hafyꝛ hyſỽth: ffroga gỽylltbla nyt gỽallt
bleth. ffriw arth gaſgyl moelraſgyl milrith ~ 7
Milrith bꝛith ffỽyꝛ dygnith ffoꝛd. moelraỽn heb
wirdaỽn hebwyꝛd: min treſgyluỽch duvỽch di-
uard. man odleu eneu anurd. Bꝛat iat iỽtỽenn
penn pannoꝛd. bꝛoch moelgloch meilgloc oenhỽꝛd:
bꝛỽyſcnaỽt othdlaỽt waỽt wahard vꝛi kynnhin-
gi kynnhenngerd ~ 13
Kerd ỽꝛthot herlot hỽyꝛles. kard erthỽch vỽch
trỽch trachas: kerth gernaỽt oernaỽt ernis: karth
goꝛnỽyt ebyꝛllỽyt wybyꝛllyſ. 16
Kylleſtyꝛgarn crychwan crachwas. colledic vꝛuger
mer mỽs: kellwerdꝛeul hengeul hungas. keill
di vleỽ kylla rew rus ~ 19
Penn Jeuan nyt glan glin pꝛes. pannoꝛd ffoꝛd
ffeirdyn cablus: pỽt croẽ divꝛỽt craỽn dy vꝛys.
piỽ paeletliw pel lỽytlas ~ 22
Glaſblỽm bỽñel pel palwr. gloeſbla y gloꝛya o
glar: min tat mynn maen claerwyn cler. mil
kerdgoec meilſoec moelfur ~ 25
Gwann y kan kỽyn mab deloꝛ. gỽae eſ crocleſ
cryclavar: gỽat rat reudus rus raſgyluer. gỽ-
aỽt du yſtaỽt di yſtyꝛ ~ 28
Sỽyd ewingỽyd aweungar. yſſyd yꝛeſryd afrỽꝛ:
dỽyn kỽt avỽyn kediuoꝛ. dwp dap ae nap glap ae
llỽm yỽ gỽartha hirblahur. lletpeñ napper ~
ieuan uan vinhir: lleidyaỽc claſyꝛconaỽc claſwr
llwyt llun coꝛnwyt llaỽn carnoꝛ ~ 33
Goꝛaỽc troſclaỽc treſgyl gynnif. garỽ ffroennarỽ
gaſyꝛdarỽ geiſyꝛdyſ: gỽꝛ hyvevyl y weuyl yỽ ef.
goꝛun clun cluſt affuſtaf ~ 36
Cleuychwyt. iatlỽyt iwtlif. claſdꝛỽch vin bỽch.
daerhỽch dof: odymeſtyl dideſtyl bꝛeſtyl bꝛyf. o
dwym graffrỽym. griffri glaf. 39
Kyghoꝛ kediuoꝛ ki dỽf. awna yꝛ troua pob tref:
a rodyon cleiuyon y clif. y ret ieuan ryt ieuaf.
Cryt crỽydyꝛgler dỽbler dibluf: cranc crynryỽ
croclyỽ crycleſ. crin croendew colluleỽ cỽllvlif. 43
Crach crychgnap hoelgnap hulgnaf. colledic vyd

Colledic uyd keill cryd cryf. kylla iatbla gnoua
gnuf : eſtraỽn daỽn dyn aghynnif. aſtrus
anavus o nef ~ 3
Nef nyth uyd dỽyll ued yd^dall neb nyth gar bydar
bawdull : bꝛych wegil ſuruil ſeruyll . bꝛech
ſecker bꝛeint gecker bꝛỽnt gỽckỽll . 6
Dir itt gynnen pellen pill . direidi gỽyllgi
gỽalltgoll : dyꝛnaỽt kilhoel darn uoel uall .
dỽꝛn moel aſgỽꝛn meil iſgell . 9
Min tarandin toꝛyndỽll . myn vỽch llwyt keiſ
vwyt coeſuoll : mab goꝛmes glafres glỽyfrull.
mam diffyd boꝛwyd baỽꝛwyll 12
Enyngroen heint boen hynt bell . annyang^u
ỽn annaỽn ennill : vnic yth wneir geir goꝛỽall.
pan uo yꝛ heiuyꝛ argeifyꝛ argoll . 15
Yỽ dygenedyl gỽn ennill . a maỽꝛuur heb ymar-
uoll : hydaryf hegar heit aghall. hy ua-
gyl hygagyl hogyl dꝛaffull . 18
Y mae yth iat nyt gỽat g^o all . Jeuan yſgaldan
eſgyll : bagỽy crin vn rin an rull . bugeil byth
Bothell gnockell gnỽcc [bogel bothell . .
mynych . blaỽꝛ aghaỽꝛ gayfraỽꝛ gyfrỽch :
ỽythaỽthaỽt tlaỽt laeſſwawt leiſwich . y
boethffrec nyth gnec noeth gnych ~ 24
Etiued danned dunnych . yỽ ieuan uan uin
ſaỽꝛuroch : clerỽꝛyeid uab ab ebỽch . clarot
oe chot a^e chadach. aechodeu ae reu ae rech ae
chadỽyn ae manngrỽyn moch . 28
Ae choetgnap ae chlap ae chlych . ae chaỽtel
ae ſel ae ſach : ae ffilion rychyon ae rech . ae
ffyloꝛ ae goꝛ garỽlych. ae ffolen ſeicuren ſoec
vꝛech. ae phal ae chachwal aecl^e ch . 32
Gengraf claf anaf anach gingroen poen po-
eth bꝛeich noeth bꝛych : dinuſtyꝛ ỽꝛ nyt fflỽꝛ y
ffluch daỽn eſtraỽn yỽꝛdyn oeſtrỽch . 35
Gwiril wegil pil pylurych . gỽer aruer oer-
uall benngỽch : gwern diern lettker^n lỽytcoch.
gỽarn carn coꝛnỽytwaſc baſcỽch . 38
Milein truthein treth uonoch . molaỽc moel
doſſaỽc diſſech : mae gỽed myỽn buched min
bỽch : moꝛ diureint grych neint ygrach .

Llyſſenỽ hỽnn awnn oannaỽn llad merch.
Lymarch glaſwelỽ crychraỽn : dogy llaes
benurac llindac llaỽn . duc yllyſſenỽ enỽ einyaỽn.
Ae duc oduỽch gruc grogỽꝛ tlaỽt llaeſoed 4
llyſſenỽ einyaỽn anffaỽtꝛ merch nei yꝛ march
llei llyuyngnaỽt . onith y uarch bꝛith verch b^o ỽt.
Tynnyỽyt anreithyỽyt yn rith coel ol^e ỽc keul
elein diſgyfrith : llyſſenỽ einyaỽn llaỽn llef- 8
rith . o gnaỽt merch bꝛaỽt yꝛ march bꝛith .
Llyſſenỽ einyaỽn moelraỽn mỽs . llaỽn ^g oly
myỽn boly eboles : keul haf merch glaf yꝛ
march glas . oꝛhen wilffrei lei lỽygus . 12

Acanys di einyon kano . vn bach agelwit
keul y pulo : ef ahỽmrỽs tpꝛỽo hio hao . ac
aplygỽys y lloſt ynkeiſſo gỽneuthur llo . 16

Llywelyn uelyn vilỽꝛ kyfot . parch.llỽ moꝛ
uarch llym aꝛuot : llaỽ hỽylyaỽ hoewlith gyf-
not llỽdỽn agos hyt nos hoet not . 20
Nyt lleidyꝛ ef myỽn^tref tra vot anathꝛo.
nyeithyꝛ hynn o dannot : daỽn y bobyl dwyn heb
wybot . gỽerth llynn ardꝛaỽs glynn tros glot . 23
Rydynn lywelyn ar lewych y lloer agyꝛch llaỽꝛ
medyſnych : rỽth eryꝛ dꝛauyn ongyꝛ dꝛych . rac
rỽyd uanac . rod vynych . 26
Ae gỽir yꝛ gỽꝛ hir herỽ gywrych bꝛoſle . o
bꝛiflỽyth meruyn vꝛych : kymot clot cledyf
gỽaef^o lych cammel daỽn uchel dỽyn ych . 29

Pꝛydyd bꝛeuan aecant 1
ARdỽyaſ pꝛoſaf pꝛiſwaỽt nyſ kyỻ . eur-
get reith yuet nyt rỽth euyỻ . aer
dꝛut arth eſcut ỽꝛth eſgyỻ ongyꝛ . eryꝛ rod 4
bybyꝛ myỽn rỽyd bebyỻ . Gỽꝛgỽꝛaỽl vyd eſ
pann vo ynſeuyỻ . gỽꝛ gỽaỽtlỽyd gyỻit gỽaet
liỽgyỻyỻ . Gỽꝛ adaỽ oelaỽ laſyn eſtyỻ aỽchgre
i . oe wanaſ diuei win yſteuyỻ . Nyt geir ag-
hyuandiuan deuyỻ . nyt gỽꝛ kyſagos geir ky-
uegyỻ . Nyt gỽerthuud pỽyſtud piſtyỻ gỽin 10
andaỽl . nyt gỽarthuar vyntaỽl gỽerthuaỽꝛ
uentyỻ . Gleỽ ỻeỽ ỻit meruyn . is bꝛynn bꝛyt
kyỻ . gloeỽ deyꝛn kedyꝛn kadoed ahyỻ . 13
Gleif trablud kyſtud keſtyỻ roſhelkut . glut
rỽydbeir tradꝛut rudbar tridꝛyỻ . vn gyn-
nyd peunyd gỽinwyd gỽynwyỻ . vn pꝛouy-
at angat eigylwyꝛ adyỻ . Vndeſueu arueu 17
o eruyỻ pꝛydein . yn ryſſed mechein a ryſ me-
chyỻ . Maredud kytuud kytuot aſyỻ . maỽꝛ
adeil kynneil kynnyd fferyỻ . Maranned
boned bennyal ffyỻ gyſtlỽn . mur gỽaedỽn 21
yſgỽnn yſgỽyt weyỻ . Rac pob dꝛỽc amlỽc
amlaen dꝛythyỻ . rỽyc aerulaỽd ỻỽygyꝛga-
ỽd . ỻoegyꝛgat diſtyỻ . Ynodi vyri rỽyſ gw-
erſyỻ pennaſ ym naſ aarchaf yꝛ yerchyỻ .
ỻaỽꝛ ynys derỻys nyt arỻud yꝛbyt bot
yno datannud . ỻaỽ agoꝛet uaredyd . ỻary 27
ffyſc vn adyſc a nud . ~
Nud unvꝛyt yngryt yngreit ryuel treis
traỽs dedueu mab echel . niuerỻỽyd rỽyd 30
rod nyſkel . naſ kerd uchaſ cardd ochel .
Ny ochel ryuel rỽyſ argae molyant bwrd
warant beird warae . toꝛuoed barch nyt 33
clot warchae . tyꝛrỽyn ỻyỽ mwy ylle mae .
ỻe mae cadeir geir gỽꝛaỽꝛ maeth ardỽy me-
ith eurdemyl pob kerdaỽꝛ . anant mỽyn 36
ardunyant maỽꝛ . aỽn ynys derỻys deỻaỽꝛ .
ỻaỽꝛ ynys derỻ. vt ſupꝛa ..
ỻyma bellach eglynyon agant gronỽ gyryoc ywenhỽyuar verch hỽel vab tudyr. 40
r oet ỻenn gud yỽch grud gredyſdꝛeis . riein
barabyl groeỽ loeỽ lỽys . ry vyꝛr yꝛ byt hyt y hoes . 1
rỽym kaen ỻenn vaen yn ỻann vaes. ỻann
vaes vann yỽch maryan moꝛ . agud gỽeñhoew-
vud hỽyvar. ỻetty ſeint a bꝛeint bꝛodyꝛ . ỻaỽꝛgud
bun ỻỽyꝛgaỽd hun hir. Hir yỽ ynoſ coſ kyffro. 5
herwyd treiſ douyd troſti . haỽd ymurdaỽd a
maỽꝛdaꝛ hael hoendec liỽ heul hundy. Dyhir
hundy gỽedy gỽed . a phꝛyt a gudyỽyt a phꝛid.
dygyn goſyon riãnon rod . digyoueint bun dec
uvyd . digyoueint bun dec uuyd. Y huvyddaỽt 10
keudaỽt kof . y bard wenhỽyuar araſ ꝛ ae haỽl dec
bỽyỻ didwyỻ dỽf . ae haelder adal ner nef. Ren
neſ rann ovit dygyngoỻ ry hun bun byt nyſ
enniỻ. roet ỻaỽꝛ ar ỻoer harded byỻ . ny rodet
ỻaỽꝛ ar waỽꝛ weỻ. Gỽeỻ weỻ vu bỽyỻ gannỽyỻ ge- 15
in. gỽenhỽyuar heul daear hoen. goꝛchud gỽaỽꝛ
yỽ ỻenn vaỽꝛ vaen. garỽchỽedyl yỽchenedyl ychỽ-
yn. Maỽꝛ agỽyn dỽyn dinac rod merch vadaỽc
ridaỽc rad . gro hediỽ maenwiỽ ae med . agra a
wiſgaỽd y grud. Roet ỻeñ gud yỽch grud ꝛc. 20
ỻyma heuyt eglynyon ac odleu agant mab clochyd-yn ywenhỽyuar wreic hỽel vab tud' vab gruffud.
a nvud marỽgud neut maỽꝛgur. enit vn rỽyf wen-
hỽyuar ꝛ anreith eilweith aelwir. yn troetnoeth wynn-
goeth wingoꝛ. Gỽaſgỽyt coꝛ o vynoꝛ vaen . gỽaſgarei 25
wyꝛd kyꝛd ae kỽyn. gỽaſgaỽt gỽaỽt gỽindꝛeul heul
hoen. gỽiſc ry oer yỽch gỽeiſc riein. Riein gein gỹnedyſ
dedyſ doeth. ry hoeỽ valchloeỽ o veilch lỽyth ꝛ rwol
enwir o hiraeth. roi meinwar myỽn rỽym maen- 29
weith. Gỽeith anhyvꝛyt bꝛyt a bꝛonn. gỽythlaỽn dymp
am dỽf gỽymp gỽynn : grad veinvaes gredvaỽl laes
lann. grud gỽaỽꝛ agro ỻawr y ỻenn. ỻenn a gud 32
deurud dỽyꝛe. ỻun haelaf geyꝛ ỻanỽ heli ꝛ ỻogaỽt
gyvundaỽt vaendy. ỻe keidỽ ſeint eu bꝛeint ae bꝛo.
Dewyt geyꝛ bꝛo tonn grogrec . dan ỻaỽꝛ ael dyn
ỻary olỽc . dinam o eur oed dinac . deune heul 36
dyno helic . ael bꝛo helic tremic trỽm. adaỽ on at-
leis dꝛeis dꝛom. hy loeỽ dꝛaỽs hoewliỽ ydꝛem heul
a garei dꝛeul geyꝛ dꝛym . ỻoer dꝛym ỻary dꝛemyn
gỽalched . ỻaỽꝛwiſc ae cud neut ỻỽyꝛwaed . ỻun 40
balch hael ỻin beilch hylỽyd. ỻiỽ ỻu ãnun eidun
oed .

Oed gwawr geyr llawr. llary vechyll. oed gwael y
dwyn gwyn gynnull: gwann gein ledyf dedyf di-
ell. oed gwingar wenn oed gwenn gall. Call oe
phall y phwyll oed doe. kynn collet daeret dirwy.
kannwyll kein hoendwyll hundei. kanaeth neut
anreith gweith gwae. Gwae vi dodi dadyl an- 6
uod. gweisc lwysvun mywn gwisc lasued: gwawr
vawr vireindysc ffysc ffyd. gwyt amergyt oe mawr-
Lliaws ovalon yvon a vyd. lleuuer heul [gud.
ucher hyloew echwyd: llavuryeu poeneu peunyd
odaruot. lliw gwiw gwymp gyfnot manot my- 11
nyd. llauar mor hwyrwar oe marw herwyd. llaw-
er deigyr is grann oedran edryd: llyw nefawl
dwyvawl douyd oedygyat. lleyw ynn arnat gi-
rat geryd. llathyrwed gwennwawr vawr vore 15
hafdyd. llithraw merch vadawc deifnawc defnyd:
llaw rodvrys oe llys lluossyd etbit. llym dygyn
ovit prit pop prydyd. llywy gymennbwyll didw-
yll dedwyll. llawen y gwyngen gwingar uvyd.
llwrw essiwet ket ym kytvyd galar. llwyrdwyn 20
gwenhwyuar llun gwar gwawtryd. lleveis lla-
vuryeis vy lleueryd. llauuryus groewieith
malgweith gwendyd: llwyr hiraeth aruaeth 23
nyorvyd kedawr. am wawr drem wylwawr odrym
eluyd. llun aroet dan llenn orffen̄ eur ffyd. yn
llewychgor seint creivyeint creuyd: llary eneit lla-
threit geyr llethryd morvric. llawr tyno helic tric tra-
gywyd. lletvryt kanderyw ym byw ambyd. lliw lloer
pan dwyre bre a broyd: llaryeid allunyeid yrllonyd
riein. llunyeis ar wyrein koeluein keluyd. llywyadyr
amherawdyr mor a groyd. llywyet eil elen y lewenyd.
lle mae didlawt ffawt affyd ymgaru: rwng llu ny
daruv ac ny deruyd. 33

AN ny deruyd iawn digeryd ion di gared Ener
gwyrtheu a thri goreu athrugared. Enw gogonyant
agar volyant agoruoled. araf riein eneit virein 36
enit vawred. Eiryan gan gu a duc iessu o digassed. Oed ar-
derchawc a hael enwawc a heul wyned. Oed urdedic a
hoen gwenic a henw gwyned. Oed urdasbleit a ry 39
eneit y rianed. am roes ganweith gwiwne glwysueith
gwin aglasued. am roes etmic aphob ryuic aphob
[reuved.

aroes y vyrd ac eur agwyrd. ac eiry ygwed. awna-
eth bodyant aelaw aryant y lawered. ovywn ysgyn
amaen gerwin ymaen gorwed. llathyrverch va-
dawc llun balch vynawc llin beilch voned. llwyr 4
oleune llary drem dwyre lloer drym dired. llithyr
oe daruot lleuein hynot llifanhuned. aeth
gwenhwyuar y gaen daear ogwyn dyed. Eigyr
vn anyan ogawd griduan agud gradued. ygkor 8
creuyd y llun detwyd neut llann dytwed. Ogy-
uyngdwr āgeu dreisswr yng adrossed. Ymae
riein yny arwein yny eurwed. Yn enw kyfyawn.
yny hirdawn yny harded. Yn rieinyawl ynragora-
wl ynrugared. yn rwy garyat. yn naf wennwlat
yn nef winwled. 14

Gwledic urdedic eir didwyll glaerdwf eglurder
eiry ystwyll: kyman y gellir kymwyll: kymen-
dawt y ffawt aephwyll Mygyr bwyllawc vy-
nawc vanon wann hoewvun wenhwyuar rud 18
ffion: mawrdoeth dial goualon. Marw gwreic
ovyneic yvon . . . .

k yfrwch kern sywwch corn sebon sudas y seudo
anhiryon: kyfran abeich gwyr creithyon kyhud-
wr twyllffrom som son. 23

Cornawr wyt cornwyt keirnyon kwt eli kyt
alut ēglynyon: dilis dial goualon delw
hoel odaw dyvoel von. Mab clochydyn aekant 26
yr seudo.

kynnwric uaryf tremic trumaỽc godeulam kytheul tauaỽtffam gogam gagaỽc. Kerthferch coffyt rỽycnerth. kyff rycnaỽc yſgaỽ ynkeiffyaỽ kỽynaỽ amdayll kelnyaỽc

Yꝛawdyl hon̄ agant llywelyn du uab y pastard yꝛ
wythwyꝛ hynn ~ 3
KYfarchaf ym naf nifueraỽc douyd kynnyd
ny deruyd defnyd deifnaỽc . kymeraf mỽy
naf mynaỽc nefaỽldat kennyat trỽy garyat
duỽ trugaraỽc. kannbu gabyl parabyl poeraỽc
dulluan. kỽynuan kilgerran kelein gyꝛryaỽc. 8
Kannbu heuyt bꝛyt bꝛadaỽc kyfueillyach . cayn-
tach ioſſed grach tỽthach tuthyaỽc . kann ydiỽ
hediỽ hydewaỽc uanyar . wyth dilỽyth dalar an-
nwar ennwaỽc . Kymrefuyal aryal oꝛyaỽc kyth-
ꝛeuleit keimeit goꝛmeiſſyeit heit hydommaỽc .
Kabylbꝛyn ettewyn taeaỽc ecuaenvỽꝛd any y
ymodỽꝛd vn yỽ madaỽc . Kefynrỽt kafyn 15
llỽytiỽt llityaỽc newynỽaed . kyꝛraed creu myn-
naed carr cramennaỽc . Crỽbach treyn grybach
trỽyn gribaỽc ỽꝛneidyꝛ cachꝛyeidyꝛ beleidyꝛ
boly llyngheraỽc . Kyꝛpus kynnhennus kin- 19
hynnaỽc ſallaỽdyꝛ . carplaỽdyꝛ coes gallaỽdyꝛ
ki aſgellaỽc . Kaeth yỽꝛeil chwydeil chwydaỽc
oꝛcreuyd . kynyd pob kelwyd piỽ baed collyaỽc .
Keitwat cabyl dyat kỽbyl diaỽc werſyll .
keinvlaen y piſtyll ringhyll ryghaỽc . 24
Kadyꝛ ytyngaỽd ſaỽd ſỽydaỽc traeaneu . kỽy-
neu gri geireu yꝛ groc euraỽc . Clo ymdꝛo
lle ybo bywyaỽc nachlywir. kywir vngeir gỽir
ongyꝛ gỽeraỽc . Keryd yꝛtrydyd troedaỽc dad-
leueu cỽyneu mineueu kauyn maneaỽc .
Kadwgaỽn cỽt raỽn reuaỽc kylleſtric . kythre-
keimyat kayn dyuyat kyndinyaỽc creuyd : keryd bedỽeryd uodyd ueidyaỽc .
uluab kennwric derric doꝛraỽc. Coꝛfeu teỽ vỽyt
eu tauodyaỽc ieithwleb . kyueb godineb cof gat-
wynaỽc. Keuynbant vꝛat tyfyant vꝛaỽt diui-
aỽc troetnoeth keillboeth gỽꝛanoeth ogoꝛunaỽc.
Caeth yỽꝛ pymhet llet llỽiaỽc y dỽyuoch . mare-
dud ſafyngloch gleirch coch cuchyaỽc . Kyfurev
gỽꝛdoleu garỽ dolyaỽc wacfon vn odiſgyblon 37
mutyon madaỽc . Karỽ adyſgaỽd caỽd kyhoeda-
ỽc arwein . ker llann y hadein fein ſefydlaỽc . Ker-
det kenniret nyt cun euraỽc ryd. keyꝛyd heolyd ẏ
hualaỽc . Clywet pỽyꝛchwechet poer chỽꝛychyaỽc
vurnuerỽ . clỽyf ſỽyf anſyberỽ claỽꝛ herỽ hoꝛaỽc.
Crỽth talmithyꝛ hylithyꝛ halaỽc hudyglyt . cryd
teimylwyd tomlyt crut gỽyt gỽaedaỽc # Klyỽet
pỽyꝛſeithuet ſythuodaỽc uabclaf . cnaỽtgraf yỽꝛ
Kynllỽyn vurnffrỽyn dꝛỽyn dꝛaenaỽc budꝛedi coꝛgi catỽgi car cot agaỽc .

gwaethaf gỽythiennaỽc . Kennat man geglat min 2
goglaỽc herkynn. kyntyllan o vyn tỽyll wanna
vaỽc . Kyfrỽys y datwys ar odidaỽc dỽyll . kyꝛbỽyll
murn oꝛffỽyll rỽyll ry leuaỽc . Kyſtec nyt oed dec 5
digaỽc vỽꝛd glehet clywet pỽyꝛ wythuet paret poer-
aỽc . Kyfuarthvỽs vadỽs uadaỽc uab howel . kyfry-
uel geuel iſſel oeſſaỽc . Kerdỽꝛyaeth gỽlaeth geily-
aỽc eiſingruc . caduc mynych ffuc barruc beirry-
aỽc . Kymmeret mudet Madaỽc acoſgoꝛd . hynn 10
oaratkoꝛd ffoꝛd anffotyaỽc . Kywhynnent gadēt
gỽlat goedaỽc dirion . keinyon glann aeron ae
glynn euraỽc . Cof kyfan yn lan loeỽ dyleadaỽc
dir . kywir aereu hir wir werinaỽc . Kyꝛd argae 11
lle ymae mynaỽc rianed . kymmyꝛred amed a
meirch doſſaỽc . Kynnyd rỽyd goedyd a rygedaỽc
neint . kywreint ac etneint abꝛeint bꝛeinyaỽc. 17
Kythꝛud neut rybud not reibyaỽc ambaỽr . y
hob gỽannburaỽꝛ llaỽꝛ llyngheraỽc . Kerddꝛo na
vỽꝛyo andiveryaỽc ſenn . keuyn nennbꝛenn oe
benn bannvo llidiaỽc . Colofyn rac coꝛofyn caer-
aỽc ecuaenbỽnn . kyfuaruvum ahỽnn grỽnn 22
greinyonaỽc . Kyfuaruot amglot golidiaỽc
kularch . kyuarch dꝛỽy hoewbarch dꝛyỽ a hebaỽc .
Kyuaruot coꝛot corỽc croenyaỽc claỽꝛ . allong
uaỽꝛ arllaỽ vch llanỽ tonnaỽc . Kyuaruot coꝛot
karỽ bannaỽc ffyfgyat . arat ỽyſc vurnyat yſ- 27
gyfuarnaỽc . Kyꝛrith eir gochwith arguchyaỽc
defnyd vyd rann awenyd ry newynaỽc . Kyꝛrỽm
cryman trỽm trumaỽc dan gyfyꝛtur . kyngladur
traetur meſſur myſſaỽc . Kỽplaf cof eithaf vyd 31
kyuoethaỽc waỽt . keudaỽt hyt dydbꝛaỽt heb vꝛa-
ỽt vꝛadaỽc . Kadyꝛ vyd omdefnyd amdeifnaỽc kerd-
deu. kofueu vy ammodeu vi amadaỽc ~ 34
Rynghaỽc yỽ madaỽc rinc ae medyꝛ gofal neur
gauas anuod pedyꝛ : rỽyſtredic cloedic cledyꝛ.
reſtyꝛ gogoecleſtyꝛ gagaỽcledyꝛ . 37
Ryngaỽc yỽ madaỽc ny madaỽc ny meder tevyꝛn
gỽin : gỽenỽynlyꝛp ffyꝛch heyꝛn. dibꝛit lit heb lin
teyꝛn . dybꝛyt y chỽyt ac ychỽyꝛn . 40
Wyll dielỽ ardelỽ erdyꝛn kaletgrin . keu lỽytgrỽth
tan llỽyꝛn . eillt gagaỽc coꝛnỽydaỽc kyꝛn . ellyll
oeſgyll efgyꝛn . ~ Ryngaỽc yỽ madaỽc medyꝛ
gerdet oegrỽm. krymed gafyꝛ ſothachet . reſyꝛ
hevyꝛ hy vꝛỽnt hỽnt hynttyet rỽyſtyꝛbỽyll ae 45
greudỽyll ogret .

Regyluab howel ſel rugyl ſeilyet ybỽll. ybell hoe-
dyl neurſodet .rynn dynewyn dina wett. ry dꝛuan
dilydan let . Rỽyſtyꝛ ennwir artir daeret an 3
etwyd llu genyd lle ganet . rỽyll goꝛffỽyll tywyll
tawet . roſt ae wacffroſt hydoſt het . Gỽtter cler
llygher ellynget dagreu ae dỽygroes neurdoꝛret.
garỽ vꝛonn llỽytffonn ual lletuet . goꝛffỽyll oereỽ
dỽyll aret . ~ Tꝛoſtanuarỽ culgarỽ kilget oe ued-
dỽl. vedỽ gygladur glehet. triſt goꝛn riſc fflotyat-
wiſc fflet trỽyn ryỽ golỽyn rygalet ~ ~ 10
Rynghaỽc yỽ madaỽc medyꝛ ageluin cam kym-
murth kneu ac eirin . rein uilein veleithyꝛ uei-
thꝛin. ryued yỽ di vouoned vin . ~ ~ 13
Rỽyſtyꝛ etiued ned nad elin howel gỽaet iſſel
gỽaỽt eiſſin. roſt bꝛonn curdoſt bꝛennkerdin.
reſtyꝛyſgothſeſtyꝛ blinglestyꝛ blin ~ 16
Keſſeeis kabylueis kỽbylvin gỽꝛ ryuaỽ ydỽyl-
aỽ ae deulin . kyſcadur euel melin . caſgabyl
vadaỽc donnaỽc din . Keſſeil hagyꝛgogeil
hygurgegir lleu. llawes gỽerthyỽꝛ kennin . 20
kyſſỽyn coꝛn riſc kaſgyl bliſt blin . cas gennyf
gi coes ginnin . Kyſſỽyn kaen avỽyn kyneuin
achwerỽ goloꝛuerỽ gaỽl eruin. kyſſellt gỽellt 23
gỽeithffon eithin . coes keilyaỽc croescolyaỽc crin..

Prydyd breuan agant yr awdyl honn y darre .

TReuyd agyꝛchaf. tyꝛuan agaraf. traỽſw-
eilch nys gỽadaf gỽaỽt gyflỽydaỽ. Tꝛeidle
pob teyꝛn . trỽydet gỽinedyꝛn .treul medgyꝛn kedy-
ꝛn kadoed wiſgaỽ. lluoed dygyuoꝛ .lliaỽs yg- 29
kyngoꝛ .llỽyth ragoꝛ katuoꝛ ketuỽyn heilyaỽ.
llewenyd yſpyt llawer annwylyt. lle beirdglyt
hyfryt hoevꝛogynllaỽ . Y gymryt kennyat .eur-
gymry rodyat . kanu marỽ nat diymadaỽ. 33
Y doꝛr hen dꝛaenaỽc y tỽꝛrach crugaỽc . y dar-
re uyſſaỽc veſſur lunyaỽ . Kollet telynyaỽꝛ .
keilleu hen banaỽꝛ. kyllit pob neithaỽꝛ noeth
uoel benn knaỽ . kyllyſtyꝛ y wegil. kylla hen uar-
il. kell ueingeu rombil kynnoegiliaỽ. Kym- 38
hỽylleis grynffaſt kāmeu ỽꝛth bic vaſt . kym-
mar llygeit gaſt gyſtein hỽydaỽ . Kymmudyꝛ
y amkan . kȳmu agogan. kỽm̄an offeſtyan 41
gỽedy ffuſtyaỽ. ny rech agoꝛet.ny reith ẏn wa-
ret . ny rỽy efurivet vꝛyỽet vꝛiwaỽ . Nyriuei
bꝛydein . ny rodei lundein . hen daradyꝛ myſſe-
[in meſſur arnaỽ.

Caſrỽth oed darre . caỽſreib pob boꝛe . Odis 1
blaen barre . byꝛrỽch ffleiryaỽ . Kyſtud pob
anrec . keſteideu garllec .kyſtec bỽyt vlonec
oed bỽyt vlinaỽ . Moꝛỽch oꝛdal: meryd ys-
mala . maỽꝛ oed y wala gala gilyaỽ . 5
Merllyt ewingrach maỽꝛllit kyfedach. moꝛ-
ach y vyꝛnach oed y vurnaỽ . Beich oed hyt
ydꝛỽyn . boche ballet vꝛỽyn . bychan vngỽꝛ
mỽyn yny gỽynaỽ . Bachell a vynnei . buched
nywgarei . bỽch llaỽn o yſgei eſcut heiryaỽ.
llỽyrdꝛỽc y dyſgỽyt . lloꝛyeu cwm caỽlỽyt. 11
llawer oed y vỽyt kynnoe lỽydaỽ .llaỽvꝛonn
hen uegin . llofryd dꝛyll mehin . lloneit kaer
vyꝛdin oed yginyaỽ . llaỽndỽꝛch bꝛemenic .
llỽvyꝛgleirch yſtyfnic. llaỽer dyn didic am ydꝛi-
aỽ . Ynllaỽꝛ uffernblas . ynllyngcu kic bꝛas.
mae gan was ſudas ſỽydeu idaỽ . . 17

Prydyd breuan heuyt agant yr awdyl honn y Simon morgan o aber teivi . .

RYuan ſywan vān vꝛaṫn o goueu . ryuel
geniweir lleſteir lloſteu . Ryvycdỽyll 21
kyꝛbỽyll cribeu blonhecdaỽd. ryhaỽd y bolla-
ỽd ballec ffeiryeu . Rylodic keinic vꝛynnic
vꝛonneu .ry lydan gỽmman gymmar kalye-
u. Re geubal ved al nyuadeu gỽeiſſon . reu
bỽdyꝛ von kynron kanrec bieu. Role ſỽs dyle-
dan ſaỽs daleu . ry laỽn ffael annaỽn uaỽꝛ 27
ffolenneu. Rywaetlet arffet oerffeu ſeith cāt
knych. ry gedoꝛwlych rych rechvꝛas gneckeu.
Ryd vyd vaed dỽll kỽll keill dyꝛnodeu. Rỽyd
ſiwan oe gỽan gỽeindỽll ffrydyeu . rit annỽ 31
ardayngar dingeu diſerchſon . rudbỽdyꝛ von
kynron kanrec bieu. Roch gynllei verffrei
vaỽꝛffrỽt keilleu . reith leith leuyn ffynnaỽn
gachgraỽn gochgreu . Rỽyt yſpỽꝛyal gỽal 35
gỽelieu ſigylffraeth neumgỽnaeth gelyna-
eth aegalỽyneu . Kyt bythỽnbard aphꝛydyd
adetwyd ar ſỽꝛcodeu. hi awydyat vyntỽyllaỽ
mynkynllaỽ athybieu . ỽꝛth nachꝛedeis 39
gant rybud kyn̄kyſtud achollodeu . ef amge-
liwir am ſiwan gỽaedan gỽaeth y newidyeu.
Llydan vyd gogan gygus widon lom̄ lam
va kỽn achleifyon : llindac doll llodic voll
von . llaỽno hut ac annudon . 44

[·y dab
[ydyrchanu y nos natolic .. ac yllas

Trahaearn brydyd mawr aecant .ygadwgawn bicar. ae dab. ac y llofges y dy. y kalan neffaf wedy oth heinine

TRalla6n gad6ga6n gyt ogan ae verch ae varchda6 grabidan . agkall aniuer mall man .argronwled uuched vechan . 4
A g6illo va6d2o ef oed v6d2an llynn llann gyna6c uab b2ychan. mutua oed da du6 kalan. lle ybci llan6 y dei odan. 7
VIldach ewingrach y wan arudgled oed r6ydglot gyflauan . alltut fecreulyt fucan eil b2eimyat . alb2on g6lat g6lan . 10
a chynheic neft geft g6ft ogan kelui ae rac- ki nyrockan . g6ys arnei nyt bei bychan g6eiffyon a chleifyon achlan ~ 13
Ar effeiryat b2at b2eint llawchwethan b26nt . meint cartvarch l6yth levy2chan . nyt g6edeid bleid bloed kicv2an . nyt ieith ogeinueit agan . 17

Rys ab dd' uab einyon ae cant ~ ~ ~

Pwyt mab g62ab giriat co2rgian my6n c62r geol gacat . mab y2 buttein wein wibiat ny wy2 yfa6l ua6 dia6l ydat . 21
G6ac dy uam noethgam *ban ythgat willi . waela6t nyth crach hwyat . g6eden aros . g6adyn iriat g6arth ykenedloed nyt g6at . Nyt m6y bei g6eftei g6aftat 25
o2eilit nyt d26c y6 2ol6c arnat . na v6y yn vnlle vynnanllat nor teu o2med6l meu mat . Sonua62 vant d2yffyant oer d26ffyat arab areibyci bob marchnat. fut crut croen- v2ith chwith chwythyat . fafyn cath ny feif ovy6n cat . Pam nachaei ofram 31
afrat ythganlyn bogelyn ba6 goelyat . penn digall poen diwygyat pego2diyfto2 yftat . Pan del ynny v2y o vrat dic rago2 dy grogi am led2at bychan tuchan am dan- at . bach iach crach heb iach iat . Lerra 36
byg6l ned llawer bagat lleu athylleu yth dillat. lloffa ynol deol dyat . llyffan g6eirfofyl b2an heb rat . Dachwedyl y2genedyl bei othgennyat gleu oed glywet dy uar6nat . deuwell nochaffel diwat . dy d6yn arolwyn o2 wlat . Hagy2dant lledy2 dyuyant lleidy2 dauat ac oen eginyndiafpat . hynn oo2neir hen y62 nat h6de etto hyt attat . Ny cheir dygynd26c ny chaat noeth willi yth eneit ohonat gy6 cr6ytrat. nycheir d26y ferch nacharyat nac epil na hil nahat ~ ~ ~ 4

Tudur uab g6ynn hagr ae cant .

NEu2 aeth neut hiraetha6c bun vy myn- nwent dirrent derwen ys g6erf ys g6ae y pherfon. yn wandir tec yn wynd6n . Nompl6yf dicIla6n 6yf . decll6yth yt nym 9
try. nyt ha6d treula6 ynhyfryt . nyt ech6g clot neut iechyt. nyt iachach pl6yf bach o2byt.. Reit y6 ym bellach ban ball6yf ildia6 y2eildyd y p2of6yf . d6yn y uall ual y gall6yf yymgnith ymplith ympl6yf . ~

Idem tudur.

Sugynfur yt dibur tebic y gyffeith a gaff6n y chydic . ag6ann ruel anelwic ag6y2th fa6s acha6s achic . Myny uchelgreir ucir ua62hydic ny bu nyt y2bud uu r hir- 18
d2ic . na llonn vyngcroth loth leithic . na lla6n y2aga6n ogic . . . .

Tud' dall aecãt

Neuad howel hygel hegel . newydd26c nyt m6c ae meigyl. yfdo2 gaeat nyt rat 22
rugyl . os der6 yfdiryeit na figyl . ys oerffy2ch anhygyrch hogyl. ys del d26y nenn yphenn ffagyl . . .

Iockyn du uab Ithel grach . ae cant . 26

Rodywr vyd clero2 cleu y atleis reit ymi honni hynn agefeis . ry6 oed ym ymbil ambeis vottyma6c. ffo2cha6c divlewa6c dwy aflaweis. Rei ao2derchei a o2dercheis. rac kael arnaf l6yc y tinhwygeis. r6ygan ual g6ylan 31
y g6eleis uarret. rac oed y hardet mi ae hy2d- eis. Yny marchwyeil yd adcileis. ac yny gwreid yeu y gwreickeis. ac yny mvgarch y nugyeis danni .ac yny fferi offerenneis. D2os vynyd noda6l mi a neidyeis. hyt ynghaer ffawyd. ac yn hy 2 lliwyd y lleweis vym mwyt . ac yn 37
nyffryn cl6yt y cluteinyeis. Go2y6ch cla6d offa da' digoneis. Go2if* aberry6 d2y6 ad2eweis. dy2na6t graen a maen y mae yn gleis achl6- yf . ny wnn nas lladwyf neu ae lledeif. Ma62 neut 6yf gerda62 dioer agerdeis . meu venc- gi y ch6i chwedleu o2kemeis. Myuy2 y6 gen- nyf kineweis yngkaer . vi amab y maer vy2- daer v62deis.

Pales kyzchu tu nyt da ymedzeis. pa lys di-
heilvzys yd hwyl vzyſſyeis. pale waethaf eir-
moet y medzeis weſt. poen ozcheſt ryffeſt ny
ma6zhoffeis. Neuad awel6n newyd antreis.
nywla6c kozna6c koznir wyndeis. ac y hon
no tro treidyeis om amwyll. llyna diw yſt6yll
lle ydymd6ylleis. Pan gyfeſtydywyt yd eiſtede-
isarla6z lle ny ma6z ha6d amozeis. ar yſtiw-
art llys llyſſeis y aruer. amroes gyt argler 9
adigereis. llyna ga6n bzynha6n yn hy wrleis
lle ma6z newyn dyn dyd y kyzcheis. llei noc
ahedei achwydeis dzachevyn. allym aſg6zn ke-
vyn mi aekefeis. allei nomdia6t otla6t atleis
ynllowrud o bzud bzeid nathegeis. Ma6z oed
vy ſychet peſſycheis am lynn. aM6y vy newyn
mi ae na6 weis. Ny wnn p6y waethaf waelaf
weleis. ny wyz dyn ynllwyz ll6z6 y kebleis. Her-
wyd dz6c ag6c agogleis cler6z. yz g6z yz wreic
hwr hir ymwrteis. R6y gozcheſt rac g6eſt lle
g6eſteis yna. annat lle abzofeis. Ny bu du6 20
doe kyfercheis. naweſt6n arwaſter ſeiſ. Maer
herlot kyfot keis ym veſgityeu yſgadan a
bzyneis. avozy daf lañ verreis. o veir p6y a
beir ymbeis. 24

Mada6c d6ygreic ae cant.

Loſgit tan r6yſan refyz kidill haearn vu
loſſodeu carn yny ſidill. llygoden uelen ar
voly kipill. k6d yn llun yſeſſy6n llei no ſeiſſill. Llywyd
m6s 6ybzyd. miſ ebzill ar ffeſt yn erbynny6z gw-
eſt yn ar6 bennill. llanaſtyz abyzrgaſtyz heb
ergill bzynha6n. lla6n ab gul amia6n heb gael
ennill. lleitraf min ſuraf myn ſirill y gwnein.
llawdyz chwein min rydein y my6n ridill. Llwyn
a6c odida6c nyt idill ffr6ythla6n. lla6 gra6n
k6zp anna6n nyt kar pennill. Lletta6t cler wad-
a6t. clo ar wedill cath* mod ba6ki ar vath ny
med bikill. llindac lla6dyz m6ndac lledyz m6n
dill coz iar. lleyc wyt avar llygat ebill. 38

Dauyd y coet ae cant.

Gwnaf dz6y not agglot am eglyn yn var6
daeragarw darogyn g6nn mae ffol y dzum
ſolyn gekru heird keith eic okyz y hyn.
G6y6beth cul eneth kylyonyn oerl6m yn
erlit ff6lberdyn g6in h6yz ymed na g6enyn
g6as ageiff nychda6t ag6yn. 1
Vzeulyt gozff dyfyzgi vzillyn karn vilyein.
ua6lyt hagyz dauydyn vyn6gyl g6yzuan
di v6ynyn vin cryd rac yf ovyn y cryn. 4
Y poerllyt hewlyt holyn am va6dzuth nyt am
vedzu emyn. y pzyf dz6c pyn y pzcfyn apzys
h6yz yz beird y pzyn. Mab y grochan g6ad 7
Mab g6zechyn y pi6 a nei z pi gan ienkyn
vab lleu g6t uab llygodyn uab ll6ch enneint
lla6n heint llyyn. Dos d6c anglot not 10
neidzyn dzy6 hy agyz dzahaus ſymyl gozryn.
vygcret yz effeiryedyn ny la6 ykeiff mevyl alyn.
anurdaf anaf oenyn o bzelat baw ſeilyat biſ-
welyn budyzvab rys bzys bzi6ſonyn ab ieuan
dec eb vndyn. **Dauyd y coet** 15
ae cant. y raedyz g6y

Raeadyz oercri kadyz ar cr6kedeu bach bych-
in geinya6c wertheu: rugyl ffugyl ffagyl ma-
gyl m6ygyl refreu. regylwern y g6m uffern 19
geu. Keu goſſoſtic dic dygyn gyzb6yll aſgen
du gynnen digann6yll. kaeth raeadyz di wa-
ladzb6yll. clafres bzes taeoges t6yll. 22
T6ylld6ng r6ng du vi6ng divlas llu keuſoec
lle keiſſ6yt vy lleas: triſtch6edyl blin doet
yzdinas. tanfflam dz6y raedyz g6y gas. 25
Cas y6 anghadyz raeadyzan. caſſaf vn h6ch
tr6ch l6ch lun. cas dzahufffrom ſaf6z tom tin.
cas cas cas cas cas cas c6n. cas digar6 ym
kyſtegyyn. k6ys de6gur yz koſtogyon. 29
Dd' y coet ae cant.

Kyſtudfull ba6dull bad6m y pecha6t y6 z mab
pychan iatl6n: keſtga6l garl v6ly tombarl6m
kyſtecwer cla6z amner cl6m. Kaeth aryalſur
d6zch kythzeulſ6m ſoecua ki hirbla kehyzbl6m.
kolleis oe werngoffyz offr6m. kylla dia6l my6n
kena6l c6m. Callon vaen kyff graen keiff 36
gr6m ny hyzthg6ymp mal hurthgenn ſyac
uab t6m. cozff pyde6 trum ide6 tr6m. ki 6yz kedi
y6 z kid6m. **Dauyd y coet ae cant.** 39
B6ch ll6ch tr6ch kim6ch troch kymell g6arthec y6 g6er-
thu me6n gwlat bell. beich o va6 dia6l yz bach-
ell. b6ly chwycred nyt oes wed well.
Cul willmer aruer oeruin y gouit gavyz 43
yn cachu kennin. c6lym troic y yſbzigin. del6
wac ont ta dyly win ~

Ryoꝛuc ſeithuc ſothach was baỽleidyꝛ yſbei
laỽ ỻawer gwrach ∵ raff am vꝛeuant y man-
tach mael heb dꝛugared na mach ˯
Dauyd y koet‸[hoet] hydyꝛſant dyn ỽyt kerdlaỽn
ratlaỽn rent ffo ꝛ boꝛe oꝛ bꝛithle brỽnt ffi
lann ymdyfri du vꝛont .

ỻe nyſ gỽnaeth o vaeth uethyant ryff
eiryoet o rodyaỽ gỽledyd hyff hard
get oeſgret heb yſgryff ∵ heird bꝛydyd-
yon pꝛifyon pꝛyff ˯
ỻyma wneuthur pur pefyꝛ yſglyff
ryget oragoꝛ geireu kryff ∵ eglyn o
varn gỽyꝛ agklyff . o deu gỽys nat
geu y gyff .

Caſas kadỽgaỽn ỻaỽn ỻef ỻawer nos
dic annigrif ∵ ỽꝛth din ki ỽꝛth dan kalaf .
yn tynnu dꝛỽy wryſc obꝛyſc bꝛyf .

Y mab cryc ae cant .

Dvỽ di atneir meir maerkynghoꝛeu .
Dawnaf rac llatron dynyon dannot .
Aethpỽyt am ter ieir taery*eith ffyꝛnicrwyd . 4
tramgỽy naỽs arwyd y nos arall . Nybu ryỽ
leuein damwein dymestyl . ac avu echnos ym-
didos dy . Yꝛ panladaỽd caỽd y cath llosgyꝛngrin .
y ki lletuegin llỽyt auegeis . Dyuot y karn
lleidyꝛ gỽꝛneidyꝛ garnyal . ac yspeilyaỽꝛty hyt 9
nos tywyll . Aruaethu mynnu kaỽell mynna-
ed tec . adỽy vynhaedec murchwec maỽꝛchỽedyl .
Edrych aoꝛuc ffuc ufferndꝛum . ar hyt yty clyt
bꝛyt bꝛedychuoes . ac arganuot rot ridill y
tringot . adrylle vyffonn trỽy ꝛ vn ffenestyꝛ . 14
kauas ylleidyꝛwasc gyt am llaỽdꝛwael . kyfeillt
annwyt bꝛyt y bꝛydyd . Crib ffyꝛdlic niding
nedwallt gymannva . a llỽydꝛoet gotta dꝛut a
gattel . Hirgroc yꝛ dirieit oer deit ot ai . om 18
gỽal poen goual hyt pan gauas . Hengot vyng-
hỽegyꝛ rỽng hengist athil athylleu gỽiril . yn-
ygỽarac . Nyt edewis im dim grym grymy-
ant . oꝛ trysoꝛ traỽsuyc laỽdyꝛ byc bagan . 22
Dyeithyꝛ clỽyt uaỽieir vyỽyon hỽngyꝛdlaỽt mellt
ỽꝛth deu reffyn wellt gyffellt gaffaf . Kic vꝛein
aweler yỽch ywilerf yndial van reith gỽeith gỽ-
ythlonder . ardinas maelỽꝛ lle mae molest fon ys-
gỽtpꝛenn lladꝛon am cu lletrat ~ ~ ~ ~ 27
Crist creir vn mab meir maỽꝛ ryuedot . amgri
bileinseif treis ỽttreffỽꝛ . nat a heyꝛn chw-
yꝛn chỽyndỽꝛch gỽadaỽt blaf . y doeth yleas kynn
glas gloeslif . Kann oed kelwydaỽc rochgaỽc rech
gaỽꝛ . affalst ac anglaer murdaer maỽꝛdỽyll . 32
affugyaỽl trethaỽl truthein ampꝛytuerth . aserth
ac anuerth fỽꝛth ac ynvyt . am vyngharcharu tru
tradicter . trỽy weithꝛet griffri cabylgi cỽbylgas .
Pꝛif auonyd ryd rwng gỽy a hafren . modry- 36
bed kymmen im ae kymerth . Vn oed deueityat
di vꝛat dyꝛys . ennwaỽc bꝛif auon tros uon traỽs
uod . Eurgaduc can duc ydogy gỽadaỽt feic 39
yꝛ oꝛeu karwreic yndỽyn coꝛrwrysc . Areil dỽfyꝛ
gynneil deifyꝛ argynnỽꝛyf oer yỽ y detwyd keryd
kares . Dic oed y eithon fon fenigyl raeando 42
deffro rỽyt oꝛtho bei reit ỽꝛthi . Tꝛyded maỽꝛ
gochwed yꝛ marỽ gychwedyl . beikeffit trỽy lit arlet

vnerỽ . Over gleiryach fach farruc y wacson 1
auon kymaron aekymerei . Keissaỽ griffri dei-
fyꝛgi dỽfỽꝛgỽymp . gỽnaeth ar y thꝛaỽsryt pyt
pedwardyn . Clawedaỽc ueinaỽc vỽynaf kefnith-
derỽ . clỽyflif dꝛos gannerỽ glỽyfuerỽ glasuoꝛ . 5
Poꝛth duỽ yꝛ ponpꝛenn llethyꝛ asgenllithyꝛ
ar faer ae dodes ynodidaỽc ~ Am diwhelu
cnu knec vỽch kynhoꝛthỽy . gan uelyn uoꝛdỽy 8
ualaen uaỽꝛdỽysc . Ogwlychaỽd griffri cri crin
uoeluoꝛs . vch laỽ trefyklaỽd vaỽd uaethgenneu .
Sychet yffilcas benngam ffỽlkỽt wyll . dibỽyll
arth ffỽꝛndỽyll ỽꝛth ufferndan . ~ ~ 12
Duỽ amro dyall call rac kellweir . dyn ỽyf
yngỽꝛthꝛỽyf odygarthref . Y bꝛydu canu
keinwaỽt gyfiewin . y walch balch bylchwin vyd 15
in uadeu . Coethꝛyd haeldauyd kynnyd kannyn .
keith adiodef rac llef a llosc . car enkil eidil eidun
hed dichleis . kerennyd afeis rac treis tracthaỽd .
Ny bu digonryd gredyf onnwyd grym . balchỽyꝛ
clot datweir maỽꝛeir meurjc . Pan vu gleu r
hynteu yn noꝛhamtỽn dēf . poen oed diodef yg 21
lef englis . Kyffelyp ar fon ydigones . dauyd
yntreuyd feyfnic ryued . Ac y digones dec anỽych
deruyn . maredud ar llynn ynllann rystut . 24
Panwelas dd' hỽyldyd haeldedyf . y gỽyꝛ yn
ymgur tyst dolur tost . Myvyꝛ oed gantaỽ rac
antur ymlad . bꝛỽydyꝛnad gỽyꝛs maỽꝛad gỽers
ymeirỽ . Kany del yng gaỽꝛ llaỽꝛ lluydgyꝛch . 28
meith yỽ y wiraỽt ae wascaỽt wisc . llyỽ rỽysc
beird hyfrỽysc rỽng hafren a gỽy . lle ym y
ofỽy dꝛỽy dꝛef raeadyꝛ . Kany bon vndat mat
ymodỽꝛd . maredud gyfyaỽn daỽn adauyd ~ 32
Bꝛodur vn gallon ỽꝛth ymgilyaỽ ynt . y goet
gat luchynt ygit lechu . ~ ~ ~ ~

Y Justus llwyt ae cant ~ 35

Y duỽ y tiolchaf dewin plant adaf ae donyeu
cỽplaf euraf eryꝛ . Kaethet ym vaerdy . coeth
iaỽn yỽ hynny . ual cỽthyꝛ iar an hy yn eirinha .
Gruffud iarll maỽdỽy . groth hanner aerỽy . gỽꝛit 39
bꝛan myỽn burỽy ỽꝛth hen baret . grein llein llo
truan . groen hoen hen weinan . gyꝛraỽd vi allan
garreu ellyll . Gỽyꝛ nyt gỽiỽ y vꝛo . gwarac affa-
eth do . gỽyꝛed llo yn ffo rac dỽy ffiol . gỽaec bu 43
dyꝛgengyl raỽn . gỽywed henraỽ vaỽn . gỽedeid yỽ

ydaỽn dilaỽn deulu . Gwarant ef ni eill 1
yꝛgỽare ereill . gỽyꝛaỽd ydỽygeill o ediged .
Gỽe he hen dyfyꝛchwil . gỽein uein uaỽ ꝛom-
bil . gwae ageis ymbil ae gas henbeth . 4
Gỽyt vꝛyt vꝛys godech . gỽad glaf glun
ffallech . gỽed elech ueinſech dꝛỽc vu vanſawd .
Gyt ac ef echnos . heb guder agos . gedoꝛ bꝛan
wyth bꝛenn aethnen . bum yndyrweſtu . baỽa-
dyn avu . bỽa gỽꝛych tradu gỽꝛach myỽn troet
aỽc . Ynllys ruffydyn llef cath myỽnodyn .
ymllas onewyn ar llaỽꝛ newad . Yngcroth 11
loth letpei yngkret naſllannwei . nyt maỽꝛ
ymdygei y maer digelk . Nabỽyt nadiaỽt .
na med na bꝛagaỽt . dammaỽt ynwaſſaỽt
dan y weiſſon . Gꝛuffud yſgeler . groth eſnys
tryver . gỽdyf omner maelyer ỽꝛth glun 16
milaſt . Breidvyỽ yỽ gruffud . ebꝛỽydvudyꝛ dꝛa-
blud . bꝛyt ffrỽyn ogolud y benngalet . Bꝛys
bꝛan yn koꝛdi . bꝛeich adein eli . bꝛỽyt ogrỽyn
dyfyꝛgi gan adargwn . bꝛenin cỽm llygot . 20
bꝛeid vu ym dyuot . oꝛlleanoꝛuot ỽch llann
vꝛuul . Pennaeth moel benndin . heb gael pyn-
neu gỽin . pin ỽꝛth din yſwin heb oſſaneu . 23
Gỽedy mot noſſweithgỽell mynet ymeith .
yny llys diffeith ger llaỽ yſtỽffyl . Gỽac oedỽn
dꝛannoeth . yngadaỽ ꝛ kyuoeth . gỽed bꝛan yſge-
irnoeth . bꝛinn yſgoꝛnach . ~ ~ 27
Yſgoꝛnach kotowrach ki . yſgỽyꝛ newyn hoen-
ynhỽch . yſgỽyd kylyonyn iſgell . yſgaỽt ovyỽn
bargaỽt bỽth . **Iustus llwyt.** 30

Madaỽc coꝛunaỽc gỽꝛ anelỽ oe vyỽ . gỽas dꝛyc
ryỽ keillſyỽ collſỽyd ryderch . Medꝛaỽd
ny gedaỽd y hen gadach ym . nyt modur gỽiỽ
rym min llym manllaes. Madỽs yỽ ꝛ baỽdlỽs
bodlaỽn ny bydaf . ny chaf y gaeaf dim oe gyfo-
eth . Medyꝛ golgant ramant rimỽꝛ puteineit
moelſeit nyt callneit ynoet collneſ . Meir ae
mab gỽirgreir gỽaỽꝛgriſt gymyꝛred yſyd 38
anryded maranned mat . a diuao y llo lleith
gabyl o wanas . agan denebꝛas ardin ebꝛỽyd .
arweiruul gont gul gant gaỽs veid voꝛdỽy ae
mỽn mal aerỽy march meilyoꝛic. Haỽd ganthaỽ
adaỽ edyſtyl pei herchit . a phyth ny cheffit o-
dit edeu . Edewis ys mis amỽy no blỽydyn

ym y gedechyn kevyndedyn cul. Soꝛeis 1
naſkeueis kyuing offeiryat . aedat oed reiny-
at taergat tyvyꝛgỽn . Cỽꝛcodan dꝛuan adꝛyỽ-
ed noethi . avu am venlli yn hen vonllaỽdyꝛ .
Hi avu ynggỽyd llu uab llyꝛ llet ieith . hi avu 5
gannweith yn hen gonnach . Hi avu am wyncu
wein cabyl reuduſſon . hi avu am wydyon
ac am eudaf . Hi avu yn rynnu yn oes rann 8
duran . hi avu yn lluman cregyn lleumeirch .
Hi avu yn gernen myỽn kerỽyn grỽybyꝛgỽyꝛ .
hi avu ynbabỽyꝛ yeur biben . Hi avu yn llymu
rac llymet y charn . ar ol peis badarn rac pas
bydaỽl . Hi avu yn nychu yn achaỽs y heint 13
hi avu am erereint ac am arỽy . Hi avu yngỽaſ-
gu gỽeiſgon ar uara . hi avu yn ſacſonya ymy-
ỽn ſened . Hi avu yngraſſaỽv ſawyl ben uchel
hi avu yn gaỽdel y hen gadell . Hi avu yn my-
gu ynghylch meginledyꝛ . Hi a vu am vam
bedyꝛ kynn kael bedyd . Hi a vu yn kyꝛchu 19
kyꝛch ebaỽl cattus . hi avu am vꝛuttus yn hen
vꝛettyn . Hi avu yn malu ym melin reinyallt
ar ryt cae llugallt yn rỽyt llygot . Hi avu yn
tyllu nyt tullyn clerỽꝛ . hi avu yn neudỽꝛ ac 23
yn neidef . Hi avu yn llechu llyỽch eiry mynyd
bellach am gebyd y mae yn gebyſtyꝛ . Hi avu yn
crynu rac crinet y llein . hi avu yn llefein am-
hen llawes . Hi avu yn tarnu turnen wreic uab
pyll . hi avu ynbebyll y hen babo . Hi adynnỽyt
yn rỽyt arhyt cỽm favyn aſt y geiſſaỽ dyfyꝛaſt 29
yny dwy vꝛon̄ . Hi ny chat trỽy vꝛat . mae n vꝛadỽ y
llun ganberchen coꝛun byth nyn kjꝛyet . Madaỽc
yỽ hỽnnỽ meudac llỽy haearn callon culuaen
ſarn carn coꝛn iyꝛchell . Gỽiſgaỽd ymdanaỽ 33
yỽch dinnerth yn ros ſỽꝛcot anidos kylch y ned
eir . Byth yn yn rod oe vod nyt rydech gampeu
noeth vy yſgỽydeu anoſgeidic . ny welir amdyn
edewit ganthaỽ . ny daỽ oe durllaỽ vadaỽc dyfyꝛ
llyt . Madyn gi gelyn go galet wyncu yny del
eſcob du odin dyfyꝛgi . Hi adoeth yn noeth o nei-
thaỽꝛ vꝛanwen . hyt yn llys vaxen nyt lles voc-
ſach .

O ʃaith wedi y pader

TRom y6 tremygu hael douyd ym-
ryd om r6ydb2ynu. llyna med beda 3
byt vuedu. vyri eil wedi keli eſ ymkelu.
ae ſynnwy2 y6 yn ll6y2 ll626 traethu g̃ſec
herwyd yhatrec gymraegu. del dy dey2nas
blaſ bleit barthu radeu. dieu nan madeu
du6 yn medu. val ybyther ner neſ allu 8
dydb2a6t. rac r6yſ obecha6t ry va62 bechu.
vn hanes unlles un llu un awyd. ac vn ar-
gl6yd rwyd yn rydhau. ffiat uol6ntas adaſ
adeu. tua rac traha tr6m uedylyeu. ſicut ĩ
celo ſal6 eiryeu ae g6na. et interra pla plyc
eneidyeu. weldyna tryded reuued rieu. wedi
ar geli d26y len goleu. ae ſynnwy2 yn llwy2
llo2yſ gradeu dwya6l. dothy6 yn eirya6l doe-
thyon eiryeu. bit dy ewyllys heb v2ys vro-
dyeu. ual ymae yn neſ naſ gwirodeu. ar y
daear kar kerydeu bennadur y bop pecha-
dur rac pechodeu. Panem noſtr6m tr6m 20
y6 trem y olit. cotidian6m dyen6 gleindit.
da nobis hodie dyn yſodit. awy2 dy voli ual
y gellit. llyna bedwared med mynechtit 23
wedi o2 pader ved narr pydit. llyma llwy2 ſyn-
nwy2 ll626 oſſynnit. yn reit du6 teleit talym
anrodit. bara peunydya6l ha6l aholit. dot
du6 g6i6 hedi6 ny haed6n lit. Hynny y6 buch
ed honn ny bechit. hanes pob kyffes caffom
rydit. Et reuued rieu. g6yt ygyt ageu.
madeu hi ninneu on annyan ffeith. di 30
mitte nobis. uab rat tat dewis dilis yn
kedwis kadarn obeith. debita noſtra dybyd
dyd boda. du6 ae g6na yn gyfa dinam 33
gyſyeith. ſicut ⁊ nos ſegy2greir eir aros
vuydda6t aros d2os ynd2ycweith. dim oet
dimittimus. dyb debito2ibus. noſtris ia6n
aſtrus. chwyl moethus meith. Haeluab meir
creir cret. honn y6 lly6 llwyby2get. y wedi
bymet gyſret gyfreith. llywy6n ygeiryeu llỹ
ma ſynnhwy2eu. d26y 2 einym ninneu o2eũ
areith. amadeu weithyon ma62dat rat rodyon
yn gwir dyledyon gwardiletieith. Mal y2ot
titheu bop kyfry6 byngkeu. g6na6n ninneu
vadeu ved6l canlleith. et rac kyued cas a
llit ſit ſudas. ne nos inducas ĩ temptatio-
ne. Sed libeá nos ſl6yd r6yd rad dangos 5
amalo mald2os d2yſſ6ch aele. llyna wedieu
gyt ar pymp gynneu. go2eu rac bareu be-
r6 an aele. Haeldat rat riſyant naſ kyn-
taſ ae cant. madeuant g6arant med6l 9
gware. Hynny y6 amylder ſeith weith we-
dir pader. honner y niuer neſoed gyfle.
lle ymi voli val y p2a6 p2offwyt. ⁊ cetá

o waith y chwech diwarnod

Pangyhy2da6d na6d nedeir hyget 14
du6 ma62. nef alla62 llo2yſ eidunet.
y doeth b2enhin coeth rac keithiwet. o vchel-
der ner nef amgyffret. y2daear ual kar y
ymwaret. adyn oed my6n glyn gl6yſ hy-
b2et. g6iſga6d g6iſc ana6d en6 ſarhaet. g6-
aſga6t dyna6l gna6t b2a6t a b2ovet.
Gwiſgat herwyd rat arybuchet. g6na-
eth y2 rei kaeth kael ymwaret. yn yd y 22
bu ryd y rad decuet nadolic g6ledic g6lat
damunet. Dewin go2llewin lly6 aanet de6in
deo2win diaereb get. Dech2eu eu dech2eu cre-
ir wy2theu cret. diwed eudiwed du6 gogonet.
Pan ſy2thya6d Luciffer o2go2uchelder my6n
amylder b2yder b2adaoc diffyd. du6 oll gyſo-
etha6c banoed d2ugara6c. ynnech2eu doſyn
ya6c deſnyd. Eſ awnaeth darpar nybu edi-
uar. y neſ ardaear ffurueidgar ffyd. ac 31
awnaeth rodi dirua62 oleuni. da vu geli
ri vy r6yſ clotryd. llyna 2 g6eith pennaf a
wnaeth du6 haelaf. dy6llun yngyntaf 34
dedyſ vlaenaſ dyd. Eſ awnaeth dyfred. ac
my6n eu perued y ffuruaen ved rinwed an
ryd. ac ae gwahana6d d26y wir ymad2a6d
mal yha6d lunya6d yn ia6n lonyd. Dyfred
anniben go2uch ffuruauen adodes vy ren
men ymaent ryd. adyfred llauar ar wy-
neb daear an roes kar trugar treigyl a 41
vonyd.

Amoꝛ ygelwir .amaỽꝛ y gỽelir . a mỽy no chwbylwir
dir daeeryd. llyna dwywaỽlweith awnaeth gỽir
benn reith gobeith elỽ uatyeith yneil vedyd 3
Pan weles llyỽ cret llaỽir gogonet. daet y weithꝛet
y lu bedyd. Yna digyſſellt gỽꝛ avet ymellt. awna-
eth amylder mellt gwellt agwiỽdellt gwyd. 6
ac amryỽ bꝛenneu amryual ffrỽytheu . ablodeu
llyſſeu lles tragywyd. a bychan a maỽꝛ ual y tyf
dꝛỽy ꝛ llaỽꝛ. ymedwaỽꝛ tymaỽꝛ. gỽaỽꝛ gỽarant vyd.
Heilyaỽd yn geli hael oed yn poꝛthi. holer yn voli
ri aereglyd. Hwylweith dwywaỽl. hoewdat yſpꝛyt-
aỽl. neut rat didaỽl ytrydyd dyd. Duỽ goꝛuch-
eldat awnaeth on karyat yꝛ heul ar lleuat . pob
rat an ryd. a fygneu afyꝛ. vn anyan yỽ myꝛ 14
ac awyꝛ pybyꝛ pobyl aedꝛyd. Didꝛeul heul ehun
adyt eyt gyfun ethun oglaerlun eglurliỽ dyd.
A lloer oer aros myỽn wybyꝛliw didos. ac ymdan
gos nos y luoſſyd . Velly yteruynaỽd ygỽeith a
lunyaỽd. haỽd byt waredaỽd .bedweryd dyd. Ny
thꝛaethei dauaỽt .yꝛ amryỽ giwdaỽt awnaeth 20
o byſgaỽt ryuedaỽt ryd . ahoewdec adar ar wy-
neb daear . heit gerdgar lauar o leueryd. Dida-
nỽch bylgeint agant yꝛfeint . didaneynt etneint
atneu goedyd . llyna weith amylder obꝛim hyt
dyỽgỽener vy ner ynoꝛyeudyd. Ef awnaeth 25
weithꝛet kyfenỽ yꝛ chwechet oed wir eidunet yꝛ-
rei detwyd. Pob ryỽ aniueil gymaraỽl oꝛeil
diatweil rỽng deil dol amynyd . a phob genedyl
bꝛyf kyfrỽng gỽann a chꝛyf. oꝛ adeiſſyᶠchỽyf 29
chwyl aderllyd. Pan welet ygyt creaduryeit
byt . ỽꝛth y bꝛyt efpyt yſpeit lonyd . llyma at-
tebyon . llywyaỽdyꝛ dynyadon ỽꝛth y engylyon
rodyon an ryd . Ni awnaỽn nebun odyn gre-
dedun . ar yn llun nyhun ahonneit vyd . a 34
hỽnnỽ n bennaf creadur awnaf . adaf vu
rynhaf oꝛhenỽ bedyd. achymar hir hen aro-
et oe aſſen . anghymen med llen y lle oꝛdyd
wrthunt y traethaỽd ygỽꝛ ae creaỽd erthyſt 38
ymadꝛaỽd gannaỽd gynnyd . Tyfu a gerỽch
tyvit yꝛ einỽch. tyfỽch amyleỽch ym blant
beunyd. Goꝛuc gỽeith didlaỽt yn chwe diw- 41
yꝛnaỽt . gỽarant aỽdurdaỽt defaỽt dovyd. 1
Goꝛffowys dyget obop ryỽ weithꝛet . awna-
eth y ſeithuet teyꝛnget dyd. am hynny
ydetryd y ſul feguryd. hir vyd trỽy *** 4
gywyt bit tragywyd . dangos nos y lu-
oſſyd ac wedy nos dangos dyd.

Iollo goch ae cant.

Criſt audi nos . craton kyꝛios rac ym 8
aros ryỽ gamwyeu. agnus leo . alpha
ꝛ o . deus homo dioeſameu. Rex redemptoꝛ reit
ytt hepkoꝛ . iaỽn ryỽ gyngoꝛ ynn rac angeu. Ef
ny ehet ef ny anet. ef ny welet yn iaỽn oleu. 12
ar voꝛ na thir . ef nywelir. ef yndyir ef yndieu.
Ef yỽꝛ dial am yꝛaual. vnanwadal y annỽy-
deu. Ef yn vchel ef yn dawel . ef yn iſſel ef yn
aſſeu . Ef oe awyd yngyfarỽyd . ef yn ebꝛỽyd ny
vynn obꝛeu. Yn bỽhỽman yn tra buan. dꝛaỽ
ac yman dꝛỽy ygameu. Ef ny byd hyn yny 18
vlỽydyn. ny wybyd dyn ef ny byd ieu . ac ef
agrynn . ac ef ny ryñ. ac ef adyñ ac ef adeu.
Nyt lleſc lle del nyſ llyſc envel . nyſ llud oer
uel. nyſ llad arueu. Nyſ beid llỽfyꝛ . nyſ ery 22
dilỽfyꝛ. nyſ baỽd cleudỽvyꝛ . nyſ beid cledeu.
Nyſ ret yn dwys. nyſ goꝛffowys. nyſ daỽ
kynnỽys nyſ dỽc heinyeu . Nyt marỽ
nyt byỽ nyſ gỽnn beth yỽ . dyn nyſ erglyỽ 26
dan eiſ oergleu . Nyſ gỽlych kawat nyſ gỽ-
yl llygat . yngỽiriaỽndat an gỽarendeu.
Gwir vꝛenhin nef yꝛ dy dangnef . yꝛ dy
odef yꝛdiodeu . Yꝛ dy loeſſyon yꝛ dynyadon. 30
yꝛ dy goꝛon wrda goꝛeu . yꝛ dy gyſtud yꝛdy
gythꝛud ieitholoewrvd atholuryeu. Yꝛ dy
vn pꝛyt yꝛ pobyl ybyt. yꝛ dy benyt yꝛ dy
boeneu. yꝛ dy gynnedyf ar dengeir dedyf.
wr diweirgredyf yꝛ dy wirgreu. Yꝛ dyfeint 35
oll yꝛ dy archoll. yꝛdy vꝛonn holl yꝛ dy
vꝛeinheu . Yꝛ dy godet ath vꝛonn waetlet.
wr diweirgret yꝛ dy wirgreu. Yꝛ dy bꝛy-
der ar duỽ gỽener . ath wiỽ leuver ath
welieu . Yꝛ dy gãmaỽl vꝛenhin nefaỽl. 40
athꝛo gỽꝛaỽl athꝛagoꝛeu. Moes ym deall

y wrthlad baII . ioꝛ diweirgaII yꝛdy wirgreu.
Hynn . avynnaf hynn agaffaf . hynn a
geiſſyaf hoeỽ negeſſeu . Naỽd y wirgroes
anaỽd Jtloes . aroi ym oes mi ar rei
meu . Naỽd maria. anaỽd anna. aſeint
aſſa. aſanteſſeu . Naỽd ſeint enIIi . anaỽd
kybi. anaỽd dewi nud y deheu. anaỽd
Jeuan anaỽd katuan . a naỽd ſanan
nud y ſeinyeu . Naỽd mihangel a naỽd
gabꝛiel . a naỽd vriel y naỽd oꝛeu . Naỽd
ſeint y byt ym kymhlegyt yymoglyt
rac y magleu . ~~~

Thomas Wilkins of Lanblithean in the County of Glamorgan his Booke
M Dccj

Tho Wilkins his Booke
1701

1371 1372

Meuric uab Io2werth ae cant y hopk' uab thomas.

Digabyl 62 y dwc y bleit do2 durſaf dewr
diarſwyt. di vei rad da vu eiryoet. dio2n
walch odey2nwaet. [Tey2n hil kedy2n. kywi6
vaed ga62 b26ydy2. b2iwd6n wae6 ar aeſſa62
temyl beird byt b2yt b2ioda62. tat y gerdwr-
yaeth vat va62. -[Ma62 hopkyn aergryn 7
eurgreir p6yllic temyl uab thomas wyndo-
dic. b2eint g6y2 y6 lly6 llyſſic baredur dyſc
my6n b26ydy2 dic. -[Ery2 uchelwy2 diochel-
wic hael hylathy2 varn gadwedic. b2einya6l
ha6l hoewlys didic. b2eiſc vyvy2da6t v2aga6t
v2aga6t v2ic. -[D2agywyd ybyd barnedic 13
ma6lſeil malſelyf wynvydic. yd26ydet bendi-
gedic. ae d2a mevy2da6t adzic ~ ~~~ 15
Mevy2da6t keuda6t kerd blethyedic. ma62
va6l f6llt dida6l kyſſylltedic. Modur meith
a6dur nyt methedic. mal g6aſgaruud nud 18
ny6 roi yn odic. Mur g6ae6 dur g6i6doeth ko-
eth katholic. v2yt. ma62well nodyn byt hyt
ymerwic . Synnwy2 ao2uc alwyſſennic .ſef 21
ydi6 yeir yn ſafedic. Syth 62th ſyth traſyth
ac aryf treiſſic. ſerth lo2yf doeth loewdo2yf de-
tholedic. Selyf vn na6t wa6t wyndodic b2of-
yant. ſant ſwyd aalwant yſſyd elwic. Hop-
kyn io2 g6inllyn gwenllys voeſſic. hopkyn
wynn waruar tra6ſdar treiſdic. Hopkyn 27
eil meruyn ma62 var p6yſſic. hopkyn hard
wyn hyt deu v2yt dyv2ic. Hopkyn yndylyn
nadolic beunoeth. hopkyn eirgoeth doeth
62th ymdeithic. Hylym aryf ynggryt ual 31
h6yl amic. hoe6 olut adef h6yleu didic.
Hely62 aer v2i6d62 arueredic. hael owir
annyan ha6l wy2ennic. Heilwin dawyd2in 34
diod2ic kadarn .aheileu maſſarn wr helym
yſſic. ageir yny lys ymdel6 giric. agwreid
ydi6 ac urdedic. Y gler aniuer nefa6l leidic
aglan. adivan y62pendevic. agloewdec ſyn-
nwy2 dirgeledic. ia6n. ag6in v62dla6n yn 39
lla6n ybellennic. Y arthur loewdemyl 62th
eurwledic .Olwys gall awen lys gelliwic.

1373

yn vd ov6y vud a vu vedic. y dlodyon dynyon
adywynnic. y veda achad6 gynnefodic ion
am yattebyon ymae tebic. Koeth a6dur
meſſur moeſſeu ffrenghic. Keith oſtyngyat 4
mat yn r6ymedic. Kyſtal ac eidyal y6 neut
kedic. koſtyat davodyat adevedic. Kymeint
y6 y v2eint vro nydiffic na6d. ar m6yaf yn
ha6d o vonhedic. Kleu aergar6 trauel kler
gartrefic klywet ynawdur clot enwedic. 9
kedlym cleulavyngrym gredyf ffynnyedic.
cl6yf ron ar dynyon ardiennic. Kalander
maſſwener amuſic beirdyon. ko2on y 12
doethyon diadwythic. Kymro ydi6 ef kym-
m2redic. kyfreith erbynnyeith wr arbennic.
Kamber rymuſter o r6ym yſtic. callon yn 15
b2ydyon yn buryedic. Kwyn amil adar
kanmoledic heil. kei eil agynneil ac agyn-
nic. k62feryeit eureit eiryf bedeſtric. a 18
chadoed emyſ nyt ychydic. Kyuoetha6c llut
wa6c nyt colledic. kady2 ly6 y6 vnya6n da6n
di vnic. Kerdeu m6y radeu ma62ydic aved
k6byl a6dur ma62ed nyt kabyledic. ~ ~
* * * * * * * * * * * * * 23

1374

Dd' y coet ae cant y hopkyn vab thomas.

Arglỽydieid treid trỽydet beird kymry bỽꝛd kym-
rỽysc gỽin yfet. yỽ hopkyn hoeỽ loeỽ lawget: uab
thomas creir urdas cret. • Cret awyꝛ yn-
llwyꝛ ymhob llun ar daỽn: eur dinac loꝛyf kyf-
un. gỽꝛ ygkymry hy hoewgun: gof naỽt eur
ac ef nat vn. • Nyt vn llew mod gleỽ med glas
a hepkyꝛ a hopkyn uab thomas. daỽn eurdull
nyt vn vꝛdas: nyt vn rym ac nyt vn ras.
Gras yỽ mab thomas meỽn tymyꝛ y daỽn.
ys o dyn yggwyꝛ. ae haryf ym mrỽydyꝛ ae heryꝛ.
ae henỽ ae parch ae hỽn pyꝛ. • Wn pyꝛ gỽyꝛ
gwyꝛ gwaeỽ blaenaf. yghat yghywiỽdỽꝛn
dewraf. lyꝛ o nerth loew oꝛeu naf. lary gỽꝛaỽl
alỽyꝛ garaf. llwyꝛ garaf naf naỽcan punt.
lleỽ kyꝛrchyat ar eigyl gat bont. llyỽ gwyꝛ gỽ-
ell no gỽyꝛ gỽent. llaỽn oꝛvlỽch fflỽch ffloeỽ eur-
bꝛint. llathyꝛbenn cun y damunyant. a llath
blaỽd hollwyth bledynt. • llỽyth bledyn win-
llynn wynllyỽ ion eillgat ennillgerd. hopkyn
yỽ. llyꝛ hardrym eil llyꝛy heirdꝛyỽ. llary gymro
hir y bo byỽ. • Nyt byỽ llyỽ beilchryỽ bylchron
di hepkoꝛ mal da hopkyn dꝛagon. ef yỽ ystoꝛ
kerdoꝛyon. o voꝛ moꝛgannỽc hyt von. • Ef yỽꝛ
naf mỽyaf a vac maon byt bit aỽdur y bryth-
yon: eur veistyꝛ mynaỽc serchaỽc son. ioꝛ deth-
ol ar y doethon. • Annwyt nud pꝛyt ud pydyd-
yon a vaeth arveith heilyeu trymyon: vn atlam
athalamon. eneitlyỽ tec di vꝛec don. • Ar aỽ-
duryeit bleit blodeu kofyon. mydyꝛ meidꝛaỽl
gymry gyffon: o varn byt iaỽn leindyt ion.
vur gwaerud ef yỽ ꝛ goꝛon. • Coꝛon yỽ hop-
kyn kyỽiỽ wryt kei kaỽ uab erbi unbꝛyt: reol
gỽindei rỽyl gwyndyt. ry laỽn barch ar haelyon
byt. • Byt doethder aruer euruat maỽꝛ ewy-
byꝛ mi a roỽn vy llygat. maỽl eur enỽ mal yꝛ
ynat. os dyweit vn is duỽ dat. • Js duỽ dat
yn rat ion rỽy amylgylchlynn nyỽ galchlys
ger tawy o win ac eur enỽ garỽy. ny roes
neb vael wyneb vỽy. • Mỽy a ryd kynnyd
kynnedyf gwaỽꝛ trỽyhadyl noꝛ trihael y gerd-
awr: walch trahydyꝛ clut vydyꝛ clotuaỽꝛ waeỽ
ennyn aer yn vn awr. • Yn vn aỽꝛ hyvaỽꝛ dihavarch
hoeỽ bost deheubarth benn kyuarch: ynat llewych
poꝛ gỽych parch. nyt llawac vn naỽt llywarch.
Naỽt llywarch clutbarch clot bell cled nadgat coeth
geimyat keith gymell. nenn kedyꝛn annyan kadell.
naf balch ny wnn walch y well. • Gỽell ymhell diell
deyꝛn llaỽchbobyl rỽyd hyt yn tref gostinobyl: eil
elphin gwaeỽ lliỽ sinobyl. yỽ no neb am win ano-
byl. • Y nobleu yn veu vyỽ difri vackỽy aevỽc
kỽꝛn ae fendꝛi ae garyat oꝛeu gỽiwri. oe ras maỽꝛ
aroes ymi. • Mi aglotuoꝛaf veistyꝛ llys mỽyeilch
hael gwnai helmeu yn vedeilch. dꝛos barch rago-
ꝛaỽl gỽaỽl gỽeilch. hardvur ae wisgoed heird veilch.
Y heiꝛd veilch wisgyoed hard uoes yỽꝛ gwaladyꝛ
gỽelỽyf idaỽ hiroes: ffyꝛyf iaỽn yỽ meỽn ffuryf
einyoes. a phob da ae ra a roes. • Roes ym lyỽ
hylym leỽ helmaỽc ruthyꝛdarỽ llary rygarỽ
llurygaỽc y ved ae win ffulldꝛin ffaỽc. ae vỽnei
hopkyn vynaỽc. • Mynaỽc hopkyn lynn loew-
glos. mur heildỽbyl ketgỽbyl katgis. mỽnei
laỽ mae yny lys. eurdar y lucidarius. ar greal
ar ynyales. a grym pob kyfreith a^e^ gras. •
Y gras a gafas y gỽꝛ. a chlot teilygbꝛif iuoꝛ.
gỽyndodic vonhedic vur. gỽineu didwyll veistyꝛ
pỽyll per. gỽiỽ eil gỽalchmei uab gỽyar. a gwaeỽ
atharyan gwyꝛ. • Gwyꝛ warant ffynnyant
ffinn. y gerd tra vỽyf vyỽ y gỽnn. gỽaỽꝛ maỽꝛ.
mat bedeircat benn. gỽaladyꝛ kadyꝛ koeth y
doethyon. gỽalch a gar arglỽyd a gwann. gỽyꝛd
a hepkyꝛ gỽꝛd hopkyn. ~~~ ~~~

Gwrd hopkyn loeỽwynn leweid lary glein-
dyt gỽꝛ aruaỽc yggryt ny byt nywbeid.
vab thomas valch ras vylch reid yghamaỽn.
uab einyaỽn vyꝛdlaỽn dꝛin greulawn^dreid^. Tỽꝛ tir
tawy rỽy rieid rugyl didaryf taer yỽ ae dur
aryf tyꝛeu diwreid. Taryan holl wyꝛ mewn
anturyeid grỽydyꝛ ỽꝛth aros ym rỽydyꝛ ỽꝛ arth-
ureid. Keing hiraer oꝛuot kyghoꝛeid nenn gỽyꝛ
kywireir eryꝛ mygyꝛ karwryeid. Kaỽꝛ aellaỽꝛ
gwaỽꝛ maỽꝛ mireinyeid beilchryỽ karỽ hỽyꝛ
uarỽ hir vyỽ eur llyỽ iarlleid. Helymvellt

loꝛyf g6ae6 dellt g6edeid ann6ytga6 . ha6l kaereu
dirya6 hael kerdwryeid. H6yl deil6ng bꝛiſc vl6ng
bꝛeiſc vleid yn aergr6ybyꝛ hyl6ybyꝛ uthyꝛ ewybyꝛ
ri athꝛoeid . G6ir wyneb kymry g6erineid vyꝛdeu
y6 g6a6ꝛ y deeu a g6ꝛdaeid . Da lyuyꝛ y gyfreith
dilyfreid yghat ad6y vil ynat di vileineid . Di 6
wed6 olut ma6ꝛ diwydeleid ia6n da wed aela6 da-
6n dieidileid . Donya6c callon hael dienkillyeid
yeid bleit digrin aryf yn reit di grynwreid . 9
Di wy6 aeſſa6ꝛ hydyꝛ ny dewiſſyeid d6ꝛd d6ys
oeſen6 ag6ꝛd diſaeſnegeid . Di vꝛec hopkyn dec
didaeogeid wr dawi6 y6chelwr diachuleid . 12
Adlyeda6c ia6n adiwladeid ly6 adywynnic y6
adewinyeid. Bꝛi6 aereu ae ron bꝛyyreid y rad
byꝛdwin y neuad bardonieid. Bꝛonn hyneif
beilchlin bꝛenhineid eruei buan d6y gamp 16
kei bonedigeid. Poꝛ ioꝛ g6ineudoꝛ g6ynedyeid
eglur: pur mur pꝛaff a6dur ver6 pꝛoff6ydeid.
Par bꝛwydyꝛdaer mael aer mil6ꝛyeid wala-
dyꝛ pann div6gyl kadyꝛ pendevigyeid. Pryt 20
verth kerth taernerth teyꝛnyeid digabyl
p6yntuſwalch doeth babyl parabyl pereid.
Parottaf llewnaf llunyeid helym durgaen
peryd ragoꝛvlaen g6a6lchwaen g6alcheid. 24
Enwa6c naf ffyꝛyfaf ffurveid ll6yth bledyn.
yny6 lys winllyn ef ny vynn veid. Eur
gadyꝛ y6ngg6aladyꝛ ēgyleid di vꝛad6 ion
m6yn eidun kad6 enmynydeid . Eryꝛa6l 28
hopkyn ar6ꝛeid diovyn ioꝛgloewdu eovyn
argl6ydieid. Argl6ydieid treid . mal yny
dechꝛeu . **Dauyd y coet ae cant y**
ruffud uab llywelyn. 32
Keredigya6n walch balch bylchꝛon cryfdꝛafyn
clotgar r6yſc bar6n: y6 llathyꝛ ruffud la6nud
lan. lle6 ol6c uab llywelyn . lla6chlu eryꝛ llew-
ychlin. ll6ydyant holl wyꝛyon llawden. 36
Wyꝛyon lla6den benn beunyd y dyꝛy yn diry-
on eil mechyd : eur yꝛ gler ger merweryd a-
med gwled gloe6 vy hoe6 hyd . Teyꝛnyeid
llunyeid llonyd a gloe6dec y6 gwledic meuc-
nyd : trech noegas va6ꝛ y ras vyd . trychdꝛin
dia6twin detwyd. Dedwyd dieidyl di laes. dyny-
on gynnyd da6n gynn6ys. dewr kein g6ell no
thꝛugeinſeis. di6c y6 vyd dec y voes . Y voes
y6 roi ba6b y vud . y veird cant y win ae ved. 4
y va6l yghymry a vyd . y vyt ageiff 6ꝛth y vod.
Mod pablaf med y pobloed . mil ae g6yꝛ ma6l
agyꝛraed . mur ia6nrym my6n mireinr6yd.
myna6c lla6 eura6c llaryeid . llaryeidvab 8
arab eiryan lla6olut llywelyn uab ieuan : llu
ryga6c callonnya6c glan . lle6 tra6ſdec unllit
tryſtan . llit tryſtan dewrder ner nerth . y6
gruffud nud naf diff6ꝛth. dihyball myn du6
hoe6boꝛth . ada heba6c deheubarth . 13
Deheubarth ved barth vud barch gyuoeth
beird byꝛdeu bꝛ6yſc la6n beunoeth : dioer y6
gruffud ly6 loewgoeth. dꝛafyn didic di feyſnic
doeth . Doeth eil uthyꝛ gawruthyꝛ yn gy6-
ꝛein ia6n valch yꝛ anuod eingyl llundein. 18
yꝛ moꝛua coeth wrda kein eryꝛa6l walch
arwyꝛein. Arwyꝛein mirein moꝛud un urd-
as wynn ard6ꝛn plyml6ytlud : eurgar6 clot
bell naw well nud . aergyꝛyf oꝛeuffyꝛyf ruffud. 22
GRuffud nud ud eir . grym llym llafyn
diſgleir. g6ynn greir hael myn meir
am y gwin gra6n. Gyꝛua ma6ꝛda meith . gyꝛ
vꝛ6ydyꝛ dewrgr6ydyꝛ deith . g6yꝛ diſtri6 eingyl 26
geith gar6 di eſtra6n. G6a6l ha6l ma6l milcant.
g6ych llych lla6ch anant : g6arant glut ffynny-
ant eurglot ffynnya6n . Hardffr6ſt wſt aeſtalch
hydyꝛdaer ar gaer galch . hyn llywelyn walch . 30
ioꝛ coethvalch ia6n. O werin lin l6ys glot by6
g6lat bywys . hael ynat gleifd6ys o hil einya6n .
Emyꝛ eil heil heird . amylba da da digeird :
emyn kiric beird y6 myn kara6n. Achel verth 34
nerth neit. y6ch aeron ron reit : vn kymurth lloe-
gyꝛbleit y6 ion kama6n. El6ſal eil ſelyf oꝛyf
maeldoꝛyf ma6ldyf. eryꝛeid aergryf a ryd eur
gra6n. Y vard ryhard ry6 6yf tra vyth6yf vy6 38
vy lly6 kymen y6 nyt cam awna6n . Aruaeth
maeth meith ner. aeruleid reid rudner. eur oleu
get cler ar ael eigya6n. Dꝛeic trin lynwin law.

dꝛagon callon caỽ . dꝛyỻywr caer aelaỽ dꝛeiỻaer
creulaỽn. Bugeil cat mat maỽꝛ . baed gỽned
gỽed gỽaỽꝛ . bꝛyt uthyꝛ catruthyꝛ caỽꝛ byꝛd- 3
laỽꝛ beirdlaỽn. Bꝛeyꝛ gỽyꝛ myꝛ med . bꝛenhī
gwin gwen ſed. bꝛyt byt hyt hydyꝛgled. maỽ-
ꝛed meiraỽn. Balch gỽalch gỽeilch loeỽnen.
barchus glot berchen . budffrỽyth ỻỽyth ỻaỽ- 7
den . doethben y daỽn. Bꝛeiſc weiſc wyſc bꝛỽy-
dyꝛdỽꝛd . bꝛys emys ymỽꝛd . bỽꝛd kiryet agỽꝛd
keredigyaỽn. Keredigyaỽn walch. 10

1379 1380

Kynnyd llywelyn mab gruffud. Dauyd benvras ae cant.

TRaeth6ys vyntaua6t . tr6y nerth y d2inda6t . traethwa6t ombarwa6t mo2 dibarha. T2eiſſwr agymer . troſſed eliffer. tra6ſwalch ner muner ae m6ynhaa. llyw gly6 a glywir. lle6 doeth coeth kywir. llawir ny welir y gywala. llym yggrym yggryt . lla62 go2ua62 g62hyt . ll6y2 y dyt y v2yt ar v2ynn buga. lloegr6ys y gyſgu. llud6yt oe deutu. lluoed ae dyuu y2 ydiua. kanawon kymry . cunyeit ae deffry. kenedyl aedyly nyt ymdolya. keinweilch kyffredin. kynnivyeit werin. llawer y b2eidin. llyw ae b2einhya. B2einywys g62 ae med . b2eint y tey2ned . b2enhin g6yned kas g6eda. B2einya6c lywelyn. b2enhined y hyn. b2yneich a d2eiſſyn. d2os gla6d offa. B2ooed yſgauael . b2yt ard2ychafael. y b2ifdec caffael. hael yd h6ylya. B2eiſc weiſc woſgo2don. b2yt gryt grym lleon. b2anar bar beirdyon. ynſaxonia. lla6uaeth gaeth giwet . lleith geith wered2et . lloſget cu trefret am cu traha. Ty2eu te6 cu mur . teruyſc eu llauur. to2uoed diſegur ae hyſſiga. Tey2nuab gruffud tey2n dat annud . tey2nas datcud p2ud y p2eidya. Eurgla62 kymry ua62 . argl6ydi clotua62 . argl6yd walch kein ua62 ae kynniuya. Argledy2 g6eith vudic . Argl6yd g6ynuydic . arbēnic wledic awledycha. ketwit un mab meir. keneu kyniweir. ketwis y gadeir gyt ag6ina. y g62 g62d uchel. ar g6ae6 gwaet awel. pan el yn ryuel nyt ymgela. lleidyat gat gy2chu. llauur g62 gynnu. a llu ny chymu yn ryt chwima. Ar erlit ual kynt arael y dyffrynt . Areil hynt gerrynt garrec houa. T2yded hynt yd aeth. d2ut vu y aruaeth. g6naeth ty2eu treſd2aeth. nat ynt trada. Pedwared y v2o pēnaf

o gymro . penv2o o dyno. ros o dyna. Pymhet vo2gann6c . parhaus y wc y2 awnel o d26c nyſ diwycka. Chwechet yd2amw . chwechat yn ad6y yn aber tawy tec yſgo2ua. Seithuet getweli. ſeith gat wylloſgi. o yſtrat tywi tew y haerua. Wythuet hynt greula6n. y garn ywylla6n o geredigya6n y duc yna. Na6uet v2ycheinya6c. na6 cat kyndynya6c. ual run ruduoa6c vu y d2oua. Decuet digyſſellt duc atta6 vuellt. dibellt ae flamwellt y flemycha. vn ardec diwreid. eluaed v2o hyueid. ar62eid a vleid ae harueida. Deudecuet yn ia6n y duc werthrynya6n. maelyenyd oe da6n ettwa. T2ydydec docni. taerwalch ery2i. ar6yſtli keri ker kaer eua. Pedwared ardec panduc achwanec . d6yn kedewyng dec. du6 ae nertha. Pymthecuet powys . pan y kyñydwys. pennaeth ny wyſtl6ys ef awyſtla. vnvet ar bymthec o vaela62 faeſnec. pan aeth ar oſtec y dir panna. D6y arbymthec d26c. awnaeth yn aml6c. pan gerd6ys y v6c amallt vaga. Deuna6 da6n oed v6y. duc y har uo2d6y. g6yned vch con6y. ae kynnydha. vn eiſſeu o ugeint. ar6yna6l y meint achwanegu b2einᵗ. gey2 b2o affa. vgeinvet gan rat. hend2ef y hendat. duc y beruedwlat ac nyſ g6ata. T2os y2 ugeinuet o alun d2efret . hyt waela6t dyuet yd eheta. Mi y6 y benkerd ma62 y6 y angerd . mynegeis y gerd * fo2d yt gerda. M6yu6y y gyth2ud. mireinuab gruffud. mae yny deurud da6n ny chilya. kymen lywelyn. kymy2th yderuyn. kymry ogylchyn. a gylchyna. G6yſtl6ys yd2agon. hyt ỹghaer llion. g6yſtlon y r6yf mon rymynycha. Y2 un g62 an peir . an g6eith2et an geir . can eirya6l diweir . ueir uerch anna. can cafas eurwas eir al6ydha.

can gaffael hirhynt byt bot* yma.
can duỽ nef yny vaỽꝛ nodua. ys caffo ef
dꝛugared adiwed da. amen.

Marỽnat howel mab madaỽc. O. gruffud. llygat gỽꝛ ae cant.

Gwae ui duỽ oꝛdiruaỽꝛ gollet yꝛ goll-
eis y nymgellir gỽaret. gỽander
y lawer eilywet tramgỽyd: ry doeth am
arglỽyd eurglaỽꝛ dꝛefret .Gỽalch gỽꝛa-
ỽl gỽꝛhyt gỽalhauet. gỽeilch oed veilch
yny valch gerdet .Gỽyꝛ golofyn ehofyn
pan ehanget foꝛd: am dꝛefgoꝛd dꝛỽy galet.
Gwac yꝛ byt bot heb y haỽdget. gỽael
dỽyn hael hỽyluaỽꝛ y weithꝛet. Galar
yỽ gennyfy gỽelet ar lachar: golỽc ãg
klaear daear dudet. Howel uab madaỽc
ny mat dotet. y myỽn mynwes llaỽꝛ
mygyꝛwaỽꝛ myget. hir yỽ byth bellach
bellet bot hebdaỽ: hiraethlaỽn gym-
raỽ gymrỽyn godet .Hydoꝛyf kylch y
goꝛyf gwrymseirch ar llet. hydyꝛ glot
ryd gynnyd gynulaen lliwet. Hygyꝛch
oed y lys les trỽydet oe vud: ae vedgyꝛn
kyfyfet. arỽyd tec am rec pan rifet gan
feint bꝛeint bꝛenhin gogonet. ardeheu
mab duỽ bo y dynghet ef. trỽ gaffel
poꝛth nef yn agoꝛet. Ãgkall yỽ y dyn
ny del y gret. ar y gỽꝛ goꝛeu a anet. ãg
heu nynedeu un nodet racdaỽ: dꝛỽy
benn yntreissyaỽ yỽ an tristet.
Trist yngoꝛuc crist cret nyt ym-
chwel. treis dirgỽyn. ac nyt treis
dirgel. Am dꝛaỽswalch aerualch oeruel
y golli: nyt ryued ochi yn iaỽn uchel.
Neut ydiỽ ynof y cof kyfarchwel.
am lyỽ cledyfrud heb gud heb gel. neut
meu y eisseu neut issel vymbꝛyt. yỽ
veirdyon oed clyt clot diargel. Neut
aelaỽ cỽynaỽ neut kynhawel. o verwyn
hyt vaỽꝛ hirdywel. am yꝛ dỽyn terỽyn
toꝛyf vuel. am riỽ ae bar oed gỽaetliỽ
ual gỽaet awel.
Och am rỽyf aerglỽyf eurgled echel. och
am diliỽ maỽꝛ nym daỽꝛ kyndel. Och am
arglỽyd rỽyd ruduedel utkyꝛn. och am waỽꝛ
kedyꝛn kat diogel. Och yꝛ vynet gỽꝛ gỽꝛdleỽ
ryuel. och veith byth bellach nydychwel.
Och pawneir och ueir och vihãgel. och hyt
attat ty duỽ yꝛ dỽyn howel. Eryꝛ gwyꝛ gwa-
rant heb ochel. ar wirioned iaỽn daỽn
yd ymdel. Erbỹnyet arbennic angel barch-
ussaf naf ar nef yd el.

Marỽnat gruffud uab ednyuet. Dd' benỽꝛas a cant.

Gwyn y vyt am gyt a geidỽ y wir.
gỽae ef arglỽyd nef ny vo kywir.
ary vynno dyn ry derperir. ỽꝛth a vynno
duỽ dim ny ellir. Ry uaỽꝛ o bechaỽt ary
buchir. ry vychan y duỽ adiwygir. Ry af
nam o gam agymerir. ry anynaỽt o
beth y pꝛegethir. Gỽeleis y wr agỽꝛ agỽy-
nir yn veith: vyth bellach ny welir. gỽeleis
y deu adeu beth a dewir. gỽeleis y dꝛi
a thꝛi ny thꝛemygir. Ny ry weles dyn
dim moꝛ engir. agỽelet y byt ynvyt en-
wir. Ygỽꝛ ae medei oll ymedir kỹghoꝛ.
llyỽ mal aergỽl llawhir. Moꝛdiheid hynny
moꝛ dyhir dꝛuein dꝛavo byt na cheffir.
Gruffud arueu rud ry debygir. greit barch
y lywarch uab elidyꝛ. ysdinam awas ydir
hepkoꝛ: ỹmynnwent vangoꝛ ahepkoꝛir.
kalanmei kallon adoꝛrir. cof anwar ga-
lar pa gelir. Pandangosser gỽyꝛ eryꝛ
eurdir. nat ygỽꝛ o ros adangossir. ary
vo goꝛeu gỽir y digir. ac a vo da nyt edew-
ir. noc aadwys duỽ yny dognir. ket hael
uab ednyuet neb ny edir. neut rygỽyn
terwyn tyꝛua pabir. neut rei am ruffyd
aduhudir. Neut raỽch y ardaỽch neut
rywir y varỽ. y varỽnat a genir. aoꝛuc
o dꝛỽc ny dꝛycuernir. y ruffud oe vud a
vadeuir. aoꝛuc o da ony dywedir geu. nyt
ae madeu idaỽ a medir. Eneit hard digard
dygyn yt gỽynir. enwaỽc didỽyll bỽyll a
bell getwir.

ketwis vi y vard ymgelwir . kedaol du6 y
da6n a yolir. keitwat nef y na6d ny tho2rir
ae katwo kedymdeith kywir . 3
Kywir v2enhin v2y gogonet . kyuarwyd
kulwyd racl6yd reet . kywirdat·uab rat
riuet y wy2theu : ny wy2thya ry anet . cof
ygkar neut g6ar neut g6ared2et . kyuery6
a mi ma62 eiffiwet . kyuar adaear dygnet y 8
achlud . am ruffud digud deigy2 hyt arffet .
amdwyn g6eilch terwyn gwedy ty2ret . am
diua rei da ry digonet . yf llawer bl6ydyn
yn lliwet o2 g6ir pob go2eu ry gollet . keue-
is avynneis kynn y vynet . can ruffud oe 13
vud oe vodhaet . kaffael ida6 nef oe nodet
rac d26c : d2agywyd damunet . G6eheneis
y ac ef nyt govyget. g6ahan hir a h6y2 16
ymwelet . Bydei p2aff hedi6 y p2ynet o ved.
pei yn vy6 y kaffet . Enwa6c wr arwr eur
ydudet . anwar y alar a oloet . Ennwir y6
angheu āghen d26ydet . anwas ry gallas 20
pan ry gollet . Eneit hir kywir kyfuch weith-
2et . anant ae k6ynant v6ynant vynet.
ana6 oe wenlla6 ry wallofyet . anha6d y6
y dyn y diofret . Y g62 an p2ynwys ny 24
p2it werth galet . o uffern gethern o gei-
thiwet . awnaeth yma da ygkalchdoet . a
wnel y6 eneit g6ir neit g6aret . ameN .

Dauyd benvras ae cant y duw ac y lywelyn uab iorwerth 29

Mab du6 dylyaf dy b6ylla6 ma62 g6y2-
thua62 gy2thyf g6aranda6 . Mo2 ya6n ym o2
da6n amda6 oth barth2et : m6yneir om 32
plegyt heb plyc arna6 . Mur modur llyw-
yadur rac lla6. mae ym med6l dy geiffa6.
mo2 diryeit y dyn eiduna6 oe gna6t : y2dy
gna6t becha6t nae rybucha6. Mo2 dec ygelly
gall ar6yda6. merweryd echwyd ac vcherda6.
Ma62v2yt y dyn byt y2 bot ida6 da : nama62
eir traha nyt reit 62tha6 . Mab du6 ae de-
ryd yn eida6 . a mab du6 ae d6c y gantha6.
a mab du6 dydb2a6t ada6 y6 b2oui : beth 41
vo y eni am ana6. Ny byd amab du6 di 1
ymada6 . a vo mynws byt yny bydya6.
Mab du6 dewiffeit dewiffa6 awnaf. ef dew-
iffaf naf na6d y gantha6 . Dideftyl oed 4
eu lle llu 62th fyllya6 . dyd y kymerth crift
croc yneida6 . yggwaela6t uffern affleu
v2a6 einyoes : yd oed bedeiroes yn ymda-
ra6 . a llu o b2yfet yn eu b2iwa6 . a llit bo-
ethuan dan yn eu deifya6 . a llys afreit gwrys
nagwryffya6 oe phleit : ae llia6s eneit yn 10
direidya6 . a ll6y2 dywyll6c d26c 62th d2igya6.
a llenn gyth2euleit yny th2eula6 . a llawer
b6yfti heb yfty2ya6 ket : a llawer fychet
tr6ydet tr6yna6 . a lluoed pobloed pa6b 14
ynatha6 . a lleot a rot yn eu r6ydaw . a lle
yd oed d2uan d26y ada6 cain : y werin wi-
rin y waranda6. Pandyuu y mab rat oed
reit 62th aw y2 po2th yn danno2th a da6n 18
arna6 . y uffern bytwern heb ada6 ychwe-
ith : yn vn bo2egweith y6 hanreithya6.
achaós pymoes byt y bu ynda6 . uchel62
mirein by2d2ein d26yda6 . vcheldat vab 22
rat rac r6yda6 y ha6l : g6ae ny vo ded-
ua6l y dyd ada6. Mihāgel pandel y daly
d2ofta6 . yn erbyn kyth2eul kyth2eul ky-
th2ud feinya6 . ac ymli6 ac ef am ry lunya6
geu : ac āgheu diheu dyuot ida6 . Pam na
char mab dyn du6 ae geiffya6 . pam na 28
chynnyd ef nef yny eidya6 . Ot a ny wy2th-
ya 62tha6 nyanet : y g62 gogonet g6elet
g6ylya6 . G62 ny gaffat nam yndim yn 31
dim arna6 . g62 ny geffir fo2d yfo racda6.
G6edy y g62 uchot uchaf lla6 diheu : ar
eilg62 go2eu meu ymada6 . llywelyn
62dyn urdas ida6 . llew g6ae6d6n yfg6nn 35
yfg6yt geidya6 . Gna6t vot kyfrangk
r6yd rāda6 pan b2ouet . ae glywet ar llet
hyt yn llyda6 . Gna6t vot ongy2 gwy2 g6e
dy g6edy gwya6 . achled g6a62 g6yned a 39
g6ed arna6 . Gna6t yn uthy2 vot ruthy2
y rygtha6 ae efgar : a gna6t vot g6yar o2
ymdara6

Gnaỽt yỽ oe elyn hylithyꝛ wylaỽ. agnaỽt
vot tauaỽt diwyt idaỽ. Gnaỽt yſcauael 2
hael yn hỽylaỽ oedu: agnaỽt rac y lu loe-
gyꝛ vudaỽ. Gnaỽt frangk rac ffỽyꝛdꝛangk
a ffo a ffo arnaỽ: a pheleidyꝛ reeidyꝛ wedy
rudaỽ. Gnaỽt ſeis nyſ kỽyneis yn kỽyn-
aỽ y benn: a gnaỽt oduch trenn trin ym
wyꝛaỽ. Gnaỽt cledyf gilyd yn ymgiglyaỽ.
gwal ac arall yn ymguraỽ. ac ar llỽyth 9
offwyd gnaỽt llithyaỽ kicurein: a chaer
dew virein yndiuuryaỽ. Gnaỽt gwaeỽ
ac arwyd gỽedy gwedy gỽyraỽ. a gỽꝛ yn
goꝛuot achlot idaỽ. Gnaỽt ſeithgat o 13
eingyl yn ſyꝛthyaỽ ergyꝛ. ac eryꝛ ryffwyꝛ
heb eu ruſſyaỽ. Gnaỽt vot yſgỽyt vꝛwyt
vꝛiỽdoll arnaỽ: ac unbyn dengyn deng
wlat idaỽ. adigaỽn odaỽn y eidunaỽ 17
reen: adygen llawen yn eu llywyaỽ.
llywelyn nyt llew kywaethlaỽ. llyỽ anaỽ
llywenyd dꝛeulaỽ. Yſtyꝛyaỽl y haỽl y
hỽylaỽ yggryt: yſdigrif yꝛ byt bot y 21
danaỽ. Yſtyꝛywys deus daỽn idaỽ: yſty-
et tat llỽyꝛgret rac llaỽ. Dyn ynvyỽ ny
veid y dꝛeiſſyaỽ. duỽ vꝛy am vꝛenhin aber
fraỽ. **llywelyn ~ bard = a gant** 25
yꝛ awdyl honn y owein uab gwenwynwyn.

Clot yſgein owein clot yſgein yſgỽyd
dꝛut dylut dyliffein. clỽyf idaỽ 28
ny daỽ ny damwein goꝛoſyn: cleu ehoſyn
goloſyn eur y goeluein. Clut gamlan
kynran o hil kynrein: mal clytno eidin
pꝛif gyfrin pꝛein. cler yſgỽn llaſyndỽn 32
oꝛoſyn llundein laỽꝛ: arỽꝛ waỽꝛ pꝛytuaỽꝛ
warant pꝛydein. aer bybyꝛ eryꝛ dewrwyꝛ
dwyꝛein. eur gyfrỽy gyfrỽyt oꝛuyt arw-
ein. Arwyd naelwir yn elein vedyant ar
delwaỽc hydgant cỽbyl volyant kein. 37
Eurdꝛym ket wychꝛym. kadoed achwre-
in: urdut ny blygut yn aỽꝛ blygein.
wrth ofỽy arlỽy eurlein teyꝛned: eur
gled gỽꝛ gywed gỽyar gywein. Mab 41

gruffud didyb ud datyein. Myfyꝛ nat di
dꝛeul molaỽt didꝛein. wyꝛ gwenwynwyn
rynn awna rein goꝛffeu: bleideu y gogeu 3
am y gicwein. Ef nud ket dilud kedyꝛn dilein
eur vꝛenhin kywrennin kywrein. Ef dedueu
goꝛeu goꝛadein kenedyl: yꝛ pan doeth kychw-
edyl am lỽyth kichwein. Ryffwr parch per- 7
chen march archneuein. ryffed balch kyf-
lymwalch kelein. Rỽyſc eurgoꝛ kynghoꝛ
yny kyghein daỽn: ryt alaf digraỽn alon
digrein. Ri rudbar kyuar kyfỽyꝛein. ryn 11
dioꝛdin bꝛyneich rann oꝛdaỽn bꝛein. Rifyꝛ
y deỽꝛllỽꝛỽ ryuel darllein gled reued nyt
ryued hydyn ruuein. Rif pybyꝛ eryꝛ arỽy-
rein: rỽyf divꝛadỽ rỽym achadỽ mechein.
Rybud dꝛut ardut golut gỽylein bleit 16
malydeit ynreit ynryt angein. Rybo
duỽ rebyd dadwyꝛein: rygarhaỽꝛ daerwaỽꝛ
dar ywein. Rỽyd ynni rodi rif mein y annỽ-
yt: clỽyt yſgỽyt clot yſgein. Clot yſ- 20
gein ywein megys yndechꝛeu yꝛaỽdyl.
arwydon kynn dydbꝛawt. llywelyn bard ae

Gwyn gỽarandaỽ dyarſyn **cant** 23
hwyꝛ. adꝛaetha y llyfreu moꝛ llỽyꝛ gỽyꝛ-
theu goleu gỽelhattoꝛ dꝛychafael moꝛ hyt
awyꝛ. Moꝛud meidꝛaỽl y deuaỽt. o blegyt
duỽ ae dywaỽt: meint yꝛ arwydon avyd 27
pymthecuet dyd kynn dyd bꝛaỽt.

Y pedwyꝛyd dyd ardec yt gyrch moꝛ maỽꝛ
atrec yndyfynder daear dꝛemynt. ual naf
kyꝛreid gỽynt gỽanec. 31

Tꝛydyd ardec trỽy deithi. maỽꝛ uthꝛet
gỽelet gỽeilgi: pꝛyt paneler yỽ ſylli. nat
ym meu yt uu yt vi. 34

Deudecuet dyd duỽ digaỽn. anifeileit moꝛ
maỽꝛdaỽn: ydaỽ pob pyſc oe odeb. hyt ar
wyneb yꝛeigaỽn. 37

Undecuet dyd kerth keugant. crea-
duryeu yt grynant: rac ofyn diliỽ diar-
char. adar daear dyꝛweſtant. 40

Decuet dyd herwyd anyan. ny eill dynyadon
didan.

moꝛ diffeith nyſrydiffaỽd ꝛ rac meint eu
fraỽd frydyeu tan.
Nawuet gỽedy decuet daỽ . duỽ ehun
yny lunyaỽ ꝛ vuelyar tan trỽy yſgyꝛ
ergyꝛ oꝛ ſyꝛ yn ſyꝛthyaỽ .
Wythuet dyd dybyd dyar . dedueu dieu
diarchar ꝛ dygyn dangos arhos eruyn.
val yt gryn dyn adaear.
Seithuet dyd dyd darogan. mein mỽy-
af oll ahọlldan ꝛ gỽyꝛtheu duỽ adan-
goſſan. rac aryneic bꝛaỽt bꝛiwan.
Arwydon chwerỽ chwechet dyd . y daỽ
gwaet oꝛ gwellt ar gwyd ꝛ anarglỽyd
yn argletryd . an rodes ny cret abedyd.
Pymhet dyd eluyd aflỽyd . ryuel nyt
argel arglỽyd ꝛ pan vo bꝛiỽa bꝛynneu.
eglỽyſſeu diheu dygỽyd.
Pedweryd dyd trỽy dꝛiſtyt . arneit ani-
ueileit y byt ꝛ yggwylltoed kyhoed ker-
dant ꝛ kan gỽdant nat ant ygyt .
Trydyd dyd trỽy dꝛueni . rac aryneic
bꝛaỽt bꝛaỽ vi ꝛ ar agollo paỽb o gar.
ar wyneb daear dybi.
Eil dyd kyn no dyd diliỽ . pobloed triſt
kriſt ae keimyỽ ꝛ yggwylltoed kyhoed
kerdant kan gỽdant nabydant vyỽ.
Undyd douyd dybyd oll . pobloed plant
adaf obell ꝛ a mut adꝛut a dꝛyth-
yll . yn llỽyꝛ yneu llaỽn deall.
Englynyon dadolỽch . llywelyn bard ae cant.
llyma englyn agant llywelyn bard
uab kywryt . y owein vychan uab
madaỽc uab maredud am dyhyaỽ
arnaỽ oꝛderchu y wreic .
Os hyn vydaf naf neirthyat nothi
vechein ri rodyat ꝛ aruaeth yỽ gēnyf
arueu gyꝛchyat deurot dodi dỽfyꝛ
yth varỽnat.
Dyna ydodes owein y annod ar
lywelyn bard . ac y cant ynteu yꝛēg-
lynyon dadolwch hynn . Nyt amgen.

Nyhepkoꝛaf y rỽyf hyt ruuein y
gỽys goꝛeu gỽas ympꝛydein.
nadale nat elỽyf vechein. yꝛdelỽ eur
Teulu ywein llonydỽch [deu ywein.
ym kerd ym kynnelỽ yt uydỽch ꝛ diryeit
ny haỽd beit hedỽch ꝛ dedwyd agar dado-
lỽch. Garaf y neirthyat naf a nertho
vyndull ymdillỽng arallvꝛo ꝛ ny wna
dꝛeic dꝛagon wylo . ny wnaeth dꝛỽc ae diwyko.
O dywedeis dꝛỽc odꝛamgỽyd ſynhỽyꝛ . o
awyꝛ ymawyd : dywedaf om diwytrỽyd.
di vỽyn y var ym arglỽyd .
Galwaf y duỽ arglỽyd am argleis ywein
llyỽ koeluein koelyng dꝛeis ꝛ hedỽch
ym am ageneis . heyding veir ualyheydeis.
O heydeis y ae cleis ae clỽyſyant ryued.
ae ryuel ampeiryant ꝛ haedaf om kerd
kyꝛreiſyant . gnaỽt y hael haedu molyant.
Molyant adyly eur dilud rodyaỽc . hil
madaỽc medel glyw. hael meruynyaỽn
lleiſſaỽn llyỽ. hat heb ledꝛat heb letryỽ.
Ny bu yn lledꝛat ar lledꝛudyon wyꝛ yꝛ
oꝛwyt ar ſaeſſon ygkarnyal meirch
marchogyon . yngkarnedeu teu teon.
Neut teu oꝛ bareu a beryd ym pleit
ym plygu heb defnyd ꝛ ae card ae kerd
onewyd. ae cabyl ae kỽbyl gerennyd.
Kerennyd y dyd y doeth meir yn wyꝛy.
y waret am an peir ꝛ archaf ytt atteb
diweir . eryꝛ ongyꝛ yꝛ vngeir .
Eryꝛ arbennyc ar benn aneirỽ ỽyt
neu oꝛwyt neu wyꝛ meirỽ : byd lary
ỽꝛth lānerch y keirỽ. bit dy lit ỽꝛthlys deinteirỽ.
Na littya ỽꝛthyf ỽꝛth adꝛaỽd dyglot dy
gledyf o dꝛithaỽd ꝛ nam gỽꝛthuyn wrth-
eb anhaỽd. na wrthot arnaf naf naỽd.
Naỽd duỽ yn aỽch kylch kal chdoet
ywein eirchyon kein aỽch canret : erch-
ỽch ym peir can eir ket . archaf yud naf nodet.
Archaf yꝛ goꝛeu ungỽꝛ nyt ouer kyf-
rỽng nef ac eluyd ꝛ caranuael hael heuelyd
karānaỽc walch kerēnyd.

Kerennyd vy rỽy nyt raỽch y erchi gnaỽt
gan ri rỽyd ardaỽch: gỽaet gan llu ar
llafyn dỽyaỽch. gwae agaỽd lleỽ ac nyỽ llaỽch[h]
Llochyat gwlat hygat byd hygar ỽꝛthyf
nam gỽꝛtheb yn anwar: am rod ued ueidy-
at trydar: am rod uaỽꝛ uod nam rod uar.
Os bar hir efgar hỽyꝛ efgoꝛ a vynn. hebaỽc
bꝛyñ abꝛondoꝛ: ny hebafy gan y hebkoꝛ
ny hepkyꝛ gleiffyat glas voꝛ. Ny hepco-
ꝛaf y rỽyf. **Marỽnat kediuoꝛ uab genill-
in. llywelyn vard ae cant.**
Kediuoꝛ eurgoꝛyf o argoet pan oed
Karyf kyoed kyñ adoet: ygkytwed
gyued gyuoet. ygkytuoes eiryoes eryoet.
Eryoet ym dyuu doualdꝛeth ãgheu
vn diheu diameth: hoedyl bꝛeyꝛ bꝛeuaỽl
abeth. bꝛon wala y wahalyeth.
Gwahalyeth wofged wafgaỽt pꝛydydyon
pꝛyderus yỽndeuaỽt: vyngkerd yn ol
vỹg keudaỽt. ỹgkanyat marỽnat moꝛ naỽt
Moꝛ naỽt ymdyuu dyouaeth gofyon.
etimyon etiraeth: yn kỽynaỽ bꝛaỽ bꝛeuo-
lyaeth. bꝛeyꝛ bꝛeyenhin a uaeth.
Magyffei eruei ar rudyon trydar try-
de rann yngcofyon: etlit hil gỽythlit
gỽaethlon. etlaes maes wedy maon.
Maon meiryonnyd moꝛ diheid aỽch bot
heb aruot heb aervleid: ac aỽch byt byth
ar diwreid. mal y byd beinỽ wedy beid.
Wedy kediuoꝛ cat uarchaỽc afeif fefit
duỽ gan uadaỽc: hirwalch balch bỽlch
y rodaỽc. hil hoedlyỽ boet hirhoedlaỽc.
Hoedyluyꝛryon haelyon hil bledynt
amdꝛeul. trỽm arnafy eu lletkynt: ual
yderyỽ y derynt. ual y deruyd gỽyd ra gỽynt.
Gweñ yfgoꝛ veiryaỽn veiryõnyd hygar
ae hygoꝛ gyweithyd: hoet ach dỽc yỽch di
geryd. heit heb vodꝛydaf hu byd.
Ny hu ỽyf lawen o lawer achaỽs o a-
chỽyffon pꝛyder: am ỹgcof ygkỽyn o-
uer. am ỹgkymwyt yngkymer.

Kymereis y eur ae aryant attaf ae attep
ardunyant: nymoes naỽd rac caỽd cody-
ant. nyt oes neb yny bu gant.
Ny bu dy gyflu dygyflud am rod am
rỽyduod am rỽyduud: tat mat magaỽt
gỽaỽt gỽaewrud. tat maeth myget maredud.
Maredud gardgud gerdgoꝛ gynniuyat
a vu dat y dut yoꝛ: neut gỽydued gỽedy
gỽedy gỽyduoꝛ. neut gỽeryt kyt kediuoꝛ.
Kediuoꝛ eurgoꝛyf. **Marỽnat teulu owein
gỽyned. llywelyn uard ae cant.**
Owein arwrein eur wron kymry
kymroeid oꝛchoꝛdyon: rieu hoet am
hoedyl y dꝛagon. maỽs medgyꝛn mechdeyꝛn
Dꝛagonaỽl kedaỽl katuarchaỽc me- [mon.
lyn. llywelyn llaỽ deaỽc: aerdaryf glyỽ gloeỽ
dywyffaỽc. aergoꝛyf aerdoꝛyf eurdoꝛchaỽc.
Eurdoꝛchaỽc deifnaỽc odyfnant ragoꝛ
rac yfgoꝛ yfgarant: ny bu uethyl ny bu
uethyant. ny bu uagaỽt meirch moꝛgant.
Moꝛ geneuin trin tra ladei yfgỽyt ac
yfgỽyd adanei: goꝛdiuanỽ anuaỽs traỽꝛ
trei. goꝛonỽy ualch uab gỽalchmei.
Gwalch gỽaet rỽyf hynỽyf unic age-
reis agaraf y etmic: blaen blaỽd blei-
nyat gỽyꝛẽnic. bleid gaỽꝛ bledynt uab kyn-
Kerdeit kỹniuyeit kerd aryal [wric.
dꝛutyon. clỽyf ehofyn cledyfal: nyt card
nyt kerd anwadal kein awein kanaỽon yal.
Ganawon keidꝛyon kadyꝛ yt uolir glyỽ
gloeỽ dꝛagon agỽynir: deu uadaỽc enỽ-
aỽc enwir. deu gyued gyuoet hoet hir.
Hir y kedwir cof ketuaỽꝛ oꝛonỽy. cat
oꝛdỽy ddaỽn uaỽꝛ: gỽꝛd y laỽ ar y laf
naỽꝛ. gwyl hael gỽꝛauael gỽꝛaỽꝛ.
Gỽꝛuan gynuaran gynuelyn angerd
angud gerd gard elyn: aer deruyfc am y
deruyn. aruaeth haelonaeth heilyn.
Hael hygleu vꝛydeu vꝛyt eryꝛ yn aer
yn aros kyfergyꝛ: hirgỽyn bꝛỽyn bꝛỽydyꝛ
dieithyꝛ. hiruraỽ amdaỽ amdudyꝛ.

Gut achles budles bodla6n kerdo2yon ker-
dessynt am y na6n : b2einrud b26ydy2 b2eifc
ualch yda6n. byt arll626 ar llary einya6n. 3
Llary einya6n lluch da6n llochessit beirdy-
on mab kynon kerd uenwyt : lla6 rodyat
lla62 ygglewyt. llaffetheir y ffo fo2d byt.
Byt trist 6yf o gl6yf am glaer dech2yn 7
treul kan trengis llit erwyn : lloegy2 vla6d
kady2 ga6d kyngelyn : lly6 ma62 lle6 lla62 llyw el
Llywelyn llachar lluch uaran gyued ny
gyuyt oe vablan : bu llw clotua62 bu clot
uan. y la6 y lia6s kynran. 12
Kynran rann gyfran gyfret welling ba6d
balch digard digyuing : mo2 dec moli mo2
deiling . mil62 ma62 mal maeloging .
Maelogīg m6ynva62 myn6 gyuot o gat 16
mygy2 vleinyat vleid wossot : angud urd
o2dwy hynot. angerd vla6d āgkla6d āgklot.
Glot wasgar aesgar eisgur gyuaruot 19
gyuarua6c bēnyadur : bleid blaenga62 bar
dy2a62 dur. beird auael hard ae ardur.
Haedassei wa62 gly6 glot dengyn gyfed 22
g6ira6t ved g6ir oed ynn: gwaeni am
vab genillyn. g6ae veird kymry g6edy g6yn̄.
Gwynn g6aet na6d aerula6d aer vloed 25
auael le6. aryf tryle6 treis allael : lla6 rod-
yat lla62od gaffael. nyt lla6 vydac vydei hael.
Haelyon eiuyonyd hil merwyd marwynn.
hil ketwyn kat ouyd : eisseu gly6 ynby6 an
byd. eissyo2 balch b6lch eissillyd. 30
Oissillyd merwyd ma62 aletkynt y6 nat
ynt vy6 vegys gynt : llas llary v2ody2
gwy2 go2uynt. achyt lledyt lladyssynt .
Llas asser aerlle6 aerllit uuelyar aerbeir 34
bar baed eruit : lly6 gly6 gle6d2a6s vedyly-
it. llew to2yf taryan eurgymit.
Llas go2on6y hael h6yl ueidya6c yn yng 37
hil keuyng cat uarcha6c : g62walch balch
b6lch y roda6c. g62ueint g62dv2eint garan
na6c. Llas mo2gant mur ga62 llassar 40
wa62 wanar. llary llachar lla6ch kerda62 :

mab owein p2ein p2eidua62. wy2 y ywein 1
madyein ma62.
Llas rys ruthy2 esnys afneuet y da6n
aer greula6n aryf greulet : r6ysc v26ysc
v2eisc v2euaol dynghet. r6yt v26yt 5
v26ydy2 gl6yf r6yf r6yd get.
Llas deu gymyna6c amgymynat eingyl
am degeīgyl dec ystrat : einya6n 6yl olut rod
yat. einya6n diwyl diofyn cat. 9
Llas mab g6y2engyn g6y2v2i6 y balady2
g62 oed gady2 y gad6 ri6 : r6ydvud ueidyat
gat geithi6. rud y waetlafyn o waetli6.
Llas rys fynhon6ys fynedic hygar gwar
y gar y gynnwys : g62 yn g6are a lloegr6- 14
ys gwalch balch oed b6lch ar bowys.
G2ar6y ym gou6y goual gogywec am
uab tec tudawal. baran lle6 lloegr6ys
oual. lletuegin g6in g6y2duual. 18
Rudued ae keid6 wedy kein wodeu. arll6y
by2 lle6 lloegy2 : dilein ar win ar b2ydein
ar b2ein arued o vedgy2n owein. Owein arwrein.
Yf ym argl6yd g62d go2diu6ng y var
go2d6y neb ny6 hyst6ng : gly6 diwreid
g6dvleid go2vl6g. gle6 dywal ny dal ny d6g.
Yssit ym argl6yd aergl6yf ner nerthua62
aerlle6 lla6 lla6ch niuer. ny oleith lleith y2
llyfy2der. ny odef cam nyw kymer. 27
Yssit ym argl6yd eurgledyfrud ga62 b2eifc
llafna62 b26yfc llofrud : ny da6l 62th ae ma6l
ma62uud. ny gra6n golut nyw golud. 30
Yssit ym argl6yd argledy2 ana6 beird am-
bardeir yneida6 : amkaryat kadarn arna6.
am kerd am kynnel6 o hona6. 33
Yssit ym argl6yd argledy2 cat a tharyf
a theruyn ar gywlat : klotua62 lla62 lla6
agkaeat. ko2yf to2yf teruysc oe anghat. 36
Yssit ym wledic wlat amdiffyn llary llawer
dyn ae govyn : gwalchlan wofparth warth
wrth2yn. g6alpar g6anar g6enwynwyn. 39
Mab kediuo2 kat wo2meil. ma62glot
adas mygy2was moel. ysg6n b2yss6n

bzaff diwyl. yſg6yt lathzeit hyneit hael. 1
Hael annwar g6en6yngar g6ynn.h6ylvle-
id vleinyat ỹghatlan. perchēna6c parchus
luman. peir gly6 periglus unben. 4
Unbenn da6n amgen ny di6. unbyn balch
b6lch ynn hedi6. rudei pan lli6ei rac lle6.
rudonnen oeloflen la6. 7
Lla6 hyget ar llafyn hyl6zch. llunyei
glot gle6 dihauarch. myn6 tonn tremit
ydygyzch. maengaen wedy meingañ meirch.
Marcha6c lla6hir lleith unbeñ. ma6zgof 11
argychwedyl y6 ynn. kyt ragoz aduc ragon.
catuab gruffud am rudlann.
Ynrudlañ r6g deu niuer. pan gyfreing 14
g6aewa6z ag6yz. llada6d ahi llith adar.
llafyngreu keneu kediuoz. Mab kediuoz.
Teulu owein llary lluoed anhun treis
yn eu tra6s arduvn. fyzd kyzd kyued
eu duhun. pa fozd yda6n y ofozdun. 19
Dos was ynebz6yd heb rodi geir da yz g6z-
da yſſy yndi : dywan wan trywan tr6ydi.
dywet an dyuot geri. 22
Dos was o geri ac arch6n 6zthit rac yn
llit yn llochi. diwed y doetham idi dywet
y down arwyſtli. 25
Dygychwyn gennat gan ua6zhydic do-
zyf y deruyn keredic: dywan ar wyllt ar
wallt pic. dywet y do6n benwedic. 28
Dos o benwedic boen ouyd kēnat kanyth
wna kewilyd: dywan ar gynan gynyd. dyw-
et y do6n ueiryonnyd. 31
Dygychwyn gēnat gyfyl mozd6y g6yzd
gozdyar y gylchwy : dywan yz traean tram6y.
dywet y do6n ardud6y. 34
Dygychwyn gēnat gein deruyn y wlat a
wledychwys meruyn : dos y weſt ar neſt ne-
uyn. dywet an dyuot leyn. 37
Dygychwyn gēnat o gylch dzagon llary
lluoſſa6c eu galon : dos uarcha6c arua6c
aruon. a dywet an dyuot von. 40
Teulu owein hael ha6l dioleith lloegyz
lluoſſa6c amanreith : a ennir wedy hirdeith.
a annwn y yn ros noſweith. 2
Dos was y gēnyf ac nac annerch neb ony
byd vỹggozderch : dywan ar vuan veinerch
dywet andyuot lānerch. 5
Dygychwyn gēnat gadyz ardal teulu. tei-
l6ng med o vual : a dywan o dyno bydwal.
a dywet andyuot yal.
Kychwyn y6 teruyn partha6z eu hoewed 9
hiruelyn eu gwaewa6z : dywan diw kalan
iona6z. dywet an dyuot uaela6z.
Dos was na olud na oleith dy l6z6 dyludy-
a6 nyt ha6dweith : dywan o uaela6z ua6zde-
ith. dywet andyuot gynlleith. 14
Dos was a chynghoz nachỹghein an tozyf
ual teuluoed bychein : dywan d6c rybud
hydwein. dywet andyuot vechein.
Teulu owein r6yf r6yſtraſſam wladoed 18
poet gwlat nef an atlam : kyzch kyfr6yd
kyfl6yd kyflam. kylch kymry kymeraſſam.
A6ch rodaf ^a^ra6t ozawen gyffes a6ch rodes
a6ch reen : 6zth a6ch bod a6ch bot yn lla6-
en : 6zth a6ch bzyt a6ch bzeint o veigyen. 23
A6ch rodaf ara6t arouun awnaf aruogy-
on kyttuun : ygg6ythlit ygg6ythla6n ozun.
yggwaetlan ygg6aetle g6ydgun. 26
A6ch rodaf ara6t a6ch rodyon am keid6 ket
walla6 garvaon : bendith du6 gēn6ch gyn
reinyon. gna6t y vard vendiga6 haelon.
A6ch rodaf ara6t aer wosgryn bowys ar 30
goedwys d6ys denghyn : u y ma6zed uy ma-
6zeir ae mynn. vymareu vy mar ae kychwyn.
A6ch rodaf ara6t aer dihauarch wyz nym 33
g6eli yz g6ahanarch : neum kynn6ys dzeic
bowys dz6y barch. neum arwar neum kar
neum kyuarch. **G6elygozdeu powys**
ynt yz englynon rac lla6. kyndel6 ae cant.
Kyuarchaf y du6 kyuarch da6n uolyant
kyuilyoed enwoga6n : eurdozcha6c uar-
cha6c ueirch agkra6n. eryz g6yz g6ely
gozd leiſſya6n. 41

Eil welygoꝛd uaỽꝛ ueird wellyng ampeirch
arvygyꝛueirch arveigyꝛvyng : bleideu
toꝛyf teruysc diechyng. bleinyeit ku-
nyeit kadellyng . 4
Gꝛyded welygoꝛd trydar oꝛdiuỽg treis
wollỽg vlỽg vlaengar : lloegyꝛ lleidyeit
llofrudyeit llachar. yoꝛuerthyaỽn y vurth
yaỽ esgar. 8
Pedwared welygoꝛd pedweryd molaỽt molaf
y lyỽ ae derllyd : maỽꝛdoꝛyf daryf gyfaryf gyw-
eithyd. madogyon madaỽc eissyllyd. 11
Pymhet welygoꝛd pymhetran om kerd ke-
ritoꝛ yn eu bañ : aerwyꝛ gaỽꝛ aruot uaỽꝛ
uaran. arodyaỽn kreulaỽn rac creulan. 14
Chwechet athꝛugar athꝛaon kadwallaỽn
eil lludyaỽn llafyn rudyon kyfnewit eruit
aruogyon. kyñiuyeit kunyeit kaer eillyon.
Seithuet welygoꝛd oleugoꝛ tros waỽt eu 18
traethaỽt traethitoꝛ : gỽꝛd vydin veidyeit
eu tewdoꝛ. gwyꝛ weirnyaỽn gỽꝛyt diachoꝛ.
Wythuet lỽyth gỹnwyth gynwan eu de- 21
dyf eu dewis gyflauan : llawen doꝛyf am go-
ꝛyf amgyfyꝛdan. llafrodyaỽn llofrudy[eit]. gartha[n].
Naỽuet eu riuet rỽydwed ygkyfrãg kyñ bu
trãg eu trossed : tynghyꝛyaỽn tỹghet oꝛuo-
led. ny charw tyngyꝛ tangneued. 26
Decuet yỽ am clyỽ om clut eurdaỽn kerd
keintoꝛ kanys yaỽn : toꝛyf ysgỽn ysgnaỽt
ygkamaỽn. taryf rac kat rac cỽkỽlluyꝛya[on].
Undecuet awen vndecuet awyd awelnyd
vyntỹghet : omgỽaỽt rann om bañ om 31
bardget. o walch valch o veilchan[ỽ] giwet.
Deudecuet amgen amgeinwiỽ garthan.
gyꝛch yngwan rac gỽaetvꝛiỽ : hydy eu gỽir
oꝛ gỽꝛ ny ydiỽ. hil gỽꝛyaeth ysgỽ[eỽ] ysgỽytvꝛiỽ.
Gꝛyded yỽ ardec adigaỽn raclot yn ragot 36
ragoꝛ daỽn : flaĩ luchlaĩ y luchlad estra-
ỽn. faỽ gynghy fỽyꝛwyꝛ fynudyaỽn.
Pedwared ardec ardunyant ageiff ardun
waỽt diattrec : kỹniuyeit kỹnygyn ogyỽ- 40
ec. kyndꝛỽynin kyndelỽ ae hanrec.

Bꝛeineu powys ynt yꝛ ẽglynyon rac llaỽ Kyndelỽ ae cant

Kerdaỽꝛ huenyd huanaỽ aỽch maỽl. kerd
heb daỽl heb dỽyllaỽ : kerd uchel an
tawel an taỽ. nyt casgerd cosgoꝛ dyssilyaỽ. 5
O dawn maỽꝛ mab duỽ dylyaf ardelỽ dull
kynhelỽ kynheilyaf : o gerdeu bleideu bla-
engỽꝛaf. o ganon kerdoꝛyon kanaf.
Kanawon felyf feirff cadeu meigyen. nyt 9
meigoll y kigleu : kỹniuyeit kyneuaỽt oleu.
kynnydwys bꝛenhined bꝛeinheu.
Nythelir o wir o wreidꝛỽyd bꝛeisc a bꝛỽysc
aỽ yn rotwyd : ebediỽ gỽꝛ bꝛiỽ bꝛaỽ dygỽyd.
yndyd bꝛỽydyꝛ rac bꝛoñ y arglỽyd.
Ny thal gỽyꝛ powys peñ reith argymry 15
gan gymryt agkyfreith : wedy treul tryleỽ
dioleith. wedy trin traean o anreith.
O anreith ydyuu dioual anrec anryded
kyfartal : ermyded terwyn teyꝛnual.
eur hybarch hebaỽc a bual. 20
Buant kyt yggryt yggredyf kyfaruot
kyfaruogyon diledyf : ywrthot annot ac
annedyf. o greulañ o greulaỽn gyñedyf. 23
Kynnedyf gỽyꝛ medueith medgyꝛn oꝛdyf-
neit medgỽyn greit gredyf heyꝛn : gwyllyod
gynt ny gedwynt gedyꝛn. gỽyl bentan amdan
Kynnedyf y aergun argoetw- [am deyꝛn.
ys werin awaraỽt rac lloegyꝛwys : rañ y 28
vꝛaỽt y vꝛeint ae ry wys. rañ ych[ỽ]aer nachweir
Kỹnedyf y bowys beñ ymadꝛaỽd [o bowys
gỽyꝛ uch gỽiraỽt eurgymlaỽd : yn nebllys yn
neb lle anhaỽd. nat ef daỽ ar eu llaỽ llet caỽd.
Kỹnedyf y bowys kyn offot yn aer yn aros eu
raclot : ymblaen cadeu cadỽ aruot. ac yn
ol diwedwyꝛ dyuot. 35
Kỹnedyf y bowys banel ar dꝛemyn yder-
uyn diogel : na bo tro tramwy gyuarchwel.
na bo caeth na bo carrdychwel. 38
Kynnedyf yỽch bowys banwnaeth aỽch goꝛ-
saf aỽch goꝛsed na bei gaeth : glyỽ gỽyꝛthuaỽꝛ
gỽꝛthodỽch chwi etwaeth. gỽꝛthodes rywyꝛ
[righyllyaeth.

Kynnedyf yꝛ dꝛeigyeu uegys dꝛagon berth
ny boꝛthynt aneduon ꝛ yn eu byỽ ar eu ryỽ
rydyon. na rennit ranneu kynnydyon. 3
Kẏnedyf a waraỽt y werin argoet nyt
argel om bardꝛin ꝛ naſ gouỽy goꝛdỽy nagoꝛ-
din. goual tal teledic bꝛenhin. 6
Kynnedyf yꝛ ketwyꝛ ket yſgein y veird
katweilch heird hard ytuein: eilgỽerth gỽ-
arth gỽꝛthodes kynrein. eil goꝛmeil goꝛ-
mef gylch ʀiein. 10
Gỽꝛthodỽch aỽchcam kenedloed powys
peues kyꝛd achyhoed ꝛ glyỽ kyꝛchuaỽꝛ. kyl-
chynueirch nyt oed. gỽyl hebaỽc heboch neut[adoed]
Nyt adoed vyndaỽn yn ouer omgỽlat am-
gwledic ae dirper ꝛ nym gỽna tro treigyl 15
ueird un amſer. nym tỽyll pỽyll pan ym-
kyuarcher. Gwyꝛ powys pobyl diſgyw-
en cat oꝛ llawes oꝛ llawen: pedeir kẏnedyf
kadỽ kadyꝛ urden. ardec yꝛdugãt oueigen.
Gwenwynwyn erchwyn eirchyeit yꝛ
molyant mur milcant maelgỽn 21
reit ꝛ haỽl waỽl waſtat reinyat reit hael
wael waret get gytneit. 23
Kytneit kẏniuyeit kyniuyat arglỽyd di
dꝛamgỽyd odꝛomgat ꝛ cas dꝛaỽs dꝛablaỽd
caỽd kywlat. cadeu doꝛ car coꝛ kyꝛchyat.
Kyꝛcheis eryꝛ treis tres oheb heb gud cat
woſſud ket woſſeb ꝛ arwr ar wir y wyneb.
arwyꝛ waỽꝛ wrach noneb. 29
Gwrhyt diogel diogan fyſgyat yn fyſgy-
aỽ biỽ garchan ꝛ aerua uaỽꝛ aerwaỽꝛ eur-
wan. eurwalch balch bolch ydaryan. 32
Taryanaỽc enwaỽc enweir aghynnỽys
argoedwys bowys beir ꝛ adyꝛr ongyꝛ an-
gerd weir. ac ny dyꝛr y deyꝛneir. 35
Teyꝛned oꝛdỽy oꝛdyfnyat goꝛllin yngoꝛ-
llỽyn dỽy gawat ꝛ yghyfaryf taryf toꝛyf
amnat. yghyfaruot kyfnot cat. 38
Kadwyn kyfreieu kyfrỽyd yn rodi ket
weſti waſtatrỽyd ꝛ gryt woꝛllỽyn agreit w-
oꝛllỽyd. glyỽ argledyꝛ agleỽ arglỽyd. 41

Arglỽyd teithyaỽc tỽythuaỽꝛ yn arueu yn 1
arvỽydyꝛ bydinaỽꝛ ꝛ argae toꝛyf rac tỽyf aef-
ſaỽꝛ. argleidꝛyat vleinyat vleidgaỽꝛ.
Gaỽꝛ veird hu yſgỽn hu yſgein a vyd am 4
uedỽl mab ywein ꝛ gaỽꝛ valch rac pꝛeidwalch
pꝛydein. gaỽꝛ uaỽꝛ am bꝛeidaỽꝛ am bꝛein.
Pꝛeid waſgar anwar anwas y gelwir
enwir hir hydyꝛ ygas ꝛ enwaỽc dꝛeic dꝛa- 8
gon wanas. glyỽ dinac agleỽ dinas.
Dinas teyꝛnas teyrn oꝛun toꝛyf twryf a-
ches anodun ꝛ rỽyf dꝛagon rodyon reidun.
reidꝛud rodyat rỽydꝛat run. 12
Run gyngredyf gynnedyf gẏneuaỽt oꝛeu
rud bareu rod baraỽt ꝛ adal eur mal yꝛ
molaỽt. ac ny beirch peſcueirch paſcnaỽt.
Gnaỽt gredyf ar yſgỽyt ac yſgỽn terwyn 16
ympꝛaffdwyn ympꝛyffỽn ꝛ llit odrud llud
llu gyngrun. lluoed oꝛlleỽ lleỽ llafyndỽn.
Ylafyn ẏgkreulif ẏgkreulyñ gỽyar ẏg-
kreulaỽn ymwrthꝛyn ꝛ gỽechyꝛ y gỽylch 20
gỽeilch amdiffyn. gỽalch gỽenỽynualch
gỽenwynwyn.
Yoꝛwerth aerganherth eur ganhoꝛthỽy
kyꝛd nyt kerdaỽꝛ nyw molỽy: nyt cabla-
ỽt yſmolaỽt mỽy. moli hael malyhaedỽy. 25
Haedwys deifnaỽc ri defnyd vymbardaỽꝛ
llỽꝛỽ llafnaỽꝛ llaỽꝛ llanryd ꝛ llary llit aerleỽ
lleỽ lluyd. lleiffyaỽn llas eu hyneuyd. 28
Hyneuyd arglỽyd ar eurglaỽꝛ powys. poꝛ-
thes glỽys gloes waewaỽꝛ ꝛ glyỽ lofrud ge-
leurud gaỽꝛ. glewdꝛut golut geloꝛaỽꝛ. 31
Bu gelyn bꝛyneich bꝛanes gyfỽyꝛein bard
goeluein beird gyfles ꝛ bleidgrỽydyꝛ bꝛỽydyꝛ
bꝛydeu aches. bꝛyt yn aruot adodes. 34
Ny dodes vẏgkerd ygkyfreith eryoet dꝛeic
argoet hoet hirueith ꝛ hirwaỽꝛ toꝛyf coꝛyf
kyfarweith. hirualch gỽalch gỽae ui oe leith.
Lleithiclỽyth hydỽyth hut waſgar ogat 38
bꝛỽyſc luchyat bꝛeiſc lachar ꝛ ef oed leỽ oed
lyỽ trydar. ef oed laʀy o lin gaſnar. 40
Kaffwallaỽn eiffyoꝛ eiffeu y dyuot balch aruot

b6lch arueu: o beleidyz reeidyz rudgreu. o beleidzat cat kigleu.

Kigleu beleidyz bzi6 bzith ogyuegyz a g6aet g6yz y ar wlith: ag6yach hylef hylith. a g6ydua bleid yny blith. .

O blith g6yzd achyzd achein amser g6in ag6ira6t 6zth leuuer: berth yt bozthynt am niuer. am yozwerth amnweth nerth ner.

Ner vla6d kyfadza6d kyfadzef kerdeu cledyz cadeu kat wodef: ny tholyes bud beird achzef. ny tholyir g6a6t g6edy ef.

Ef oed gatuarcha6c get verchy am cl6yf cledyfrud nyt etkyz: g6eilchly6 gly6 gle6 dza6s eryz. g6alch lann gannerth g6alch-

G6z ỹgga6z dyza6z dery6 vỹgcreu :[ner g6yz lañ hael amrañ am r6ythy6^bu: tr6y lewyt uoes gloes gly6. nyt tr6y lyfyzder y dery6.

Kann dery6 doz gly6 glot diogan hael bu kynn g6ael an g6ahan: ny chel vygkerd vygk6ynuan. ny chud vỹggrud vyggriduan.

Griduan darogan dzyc yzuerth am cl6yf clot uan r6yf r6ydget nerth: aerwalch balch b6lch y darmerth. aryf taryf tozyf ãgoz yozwerth. Yozwerth aergañerth.

Marwnat gruffud uab kynan. Dangel uab llosg6yn me6. ae cant

Hael arthur modur mut angud rodyon hael ryderch am eur vud: hael mozdaf hael ma6zdec nud. haelach gredyfolach gruffud.

Hael ruffud diluch dila6ch teyzned teyzn ueird neufg6da6ch: perigle6 gle6 a gly6 la6ch. peir pzydein pzyt nat oed ra6ch.

Rychwynant anant anha6dgoll teyzn teyzned kymry oll: cañ eu hoet hut ynt aruoll. cann callon yndonn yndoll.

Gyllyon yalon yal agetwis o gatwent ac ynyal: hoedyl vzeu hydyz gleu gledyfal. hyt gaer ae aer ae eur mal.

Molaf uilyoed naf niuer eurdeyzn ud kedyzn kadarn fer: caeth ffaeth y6 veird maeth m6th ner. coeth doeth dzut termut tyner.

Tyner 6zth lawer 6zth lur byt yn ll6yz yn ll6z6 ysp a menwyt: echel var vu yn kar kyt. uchelgozyf g6endozyf g6yndyt.

G6yned g6zd droffed g6z dzut y deruyn ydyzua beird achlut: g6dant oll teyzngoll tut. gruffud myna6c vd mynut.

Mynut 6zth uolut 6zth uilwyz bu g6zd. bu gozd6y ar allmyz: kadyz wrhyt bzyt bzan uab llyz. keda6l arwyna6l eryz.

Eryz teyzned teyznwa6z pzydein. pzyder beird neut ryua6z: mynet vd bud bydina6z myna6c llary ym mynws lla6z.

Lla6 ruffud llary ud. llawen gymwyt ysp llawen osp nat yd6yt: edynt veird yz pan adwyt. heb eurseirch heb ueirch heb v6yt.

B6yt y gnut adzut adzeic oed ruffud bud angud angerd veic: agoz coz cat offeleic. ac oz pennaetheu penn eic.

Eigya6n m6yn terrwyn tyzua man a bzas: bu bzys beird kylch huan: ma6z lla6z lly6 pzydein achlan. mab mat kỹniuyat kynan.

Kynan darogan derwydon dyda6 dydi y6 o vzythyon: ana6 k6yna6 kerdozyon. un oed well ud m6ynbell mon.

Myna6c arderchâ6c ardzychafael beird lla6er bard lla6n auael: ara6t g6a6t g6edy y allael. aerdalmith yz^eur hylithyz hael.

G6ira6t ywein dza6 dzadigoll uynyd moz uynych y haruoll: owin kyfyzgein nyt kyfyzgoll. o ved o vuelin oll.

G6ira6t am daera6t am da6 gan rybyd am ry buch oe wenlla6: pennyadur cat ket walla6. peñ coz peñkerd 6yf ida6.

G6ira6t adygir odiga6n attan. g6in o bann rañ ratla6n yn llys lles gly6 lly6 lleissa6n. yn lla6 lle6 cat kyzn llat lla6n.

G6ira6t owein llary llawen yt rodir yny tir tu hafren: a thzeul hygar y6 hagen. athza6 y da6 a dygen.

G6ira6t ywein llary llachyz y deruysc ar-

deruyn y eſgar꞉ balch y daỽ yn llaỽ lluch-
uar. medw y thoꝛyf med y thonnyar.
Gỽiraỽt angỽꝛthuyn gỽꝛth ſyꝛ a lleu-
at gan rỽyf rat rud uyhyꝛ꞉ amhirvꝛyn 4
hirvꝛeiſc eryꝛ. amhafren hyfryt gỽengỽyꝛ.
Ar llaỽ owein hael haỽl dilin gỽꝛualch
y mae goꝛuỽlch eurin꞉ anryded gỽymp
arwed gỽin. anrec bꝛiſdec bꝛeyenhin. 8
Aele nadolic yꝛ ae dyly lloegyꝛ delhis
lleỽ o gymry꞉ yngerd gytuot rot
ryly. yngerd gyhydyꝛ gat hydyꝛ hy. 11
Hy bydei arthur eirthyan hyñ ae lu eily-
uoed oe gylchyn꞉ milwr gwlyt milwyꝛ gryt
gryn. mal ydỽyt hediỽ hydyn. 14
Hydyn lywelyn hydolaỽc y veird ae vyꝛd-
yoed lluoſſaỽc꞉ rỽyf bedyd ny beit y raỽc.
rỽym lloegyꝛ lliwet trahaaỽc.
Gꝛaha yỽ y neb na bo kaeth ymrỽyf 18
gỽꝛ ny rif kebydyaeth꞉ duỽ mal ef nef ner
bennaeth. dyn kỹna nyſ gỽna nyſgỽnaeth.
Gỽnaethoſt gat eurboſt get eurbar
pꝛydein nyt pꝛytuerth yth eſgar꞉ y gymry 22
gymraỽt godyar. lloegyꝛ wales yn woꝛes war.
Gỽꝛhydꝛi benlli banllocher yſgwlyd yſgwle-
dic kymynner꞉ yſgỽꝛd yny goꝛdinher. yſ
dꝛut ffỽyꝛ dylut ffer. 26
Fỽyꝛ ffyſc aer derfyſc ar deruyn lleon. llyỽ
pꝛydein lywelyn: dygyn rỽyf ryduc dy
hyn. dugoſt ud dꝛemrud dꝛemyn.
Gremyn llywelyn llyỽ rydyꝛch pꝛydein 30
pꝛyt y loegyꝛ y diſſyrch꞉ milueird glydwr
glot ueinteirch. moes terwyn maes tỽꝛ agyꝛch.
Kyꝛchyat tremynyat tramoꝛ ud dygaf
dy goſgoꝛd yn bꝛeinrud꞉ meu dyget gat 34
wychaỽc nud. teu vỹgkerd angerd angud.
Angud vu dygyꝛch angerd lyꝛ abꝛan
a bꝛiwgoch dy ongyꝛ꞉ traỽ y tremyneiſt
beñ gỽyꝛ. trỽy dyꝛn deyꝛned eryꝛ. 38
Yꝛpan y llywyeiſt lloegyꝛ diwreid gym-
ry gynniweir milcanpꝛeid꞉ elyf dꝛeic fele-
ic ffỽyꝛdꝛeid. elſmer ud ffer nyt ffurueid. 41

Nyt ffuc oꝛwyd gruc wydgun yſgoꝛua oes
goꝛuot y hil run꞉ tyꝛeu poeth peithaỽc
pob un. tande ffyꝛyf ffoes alun. 3
Criſt keli poet mi om meithueint ſyn-
nwyꝛ ae ſynnywy kynn heneint꞉ criſt
creaỽdyꝛ llywyaỽdyꝛ llỽꝛỽ ſeint cret creuyd
Nyt kywreint y neb kyỽ- [keluyd kywreint. 7
ryſſed amrỽyf yn ryuyc gỽythloned꞉ tut
glyw tir mynyỽ neuſmed. tỽꝛ toꝛuoed teruyn gỽynꝫ.
Gỽyned yn ryſſed yn ryſſwryaeth glỽy aglyỽ-
ant men yd aeth꞉ mal toꝛf nyỽ teruyſc alaeth.
mal tonn treis tryt lonn tros dꝛaeth. 12
Gꝛaethaf canmolaf canmil gỽyꝛ yſgỽn
haỽd eſgyn eu heryꝛ꞉ calchdoet ſeith riuet
ſyꝛ. kylch vy rỽyf yny rechtyꝛ.
Rechtyꝛ croeſeſwallt cryſſyaſſant amdꝛeic
amyl dꝛagon pedꝛydãt꞉ gỽyꝛ goꝛtho bꝛo 17
bꝛyñ a phant. gỽir kymry kymhellaſſant.
Pebyllywys ry wr rywodic lluoed llywelyn
weith uudic. ym bꝛo loegrwys diffỽyſ dic.
ym bꝛynn gỽyth yn amwythic. 21
Amwythic wledic wlat anhydyꝛ ybꝛeint
am vd bꝛeiſc ny chyhydyꝛ꞉ vch uch y dyd
herwyd hydyꝛ. iſſic dyd oſwyd oeſwydyꝛ.
Godꝛeis aladaỽd o lu trychyeit lloegyꝛ 25
llywelyn ar honneit꞉ ae bobloed kyhoed
kytneit. ae byll ae bebyll ny beit.
Pebyll llywelyn lleỽ cat awelet yn oleu
arthawat꞉ yn llutwaỽ llidỽm yn rat yn 29
llu goꝛuedu goꝛwlat.
Pebyllywys vy llyỽ yn llu hyfryt pꝛaff
ar pꝛyffỽn o wyndyt꞉ goꝛthoei dꝛei dꝛaỽs
ahyt. goꝛthir y gelwir gerwryt. 33
Pebyllỽys vy rỽyf yn rỽyt gỽꝛd gynny-
gyn gỽyꝛ gynnif ymplymnỽyt꞉ ỹggỽendut
glut yt glywyt. ỹggỽeñweun beuyꝛ befyꝛ bell
Pebyllwys teyꝛn teỽ arnat y [o glỽyt. 37
henỽ ef henyỽ o gancat꞉ llyỽ gỽyned gỽyn-
uydic wlat. llỽyth llewdir yſtỽyth yſtrat.
Yn yſtrat meuryc an yſtywell lu yam lyỽ 40
bꝛo hiryell꞉ ny ſafei ratlun rỽych pell nacaer
[nachaer na chaſtell.

Pedwar caſtell poeth peith ryuyc yſtỽyth y
am yſtrat meuryc ꝛ klỽyf uſwyd nyt plyd
neut plyc. clot gyhoed kaeroed kerryc.

Kerrynt adugam ny dygerd ereill ar allt-
moꝛ ae ogerd ꝛ pebyllua peir kyua kerd. pen-
nal dir engir angerd.

Engiryaỽl rubeth amrybyd angerd argerd
gerd geiryonnyd ꝛ dybuant dybydaỽt vyd. dy
walwern dꝛywern dꝛeuyd.

Gremynỽys ryſſwr roſſed diabꝛet am diebꝛyt
gỽyned ꝛ lloegyꝛ gychwyn ae mynn ae med.
llywelyn llyỽ teyꝛned.

Teyꝛndut leiſſaỽn ac alaſſỽy dir y deyꝛn de-
gannỽy ꝛ cam yꝛ kymro nyỽ hoffỽy. kyn-
nif katwallawn myt mwy.

Pebyllỽys vy llyỽ yn llyſſyn dꝛefat. amdꝛef-
ret wenwynwyn ꝛ claỽꝛ powys peues unbyn.
canmil canmoles duỽ hynn.

Pebyll llywelyn paỽb ettwa ae gỽyl. ual y
gỽelſaỽch chỽy yma ꝛ yngkaer ygkarrechoua.
ỹgkaer vyꝛdin vyꝛdyoed bla.

Pla oed argyhoed ar gytkam kynnygyn eu
kynnif ꝛ y wnaetham ꝛ arthur gynt ffỽyꝛ lu-
chynt flam. ae keiſſyei ual y caỽſſam.

Kaỽſſam ar bowys beues goeth geſtyll eu
goſtỽng oed anoeth. tri tryuan kyuan kyuo-
eth. pedwar ennwaỽc peithyaỽc poeth.

Peth oe dylyet gandylyn bꝛeint bꝛo veli ae
medu ꝛ kafas kynn lleas kann llu. keiſſy-
et penn tytwet pob tu.

Tued a thired athi neut haual neut hyuaỽl
dy weſti ꝛ ehang yỽ ytt rydit ri. ehofyn
agolofyn geli.

Einyaỽn ỽañ ae cant. y uadaỽc uab gruffud.

Sef eu teyꝛnllỽ teyꝛn llaỽ uadaỽc parenỽ-
aỽc peir anaỽ ꝛ teyꝛned teyꝛn gan llaỽ.
teyꝛnas adas idaỽ.

Idaỽ lu gan llaỽ gein llyỽ hyuac kyꝛd kerd-
oꝛyon ouanac ꝛ rỽyf ner by archer bỹnac.
nyt ryỽ ym ner rodi nac.

Dinac loegyꝛ arac eryꝛhes amỽyn bard
gyflỽyn beird gyfles ꝛ dyn ae maỽl llỽyꝛ ganma-
ỽl lles. daỽn ymrỽf duỽ ae rodes.

Rodes duỽ ym llyỽ y llafyn waetlif. ae yſgỽꝛ
yſgyꝛyon yggnif. rỽyt bꝛyneich bꝛanes
ỽꝛthgrif. rat oe gennyat y gynnif.

Ynghynnif madaỽc aghynnỽys ydoꝛyf
ae daeruar ar loegrỽys ꝛ rỽyd y keidỽ kat am
diffỽys. rỽyt glyỽ tra vo by bowys.

Powys nenn perchen parch wodef eſpyt yſbo
duỽ gyt ac ef ꝛ rỽym cat yn cadỽ y adef. rỽyf
byt yſhyvꝛyt os ef.

Marỽnat uadaỽc uab gruffud einyaỽn ỽann ae cant

Neut reit am vadaỽc trengi kiwdodoed
gỽalch kadoed kadyꝛualch ri ꝛ neut trei
callon donn duc vi. ac neut trỽydoll oe golli.

O golli madaỽc etgyllaeth kofyon gỽyỽ callon
can hiraeth ꝛ gỽaỽꝛ llaỽꝛ llỽydedic bennaeth.
gwae y vꝛo ae vꝛodyꝛ maeth.

Maeth madaỽc mynaỽc mynutrỽyd ỽꝛth lyỽ
ac ỽꝛth leỽ ymoꝛchwyd ꝛ aryf taryf teruyn e-
hangrỽyd. aer wr oꝛeu pei kanmlỽyd.

Canmlỽyd ydoed reit rud elỽch yvot y vat
gynnal hedỽch ꝛ gỽalch bꝛenhin ynyalỽch.
gỽael nat byỽ byt neut amdrỽch.

Twꝛch y ỽꝛgỽꝛ arwr ardwyat gỽerin. a goꝛeu
o vab tat. ef oed aerlleỽ arllỽybyꝛ cat. ac
oed arlleng pymthengwlat.

Gwladoed ny debyc glut etliỽ ym byt mada-
ỽc oed kynn hediỽ ꝛ eſgoꝛ oedut nat ytiỽ. yſgoꝛ
gadỽ yſgỽyt vꝛadỽ vꝛiw.

Bꝛiỽgalch yrodaỽc o ryw tymheſtyl cat kynn
oerwely dideſtyl ꝛ gỽꝛ awneir ual gỽeir uab
gỽeſtyl. gwyꝛ waỽꝛ yn llaỽꝛ llyñ egỽeſtyl.

Diweſtyl y yſgo yſkỽyneis nat byỽ. hael oe ryỽ
rygolleis: bleid blaengar blaỽd trydar treis.
trei hoedyl y hoet yꝛ boꝛtheis.

Poꝛtheis alar trỽm tramaỽꝛ odꝛic gỽyth
am waỽꝛ llỽyth alleithic ꝛ am eryꝛ gỽyꝛ gỽeith
vudic. am yoꝛ aerdoꝛ urdedic.

Urdas teyꝛnas teyꝛn aryfrud cat trin gyꝛch
yat tra vu vud. trymwryt byt bot yn achlud.

traỽs maỽs madaỽc uab gruffud. 1
Amvab gruffud lary llaỽch yneit ymken-
nyt meu wen wed honneit : y bop rỽyf 3
rỽyſc oꝛdyſneit. diwed not rudued neut reit.
Neut reit am vadaỽc. ual yny dechꝛeu.
Madaỽc dỽgreic ae cant. 6
Llŷnar mut. ar ſut y ſyd. y glerỽꝛ gyda
gloꝛyeu newyd ac e yndyuot oꝛ retwyd.
ac ithel ỽꝛ hael ae rŷd. ~~~ 9
Ugeinhoel heyꝛn y ogenyd pell. keinŷaỽc
pỽll yꝛ klochyd. ac elloꝛ tudur gilyd. ac
galar na bar ny byd. 12
Hen garthen rỽdwen yny rudwyd geirỽ
am goꝛỽgyl y pꝛyd. o temyl hen gywarch
domyd damwein ont dinaŷn ae nyd. 15
Pedeir eſtyllen vn mab pedyd geiuyꝛ. o
gyfran coet bꝛonnyd. chỽydlyt bꝛyt bꝛa-
dỽ ewenŷd chỽedel da o gỽeda ny gwyd ~
~~~ Jollo goch ae cant. ~~~ 19
Karu dỽyf karueid yỽ kỽꝛelrud kiriwal
ryỽ. Kares valch hepcoꝛes ued karedic
uerch kaer decued. Kaegen difethyl ael-
gethloyỽ keginwꝛych geirỽdỽfyꝛ crych croyỽ.
Kegiden bebyꝛwen babyl cogeilgoꝛff ku
ogelgabyl. Llỽyꝛ yng ym gỽnaeth lla- 25
wer och llaryeidgeinc llywyꝛudgoch.
Loer lliỽ ỽyneb eiry ionaỽꝛ llar yỽ a
gwiỽ lleuer gỽaỽꝛ. Da iaỽn yỽ gỽed y
dyn gwyllt ae deuiſſyat dỽf eſſyllt. Di- 29
llynnyeid da y lluñyỽyt diwyl hon myn
dewi llỽyt. Tal ac eur mal goꝛeu mold
bꝛialluwallt bꝛelliwalt. Deuliỽ eigyꝛ
da oleugreir du aeluein megys delỽ 33
veir. Llygat ual glein cawat coeth
tebic y vaen y tyboeth. Gỽen rỽyd ual
lliỽ gaỽn ar reỽ gỽyntrỽyn kyfladgrỽn
gwantreỽ. A deintỽs a mỽyntlỽs a 37
min digrifwimp diagyꝛ yfwin. Ta-
gell hir teg oll y himp alarchwed gron
ỽyỽ lerỽchỽimp. Baỽt a rif bader re-
uueich a bꝛonn aualtỽlf a bꝛeich. 41

Llaỽ vein val lliỽ y vaneg baſlart hir 1
bys hoyỽ lary teg. Ewin ballaſſarn arnaỽ
a modrỽy eur yma dꝛaỽ. Yſtlyſlun dỽy-
wes dloſledyf yſtuduỽm mod ſtad medyf. 4
Feruein is ffỽꝛri venuyꝛ ffurueidwen
troet kyt boet byꝛr. O chemir bys yn
chỽimỽth oe blaen lygat crynuaen crỽth. 7
Brỽynen ewinwen wanwyꝛth bꝛeid ual
tywys heid na ſyꝛth. Arleiſleuyn dyn
eiry lỽyſliỽ ỽꝛlys gwyn ar eur lewys 10
gwiỽ gỽyn y vyt gwen yỽ y boch a wiſc
vy nyn weũſgoch. Penwiſgwelỽ dyn di
delỽ doeth pen ſelgombyꝛ pennes aelgoeth.
Pỽy a allei pei pēnſaer peintyaỽ achalych
pỽynt vŷ chwaer. Pentyꝛyeis gerd 15
pỽynt dirrym puntur ſerch pon traha-
us ym. Dybyaỽ kael bu hael baham
gydgỽſc am dyn lygatgam. ~~~ 18

1407 1408
~~~

Aur doꝛch oc uarch
oc oꝛ vann. i raſſỽal mab
ſyꝛ Roſſier uychan Syꝛ tomas.
oꝛ tu ymann. J dyꝛeu ioꝛk. aet ai rann.
Rann ỽꝛth i dariann a dyf. o deirgỽlat.
Arglỽyd kantref ſelyf.
Rann dỽys yỽꝛ hỽnn a deiſſyf
Randir kret. vúr hendarỽ kryf
Kryf oed ar gyoed deúnaỽ gỽart. gadarn
gidar bꝛenin Edỽart.
Achỽedy ef. oaỽch dart. J gadỽ ros gida Riſſiart
E bꝛenin riſſiart. barnei. n. ỽꝛeſſoc.
Yỽ tarỽ kryfreiſc. tyꝛeu kaer eúroc.
A úaid dyn hediỽ. úaed danhedoc.
Na llu o gaer ỽyſc. na lloegr yſgoc.
A oes ỽydel gỽyllt. na fỽydoc. na llú.
Na bo. n. krynú. vnben koꝛonoc.
Ni ỽnn a oes dyn. o hynn i ſtoc.
Na neb y nyſneint. nabo. n. oſnoc.
Y lleỽ a anet. aeth yn llỽynoc.
J gadỽꝛ deyꝛnas. gỽedyꝛ dꝛaenoc.
Ar gỽꝛ o dꝛe. r. tỽꝛ tirioc benadúr.
J úaed hen arthúr. a uyd nerthoc.
Syꝛ tomas kúras y gỽyꝛ kaeroc.
Aſſúr yỽ i helm a ſer hoeloc.
A mỽc orúbi. ar helm griboc.
Ac emyl i ỽn. lliỽ. r. melynoc.
Aúr Riſſiart yſſyd ar oſſoc. ryúel.
Aur yn úúr úchel. ai roi. n. varchoc.
Aur yỽ i daſſel. ual ryỽ dỽyſſoc.
Aúr yỽ i úonỽes. oꝛ gaer úannoc.
Aúr yỽ i yſgỽyd. ar ỽarr ỽiſgoc.
Aúr yỽ. r. gỽꝛegis. úal riỽ garregoc.
J yꝛr úeirch i ỽyꝛ arúoc. yn vn ỽed.
Ac aúr yỽ i gled ai dagr ai gloc.

Mae yni yndꝛa gỽꝛol. mae n dꝛugaroc

O da i úrỽydꝛ. ai adaf vꝛidoc.
Ef a ỽna aros. yn úaneroc.
O da meỽn dadl. dúỽ mae n odidoc.
O da ir gynnen. dꝛaic. eỽinoc.
O da ir lladúa ai ỽyꝛ lloc. oꝛ llys
Ef a ỽna echꝛys. ai lain ochꝛoc.
E va i ỽyned. oꝛ dyvynnoc.
Oſn i anadl kyn haf neỽynoc.
E vo yỽꝛ chỽynogl. o úrycheinioc.
Ef a chỽyn ỽerin. vychein oꝛio
Ef yỽꝛ kaỽꝛ tramaỽꝛ ar trumoc (vỽyll)
Juedi ereill. vo deú eirioc
Ef a aiỽyꝛ hyt lann vỽꝛoc
Ai úỽac dúr. hyt úodỽꝛoc
Ai lú. yn ddỽyꝛeſtr. hyt lañ ddaroc
Ai laỽ yn geidỽat. dꝛos lañ gadoc
Ai ſper ai úaner ai vinioc. vỽyall
Ai ỽiber ſy gall. búr aſgelloc
Y gỽꝛ gỽineú. ſy gar i gynoc
A goꝛeú ydiỽ. o garadoc
Aet yꝛ úchelỽaet. Ai dꝛi cheilioc
Ai dair neidꝛ rif. dꝛỽy ỽindir hanoc
Ai darian lydan ddeliedoc. dꝛef tat
Ai dei oꝛ ỽinỽlat. hyt ar beñoloc
Maer gỽꝛ araf. gymro goꝛeúro
Meỽn gỽicil o aúr. mae n goleroc
+ Mae n deỽꝛ i dꝛiniaỽ. maen dúr dꝛeinioc
Mynnú eſtynú oet enoc. rac llaỽ
Mae teilaỽ ido. mae telydoc
Ni byd ſyꝛ tomas dꝛa digaſſoc
Onit ir lleidir. neú i dꝛa llidioc
Y deỽꝛ kyỽir. a geidỽ rac geuoc
Ar anghyỽir ỽas ar ynghꝛoc
Deỽi yỽ groeſſi mair ar groc. hynyt
A Dúỽ ro iechyt. ir eúr doꝛchoc
Aúr doꝛchoc

Lewyſ glynn Kothi.

M Aſtr Roſſier rifer ac hyn.
oꝛev. arall y maeſtr watgyn.
yn dꝛi maeſtr harri hirỽyn.
Diỽed da ir tryded dyn 4
o r dynion hirion i kaer hil. a hat
Hyt ar bedỽar kanmil.
Moes Jeſſu ir dam Siſil. 7
Jr tri oes dec. trỽy yſtil
y ſtil ar ganmil ual gi o ỽarỽic
Eurer y kateri
Vn duỽ. Jeñ a deỽi. 11
A ro tair oes ar y tri
t rimeib ſyꝛ tomas hyt trỽy. A-
man vyd. uab ſyꝛ Roſſier vychan.
Tair neirdꝛ. tu ar vn oedꝛan
Tri barr ynt. hỽy y ryỽ bꝛan 16
o vꝛan i deuan o dir deỽi. maent.
O dir mon o rodꝛi
O egin llyꝛ merini.
O dꝛe r tỽꝛ oll. i daỽꝛ tri.
t Rimeib aur. trỽm bas 21
Tymyꝛ ſyꝛ tomas
Ar tri yny plas. Ar teirỽ ny plait
t ri da. tri dỽyỽol. Tri naf. t[i] nefol.
Y t[i] ſy ỽꝛol. ỽaet Roſſerieit. 25
t rimeib. yn tramỽy. Aur yn tir. ynt hỽy.
Tꝛi aỽnai oſỽy. tir henafieit.
t rimeib. trỽy ymỽan. Rodꝛi.n.roi oedꝛan
A doꝛrei allan. ynt dꝛỽy ỽillieit. 29
t rimeib. oꝛ triman. Duỽ uu ny ffỽꝛn dan.
Yỽ gadu ỽeithian. ymyſk doethieit.
t ri llyỽ. n. troi llaỽer. tri lleỽ tra llyỽer
A dyſ o Roſſier. Ar defraſſieit. 33
t rindot trỽy undeb. tri un. nis try neb
Ar i triỽyneb. Ai eneit.
t rimeib. t[i] emyn. t[i] edn. taer ydyn.
Y t[i] ederyn. vo traet eureit. 37
a ur aỽiſgan. Nis diỽiſgan.
Dur aỽiſgan. Ar dair yſgỽyd.
r oſſier chỽery. Gỽatgyn tery.
Harri ery. er roi arỽyd. 41

1411

t ri ni tharian. Ai tair tarian. 1
Dꝛeigieu arian. Ar dꝛi goꝛỽyd.
y tri phaladꝛ. O gadỽaladꝛ.
Yỽꝛ tri gỽaladꝛ. Aur trỽy gulỽyd.
t ri ryỽ beiriant. Pan diſgleiriant. 5
A gyueiriant. Yn gyuarỽyd.
t rimeib moeſſaỽ. Veirch egroeſſaỽl.
Jr tri oeſſaỽl. ir ar teir ſỽyd
y tri bꝛoder. lle goſſoder
Yꝛ auꝛ doder. Ar ỽyꝛ dedỽyd. 10
t ri phrenn deilioc. hyt gyveilioc
Yỽꝛ tri cheilioc. rac tra chelvyd.
t ri a adaf. Ac nis gỽadaf.
Er naỽ adaf. ni ron nodỽyd.
t ri lle pleidion. troen direidion. 15
O try eidion. Y tir adỽyd.
t Ri lleỽ ſyꝛ tomas trillu. gỽlat [vychan]
tair lluman llydan o vlaen pob llu.
t ri marchoc kaeroc yn kỽngkỽeru.r byt
Tri ynt hỽy heuyt. traỽ yn tyfu. 20
t ri chaỽꝛ tair maenaỽꝛ yn mynu.r teirſir
Tri chai hir am dir yꝛ holl gỽm du.
t ri thỽꝛ o dꝛe r tỽꝛ ar bot tu. i ỽyſk
Tri ni at kamrỽyſc. t[i] not kymru. 24
t ri phaladꝛ. t[i] kadꝛ o uaingk hu gadarn
Tri o geirỽ a varn. trỽy y gỽyꝛ uu.
t ri ydiỽ reini.n. rannu. bꝛycheinioc
Tri heboc oeſſoc a uac Jeſſu 28
t ri chyỽ.r. vn eryꝛ yn trychu. kynllỽyn.
Tꝛi der[16]ỽyn adỽyn yn kynyddu.
t ri chaſtell ỽellỽell o allu. a moes
Tꝛi o vn eiſſioes. yn tyꝛnaſſu. 32
t yꝛnas ſyꝛ tomas meinteimer. honno.
Yn ranneu.r tri bꝛoder.
Harri i glaim. roi i gler
Yn roes. gỽatgyn a Roſſier. 36

Lewys glynn

1412

Ieuan llwyt uab y gargam ae cant . 1
Haỽd vyt ym poꝛ paraỽt volyant. milỽꝛ
dyſyant diveth vꝛỽydyꝛgled. Hylỽyd hop-
kyn. hylỽybyꝛ ganlyn. heird ae govyn hirda 4
gyued. Haeluab thomas temyl gỽyned veird
vyꝛdeu digeird degan owed. Hyder rolant heird
gler uabſant. hael ogonyant. hoewleỽ gỽned.
Hil y einyaỽn ener kymry. kymro tra hy trỽy-
adyl voned. Huaỽdyl doeth vin. holyon myꝛdin
heilyei raỽnwin. hael o rinwed. Hopkyn glaer-
wyn glerwyꝛ vꝛenhin vꝛeineu elphin. wylffa- 11
ỽt gloewed. Hoedyl hir idaỽ. hỽyldewruab kaỽ
hydyꝛ yn llywyaỽ llin teyꝛned. Heaf y vaỽl vilỽꝛ
aereu. yꝛ yn reidyeu. ar anryded. Hỽyl paredur
hebaỽc gleifdur. hoewdec eglur. hyt ygogled.
hopkyn arglỽyd. eurglot warant wiỽ ri 16
anant. waỽꝛ rianed. Hyder arglỽydlyỽ. hir
y bo byỽ. hael o wiỽꝛyỽ. hyloeỽ wired. llewpart
gỽyꝛ. gỽyar liwlavyn. liaỽs hoeỽdꝛavyn hydꝛu[m]
oſged. llavyn ymrỽydyꝛgat. llyꝛ vn dꝛỽffyat llyỽ
ywr gỽenwlat. llawir gỽinwled. lloꝛyf deheu 21
barth. hybarch vꝛeyꝛ. Vꝛeinyeu bedwyꝛ. byt
oꝛvoled. llunyaf glot gỽalch. llyỽ llys gaer
galch. lleỽ deỽꝛ hoewvalch lle di ryued. lleyc yỽ
paỽp. pybyꝛleỽ gỽynn. gỽir ỽꝛth hopkyn. hep 25
kyꝛ gamwed. llwyꝛ wybodeu. llen allyfreu. llaỽꝛ
y deheu. ae llỽyꝛ duhed. llidiaỽc ỽꝛth vꝛỽydyꝛ.
vꝛiỽdoꝛyf aergat. eurgarỽ gỽinrat. gỽyn 28
rỽyd eil ſed. lloꝛyf cledyfhir. llydan y wir. llyỽ
ny vylchir lleon valched. llathyꝛ ykymeil -
kannyn beunyd. bennaeth detwyd. didỽyll wy-
led. lliaỽs barlmant llonyd anant. llyꝛ digo-
nyant llỽyꝛ digoned. Dyly volyant vilỽꝛ un 33
vꝛeint. Jaỽn vꝛyt gereint gỽꝛaỽl ryſſed. Di-
hagyꝛ dꝛwſſyat. doctoꝛ kerd vnt. deheu vỽꝛyat
diovered. Dyd da idaỽ. adas garyat waỽꝛ y 36
hoewlat. wiỽꝛi hywled. Daryan gỽyꝛ. degan
clerỽyꝛ. doethdec eryꝛ ar gymroded. Dyſgaỽd
lyvꝛeu. loeỽvꝛeint daỽnus. lucidarius lỽys ẏ
daered. Doꝛ holl gymry. diwael hael hy. da
yỽ ymy. adiomed. Dygaf yglot gloeỽdỽꝛ 41
hyder. hoewder ener hyt ar wyned. Dyly amyl
waỽt dewin dauaỽt. doꝛ da hyffaỽt. dewr dihoffed.
Diveuyl bennaeth bunnoed rodi. rỽyſc mab beli
baladyꝛ dewred. Doꝛ taryandalch. digrif dꝛem-
walch. deỽꝛ ahael valch. dyꝛy heil ved. Duỽ ae
rodho. rỽyd huaỽdylvꝛyt hoedyl ac iechyt gỽy-
chaf oꝛſed. Da y hatwaen deyꝛn chỽyꝛn chwaen
dꝛech enỽ ymlaen dꝛychan mlyned. ~~~~ 8

Gꝛuffud uab yr ynat coch ae cant . 1
OEr gallondan vꝛonn o vꝛaỽ allỽynin am
vꝛenhin derwin doꝛ aberffraỽ . Eur dilyf
yn adelit oe laỽ . eur daleith oed deilỽng idaỽ . eur-
gyꝛn eur deyꝛn nym daỽ . llewenyd . llywelyn nyt 5
ryd ym rỽyd wiſgaỽ . Gwae vi am arglỽyd : gỽalch di
waratwyd . gỽae vi oꝛ aflỽyd y dꝛamgỽydaỽ . Gỽae vi
oꝛ gollet . gỽae vi oꝛ dynghet . gỽae vi oꝛ clywet vot
clỽyf arnaỽ . Gỽerſyll katwaladyꝛ . gỽaeſſaf llif dara-
dyꝛ . gỽas rud y baladyꝛ . balaỽc eur llaỽ . Gỽaſcaraỽd
alaf . gỽiſgaỽd bop gaeaf . gỽiſgoed ymdanaf y ym-
danaỽ . Bucheflaỽn arglỽyd . nyn llỽyd yn llaỽ . bu-
ched dꝛagywyd adꝛic idaỽ . Ys meulit ỽꝛth feis . am
vyn treiſſyaỽ . yſ meu rac angeu angen gỽynaỽ . 14
ys meu gan deunyd ymdiuanỽ a duỽ am edewis
hebdaỽ . ys meu ganmaỽl heb daỽl heb daỽ . ys meu
vyth bellach y veith bỽyllaỽ . ys meu ym dynoedyl
amdanaỽ alar . kanys meu alar yſ meu wylaỽ . arglỽyd
agolleis gallaſ hir vꝛaỽ . arglỽyd teyꝛnblas alas olaỽ .
arglỽyd kywir gỽir gỽarandaỽ arnaf . uchet y kỽy-
naf och oꝛ kỽynaỽ . Arglỽyd llỽyd kyn llad y deunaỽ .
arglỽyd llary neut llaỽꝛ y yſtaỽ . arglỽyd gleỽ val lleỽ 22
ynllywyaỽ eluyd . arglỽyd aflonyd y aflunyaỽ . ar-
glỽyd kannatlỽyd kynn adaỽ emreis . ny lyfaſſei
ſeiſ y ogleiſſyaỽ . Arglỽyd neut maendo mandaỽ kym-
ry . oꝛ llin adyly daly aberffraỽ . arglỽyd griſt moꝛ
ỽyf dꝛiſt dꝛoſtaỽ . arglỽyd gỽir gỽaret y ganthaỽ . 27
Ogledyfaỽt trỽm tramgỽyd arnaỽ o gledyfeu hir
yny diriaỽ . oglỽyf am vy rỽyf yſſy mrỽyfaỽ . oglyỽ-
et lludet llyỽ bot vaeaỽ . kỽbyl awas alas o laỽ ys
gereint . kỽbyl vꝛeint y hyneint oed o honaỽ . Kannỽ-
yll teyꝛned . kadarnlleỽ gỽyned kadeir anryded re-
it oed ỽꝛthaỽ . O leith pꝛydein veith . kỽynlleith kan-
llaỽ . o lad lleỽ nancoel . lluryc nancaỽ . llawer dei-
gyꝛ hylithyꝛ yn hỽylaỽ ar rud . llawer yſtlys rud a 35
rỽyc arnaỽ . llawer gwaet am dꝛaet ỽedy ymdꝛeidyaỽ .
llawer gỽedỽ a gỽaed y amdanaỽ . llawer medỽl trỽm
yn tonnỽyaỽ . llawer mab heb dat gỽedy yadaỽ . 38
llawer hendꝛef vꝛeith . gỽedy llỽybyꝛ godeith a llawer
diffeith dꝛỽy anreith dꝛaỽ . llawer llef dꝛuan ual ban
vu gamlan . llawer deigyꝛ dꝛos rann gỽedyꝛ greinyaỽ
o leas gỽanas gỽanar eurllaỽ . o leith llywelyn cof
dyn nymdaỽ . oeruelaỽc callon dan vꝛonn o vꝛaỽ . rew-
yd val crinwyd yſſyn crinaỽ . Pony welỽch chỽi hynt y
gỽynt arglaỽ . pony welỽch chỽi ꝛ deri yn ymdaraỽ . 4
pony welỽch chỽi r moꝛ yn merwinaỽ yꝛ tir . pony we-
lỽch chỽi r gỽir yn ymgyweiraỽ . Pony welỽch chỽir
heul yn hỽylaỽ ꝛ awyꝛ . pony welỽch chỽir ſyꝛ wedyꝛ ſyꝛth-
yaỽ . Pany chꝛedỽch chỽi y duỽ dynyadon ynvyt . pa-
ny welỽch chỽir byt wedyꝛ bydyaỽ . Och hyt attat ti
duỽ na daỽ moꝛ tros dir . pabeth yngedir y ohiryaỽ . 10
nyt oes le y kyꝛcher rac carchar bꝛaỽ . nyt oes le y trigyer
och oꝛ trigyaỽ . nyt oes nachyngoꝛ na chlo nac egoꝛ
vnffoꝛd y eſcoꝛ bꝛỽyn gyngoꝛ bꝛaỽ . Pob teulu teilỽng
oed idaỽ . pob kedwyꝛ kedwynt a danaỽ . Pob dengyn
adyngynt oe laỽ . pob gỽledic pob gỽledic pob gỽlat
oed eidaỽ . pob cantref pob tref ynt yntreidyaỽ . pob
tylỽyth pob llỽyth yſſyn llithꝛaỽ . Pob gỽann pob 17
kadarn kadwet oe laỽ . pob mab yny grut yſſyn
udaỽ . Bychan lles oed ym am vyntỽyllaỽ gadel penn
arnaf heb penn arnaỽ . Penn pan las ny bu gas
gymraỽ . penn pan las oed leſſach peidyaỽ . penn 21
milỽꝛ penn molyant rac llaỽ . penn dꝛagon penn
dꝛeic oed arnaỽ . Penn llywelyn dec dygyn a vꝛaỽ yꝛ
byt . bot paỽl haearn trỽydaỽ . peñ varglỽyd poen
dygyngỽyd amdaỽ . peñ veneit heb vanac arnaỽ . 25
Penn avu berchen ar barch naỽ canwlat a naỽcan-
wled idaỽ . peñ teyꝛn heyꝛn heeit oe laỽ peñ teyꝛn
walch balch bỽlch y deifnaỽ . Peñ teyꝛneid vleid
vlaengar ganthaỽ . peñ teyꝛnef nef y naỽd arnaỽ . 29
Gỽyndeyꝛn oꝛthyꝛn ỽꝛthaỽ . gỽendoꝛyf goꝛof goꝛvynt
hynt hyt lydaỽ . Gỽir vꝛeinyawl vꝛenhin aberffraỽ
gỽenwlat nef boet adef idaỽ . ~~~ 32

llywarch brydyd y moch a ecant . 1
CRist crea6dy2 llywya6dy2 llu dacar
a nef am nod6y rac auar. crist keli
b6yf keluyd ag6ar. kyn diwed gyuyngwed
gyuar. crist vab du6 ymryd arllauar. y 5
voli vyri r6yfc odyar. Crist uab meir am
peir om pedwar defnyd dofyn awen di ar-
char. llywelyn lly6 p2ydyn ae phar. llew a
gle6 agly6 gyuarwar. vab io2werth yn 9
kan nerth an car uab owein ffra6dyein
fr6yth kynnar. Ef dysu d2eic llu yn llassar
dillat yn dullyn kyfarpar .yn eruit yn ar-
uot abar. yn arueu bu keneu kunyar. yn 13
dengml6yd hyl6yd hylauar. yndid2ãgk y
gyfrangk ae ga. Yn aber con6y kynn daffar
vy lly6 llywelyn ath2ugar. a dauyd deua6t
ulkeffar diuei d2eic d2agon adwyar. Di
v6lch vd divalch yesgar. div6ng bl6ng 18
blaen uvel tr6y var. Dyb2yt ynn veird
byt bot daear arna6 ac arnam y alar.
Ef ynlly6 kynn llit gyuyfgar yfglyfy- 21
on yfglyfyynt ll62o bar. Oed rynn rud
y by2 o2g6y2 g6ar. oed rann veir6 v6yaf o2
d2ydar. oed amli6 tonneu t6nn am par
eu neit neut oedynt dilauar. tonn heli 25
ehalaeth y bar. tonn arall g6allgoch g6yar.
Po2th aeth6y pan aetham ni yar meirch
mo2d6y vch ma62d62yf tonnyar. Oed on 28
gy2 oed engy2 eu bar. oed angud god2ud
g6aetryar. oed yghy2th yn hynt oed ãg-
har. oed yng oed angheu an kymar .Oed
amheu y2 byt bot abar ohonam o hene-
int lleithyar. Ma62 gadeu agheu agklaear.
meir6 feghi mal feri fathar. kynn plygu 34
rod2i r6yt efgar ỹmon. mynwennoed bu
b2ynar. Pan o2uu paun llu llachar lywe-
lyn ly6 alun athauar. Myzd bu llad
llithvrein go2dyar o2 milwy2 a mil yg 38
harchar. llywelyn kyt lladwy tr6y var.
kyt llosg6y nyt llefc vuelyar. llary dey2n
vch ky2n kyuarwar. ll626 kyt vot y2 clot 41

ef llouyes r6yf treis tros vannyar y 1
veird oed ua62 ll6yth y2 daear. g6isgi eur
ac aryant nyf car. g6afgwynueirch gosse-
irch goffathar. yfginua62 go2ua62 go26ymp
par. Yfgarllat lli6 fleimyat flamyar. Me- 5
irch ma62thic fr6ythic fraeth anwar fra6du2
a ph2eideu ewiar. M6th yryd arwyd ygg6-
afgar. mal arthur kein vodur kibdar.
cann achann acheinwyllt ag6ar. cant
a chant achynt noc adar. 10
ADar wenida6c caea6c kynran. d2ut
d2eic p2ydein ped2ydan. adot lloegy2
lluossa6c am bañ. dych2e dych2eiñ g6y2 ygcreu-
lan. G62d y g6naeth vch deud2aeth d2y
van. g62 hyd6f g62hyd2i ogy2uan. dyg6yd
g6y2 heb lauar heb lann. dy goch lla62 16
d6ygat ua62 uaran. vn am v2o alun eluyd
cann afreingk yn fra6dus ualcamlann.
areil ynaruon ar uo2uañ yn vndyd an 19
vn du6 yn aran. ad6y d2eic feleic fa6
gyman. mal deu le6 nyn dylochaffan. ac vn
tra6s gatcun treis varan. val g62 yn go2- 22
uot ympob mann. llywelyn llafyn eur ag-
hyuan. lloegy2 diwreid llu ruduleid rudlan.
llu racda6 alla6 arlluman. ll6yby2 yn wy-
by2 yn eb26yd allan. ll626 da6n cadwalla6n
uab catuan. ymae am b2ydein yngyuan. 27
llary ny del y la6 atta6 attan. lly2yet tre-
mynet tramo2 dylan. Rac lleith anobeith
an olo llann. a llafna62 lled2ud vch grud a
grann. Ninneu veird p2ydein p2ydus eiry-
an berth. g6y2 a by2th vy r6yf ym pob ka-
lan. Y2 digabyl barabyl gan ba6p oe 33
vann. digrif6ch el6ch elyf eg6an. oe ary-
ant go2mant go2ym ny d2utran. ac alaf
ae eur ae aryancan. 36
Kan y d6yn dech2yn adech2euho
bleid vch blaenwel yn oet llo. gna-
6s achа6s yn ych kynn atuo. gna6t y 39
lad ny l6yd y abo. kaerlleon lly6 mon m6-
yn pabo. athduc ef athd6c yggodo. lly6elyn

ef llofges dyvro. llas dy wyr dra llyr dra llwyno.
llwyr duc y wydgruc nyt fuc ffo. lloegyrwys
eu llucvryt yſymyo. llewdir teyrn lludwyt
ynagro. llas yglas yglwſtei neut glo. llys
efmer bu ffer bu ffwyrno. llwyr llofget · 5
y thytwet ae tho. llwrw gwelwch neut hedwch
heno. gan vy rwyf nyt ryued kytbo. hyt
ydel y doryf ardyno abrynn. Vn breinya-
wc bieifo. llew a duc ae dwc pan vynno.
yr trallwng tri llu an wofgo. llys efnys 10
afneuet travo. lles y vyrd o veird ae
kyrch. aduc y wydgruc ae dycko. gwyly-
wch gwylytwr pwy ae lludyo. llwrw uoch
nant edrywyant ardro. llwytkun llwyth
llithywyt am honno. lletkynt ar goet- 15
wys gwys greudo. llys adwy neut einym
ny heno. edrychet powys pwy vo. bren-
hin breifc werin brwyſc acdo. ae gwellyc
kyo pwyll rwy dwyllo. ae gwell frangk no
frawdus gymro. llyw yſſym fynnywch kyt 20
tawo. lloegyr gychwyn a vynn a vynno.
llwyr ydyt y vryt ar vo gatwallawn vab
katuan uab iago. llary yſpar yſpenyt y
blo. llwrw yſpyt yſpeit anolo. llew pryt 24
uawr llyw prydein ae chlo. llywelyn lliaws
y vranvro. llary deyrn kedyrn katwoſgo
ygkur yſvygcar aorffo.

GOruud vd dremrud dramor lliant 28
ym mon. mam gymry bedrydant.
Gorllwybyr llu llenwis ewyngant. gwarth-
af brynn aphenrynn a phant. gorllanw
gwaet amdraet a ymdrychant. amdrych- 32
yon pan ymdrechaſſant. cat y coet aneu
kadyr anant borthi. burtheiſt wyr yndi
uant. Eil gat trom y tremynaſſant. vd 35
adienwch dygyn dyfnant. Eil milyoed mil-
wyr dybuant. eilyrth gyrth yn gwrthwynaſ-
fant. eil agwrd ymwrd amhard gant bryn̄ 38
bronn yr erw y galwant. kynwan llu ual
llew yth welfant. kadyr eryr yth wyr yn
warant. Can hynny kynhennu nywna 41
nt.

can wyllyon kelydon kerdant. dugoſt y
wydgruc adygant y dreis. adryſſed kyfnow-
ant. a rudlan ynrudliw amgant. run can 3
clawd adrawd edrywant. a dinbych gorthrych
gorthor rant. ar vil ar voellas agronant.
a chaer yn aruon a charant yggnif. yg-
gnaws coll am peiryant. adinas emreis a 7
ymrygant am rygyr ny wneyr nawnant.
Neur orvuwyt yn orenw morgant. ar vil-
wyr prydein pedrydant. dygynnygyn nygen-
nyw kwdant. ny geiff hoen na hun ar am
rant. Mat ymdugoſt wacw mat yth want. 12
arall yn aruoll yſgarant. achledyf a chlot
uawr yth wnant. ac yſgwyt ar yſgwyd an-
chwant. Mat tywyſſeiſt dy lu loegyr yr-
dant. ar deruyn mechein a mochnant.
Mat yth ymduc dy vam wyt doeth wyt 17
doeth wyt dinam wyt didawl obop chwant.
o borffor obyrffwn vliant. o bali ac eur
ac aryant. o emys gochwys gochanant
dy veird yn vyrdoed y caffant. Minneu om
radeu rym yauant yn rudeur yn rwyd 22
ardunyant. kyt archwyf ym llyw y lloer
gant yn rod. ef amryd yngeugant. lliwelyd
llettawt dy volyant. llywelyn allywarch rwy
cant. Munerawt ym marw vy mwynant
ual ym byw. lleiſſawn ryw run blant. 27
Nyt gormod vyggeir yt wormant teyrn
wyf tebic eliphant. can oruot pob rot
yn ramant. can volawt athauawt athant.
kein deyrn kynn bych ygcreifyant. can
divwyn oefgwyn yſgarant. can duw ren 32
yn rann weiſtifyant. can diwed pob
buched bych ſant. **Y canu bychan y
lywelyn uab iorwerth. Prydyd y moch ae**

KYfarchaf ym ren kyuarchuawr cant 36
awen. kyfreu kyrituen rwyf bard-
oni. Yndull talyeſſin yn ellwng elphin
yntylleſt bardrin beird banyeri. kybwy-
llaf vynaf. kymry vodrydaf. kymro kel- 40
vydaf rywnaeth keli. kymreifc lywelyn

nyſkymraỽd neb dyn. kymry yderuyn 1
ae doꝛyf dꝛoſti. Eryꝛ teyꝛned. eryfeis yved
ar hed ardyhed. ardcheu ri. Eryfeis y
win oe valch vuelin. ae wiſgoed eurin ae 4
vynogi. Yn llys aberffraỽ. yn llochi bardꝛin
ygkaer vaỽꝛ vyꝛdin. vyꝛdoed beri. Ygkaer
degannỽy. yn aber tawy. ygkadarn dꝛamỽy
dꝛef gedweli. Ygkaer ynaruon. ygkyꝛd gy-
flandon. ac ygkaer llion vy llyỽ y dyvi. 9
Ygkaer amỽythic. ygkein dꝛefi ner. ygkaer-
oed aber tyner teiui. Yn llys fer elſmer.
yn feint clotuaỽꝛ cler. yn llyſſoed aber hydyꝛ-
ner hodni. Ygkaſtell baldwin. ygkeri offoꝛd
yn haỽꝛfoꝛd dꝛefgoꝛd dꝛef dyvyſgi. Yn rud
lann decvan deiui dꝛachaf eingyl. yn rud 15
lann degeingyl. dec y thꝛefi. Yn llys ywyd-
gruc. a lloegyꝛ ygkaduc. lliaỽs angoduc
yn ymgodi. Yn llyſſoed y deheu. a lloegyꝛ ado-
deu. llawer tỽꝛ goleu yn goloſgi. Ympꝛyſſỽn
rywrys. yn reoli gỽꝛys ympꝛydein ynys 20
gỽys yngỽeſti. Nychaỽſſam ni dꝛoetued
heb wan heb wned o deruyn gỽyned yꝛ
angỽeini. anoethach powys ae thir am
dyfrỽys. ae thoꝛuoed diffỽys ae differi. 24
Neu loegyꝛ lu terwyn. ae llyỽ llit wenwyn
ac lluoed trylỽyn hyt tragỽeilgi. Nychaỽſ-
ſant gennyn. gymhot kymeint hynn dyei-
thyꝛ gỽarth agỽꝛthꝛyn ỽꝛth ymbꝛofi.
Daꝛ^o^gan myꝛdin oed dyuot bꝛenhin. o 29
gymry werin o gamwri. Dywaỽt derỽy-
don dadani haelon. o hil eryꝛon o eryꝛi. O
wyꝛon owein. ar wyneb pꝛydein yn wrdein
lundein o lan deithi. Yn llỽꝛỽ lloegyꝛ gymyn
yn yoꝛwerth y hyn yn lary lywelyn o lin
rodꝛi. Nyſkelaf honnaf hỽnn yỽn beli 35
hir nychelir nae wir nae wrhydꝛi. ar baỽp
treis aduc ac ar bop tarỽ caduc ac ar bop
ſarruc yꝛ eu foꝛri. ar gyfniuer gỽaet 38
amdꝛychyon am dꝛaet ac am bop paret
parant loſgi. Oe gỽbyl weithꝛedoed argel
ar gyhoed ar gadarn gadoed dyꝛroed doꝛi.

Can kymery duỽ diwed ynni dyn kymer
lywelyn lyỽ kydeithi. archaf ytt arglỽyd
yꝛ arglỽydi y eryꝛ kymwyꝛ kymot athi. 3
Awdyl yꝛ haearn tỽymyn. Pꝛydyd y moch ae
ORcaỽdyꝛ nef crededun [cant.
was. credỽn y hỽnn ual y credỽn y 6
ionas. dur ynat dedyf rat ry ſỽynas. douyd
dof ỽyf ytt yn wanas. dywynnic dy wir yn
wynnyas. dy wynuyt ym kywyt nyt cas.
edꝛych pan vernych veint vyntras. creaỽ-
dyꝛ poethgur pathgreas. archaf archaf 11
arch y bedyꝛ o berthynas. criſt aduc croc
yn urdaf. trỽy eiryaỽl tec y vaỽl thomas.
a phylip a phaỽl ac andꝛas. o affleu vy 14
llaỽ llafyn wynlas. da haearn. diheura
banllas. lleith madaỽc nat om llaỽ y ca-
uas. noc ae keiff cain ãglas. Rann onef 17
ae naỽ teyꝛnas. a minneu mynnaf gyw-
eithyas. bod duỽ ym adiangk oegas.
Awdyl weinllian tec pꝛydyd y moch ae cant.

Duỽfulgỽynn yỽ hynn hoen gyuỽyꝛe 21
glynn. hynt adycco glew. gloeỽ dy
dỽyꝛe. dy gychwyn o lỽyn elwaỽt uann gre
dy gymer hỽyl fer heul neut foꝛe. dos heb
argyſſỽꝛỽ ar llỽꝛỽ oꝛ lle. doſſaỽc hydolaỽc
hydolaỽc haỽd y belre. heb dymyꝛ tudyꝛ
tut eliſſe. heb enwaỽc kyueilyaỽc yſcof 27
aelc. heb nerth gynuelyn gelyn gne. vnbyn
kyt boet unbennes yſ anebꝛe. Neſt adywaỽt
ym dim ny dỽyꝛe. gnaỽt y dyn dlaỽt dylif 30
ny gỽe. llywarch ym gelwir i llu dy ganre
lloegyꝛ diſtryỽ diſtraỽch dile. dyfnỽyt vy yſ-
gỽyt ynyſgarde. dyfnant yſgarant gỽaeỽ
oe haſgre. y foꝛd yt gerdỽyf y gỽꝛd yt gre.
bꝛanes gur o vꝛannỽc yny haryſle. llawer
ucheneit omreit yt re. llwybꝛant om 36
nỽyfyant vch no' nỽyfre. neut atneu co-
geu coet nyt atre. neut atwen ar dyn
ry dỽyn vyggne. Neus arwed dyfred yn 39
eu'dyfyꝛlle. gỽiſc wieil gwynnyeil gỽyd a
darre. neus duc wyſc gant wyſc gan y godꝛe.

dolyd kaer llion deil lliaᵹs bꝛe. Neumduc
meirch mygyꝛuaᵹꝛ dewruaᵹꝛ dyꝛe. ar hᵹyl
gamnaᵹl haᵹl ar heul oꝛne. kaeroed gᵹen
lliant gᵹynllyᵹc le. karadwy lywy lewych
yſtre. kynnym rangho bod ombot ynde.
am lun gᵹar uoꝛᵹyn liᵹ gᵹaᵹꝛ uoꝛe. 6
Clywaf vygcallon tonn ualtande. ynllofgi
yꝛdi ar dedyf kynne. diameth wofgeth o
wifc eurde. di amheu anuon granwynnyon
gre. a chlutaᵹd y heur y chlot ahe. hyt y
daeraᵹd heul hyt y dᵹyꝛe. 11

Rieingerd eua verch uadaᵹc uab maredud. kyndelᵹ ac cant.

Goꝛᵹynnyᵹc dꝛythyll goꝛuynt ady-
gaf ᵹꝛth avolaf a voleis i gynt. 15
kymraᵹt ewyn dᵹfyꝛ ardyfriᵹ gᵹynt.
kymraec laefdec o lys dyffrynt. kyfleuer
gᵹaᵹꝛ dyd ban dᵹyꝛe hynt. kyfliᵹ eiry
goꝛwyn goꝛwyd epynt. Riein woleith 19
woledyf woleu dꝛemynt. riein nym ri-
uei kyt amriuynt. rianed idi adywedynt.
rieingerd eua a uaᵹꝛheynt. Tꝛemlit y 22
treidynt ytrefyn agetwynt. treidle glyn
powys pei amgetynt. Pan dꝛeidyeis i yno
yn dyd oedynt. trᵹy feneſtri gᵹydyꝛ yd
ymgᵹelynt. trebelit wylein a wylynt ar-
naf. treul atteb attaf yd anuonynt. llaw-
en y carᵹn kynnym kerynt. llaw uoꝛyn- 28
yon gᵹyꝛy gᵹirion oedynt. amgall abyll-
at a verth bᵹyllynt. am gyndelᵹ brydyd

Goꝛwynnyaᵹc dꝛythyll [y bꝛyderynt.
goꝛwytholᵹyf. goꝛduaᵹc pall euraᵹc
pell naf gᵹelᵹyf. Goꝛuelyn callet colledic
ᵹyf. colleis gall atteb y neb am nᵹyf. 34
Ym pᵹyllat newit neut ydwyf am vun.
yn anhun anhet kyt afpoꝛthᵹyf. Goꝛthew-
is i ᵹꝛthyfi gᵹerth vy hirglᵹyf. nyt goꝛth-
aᵹ awnafi ᵹꝛth agarᵹyf. keladᵹy lywy liᵹ
tonn am rᵹyf. rᵹy gennyf gennyt arnat
ydᵹyf. cadyꝛ amneit ganneit gyt ath 40
yolᵹyf. kany wney di yrof yꝛaganᵹyf.

1425

nathi vi veinwenn ual na hunᵹyf. nyth 1
wnaf enywet yꝛ nathgaffᵹyf. nym dawr
verch pennaeth pꝛyt nath welwyf. nyt
yꝛ keiffyaᵹ tal tros aganwyf. 4

Goꝛwynyaᵹc dꝛythyll goꝛdyfyn dy
vynet. goꝛthdꝛych lys leiffaᵹn y
yſtlynet. llys y daᵹ deon yn darymret.
llys eua y veird digonet. llyffeid y hirdᵹf 8
oe heurdudet. llaes wenngall wenngann
wenngaen decket. llif dꝛagon vanon valch
y thyghet. lliw ewynn vꝛiᵹ tec rac tonn naᵹ-
uet. Naᵹuet rann ym poen yꝛ pan anet. 12
nyfry boꝛthes neb na thebycket. ny rifaf i
ar vun vot yn galet. nyt clot vyggᵹꝛthot
wrth vyndahet. adywet yno eniwet o ho-
naf. adywan attaf ac atteb ket. ac yꝛofi 16
nachel vy rywelet. ac yꝛdi ydᵹyf onᵹyf
nym cret. ac yꝛot titheu nam amheuet.
ac yꝛ peryf nef nam diuanwet. Diuaᵹ
am goꝛeu kynnom gᵹaret. y gᵹaredd 20
oed reit pei ry buchet. gᵹaruard ᵹy.
idi o dylyet. gᵹar eir ym kyueir nym
kyuayꝛet. achyn nym caro nam kerydet.
vyth om kerydaᵹd nam didolet. Pell ym 24
treid treulgof oe ry gollet. pꝛeid pꝛeidwyꝛ
pꝛeidwr yghenniret. pargoch gat ga-
darn rac calch doet. perging kynuerchin
kyn noe vynet. Gᵹedy hael owein haᵹl oꝛ
diuet. hᵹyl diwyl diofyn am y dꝛefret. 29
neut ᵹy ae gouᵹy nyt govyget. goua-
lon eilyon aelwyt reget. iiij

Goꝛwȳnyaᵹc dꝛythyll goꝛdyfyn dy 32
gyweith. goꝛdaᵹn ket kyꝛduaᵹꝛ kerd-
aᵹꝛ kyfreith. goꝛdyfnat bual buarth med-
veith. goꝛeu arveinwen vynet eilweith.
Nachymyd ahi o hir obeith. nachymer 36
wrthep adan wrthieith. nyt af y ar hirdᵹf
nydal hirdeith. y ar dꝛaet awel y dꝛydeweith.
ny theweis i ermoet oe moli mal dꝛut. ny 39
pheir goffymut ym goffymdeith. ac nym rif
riein ryued aweith. ac ym oed y llaᵹ vy llaw-
enreith.

1426

ac nyt ees vard dỽfyn dunus gyfyeith. a-
garỽy yn hỽy o hir obeith. Nym athꝛeidi
meingan meingadyꝛ y hyſtlys. nymhu- 3
vꝛys oe llys y llaefymdeith. Gỽirion dec daỽl
y chyuaryeith. gỽann dedyf dof ymcof ym
kanhymdeith. gỽyꝛy vanon uanỽl gỽar 6
uedỽl veith. goꝛne gỽaỽꝛ uoꝛe ar uoꝛ diffeith.
GOꝛwynnyaỽc dꝛythyll goꝛdyfyn dy-
arlỽy. arlỽyaỽ erlit gobꝛit gobꝛỽy.
goꝛwynnyaỽc dꝛythyll ſyll vy ſaffỽy. y 10
ſaffỽn yd ỽyf onỽyf nyt rỽy. Neum rydꝛaeth
hiraeth ueduaeth uackỽy. am a ry garaf i
kynnym carỽy. neut lludedic glann rac 13
glas uoꝛdỽy. neut llawen awen awel neut
mỽy. Neut llawer ym llif llỽ am aerỽy toñ ⁊
bañ llewych y bꝛonn geyꝛ y bꝛeichꝛỽy. golỽc
dof dewis gan ae ſyllỽy. goleuliỽ golỽc yꝛ
ae kaffỽy. Gỽeleis i yſtlys glỽys gloeỽ y 18
gylchỽy. ny ryweles tec nỽy ry gỽelỽy. Ac y
dan rudem rudeur uodꝛỽy. ac uch wyneb gỽ-
ynn gỽineu uagỽy. Deuaỽt agatwaf can 21
ae catwy. a berthyn rac dyn nyỽ dilynỽy.
vy rin a riein nyſ rybuchỽy. nyſ gỽybyd rew-
yd nyſ rygelỽy. keredic vy hun yn hir ovỽy
lle. yn lledꝛat voꝛe gan auarỽy. vj
GOꝛwynnyaỽc dꝛythyll goꝛdyfyn dy
gywir. eil gỽynn goꝛwynnyaỽc 27
goꝛpỽy ynwir. Manylet meinwenn mal
ydyolir. mal ydardunyaf yd ardunyir. ar-
dỽyedic dyn adỽc y fynnyant ⁊ ardunyant
molyant mal yt glywir. aglywch chỽi deon
adywedir. a dyweit riein ny rygeblir. yggo-
lut amliỽ amyl ym rodir. nyt amken ym
ryd nym rybuchir. Handyd om kyuoeth 34
om kyueirch panyỽ ⁊ om rieu om ryỽ ry gyſ-
tlynir. Bard llywelyn hael hut ymgelwir.
geleurud gelyn y bop enwir. Enwaỽc ym
keinoes ym keinmygiʀ. anwar vy lluchuar
onym llochir. Pall gỽyluan gỽylein gỽ- 39
ylualch ỽꝛth gerdaỽꝛ ⁊ orudeur gỽerthuaỽꝛ
ygoꝛthoir. pellennic vygkof ẏghaerwys
[dir.

Pell yd ỽyf ym nỽyf ony thelir. pedeſtres 1
wedeid yn hydꝛeid hir. pedeſtric yolyd pahyt
Tyndewis i riein virein vein [y olir. vij
dec. hirwen yny llenn llỽ ehoec. am 4
dewiſ fynhỽyꝛ fynhyaỽ arwreigeid ⁊ ban dyw-
eit o vꝛeid wedeid wouec. am dewis gyt rann
gyhydꝛec abun ⁊ abot yn gyfrin amrin 7
am rec. dewis yỽ gennyf y hardliỽ gỽanec.
y doeth yth gyuoeth dy goeth gymraec.
Dewis yỽ gennyfy di. beth yỽ gennyt ty vi.
beth adewy di dec y goſtec. dewiſſeis y vun 11
ual nat attrec gennyf. iaỽn yỽ dewiſſaỽ dewis
Carafy gaer wenglaer [dyn tec. viij
o du gỽennlann. meu yt gar gỽyl dec
gỽelet gỽylan. Yt garỽn y vynet kynnym ka-
ret yn rỽy. ry eidun ovỽy yar veingann. Y 16
edꝛych vy chwaer chwerthin egwann. y adꝛa-
ỽd caru kan doeth ym rann. y edꝛyt vy lleturyt
y ae llet ovꝛỽy ⁊ y edꝛyt llywy llỽ tonn dylan.
llifyant oechyuoeth a doeth atan. llỽ llathyꝛ
oeruel ⁊ ar uchel vann. Rac ual ym codit y 21
yn llys ogyꝛuan. chweiris oe hadaỽt hi a
doeth kynrann eithiỽ am eneit y athỽyf
yn wann. ~~~ Marỽnat ririt vleid 23
uab gỽꝛgeneu. ac arthen y vꝛaỽt kyndelỽ ae
YMperyf digard ỽyf dygen [cant. j
geinyat yꝛ mab yꝛ maỽꝛdat rodyat reen
yꝛ yſpꝛyt uchel oꝛ vn echen. yꝛ arglỽyd gỽ-
latlỽyd gỽledic moyſſen. Moꝛ ỽyf gerd gein
rỽyf hyglỽyf hagen. moꝛ ỽyf hygleu uard 30
o veird ogyꝛuen. moꝛ ỽyf gỽyn gyfrỽyf nyt
ỽyf gyfyꝛwen. moꝛ ỽyf gyfrin fyꝛd kyꝛd kyꝛ-
rituen. Moꝛ eiſſeu eu dỽyn yn eudyꝛwen yn
eudyꝛwen. aeſſaỽꝛ anniang oes annien. 34
moꝛ ỽyf dirrỽyn vꝛỽyn vꝛỽydyꝛ annoden.
bꝛeiſc uab gỽꝛgeneu bꝛydeu bꝛatwen.
Moꝛ debyc vy mot y megegys gỽydyen. o gỽ-
daỽ pob llaỽꝛ ger llaỽ y benn. Moꝛ naỽt ra-
haỽt na byd ry hen. moꝛ wenwyn ym kaỽd 39
am yd ymken. Moꝛ ỽyf godedic dic diſgyw-
en. moꝛ vynych moꝛ ueith lleith llỽyth po-
byen.

g6y2 ynaſy2d6l gwy2 g6erin urden. g6y2 yn aſy2d6yth g6yth y2g6eith ueigyen. gwy2 yn amwyn greit gredyf ychen. yggwed ⁖ g6y2 yghywryſſed g6y2 g6led g6lyden. g6y2 yn kyt berchit vch g6it g6enen. g62 ankyt barchei oe barch amgen. g6y2 yt vuam. gyt amget o2den. nyt ym gyt amvud am vedu g6en. Nyth2ewit hebof aghof aghen. agheu ririt wynn wedy arthen. kyt kan6yf od6ſyn o doſyn awen. awyd neut aſl6yd

Neut aſlawen wyf ⁖ [neut aſla6en. neut aſlauar d2iſt. ner ymcodes criſt crea6dy2 trugar. Neut am ryg6yn ym neut am rygar. neut am rygy2 ky2d kyt y marwar. Neut am d2agon d6ſyn dyfneis y auar. neut amd2eic bēnant bēnaf galar. neut g6arued myned mynwent v2anar. neut g6eryt riryt r6yſc vuelyar. Neut go2diuan6 hoen hoedyl abar lletkynt ⁖ neut go2diwynt hynt g6ynt g62thdōnyar. neut 6y ae gou6y neut go2dyar. neut go2diwed g62 g62d y vanyar. G62 ny oed hyga6d aoed hygar. hygy2ch y neuad kynn llad llachar. g62 oed gyhaual dial dyar. argo2eu a vu oveib gleiſſyar. G62 oed veird aruoll kardgoll kerdgar. g62 oed vleid llyſſeid llyſſit y var. g62 oed rud y laſyn o lif g6yar. g62 oed ruthy2 arutlſa ar y eſgar. G62 am g6naeth hiraeth hir yſgar ac ef ⁖ ynydel llu nef ar llu daear. G62 g6einyat ygkat g62 g6anar yyng. g62 odinoding g62 berging bar. iij

Para6t oe adaf kyn noe ada6. pareu poſt enweir peir ped2yla6. ped2yli6 y laſyn y lad racda6. ped2ylef k6ynuan ky2d am dana6. ped2yda6c deiſna6c dyſneis y g6yna6. k6ynaf ym ermoet hoet o hona6. Eil k6yn amtremyn tremyt y2da6. eilg62 g62 go2den arthen eirthya6. Etuynt ed2yuynt 62th ed2iua6 rod ⁖ ageueis y oe vod o vud gantha6. ery2 glynn glewaf nedaf [nadâ6.

erlit a berit oe beriglа6 ⁖ ernywet arnaſi o vot arna6. deyerin derwin dir eu kydya6. y2 pany6 tawel ryuel r6yſa6. r6y uan tan taerwres trachwres trinna6 ⁖ Rym g6naeth yn ath2iſt ath2eidya6 pennant ⁖ ae phennyadur wedy2 ſy2thya6 ⁖ P2ioda62 dinma62 p2udwa62 p2eidya6 ⁖ P2eidyn oed y g6yn kynnoe g6yda6 ⁖ P2ydein amgalwant om g6aranda6 ⁖ p2ydyd ny hepky2 y2 b2ey2 b2a66 ⁖ P2yder amdanuer p2ydaf ida6. p2ydeis y r6yf treis kynn treul atha6. athal euruual avu ida6. ethy6 hael heboſy ath6yf hebda6. Nyt ydi6 omcof keiſſya6 vyghyued: kyuoet overed y vedylya6. ymwyt ririt wryt wogna6. del6 ym doeth anoeth ymdoeth ana6. Del6 yd oed6n vard y veird ganlla6. cañ lles am rodes rudeur walla6. Del6 yt o2eu du6 y dewiſſa6. dewiſſet y du6 y d6yn atta6. del6 doeth alaf oe la6. del6 yd oed 62thyſy yd6yf 62tha6. ~~~ iiij

Wrth y2 am karei caraf gymenn gad6: kerynt aeſſa62 b2ad6 b2at gyghallēn. Ruthy2 arthur eirthyan arthen unbenn. run venwyt riryt rud y onnen. Nyt oed dyla6 d2eic d2agon woen. nyt oed vleid amp2ud nyt oed amp2en. Eurd62n oed y laſyn yny loflen. eurgled kymyned kymynei benn. Eurdo2chogyon dewr deyerin lenn. etlit ym dilyt yn eu dilen. Aer vleidyeit vleinyeit vleideu kyfaruot. erlynaſſant glot y2 bot yn benn. ergrynit eu bar feirff faſſar fenn. ergy2wae6 wa62 treis tra6s y gynhenn. Ery2on trychyon trychwy2 o2ffen. eryuaſſam ny vedu ved y d2efwen. Ymbuched g6ledic g6ladoed berchen. mada6c mur kyhoed niueroed neñ. Meid2yat cat cady2do2 car co2 kyvy2beñ. med2eis vod vy r6yf ar vy r6ychren. Mechdey2n medgy2n medg6yn pēnyada

medel gỽyꝛ gỽatuur oeſgur aſgen. Maỽs
maſſarn kadarn callon yaen. moes yſpỽys
hyſpys echꝛys ochꝛen. Mygedaỽc y hoedyl
hoet ar oꝛffenn. mygyꝛ yt ladei loegyꝛ 4
hyt lewdir trenn. Mynỽ tragleỽ llaỽ llaỽꝛ
mỽynuaỽꝛ meſpren̄. mur gỽꝛyt gỽynuyt
gỽenn eluyden. Nyt llawen vymryt ym 7
ro gyngen. ar llary llaỽ hyget gỽelet gỽyd
Gwyꝛdlen̄ ae goꝛtho goꝛthaỽ [len̄.
dꝛiſtlaỽn wyꝛ: gỽydlan ae gỽerchyꝛ
goꝛchud gỽythlaỽn. gỽydued ẏggỽydua
gỽyduit eſtraỽn. gỽydỽn am rodes bud
les bodlaỽn. gỽydueirch eirch erchlyf-
yn erchliỽ crychꝛaỽn. gỽydui gyfret 14
gredyfyget graỽn. Ym muched mur treis
traỽs y gamaỽn. tref wyꝛ ffỽyꝛ faclaỽꝛ
fraethlaỽꝛ frỽythlaỽn. Can riryt rỽyf 17
cat cunyat creulaỽn. racdu oed agkraff
kedoed agkraỽn. o rodyon gỽꝛon goꝛỽn
eigyaỽn. moꝛ: madaỽc. mur tewdoꝛ coꝛ
kaſſwallaỽn. Gogyman clutuan clutue- 21
ird wogaỽn. cludeis y alafoed llyſſoed lleiſ
ſaỽn. gỽedy pargoch grym parllym peir
llaỽn. kyꝛchỽn hael dinmael dinmaỽꝛ nyt
aỽn. Duỽ damnaỽd eiryoes einyoes eina-
ỽn. maỽꝛuab edynyuet maỽꝛget gyflaỽn.
Nymgolud maỽꝛuud mal riwallaỽn. llyỽ
llyỽ llafnaỽꝛ lleỽ llaỽꝛ llyſ dynwallaỽn. 28
Riryt nym gochel amgochaỽn oe bꝛeid.
gỽedy Riryt vleid vlaỽd haearndaỽn.
Tỽꝛyf aergoꝛyf argoet hoet hiraethla-
ỽn. tỽꝛyf taerdꝛeul taerdan yngỽan gỽ-
ynnaỽn. Aerdaryf deruyſc daryf aryf 33
arodꝛaỽn. arth warth wrthodyat am
nat am naỽn. tra vu vyghyued y yghy-
uoeth yaỽn. nym llauarei y neb nam bei
digaỽn. nym didolei y lary o lawer daỽn.
nymgoꝛuc dewrwr deurud warthlaỽn. 38
Ny bu warthlef kerd kynuerch-
in werin obenn talyeſſin bar
dꝛing beirdꝛing. Bardeir omkyueir 41
ny byd kyuing. ymkyuedeu bꝛeu bꝛỽydyꝛ di
eding. handoed eu hachoed kynn eu hechīg.
ymerỽ derỽ dirued vuched ueching. Oꝛ ke-
deirn kedaỽl haỽl hirdyuing. o gadell ener
o gadelling. oꝛglan eiſſyllyd gloeỽ eiſſyllīg. 5
oꝛglyỽ gleỽ dywal nydal nyding. O voned
coeling coeluud kerdoꝛyon. o aruon o von
o vael gyning. wedy cat woſſud maỽꝛ migyꝛ
vudming. wedy ket woſſep neb nymdeirjng.
llew llaỽꝛ llit enweir lludỽ beir burging. 10
llỽꝛỽ tryleỽ llaỽꝛ lleỽ lluryc deiling. ymuch-
ed arthen arthuar yning. ẏmywyt riryt
rudeur welling. rodynt rud agỽyꝛd rỽyf 13
kyꝛd kyuing. rodet ardunyant ardinodīg.

Hirlas owein. Owein kyueilyauc ehun ae cant.

Gwaỽꝛ pan dỽyꝛe gaỽꝛ adotet. galon
yn anuon anuut dyghet. geleu 17
rud yngwyꝛ gỽedy lludet trỽm. tremit
govỽy mur maelaỽꝛ dꝛefret. Deon a
yꝛreis dygyhuſſet. diarſỽyt ar vꝛỽydyꝛ
arueu gochet. ary godỽy gleỽ gogelet 21
racdaỽ. gnaỽt yỽ oe dygnaỽ defnyd co-
det. dywallaỽ dy veneſtyꝛ gan vodhaet.
y coꝛn yn llaỽ rys yn llys llyỽ ket. llys
ywein ar pꝛeid yt ry boꝛthet eiryoet: 25
poꝛth mil o glywy pyꝛth egoꝛet. Meneſtyꝛ
amgoꝛthaỽ nam adawet. aſdeuy y coꝛn
yꝛ kyt yuet. hiraethlaỽn am llyỽ lliỽ
tonn naỽuet. hirlas y arỽyd eur y dudet.
adydỽc o vꝛagaỽt wiraỽt oꝛgret. ar llaỽ
wgaỽn dꝛaỽs dꝛos yweithꝛet. kanawon 31
goꝛonỽy gỽꝛd gyniret gỽyth: kanawon
hydỽyth hydyꝛ eu gỽeithꝛet. Gỽyꝛ ao-
bꝛyn tal ympob calet. gỽyꝛ y gaỽꝛ gỽerth-
uaỽꝛ gỽꝛd ymwaret. bugelyd hafren balch
eu clywet. bugunat kyꝛn med maỽꝛ aw- 36
Dywallaỽ dyꝛ coꝛn argyn- [neuet..
uelyn. anrydedus uedỽ o ved goꝛew-
yn. Ac oꝛ mynny hoedyl hyt vn vlỽydyn
nadidaỽl y barch kanyt perthyn. A 40
dydỽc y ruffud waerudelyn. gwin agỽy-
dyꝛ

gỽydyꝛ goleu ynygylchyn. dꝛagon arỽ-
yſtli a rỽyſtyl teruyn. dꝛagon owein
hael o hil kynuyn. dꝛagon ae dechꝛeu
ac nyỽ dechꝛyn. cat ꝛ kyflauan argrat 4
kymyỽ erlyn. kyt wyꝛ yd aethant yꝛ
clot obꝛyn. kyuoedon aruaỽc arueu
edwyn. talyaſſant eu med mal gỽyꝛ
belyn gynt ꝛ tec y hydꝛeuynt tra vo 8
Dywallaỽ di ꝛ coꝛn [vn dyn.
kanys amcan kennyw. yd ym
gyꝛyỽ glyỽ gloeỽ ymdidan. ar ỻaỽ deheỽ-
ein ỻeỽ gyflauan. ỻuch y dan yſgỽyt 12
yſgaỽn lydan. ar ỻaỽ etnyuet ỻaỽꝛdio-
gan leỽ ꝛ ergyꝛwaeỽ try leỽ trei y daryan.
teruyſc dyffyſc deu diofyn anyan. toꝛ-
rynt toꝛretw. uch tec atuan. teleirỽ 16
ygkygrein yn kyfran bꝛỽydyꝛ. tal yſ-
gỽyt eurgrỽydyꝛ toꝛrynt yn vuan.
try liỽ eu pelydyꝛ gỽedy pēnwann. try-
lỽyn yn amwyn amwiỽ garthan. ki- 20
gleu ỹmaelaỽꝛ gaỽꝛ uaỽꝛ vuan. agarỽ
diſgyꝛ gỽyꝛ agỽyth eruan. ac ymgyn-
nuỻ am dꝛuỻ am dꝛamyuan. Val y bu 23
ym mangoꝛ am ongyꝛ dan. pan wnaeth
deu deyꝛn uch kyꝛn kyfyꝛdan. pan vu
gyuedach uoꝛach voꝛvꝛan. 26
Dywallaỽ dyꝛ coꝛn kanys myuyꝛ gē-
nyf men yd amygant med an-
tymyr. Selyf diarſỽyt ar ſaf gỽygyꝛ. 29
gogelet ae caỽd callon eryꝛ. ac vn mab
madaỽc enwaỽc dudyꝛ hael. haỽl vleid-
yat leidyat ỻuch ar yſgyꝛ. deu arueid 32
deu leỽ yn eu kyngyꝛ. deu aryal dywal
deu uab ynyꝛ. deu ryd yndyd cat eu kyfe-
gyꝛ. kyfargoꝛ diachoꝛ camp dechyꝛ. 35
aruot ỻewot gỽꝛd gỽꝛdwan ketwyꝛ. aer
gunyeit kyꝛcheit coch eu hongyꝛ. treis
erỽyꝛ yn ffỽyꝛ ffaỽ ehegyꝛ. trei eu dỽy aeſ-
faỽꝛ gan un yſtyꝛ. Goꝛvu gỽynt gỽaed
uan vch glann glaſvyꝛ. goꝛdỽy cleu tō-
neu talgarth yſtyꝛ. ~~~. 41

Dywallaỽ dy veneſtyꝛ na vynn agheu
coꝛn can anryded yghyuedeu.
hirlas buelyn bꝛeint uchel hen** aryant
ae goꝛtho nyt goꝛtheneu. adydỽc y dudyꝛ.
eryꝛ aereu. gỽiraỽt gyſſeuin oꝛ gỽin 5
gỽineu. ony daỽ y meỽn oꝛ med goꝛeu oll.
gỽiraỽt o bann dy benn vadeu. ar ỻaỽ voꝛi-
dic ỻochyat kerdeu. kerdyn hyn y glot
kynn oer adneu. dieithyꝛ vꝛodyꝛ vꝛyt uchel-
deu. diarcharchar aryal adan daleu. ket-
wyꝛ am goꝛuc gỽaſſanaetheu. nyt ym 11
hun dihyỻ nam hen deheu. kynnyuyeit
gyꝛtheit vleinyeit vleideu. kynuaran.
creulan creulyt uereu. gleỽ glyỽ moch
nannỽys o bowys beu. ogleỽ gỽned ar-
nadunt deu. achubyeit pob reit rud eu 16
harueu. echetỽynt rac. teruyſc y teruy-
neu. Molyant yỽ eu rann y rei gỹneu.
marỽnat uu neut mi newit ydeu.
Ochan griſt moꝛ ỽyf dꝛiſt oꝛ anayleu.
o goỻ moꝛidic maỽꝛ y eiſſeu. 21
Dywallaỽ dyꝛ coꝛn kannym puchant
hirlas yn ỻaỽen yn ỻaỽ uoꝛgant.
gỽꝛ adyly gỽaỽt gỽahan volyant. gỽen-
wyn y adỽyn gỽan edꝛyuant. areglyd
defnyd diodeifyant ỻafyn: ỻyfyn y deutu 26
ỻym yhamgant. Dywallaỽ dy veneſtyꝛ
oleſtyꝛ aryant. kelennic etmic can ardu-
nyant. ar ỻaỽꝛ gỽeſtỽn uaỽꝛ gỽeleis irdant.
ardỽy goꝛonỽy oed gỽeith ygant. ketwyꝛ.
kyuaruaeth yd ymwnaethant. cat ymer- 31
bynyeit eneit dichwant. Kyuaruu yſgỽnn
ac yſgarant aer ỻas aer ỻoſget maer
geyꝛ moꝛ ỻiant. Mỽynuaỽꝛ a garcharaỽꝛ
agyrchaſſant. meuric uab gruffud grym
darogant. Neut oed gochwys paỽb pan 36
atgoꝛſant. neut oed laỽn o heul hir vꝛynn.
Dywallaỽ dyꝛ coꝛn yꝛ kyn [a phant.
nifyeit. kynawon owein kỹgrein
kyt neit. wynt a dyꝛỻydant yn ỻe hōneit 40
glut men ydant. gloeỽ heyꝛn ar neit.

madaỽc a meilyꝛ gỽyꝛ goꝛdyfneit treis.
tros gyuerwyꝛ gyferbynnyeit . Tarano-
gyon toꝛyf teruyſc dyſgeit . trinheion
vaon traỽs ardwyeit . kigleu am dal 4
med mynet dꝛeic cattraeth ⁊ kywir eu
haruaeth arueu lliweit. Goſgoꝛd vynyd-
aỽc am eu kyſgeit . caỽſſant eu hadꝛaỽd
cas vlaỽd vlaenyeit . ny waeth wnaeth
yghytwyꝛ yghalet vaelaỽꝛ ⁊ dillỽng
carcharaỽꝛ dylleiſt woleit . 10
Dywallaỽ dy veneſtyꝛ ved hidleit me-
lys ⁊ ergyꝛwaeỽ gỽꝛys gochwys
yn reit . o gryn buelyn balch oꝛeureit .
yꝛ gobꝛyn gobꝛỽy neu heneit . oꝛ geniuer
anhun a boꝛth canyeit. nyſ gỽyꝛ na-
myn duỽ ac aedyweit . 16
Gwyꝛ ny dỽng ny dal ny byd ỽꝛth
wir . danyel dꝛeic cannerth moꝛ
verth hywir. Meneſtyꝛ maỽꝛ agỽeith
ydoleithir. gỽyꝛ ny oleith lleith ony llo-
chir . meneſtyꝛ med am kỽyn am kydꝛod
ir gỽꝛ[d]dan gloe[ỽ]goleu gỽꝛdleỽ bobir. 22
Meneſtyꝛ gỽelut dy gỽyth gỽeith yn lli-
dỽm dir. y gỽyꝛ abarchaf ỽynt aberchir.
Meneſtyꝛ gỽelut dy galchdoet kyngreiır.
yghylchyn owein gylchỽy enwir . pan 26
bꝛeidwy[t] caỽꝛes taerwres trỽy dir. pꝛeid
oſtỽng oꝛulỽng aoꝛuolir . Meneſtyꝛ nam
didaỽl nym didolir. boet ym paradỽys
ynkynhỽyſſir. cant [penn] teyꝛned poet hir
eu trỽydet yny mae gỽelet gỽaran 31
ret gỽir . A M E N—o—J

1435

Dadolỽch rys vab gruffud kyndelỽ ae
Aſſỽynaf naỽd duỽ diamheu • cant .
dydaỽn . athdonyaỽc ỽyſinneu ⁊ ar dy 3
wyꝛ eryꝛ aereu . ar dy wlat wledic deheu.
Aſſỽynaf archaf arch vaỽꝛ y beryf.
aberis nef allaỽꝛ ⁊ naỽd rac dy var car
kerdaỽꝛ . ar dy byꝛth ar dy boꝛthaỽꝛ.
Aſſỽynaf archaf eirchat ymgelwir. 8
naỽd kywir kÿgwaſtat ⁊ ar dy dꝛyſſeu
aer dꝛỽſſyat . ar dy dꝛyſſaỽꝛ gỽaỽꝛ gỽenwlat.
Aſſỽynaf aỽch naỽd na chelỽch aỽch poꝛth.
kan perthyn attregỽch ⁊ goſtecwyꝛ llyſ
goſtegỽch . goſtec beird bard aglywch. 13
Aſſỽynaf naỽd haỽd haelon deheubarth
diheuboꝛth kerdoꝛyon ⁊ ath daryf oth
dareanogyon . ath doꝛyf ath deyꝛnueibyon.
Aſſỽynaf naỽd haỽd haeloned woꝛſaf
nyth oꝛſeif teyꝛned ⁊ ar dy doꝛyf koꝛyf
kywryſſed . ar dy deulu teilỽng med. 19
Medgwyn eu gỽyn eu gỽiraỽt med
gyꝛn ae gỽarchae ⁊ ae gỽercheidỽ yn
eurdyꝛn . a gloeỽ yfet yn etyꝛn . a glyỽ deỽꝛ
Teyꝛnweilch pꝛy- ſa gleỽ deyꝛn .
dein pꝛydaf aỽch pꝛiſgerd aỽch pꝛiſglot 24
a dygaf ⁊ aỽch bard aỽch beirnyat vydaf.
aỽch poꝛth perthyn yỽ attaf .
Atteb aganaf aganỽyf arglỽyd erglyỽ
vi kan dothỽyf : lleiſſaỽn llyỽ lleỽ glyỽ 28
gleỽ rỽyf. llaeſſa dy var dy vard ỽyf .
Wyf kerdaỽꝛ ym rỽyf rỽyſc moꝛgymlaỽd
gỽyꝛd . rỽyſc ffyꝛd kyꝛd kerd wahaỽd.
aſſỽyn aſſerỽ [herỽ] hirvlaỽd . aſſỽynaf ar
ud naf naỽd . 33
AM rodỽy rỽyf nef rỽyſc awdurdaỽt
kerd . nym gỽnel kard o nebaỽt . y
voli mab duỽ dj bechaỽt . di bechdoeth
kyuundaỽt . Eil digabyl parabyl parha- 37
aỽt . per awen parhaus hyt vꝛaỽt . ar
lles llaỽꝛ llyỽ llafnaỽꝛ llỽybꝛaỽt . arllwy-
byꝛ iaỽn oꝛ daỽn ym daeraỽt . Delỽ ymbo
yꝛ bod ydꝛindaỽt . trugared tros wared 41
tros waỽt . Y adꝛaỽd aervlaỽd eurvlaỽt .

1436

Y yſg6yt mal yſg6yt r6yt raha6t. Mur
ma62go2 treithytyo2 traetha6t. traeth
om b2onn trathonn tra thywa6t. mur
ma62dir ma62do2yf am gyfra6t. mur
ma62dut uch medut medwa6t. Mur
ma62daryf ma62dwryf go2wyda6t. Mur
ma62d2eis ma62d2a6s gynneua6t. yth
gyueir vn c6bleir cabla6t. nyſ kȳneil
kenyf dy vola6t. Molaf wr clydwr clut-
a6t yeirchyon. y eircheit ar blanha6t.
Y ery2 eiryoes moes med2a6t. ny welaf
ny welir kyt v2a6t. G6eleis y vd nym
g6arth2ud g62th2a6t. 62th v26ydy2 cr6y-
dy2 creula6n dybydha6t. G6eleis y wle-
dic dic diofna6t. Ofyn y ovyn yefnys
giwda6t. G6eleis y gleis ath2eis ath2a-
lla6t. gledyfal hywal h6y2na6t. G6eleis
y glot a rot a ra6t o beleidy2. a reeidy2 rud
o gna6t. g6eleis y hael ohil anara6t.
ae g6eles g6elei ryueda6t. Mal cadarn
yn cad6 y b2ia6. malcad62 cadwei a dywa-
6t. kedwis kȳgha6s ma6s mae yſta6t
deheu. du6 o nef ae g6ara6t. G62 g62th-
2a6 g62th2ych ysdeua6t. g62th uchy2
g62th2ychyeit yſgna6t. G62th eurd2o
eurdzull gno gnytha6t. g62th eurdal
bual buguna6t. buelin o2eurin wira6t⌄
buarth llat llonyd o v2aga6t. Buches
ky2d kerdo2yon waſga6t. buched gly6
gloe6 yſtry6 aeſtra6t. burthyat cat
ky2chyat ky2chyna6t. Bud beirdyon
bardeir om taua6t. B2iwgoch b2ic on
gy2 b2itha6t. b2eithgat g6y2 b2ydeu
lly2 lloegy2 div2a6t. B2i b2ythyon b2e-
int faeſſon fagha6t. b2e b2ondo2 b2onn
dewrdo2 dura6t. B2yt gryt grynn gran
wynn greit wo2gra6t. b2iſc ric reu rat
bara6t. b26yſc r6yſc rann gyman gym-
menda6t. b26ydy2 aergr6ydy2 eurgreir
bedyſſya6t. B2eiſc rybyd yn ryd yn r6yd
na6t. Y g6na rys rieda6c odla6t. b2a6

1437

b2yneich b2anar eu bed2a6t. b2o b2en-
gyl b2angoel yſpyda6t. bolch y lafyn
o lauur foſſa6t. bwlch y gled balch ygledyf
Gledyfrud grud g62 adeffry [a6t⌄
clot. g62a6l rot roda6c hy-
g62 ky2chyat ky2ch6n y va62dy. ma62
dal kerd nyt card y velly. G62 gwaetr6-
yf gwlat vn r6yf vn ry. g62 g6aetlan
nyt g62 g6ann g6eck2y. g62 golut g6-
etknut g6aetkny calaned⌄ kelēnic a
dy2y. G62 creula6n creulan ae kyffry.
kyffro cat cadellig wely. G62 awy2
yn dyd ff6y2 na ffy. g62 awnn y h6nn
y6 hynny. g62 yn t62yf yn to2yf arhyly
g62 yn taryf ynteruyſc wedy. G62 ȳg
gryt g6y2 g62hyt g62 hy. val greidy-
a6l uab greit uab ery⌄ treis d2eon
trinheion nwy try. tra6s trydar try-
dyd haearnlly. gredyf eigya6n ny gra-
6n ny gryny. go2mod alaf rod elyfry
grym. erd2ym aerd2eic ae dyly. gly6
uyget gle6 vugeil kymry.
Kymry diffreidyat. kymr6yn y gyw-
lat. kym6y cat cas wenwyn. ky2d
wada6l kerd ganma6l ganm6yn. ket
gyfret gyfrieu gadwyn. Cadeir co2
cadeu do2 dirr6yn. car kerdeu kerdo2-
yon wo2ll6yn. G62lly6 gly gle6d2a6s
ma6s medg6yn. g62 ll626 llu lloegr6ys
dygyfl6yn. g62 g62duan am atuan
atu6yn. g62duan ga62 g62duar wa62
wenwyn. Ef go2eu ual g62 yn adwyn.
yn ſeint cler cledyfal ar d26yn. llath2ei
lafyn vch hauyn uch af6yn. a llif creu
a lliw ffreu ar ffr6yn. lladei d2eic ar
d2agon d2yl6yn. tryli6 goch tryle6
d2och d2ach6yn. Am eurv26ydy2 am eur
gr6ydy2 eurg6yn. am eur v2o am eur
terrwyn. To2yf anwar trydar trydol6-
yn. t62yf taerueith godeith gwaeanh6-
yn. teulu a thewlu a thewl6yn waewa62.

1438

a gỽyꝛ maỽꝛ ymaffwyn. fyꝛyf deruysc
fysc hydysc hydwyn. fỽyꝛ fyscyat val fleim-
yat flamdỽyn. ffrỽyth welling wellua-
eth fraeth fraỽdwyn. fraỽd wallaỽ anaỽ
aniuỽyn. llỽꝛỽ milveird milueirch dy
gyflỽyn. llỽybyꝛ molyant medyant 6
med ankỽyn. llyỽ kemeis oth godeis
yth gỽyn. lleỽ kamaỽn kymer ydiuỽ-
yn. llaỽvꝛyded amdỽc omdỽyn yỽꝛthyt ꝛ
lloegyꝛ eruit bꝛaỽlit bꝛỽyn. 10

BRỽydyꝛ afgen bꝛỽyf nenn bꝛeisc
adef. bꝛein boꝛthyat a chꝛyfyat
achꝛef. bꝛadỽ yfgỽyt bꝛyt yfgein ỽꝛth
lef. bꝛydeu tan treulwan trin odef. ys
arglỽyd ys arỽyd yf ef. ys cat fyꝛd ys 15
car kyꝛd kyflef. Gỽledic dec cantoꝛyf
a dec cantref rif ꝛ arhugeint kyuadef.
Bud baraỽt baran gỽynt vꝛef. bugeil
byt biỽ gymryt gymref. Coꝛyf keindo-
ꝛyf kan dothỽyf y adꝛef. yth etryt yth
adꝛaỽs is nef. Par eurglaỽꝛ erglyỽ vy 21
mardlef. peir pꝛydein pꝛofỽn yn tãgnef.

Tagnefed am naỽd am niuerỽch rif
riallu diheidỽch. Nyt achar llach-
ar llauarỽch. nyt achles afles araflỽch. 25
nyt achlud eurgud argelỽch. argel kerd
kerd kerdoꝛyon wolỽch. Doꝛ yfgoꝛ yf-
gwydeu amdꝛỽch. Doeth a dꝛut amdut
amdegỽch. Taryf aergaỽd aergul ga- 29
darnỽch. toꝛyf eurgoꝛyf eurgỽyn gy-
uedỽch. kyuedach voꝛach vireinỽch. ky-
uedwalch kyuedweilch elỽch. Elyf dꝛe-
ic dꝛagon digrifỽch. alaf lyỽ luoed am
gelỽch. amgeled bꝛythyon bꝛithỽch. 34
Teyꝛnon teyꝛnas ynyalỽch. Teulu rys
teilỽng gwrys gwryffyỽch. gwryf ar-
loes eiryoes eiryolỽch. chỽi gẽnyf gỹ-
niuyeit fefỽch. Mi gyndelỽ agỹnelỽ 38
gennỽch. beird wogaỽn bard urdaỽn
urdỽch. vꝛdaỽl kerd kan ediuarỽch.
angud bud beirnyeit gyfradỽch. ongyꝛ

urd angerd vallolỽch. Angerdaỽl greduaỽl
gredyf vnhỽch. dywal am dyuet lonydỽch.
kann dodỽyf adigerydỽch na daly var caf-
nar caf hedỽch. Nam gỽꝛthuraỽt om om
gỽarỽch. nam gỽꝛthꝛyn granwyñ greit 5
wolỽch. nam gỽꝛthot eirif dꝛauot aryf
dꝛỽch. ny wrthyt mab duỽ dadolỽch.

Dadolỽch llachar llacheu gyfarpar.
yn aeruar yn arueu. llydỽ yfgoꝛ 9
yfgỽyt bydineu. llit yfgỽn afgỽñ yf goꝛeu.
y gymryt yn kyt kynbareu. y gymot
an dyuot yndeu. Dy voli uilỽꝛ hyt ageu.
dy volaỽt yf tanwaỽt yf teu. dy vard da
dothyỽ yth odeu. dy var gỽꝛd goꝛdyfyn
y vadeu. Ti hebof nyt hebu oed teu. 15
Mi hebot ny hebafinneu. hir yth ardꝛeth-
ir ar dꝛetheu. o bell hil cadell kell kerdeu.
hil coeling perging pennaetheu. hydyꝛ
amdadyl kynnadyl kennadeu. Hil Rodꝛi
gỽefti gỽyftyluereu. gỽaflat gryt gỽyf- 20
tlon byt boet teu. hil gruffud rỽyf rỽyd
vud radeu. Rỽyfc rynnaỽd moꝛgymlaỽd
maỽꝛgleu. hil maelgỽn milcant adodeu 23
hil teỽdỽꝛ diwedwr deheu. bꝛỽydyꝛ oꝛchw-
yd ny oꝛchud tlyffeu. nac aryant nac eur
yn adneu. bꝛỽyfc rỽyfc rỽyd bꝛolỽyd bꝛo
feith beu dyuet ꝛ bꝛeifc amget am gadeu.
Pꝛeid pꝛeidwyꝛ pꝛeidwalch gyfreieu. 28
pꝛiodaỽꝛ pꝛydein pꝛein pꝛeideu. Pꝛeffeñ-
wr pꝛyffwr pꝛes oleu. pꝛeffỽylyaỽc var-
chaỽc veirch gỽynnyeu. Gỽynuydic wr
vꝛydic vꝛydeu. gỽynuyt kyꝛd keinuyt 32
keinvyꝛd kyuedeu. Gỽynuyt gỽyꝛ gỽꝛaỽl
deuodeu. gỽynuyt beird beirnat ỽyfiñeu.
Gỽꝛ glewyt yn ergryt aergreu. gỽꝛ gỽledic
ar wladoed nyt geu. gỽꝛduaran kyfran 36
kyfreideu. gỽꝛduannyar gỽꝛduar gỽendoleu.
gỽꝛ adengys llad allafneu rudyon. lleỽ
dꝛagon llyỽ dꝛeigeu. 39

DReic ehofyn ehang y deruyn dꝛa-
gon rỽyf rỽydwalch gỹgelyn. dꝛagon

vard dꝛagon valch vydyn. dꝛagonaỽl dꝛa
ganỽyſ y odyn. kanaſ waỽt yꝛ pꝛiaỽt. 2
pꝛiſ arglỽyd bꝛolỽyd bꝛonn heilyn. bꝛeiſc
anỻoed beird barthloed berthyn. bꝛỽ-
yſc bꝛydeu bꝛỽydyꝛ dechꝛeu dechꝛyn.
Bꝛat bꝛyneich bꝛanes ae canlyn. bꝛaỽt 6
achwed gymined gymyn. Gỽꝛys eſnys
dechꝛys dechꝛyn. y ongyꝛ y angerd nyt
etuyn. gnaỽt vch cnaỽt knudoed ar
gylchyn. ar ỻỽybyꝛ ỻaỽꝛ neut ỻawer 10
blỽydyn. ỻeỽ ỻyſſoed ỻyſſeid y deruyn.
ỻys ehoꝛth ỻu adoꝛth ỻywelyn. gỽyt
woſſud ỻofrud ỻoegyꝛ dilyn. Gỽir woſgo
woſgoꝛd diergryn. gỽyꝛd waſgar o wiſgo-
ed keinmyn. gỽꝛd woſſot gỽꝛ goꝛuyn. 15
Gỽedy mydỽ a med goꝛewyn. Am hirwled
am hirwlat y hyn. amgedaỽl am gadeu
dybyn. Am gyꝛd waỽꝛ am gyꝛn maỽꝛ 18
melyn: goꝛpo hael haelonaeth wobꝛyn.
haỽl wodꝛud hil maỽꝛuud meruyn. gỽaỽꝛ
gỽendoꝛyf gỽendut oe gylchyn. gỽenn
wlat nef gỽir adeſ gỽiryn. 22

ARdỽyꝛeaf y dꝛeic fỽyꝛ feleic ſer.
ardỽy kedernyt venwyt vuner. ar
demyl ehangdoꝛyſ am ehangder. am eu
dal bual buarth hydyꝛver. ytt gerd vyg-
kerd ygkyſlaỽnder. y gyflaỽn voli ri rỽy 27
dirper. Yn vꝛdyant volyant ual yt glywer.
yn awen baraỽt awdyl burwaỽt ber.
Yn annwſyn yn nỽſyn yndyfynder yt varn:
nyt beird ae datuarn bard aedatuer. Yn
taryſ ynteruyſc yn ffyſc ffyꝛyſder. yn 32
tỽꝛyſ yntoꝛuoed hudoed hyder. yghyſra-
goꝛ glyỽ am eu gleỽder. ygkyfragot clot
y clyỽ ỻawer. Yn aghyflỽyth gỽyth gỽeith
nanhyuer. Yn ãgkyfle ỻỽſyꝛ ỻauur ouer.
Ygkemeis yntres yn traỽs ober. peunyd 37
oed newyd newit ruduer. peunoeth oed pen-
naſ wedy pỹnyer cat. canỻary ỻaỽꝛodyat
ỻat aỻỽyꝛder. ỻonyd yỽ ganthaỽ heily-
aỽ haelder. hil gruffud hael ud haỽl diaber.

kard wahan katwan katwalch niuer. 1
kerd wedaỽl kedaỽl cadeỻ ener. kadarn
vleid vleinyat cat neirthyat ner.
kadyꝛ yd ymdengys rys yn racter. 4
ractỽỻ y gylchỽy pan amgylcher bꝛỽy-
dyꝛ. nyt bꝛadaỽc arglỽyd yn yt glywer.
Kynniuyw kynniſ nyt diouer. kynni-
uyat kynnedyſ alexander. teyꝛneid woſ-
gryn rac gỽynn gỽarther. teyꝛnvꝛo a 9
geidỽ o gadarnder. Teyꝛnvꝛon heilyn
haelon datuer. teyꝛnwalch pꝛytvalch
wedy pꝛyder. teyꝛnget kymry eſ aekymer.
Pan gylchynnỽys gỽꝛ gỽꝛd yntrymder.
ny bu a gỽaỻtan y gỽꝛt gỽaỻter. oed 14
ſyſgyat fleimyat flam gan ucher.
ynſeithneit awyꝛ yn ſeithwyꝛ ſer.
Pan aeth ſarff catlan ſeint clotuan
cler. cledyſeu cochyon cochyn onger:
Yſgoꝛ amdiffyn pan ymdiffer gwlat: 19
nyt eſ gỽledic aoꝛſaſer. pan amỽc teyꝛn
teiui aber. nyt abar ygỽnaeth nyt ſa-
eth ſalỽder. Yn rann oꝛfowys yt gyn-
hỽyſſer. Yg̃hynnỽys rydit gleindyt gloeỽd'.
yg̃goleuat rat rydamuner. yg̃goleu
vꝛeiſc vꝛe yn ỻe ỻeuuer. Yg̃goleueint 25
ſeint yd aſſỽyner. ỹggoleu adeſ nef yt
noder. AmeN—o—J.

**Y canu molyant y rys gryc uab rys
uab gruffud. llywarch bꝛydyd y moch** 29

CRiſt creaỽdyꝛ ameraỽ- ·ae cant.
dyꝛ an med. criſt keli koloſyn tagnef-
ed. criſt uab meir an peir pur uoned
ſynhỽyꝛ: kynn ſynnyaỽ enwired. 33
Carannaỽc ieſſu car ym wed. keiry-
onnyd kyꝛcheis vymuched. kyꝛchaf yn
gyntaſ kynted deheubarth: diheubeñ 36
teyꝛned. kyꝛchaf rys uabrys omryſſed
kyꝛchyat cat kadeỻ etiued. kyꝛchynue-
ird kyꝛchent ỽy oꝛſed. kyꝛchuaỽꝛ ỻaỽꝛ
yſkyꝛchu ỻaryed. kyꝛcheiſt dy ros di 40
dos diuaed. a phen vꝛo. a pheñ goꝛuoled.